精品课程配套教材
21世纪应用型人才培养"十三五"规划教材
"双创"型人才培养优秀教材

U0586270

个人理财实务

GEREN LICAI SHIWU

主　编	张艳英	林宗保
副主编	罗薇薇	孙　灵
	张文洲	李　果
	曾　扬	孔佩伊
	马一宁	盛　莉
	周　权	佟　威

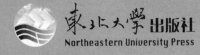

东北大学出版社
Northeastern University Press

ⓒ 张艳英，林宗保 2016

图书在版编目（CIP）数据

个人理财实务 / 张艳英，林宗保主编. -- 沈阳：
东北大学出版社，2016. 1
21 世纪应用型人才培养 "十三五" 规划教材
ISBN 978-7-5517-1191-3

Ⅰ. ①个… Ⅱ. ①张… ②林… Ⅲ. ①私人投资-高
等学校-教材 Ⅳ. ①F830. 59

中国版本图书馆 CIP 数据核字（2016）第 004249 号

出 版 者：东北大学出版社
　　　　　地　　址：沈阳市和平区文化街三号巷 11 号
　　　　　邮　编：110819
　　　　　电话：024-83680267（社务室）　83687331（营销部）
　　　　　传真：024-83687332（总编室）　83680180（营销部）
　　　　　网　址：http://www.neupress.com
　　　　　E-mail：neuph@neupress.com
印 刷 者：北京俊林印刷有限公司
发 行 者：东北大学出版社
幅面尺寸：185mm×260mm
印　　张：21. 25
字　　数：456 千字
出版时间：2016 年 1 月第 1 版
印刷时间：2016 年 1 月第 1 次印刷
责任编辑：孙　锋
责任校对：刘乃义
封面设计：唐韵设计
责任出版：唐敏志

ISBN 978-7-5517-1191-3　　　　　　　　　　　　　　定价：38. 00 元

前　言

你不理财，财不理你！个人理财的根本目的是实现人生目标中的经济目标，同时降低人们对于未来财务状况的焦虑。随着我国社会理财热的兴起，人们对个人理财的关注和兴趣越来越高。因此市场对理财咨询的需求也将持续增加，尤其需要既掌握现代金融理财专业知识，又具有较强沟通能力的高技能金融营销专门人才。

在多年教学中发现，该课程存在几个问题：一是适合高等教育的个人理财教材相对较少，而且体系不太成熟，缺乏与助理理财规划师、银行从业人员资格考试相对应的课证结合的教材。二是学生学的理论知识多，但在实训环节的设计上还是较为薄弱，目前主要以市场调研、课堂小组讨论、分析案例为主，急需仿真模拟教学软件进行弥补；三是校外实训较为薄弱，由于涉及金融信息保密问题，一般的金融机构无法接受大批学生实习，因此急需多引进行业理财经理共同进行课程开发、教材编写及实践指导。本书正是在这种需求背景下进行编写的。

本书按"模块---项目---任务"的体系进行编写，具体包括个人理财基础、个人理财内容和个人理财规划三大模块。其中，模块二个人理财内容包含现金规划、消费支出规划、保险规划、证券投资规划、教育投资规划、退休养老规划、财产分配和传承规划、个人理财税收筹划等八个项目。

该教材具有以下几个特点：

1. 开放性：该教材在充分利用学校和企业资源，创设仿真（真实）的工作场景，以职业能力培养为重点，由校内专任教师和行业专家共同编写。以就业为导向，以银行助理理财规划师、理财经理和非银行金融机构理财服务岗位为核心，以个人理财规划、咨询为主体，按照高等教育能力本位的教学特点，采用产品认知与规划流程相结合的结构展示教学内容，同时根据形势变化增加互联网金融理财等相关知识，让学生在完成具体项目的过程中来掌握相关理论知识，并发展职业能力。

2. 职业性：该教材是以金融相关专业的学生就业为导向，在行业专家的指导下，根据行业企业发展需要和完成职业岗位实际工作任务所需的知识、能力、素质要求选取编写内容。通过以项目任务为核心组织内容，突出对学生理财职业能力的训练，理论知识的选取以项目任务的完成为度，同时融合了相关职业资格证书对知识、能力和素质的要求，重点培养学生利用各种理财产品进行综合理财规划和理财营销的能力。

3. 实践性：该教材在设计上融理论与实践于一体，"教""学""做"相结合，其每个项目的学习与实训都按标准业务操作流程来设计，以每一项工作任务为中心整合理论知识与实践操作，有效地将"课堂上的学习"与"工作过程中的学习"整合为一体，对学生职业能力培养和职业素质的养成有很好的促进作用。

本教材是由专业教师和金融企业人员合作共同完成的，经多次讨论、参考大量资料和案例形成的。写作分工为：项目一由张艳英、罗薇薇编写，项目二、项目三由张艳英编写，项目四由曾扬、周权编写，项目五由林宗保和盛莉编写，项目六由罗薇薇、张文洲编写，项目七由孔佩伊、佟威编写，项目八由张艳英、李果编写，项目九由张艳英和孔佩伊编写，项目十由张艳英、罗薇薇、马一宁编写。教材的编写得到了兴业银行厦门分行陈金土先生、彭立娜女士、姚丽珍女士以及厦门其他金融企业人士的大力支持，提供了很多企业的实际理财案例，也借鉴和吸收了国内外专家和学者的大量研究成果。教材的出版得到了东北大学出版社支持，在此一并表示感谢！

本书可供学校、开放教育金融类专业、经济管理类专业的授课教材，也可作为相关从业人员参加岗位培训、考证等使用，以及供一般读者学习参考。

编者虽尽全力减少每一处错误，但限于水平有限，不足之处在所难免，恳请各位专家读者不吝赐教指正。

编　者

目 录
Contents

模块一　个人理财基础

项目一　个人理财基础知识

 知识目标

1. 掌握个人理财的内涵
2. 掌握个人理财的基本理论
3. 熟悉个人理财的基本内容

 技能目标

1. 掌握生命周期理论对客户理财资金安排的影响
2. 利用资金时间价值分析客户资金的能力
3. 通过风险与报酬的相关理论及问卷调查对客户进行风险偏好测试

 案例导入

　　有位秀才第三次进京赶考，住在一个经常住的店里。考试前两天他做了三个梦，第一个梦是梦到自己在墙上种白菜，第二个梦是下雨天，他戴了斗笠还打伞，第三个梦是梦到跟心爱的表妹背靠背睡觉。这三个梦似乎有些深意，秀才第二天就赶紧去找算命的解梦。算命的一听，连拍大腿说："你还是回家吧。你想想，高墙上种菜不是白费劲吗？戴斗笠打雨伞不是多此一举吗？跟表妹只能背靠背，不是没戏吗？"秀才一听，心灰意冷，回店收拾包袱准备回家。店老板非常奇怪，问："不是明天才考试吗，今天你怎么就回乡了？"秀才如此这般说了一番，店老板乐了："哟，我也会解梦的。我倒觉得，你这次一定要留下来。你想想，墙上种菜不是高种（中）吗？戴斗笠打伞不是说明你这次有备无患吗？跟你表妹背靠背睡觉，不是说明你翻身的时候就要到了吗？"秀才一听，觉得更有道理，于是精神振奋地参加考试，最后中了个探花。这个故事充分说明态度决定思路，思路决定出路！同样说明在理财过程中，一个人要做好理财，树立正确的理财观念尤为重要。

（资料来源：百度文库）

任务 1 走进个人理财

1.1 什么是个人理财

个人理财，又称个人财务规划，是一种综合的金融服务，指专业理财人员通过分析和评估客户生活各方面的财务状况与风险偏好，和客户共同确定其理财目标体系，最终帮助客户制定出合理的可操作的理财方案的过程。个人理财包括个人生活理财和个人投资理财。

个人理财的核心是根据理财者的资产状况和风险偏好来实现需求与目标；目的是实现人生目标中的经济目标，同时降低人们对于未来财务状况的焦虑；一般包含六个步骤：建立和界定与客户的关系、收集数据并分析其理财目标和期望、分析客户当前的财务状况、整合策略并提出综合个人财务计划、执行综合个人财务计划、监控综合个人财务计划的实施。

个人理财的内涵强调以下几点：

1. 个人理财是全方位综合服务。它不局限于提供某种单一的金融产品，而是针对客户不同阶段的多种理财目标进行全方位、多层次、个性化的理财服务。

2. 个人理财是个性化服务。每个客户的财务状况和非财务状况都不一致，存在很大的差异。因此，个人理财不可能有一成不变的模式，而是因客户具体情况的不同而不同。

3. 个人理财方案一般以短期形式表现，但它贯穿人的一生，是一项长期规划，而不是只针对某一阶段进行的规划。

4. 个人理财规划通常由专业人士提供。

1.2 个人理财规划的目标

1.2.1 个人理财规划的总体目标

每个人的理财目标千差万别，同一个人在不同阶段的理财目标也不相同，但从一般角度来说，个人理财规划的目标可以归纳为两个层次：实现财务安全和追求财务自由。

所谓财务安全，是指个人对自己的财务现状有充分的信心，认为现有的财富足以应对未来的财务支出和其他生活目标的实现，不许出现大的财务危机。一般来说，衡量一个人的财务安全的标准如图 1-1 所示。

是否有稳定、充足的收入	是否有充足的现金准备	个人是否有发展的潜力	是否有适当的住房	是否购买了适当的财产和人身保险	是否有适当、收益稳定的投资	是否享受社会保障	是否有额外的养老保障计划

图 1-1 财务安全的衡量标准图

所谓财务自由，是指个人或家庭的收入主要来源于主动投资而不是被动工作。当投资收入可以完全覆盖个人或家庭发生的各项支出时，我们认为就达到了财务自由的层次。这时，个人或家庭的生活目标相比财务安全层次下有了更强大的经济保障。

为了进一步了解财务安全、财务自由和客户个人（家庭）收入之间的关系，我们将收入划分为投资收入、工薪类收入，将个人（家庭）发生的各项支出统一叫做"支出"。

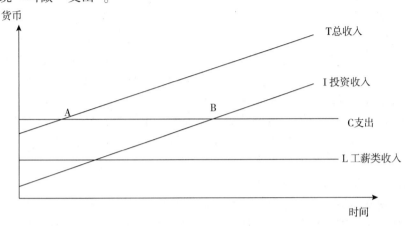

图 1-2　财务安全和财务自由

如图 1-2 所示，在 A 点之前，支出已经超过总收入，个人可能要靠借债度日，这时还谈不上财务安全，更不用说财务自由了；在 A 点与 B 点之间，支出在总收入以下但在投资收入以上，总收入能完全弥补支出，这时达到了财务安全但没有达到财务自由。到 B 点以后，投资收入涵盖了全部支出，这时便达到了财务自由。当达到了财务自由时，个人不再为赚取生活费用而工作，投资收入将成为个人（家庭）收入的主要来源。

简言之，财务安全指劳动收入可以覆盖支出；财务自由指投资收入可以覆盖支出。前者是理财规划要解决的首要问题，后者是要实现的最终目标。

1.2.2　个人理财规划的具体目标

在理财规划实际工作中，财务安全和财务自由在几个具体规划中具体体现，表现为以下八个方面：

1. 必要的资产流动性。个人持有现金主要是为了满足日常开支需要、预防突发事件需要、投机性需要。个人要保证有足够的资金来支付计划中和计划外的费用，所以理财规划师在现金规划中既要保证客户资金的流动性，又要考虑现金的持有成本，通过现金规划使短期需求可用手头现金来满足，预期的现金支出通过各种储蓄和短期投资工具来满足。

2. 合理的消费支出。个人理财目标的首要目的并非个人价值最大化，而是使个人财务状况稳健合理。在实际生活中，减少个人开支有时比寻求高投资收益更容易达到理财目标。通过消费支出规划，使个人消费支出合理，使家庭收支结构大体平衡。

3. 实现教育期望。教育为人生之本，时代变迁，人们对受教育程度要求越来越高。再加上教育费用持续上升，教育开支的比重变得越来越大。客户需要及早对教育费用进行规划，通过合理的财务计划，确保将来有能力合理

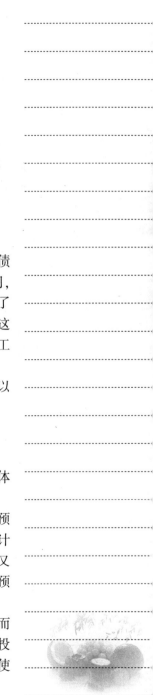

支付自身及其子女的教育费用，充分达到个人（家庭）的教育期望。

4.完备的风险保障。在人的一生中，风险无处不在，理财规划师通过风险管理与保险规划做到适当的财务安排，将意外事件带来的损失降到最低限度，使客户更好地规避风险，保障生活。

5.积累财富。个人财富的增加可以通过减少支出相对实现，但个人财富的绝对增加最终要通过增加收入来实现。薪金类收入有限，投资则完全具有主动争取更高收益的特质，个人财富的快速积累更主要靠投资实现。根据理财目标、个人可投资额以及风险承受能力，理财规划师可以确定有效的投资方案，使投资带给个人或家庭的收入越来越多，并逐步成为个人或家庭收入的主要来源，最终达到财务自由的层次。

6.合理的纳税安排。纳税是每一个人的法定义务，但纳税人往往希望将自己的税负减到最小。为达到这一目标，理财规划师通过对纳税主体的经营、投资、理财等经济活动的事先筹划和安排，充分利用税法提供的优惠和差别待遇，适当减少或延缓税负支出。

7.安享晚年。人到老年，其获得收入的能力必然有所下降，所以有必要在青壮年时期进行财务规划，使晚年有一个"老有所养，老有所终，老有所乐"的有尊严的自立的老年生活。

8.有效的财产分配和传承。财产分配与传承是个人理财规划中不可回避的部分，理财规划师要尽量减少财产分配与传承过程中发生的支出，协助客户对财产进行合理分配，以满足家庭成员在家庭发展的不同阶段产生的各种需要；要选择遗产管理工具和制定遗产分配方案，确保在客户去世或丧失行为能力时能够实现家庭财产的代际相传。

小资料

理财观：穷人为什么穷？富人为什么富？

富人何以能在一生中积累如此巨大的财富，他们到底拥有怎样的一般人所欠缺的致富技能呢？台湾著名的投资理财专家黄培源得出一个结论：1/3 的有钱人是靠继承；1/3 的有钱人是靠创业致富；另外 1/3 的有钱人是靠理财致富。诞生于富裕之家的毕竟是少数，创业成功的比率只有 7%，因此，理财得当是市井小民最好的致富途径。

1. 富人爱创业；穷人爱打工。

2. 富人有投资意识；穷人则无。

3. 富人看趋势做事；穷人看结果做事。

4. 富人做事雷厉风行；穷人优柔寡断。

5. 富人有博大的心胸；穷人心胸狭窄

6. 富人知道只有付出才有收获；穷人期待不劳而获。

7. 富人做事前先看积极和光明；穷人光看消极和失败的一面。

8. 富人不安分，有赚钱的野心；穷人吃饱、喝足、安逸OK。

9. 富人字典里没有"不可能"；穷人字典里常常是"不可能"。

10. 富人生活节俭，常被人认为吝啬；穷人大方，却常一贫如洗。

11. 富人热爱工作，工作并快乐着；穷人则热爱休息，工作并痛苦着。

12. 富人喜欢与人合作，为了壮大力量；穷人怕合作，怕吃眼前亏。

13. 富人知道财富是一点一点积累起来的；穷人渴望一夜暴富。

14. 富人眼光远大，因此不会计较眼前一点得失；穷人目光短浅，斤斤计较眼前得失。

15. 富人有感染力、有激情、精神抖擞；穷人大部分连自己都感染不了。

16. 富人做事珍惜时间，总觉时间不够用；穷人总觉得时间富余，无所事事。

17. 富人做事有永不服输的精神；穷人做事遇到挫败就放弃，很多穷人还没有做事就失败了。

18. 富人从不觉得自己富，很谦虚；穷人稍一有钱就觉得是富人，于是趾高气昂。

（资料来源：百度文库）

1.3　个人理财的原则与步骤

1.3.1　个人理财的原则

1. 整体规划原则：整体规划原则既包含规划思想的整体性，也包含理财方案的整体性。理财规划中应综合考虑客户的财务状况和非财务状况，提供全方位的专业理财服务。

2. 提早规划原则：由于货币具有经过一段时间的投资和再投资增值的现象，因此，理财规划应该尽早开始，理财方案应尽早制定。提早规划一方面可以利用复利的效应；另一方面，准备期越长，可以减轻各期的经济压力，越能承担风险。

3. 现金保障优先原则：为能够帮助客户家庭在出现事业受阻、大病、灾难等意外事件的情况下也能安然度过危机，理财规划师进行任何理财规划时首先考虑和重点安排现金保障系统。一般来说，家庭建立现金储备要包括日常生活消费储备和意外现金储备。

4. 风险管理优于追求收益原则：理财规划首先应该考虑的因素是风险，而非收益。因此，保值是增值的前提，理财规划师应该合理利用理财规划工具来规避风险，根据不同客户的不同生命周期阶段及风险承受能力制定不同的理财方案。

5. 消费、投资与收入相匹配原则：消费支出通常用于满足短期需求，投资则具有追求未来更高收益的特征，收入则是二者的源头。在收入一定的前提下，消费和投资是此消彼长的。理财规划中应正确处理三者之间的矛盾，确保在投资达到预期目标的同时保证生活质量的提高。

6. 家庭类型与理财策略相匹配原则：基本的家庭模型可分为青年家庭、中年家庭、老年家庭三种。不同的家庭模型，财务收支状况和风险承受能力各不相同，理财需求和理财目标也不同，因此对应的理财策略也不相同。一般来说，青年家庭的风险承受能力较高，理财规划的核心策略为进攻型；中年家庭的风险承受能力中等，理财规划的核心策略为攻守兼备型；老年家庭

5

的风险承受能力较低，理财规划的核心策略为防守型。

小资料 ▰▰▰

家庭理财不可不知的数字

"4321法则"指的是家庭资产合理配置的比例是：家庭收入的40%用于供房及其他方面投资；30%用于家庭生活开支；20%用于银行存款以备应急之需；10%用于保险。

"72法则"指的是在复利的前提下，本金增值一倍所需要的时间等于72除以年收益率。

"双10法则"指的是"保险额度不要超过家庭收入的10倍"，以及"家庭总保费支出占家庭年收入10%为宜"。

"80法则"指的是"高风险投资比例=80-自身年龄"的公式，看看你最多能配备多少比例在股票之类较高风险的投资工具上。

"31法则"指的是每月归还房贷的金额以不超过家庭当月总收入的三分之一为宜。

1.3.2 个人理财的步骤

在个人理财规划实务中，为了保证专业服务的质量，客观上需要一个标准的程序对个人理财规划工作进行规范。如图1-3所示，具体分为六个步骤：

1. 建立和界定与客户的关系

作为理财规划工作流程的第一个环节，建立客户关系是否成功直接决定了理财规划业务能否得到开展。建立客户关系的方式多样，理财规划师的沟通技巧显得尤为重要。

2. 收集数据并分析其理财目标和期望

理财规划师为客户制定的理财方案是否适合客户的实际情况，关键取决于理财规划师是否对客户的财务信息、非财务信息和客户的理财目标有充分的了解。因此，收集、整理和分析客户的相关信息，是制定理财方案的关键一步。在此基础上，才能针对不同客户提出切实可行的理财方案。

3. 分析客户当前的财务状况

客户现行的财务状况是达到未来财务目标的基础，理财规划师应先客观分析客户现行的财务状况并对未来的财务状况进行预测。对客户现行财务状况的分析主要包括客户家庭资产负债表、现金流量表以及财务比率的具体分析。

4. 整合策略并提出综合个人财务计划

理财规划师在进行理财规划时，要结合客户的实际情况，理清客户的理财目标和要求，综合考虑每一具体项目的规划，最后形成整体理财方案。在此基础上，理财规划师才能针对客户具体的理财目标提出理财方案。

5. 执行综合个人财务计划

一份书面的理财方案本身没有意义，需通过执行理财计划才能让客户的财务目标得到实现。为了确保理财计划的执行效果，理财规划师应遵循准确性、有效性、及时性的原则。理财方案本身也不是一成不变的，在假设前提

发生变化或客户的财务状况发生重大变化时，理财方案都需要随时调整。因此，理财方案的制定和执行都是一个动态的过程。

6. 监控综合个人财务计划的实施

理财服务并不是一次性完成的。客户本身的财务状况、非财务状况、理财目标以及外部的客观环境都在不断发生变化。因此，理财规划师在完成方案之后要不断根据新情况来调整方案，帮助客户更好地适应环境，达到预定的理财目标。

图1-3　个人理财的步骤

任务2　个人理财的基本内容及工具

2.1　个人理财基本内容

个人理财规划是指运用科学的方法和特定的程序为客户制定切合实际的、具有可操作性的某方面或综合性的财务方案，它主要包括现金规划、消费支出规划、风险管理和保险规划、投资规划、教育投资规划、退休养老规划、居住规划、财产分配与传承规划、个人理财税收筹划。

2.1.1　现金规划

在理财规划中，首要任务是保持资产的流动性，满足个人（家庭）支付日常家庭费用和意外事件开销，又要使流动性较强的资产保持一定的收益。现金规划是为满足个人（家庭）短期需求而进行的管理日常现金及现金等价物和短期融资的活动，因此现金规划是理财规划的必备基础。这里所指的现金及现金等价物包括流动性比较强的现金、各类银行存款及货币市场基金等金融资产。

2.1.2　消费支出规划

消费支出规划主要是居于一定的财务资源下，对家庭消费水平和消费结构进行规划，以达到适度消费，稳步提高生活质量的目标。家庭消费支出规划一般包括住房消费规划、汽车消费规划与个人消费信贷规划等。影响家庭财富增长的重要原则是"开源节流"，在收入一定的情况下，如何做好消费支出规划对一个家庭整个财务状况具有重要的影响。

2.1.3　保险规划

人的一生可能会面临一些风险，如意外的人身伤害、疾病、火灾等。根据这些损害对象的不同，我们可以将这些风险分为人身风险、财产风险和责任风险。为了规避、管理这些风险，人们可以通过购买保险来转移风险，满足自身的安全需要。保险理财的目的就是在于通过对客户经济状况和保险需求的深入分析，帮助客户选择合适的保险产品并确定合理的期限和金额来规

课堂笔记

7

避风险。不仅如此，保险还具有避税的功能，因此，在进行保险规划时，需要遵循一定的流程，即确定保险标的、选择具体的保险产品、确定保险金额、确定保险期限。

2.1.4　证券投资规划

证券投资规划是根据客户投资理财目标和风险承受能力，为客户指定合理的资产配置方案，构建投资组合来帮助实现理财目标的过程。证券投资规划一般需要构建投资组合达到风险和收益的完美组合，而投资组合的构建依赖不同的投资工具。这些投资工具根据期限长短、风险收益的特征与功能不同，大致可分为货币市场工具和资本市场工具。其他包括个人外汇理财、个人信托理财、个人艺术品理财等。合适的投资规划是为不同客户或同一客户不同时期的理财目标设计的，不同的理财目标要借助不同的投资产品来实现。因此，投资规划要求在充分了解客户的资产状况和风险偏好的基础上，通过合理的资产分配，使投资组合既能满足客户的理财目标，又能获得充足的回报。

2.1.5　教育投资规划

教育投资规划是一种人力资源投资，它不仅可以提高个人的文化水平和生活品质，还可以使受教育者在未来的就业中占据竞争优势。当前，社会就业形势竞争激烈，教育成本呈现加速增长的趋势。为了有足够的资金进行教育投资，有必要对家庭的教育支出做好及早的财务规划。教育投资可分为两类：客户自身的教育投资和子女的教育投资，而对子女的高等教育投资通常是所有教育投资项目中花费最高的一项。因此，个人教育投资规划应首先了解个人的教育需求情况，进行分析，确定客户当前和未来的教育投资资金需求；其次根据客户当前和未来的收入状况分析教育投资资金供给和需求之间的差距；最后在此基础上通过运用各种投资工具来弥补资金缺口。由于教育规划缺乏时间弹性和费用弹性，因此特别注重投资的安全性，侧重于选择风险较低的保值工具。

2.1.6　退休养老规划

人口老龄化加速是当今世界共同面临的新课题。按国际上60岁以上老年人口占人口总数的10%，或65岁以上老年人口占人口总数的7%的标准，我国已提前进入深度老龄社会。令人深思的是，我国60岁及以上老年人口还在以年均3.2%的速度递增，而我国的社会保障制度并不完善，人口老龄化进程速度与我国当前经济发展水平明显不同步，进入典型的"未富先老"型社会阶段。因此，个人做好退休养老规划已成为当务之急。退休养老规划是为保证客户在将来有一个自立、有尊严、高品质的退休生活，而从现在开始积极实施的规划方案。退休规划核心在于进行退休需求的分析和退休规划工具的选择。退休规划的工具具体来说包括社会养老保险、企业年金、个人储蓄性商业养老工具。

2.1.7　财产分配与传承规划

财产分配规划是指为了使家庭财产及其所产生的收益在家庭成员之间实现合理的分配而做的财务规划。财产传承规划是为了保证家庭财产实现代际相传、安全让渡而设计的财务方案，也就是遗产规划，是当事人在其健在时通过选择遗产管理工具和制订遗产分配方案，将拥有或控制的各种资产或负债进行安排，确保在自己去世或丧失行为能力时能够实现一定的目标，是从财务的角度对个人一生财产进行的整体规划。

2.1.8 个人理财税收筹划

依法纳税是每一个公民的义务，而纳税人出于自身利益考虑，往往希望自己的税负负担合理合法地减小到最少。因此，如何在合法的前提下尽量减少税负就成为每一个纳税人都十分关注的问题。个人理财税收筹划是指在纳税行为发生前，在不违反法律、法规的前提下，通过对纳税主体的经营活动或投资行为等涉税事项作出事先安排，以达到少纳税和递延交纳目标的一系列谋划活动。

2.2 个人理财的工具

目前国内有很多理财工具，这些工具各有什么特征？哪些工具适合我们个人投资？为了帮助大家了解这些理财产品，这里以表格的形式做一些简单实用的介绍（见表1-1、表1-2）。

表1-1　　　　　　　　　　各种理财工具优缺点比较一览表

理财工具	优点	缺陷
储蓄	获取稳定的利息收入，方便、灵活、安全，被认为是最保险、最稳健的理财工具	相对于其他投资，收益即利息收入较低。同时，存款利息往往无法弥补通货膨胀所带来的资金贬值
债券	属于收益相对稳定、风险较低的投资品种，国债投资收益不必缴纳各种税费；交易成本低，一般购买国债只收取2‰手续费	个人投资者难以介入收益较高的企业债、可转换债券等品种。企业债虽然利息较高，但要交纳20%的利息税，且存在一定的信用风险
基金	专家理财，避免个人投资盲目性；注重投资组合，分散投资风险；费用相对低廉；透明度相对较高（开放式基金）	收益不固定，而且是不保本的，基金适合长期投资；系统性风险难以避免
保险	保障功能、避税功能、强制储蓄；分红型保险在一定程度上可以抵御通货膨胀和利率波动，不被冻结，真正实现个人资产的保全；还可以办理保单贷款	总体收益不高，算是稳健投资；流通性差；短期不见利，领取时限较长，一般要到20年乃至40年以后再领取；退保会有很大的损失
股票	入市门槛低，波动幅度小，风险预期收益高，而且流通性不错	T+1交易，有可能被套牢；只能做多；有庄家操纵，控股厉害；中国市场不成熟，受国家政策、小道消息、国际市场、期货等影响很大
外汇	成本低廉，只收取点差，即千分之一的交易费用；不受金额、币种限制，不受时空影响；T+0交易，可随时买卖；没有庄家	种类繁多不利于分析；一般是外汇保证金交易，外汇保证金交易把收益和风险放大了，如果操作不当就会面临巨大亏损的风险

续表1-1

理财工具	优点	缺陷
期货	保证金交易，高杠杆，高资金利用率；T+0，交易灵活；双向交易，使保值成为可能性	受外围市场影响较大，易出反向跳空缺口，缺乏持续行情；资金风险相对较高，需很强的心理承受能力；交易时间相对零散；入市门槛较高，大大提高了风险度
信托	风险低，收益较高，投资领域广；产品横跨货币、资本、实业三个领域；专家理财	门槛较高，一般需要100万元资金作为起步；投资期限一般为1~2年，投资期间变现能力差
黄金	是对抗通胀的理想武器之一，无时间限制，24小时可以交易；价格信息公开透明，不会被人为操纵，而且交易时段比较分散	金价波动大，受国际上各种政治、经济因素，以及各种突发事件的影响，金价经常处于剧烈的波动之中，需要投资者有一定的经济、金融知识
收藏	具有安全性、可靠性；陶冶情操，提高生活品位；极具增值潜力，其收益性至少是几倍，甚至几百倍，乃至上万倍	需要有专业知识，因为不是任何藏品都有升值潜力的
房地产	具有相对稳定的价值，有较好的保值增值的功能；由于土地资源的稀缺和不可再生性，以及居民需求和生活质量的提高，这使房地产具有不断升值的潜力	流动性较差，一般是长期投资项目；而且投资金额比较大，一般动辄数十万，或上百万；同时具有政策风险和道德风险，可能给房地产投资都带来损失

表1-2 　　　　　　　各理财工具综合比较一览表

理财工具	储蓄	债券	基金	保险	股票	外汇	期货	信托	黄金	收藏	房地产
风险	低	低	中	低	高	高	高	低	中	中	中
收益	低	中	中	低	高	高	高	中	中	中	中
流动性	高	中	中	低	高	高	高	低	低	低	低
准入门槛	无	低	低	低	低	高	高	高	低	高	高

　　这些工具各有优缺点，我们要了解每种产品的投资特性，根据自己的风险承受程度和财务状况选择理财工具，并做一些合理的配置整合。

任务3 个人理财基本理论

3.1 个人理财生命周期理论

3.1.1 了解个人理财生命周期理论

　　生命周期理论作为指导个人理财的核心理论之一，对此理论的理解，有助于人们对生活进行更好地规划。它是由经济学家莫迪利亚尼、布伦博格与安多共同创建的。其中，莫迪利亚尼的贡献尤为突出。因此生命周期理论又被称为莫迪利亚尼的生命周期理论。该理论从个人的生命周期消费计划出发，最终建立了消费和储蓄的宏观经济理论。其核心是指个人理财追求的目标是使客户在整个人生过程中合理分配财富，达到人生的效用最大化。

　　他们依据微观经济学中的消费者行为理论，从对个人消费行为的研究出

发，该假说的前提如下：

1. 首先假定消费者是理性的，能以合理的方式使用自己的收入，进行消费。

2. 消费者行为的唯一目标是实现效用最大化。这样，理性的消费者将根据效用最大化的原则使用一生的收入，安排一生的消费与储蓄，使一生中的收入等于消费。

因此，消费就不是取决于现期收入，而是取决于一生的收入。人们是根据自己的预期寿命来安排收入用于消费和储蓄的比例的：即每个人都根据他一生的全部预期收入来安排他的消费支出，也就是说，家庭在每一时点上的消费和储蓄决策反映了家庭在其生命周期内谋求达到消费理想分布的努力，而家庭的消费要受制于该家庭在其整个生命期间内所获得的总收入。

个人理财规划是针对客户整个人生而不是某一个阶段的规划，人在不同的生命阶段有不同的财务状况、不同的资金需求，这决定着客户各个阶段选择理财工具的种类、数量和理财目标也要有所区别，因而针对不同客户个人或家庭资产需进行不同的配置。理财规划师之所以划分客户的生命周期，其目的在于划分客户所处的生命阶段，分析其在不同阶段的不同财务状况与理财目标，从而有效地对其进行个人理财规划设计。

生命周期理论的启示：

（1）人的一生都要进行理财规划；

（2）人生每个阶段的理财目标不同，所以每个阶段的理财方案也不同；

（3）理财规划要趁早。

3.1.2　生命周期理论在个人理财中的运用

人的一生经历婴儿、童年、少年、青年、中年一直到老年的多个不同时期。婴儿期、童年期、少年期没有财务来源，青年期、中年期是收入的主要来源期，老年期的财务来源也十分有限，因此青年期、中年期和老年期是个人理财的核心环节，基本的家庭模型也依次分为青年家庭、中年家庭、老年家庭三种。再将其进一步细分，则可分为五个时期，即单身期、家庭与事业形成期、家庭与事业成长期、退休前期和退休期（见图1-4）。

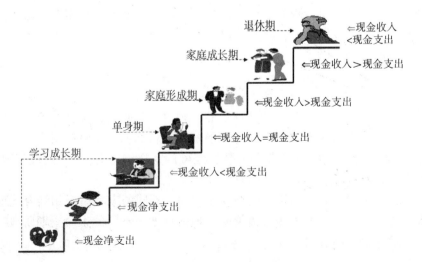

图1-4　人生不同阶段的现金流

1. 单身期

单身期即参加工作至结婚这段时期，一般为 2~8 年。在这个时期，个人刚步入社会开始工作，财务状况是资产较少，可能还有负债（如贷款、父母借款），甚至净资产为负，总体属于经济收入比较低而且花销大的人生阶段。这个时期是未来家庭资金的积累期，因此，该时期的主要目标为储蓄，重点是提高自身，投资自己，培养未来的获得能力。为此，个人要努力寻找高薪工作、积极努力地工作并通过投资等手段广开财源，尽可能多得获得财富、累积资金，为未来的结婚和进一步投资做好准备。

2. 家庭与事业形成期

家庭与事业形成期即结婚到新生儿诞生的这段时期，一般为 1~3 年。在这个时期，家庭成员增加，家庭负担加重，为了提高生活质量需要较大的家庭建设支出和日常开支。在事业上，经济收入增加而且生活开始走向稳定，但是财力不大。这个时期可以进行适当的投资，倾向于选择安全稳健的理财工具，如债券、低风险基金等。

3. 家庭与事业成长期

家庭与事业成长期即子女出生到子女完成教育的时期，一般为 18~22 年。在此时期内，家庭成员不再增加，整个家庭成员的年龄在不断增长，经济收入增加，花费也不断增加，生活趋于稳定。这个时期是家庭主要的消费期，家庭最大的开支是家庭建设支出、保健医疗费用、子女教育培养和生活费，所以理财的重点在于合理安排这些费用。

4. 退休前期

即子女参加工作直至家长退休为止的这段时期。一般为 10~15 年左右，在这个时期家庭已经达到稳定状态，子女已经完全独立，资产逐渐增加，负债逐渐减轻。个人自身的事业、经济状况都达到了顶峰状态，是以巩固、壮大个人和家庭资产为中心的阶段，是财富积累的高峰时期。这一时期除了关心享受生活、重视消遣外，理财重点有两方面，一是扩大投资，但不宜过多选择高风险的投资方式，避免因为风险投资失败而葬送一生积累的财富。二是进行养老规划，由于距离退休为期不远，这个时期最迫切需要考虑的是为日后长期的退休生活作好安排，所以，养老规划应作为该阶段个人理财规划的一个最重要的目标。

5. 退休期

进入退休时期，一身轻松，责任的接力棒传给了下一代，这个时期的主要内容应该以安度晚年为目的，理财的原则也应该是身体、精神第一，财富第二。这一时期的财务规划需要注意平衡两大目标，一是财产安全，二是遗产传承。由于此前的财务规划与管理已经可以令晚年无忧，"散财代替聚财，用钱代替赚钱"应成为新的财务规划指导原则。

总之，理财规划必须和不同的生命周期、不同的家庭模型相结合才能产生最好的理财效果。表 3-1 具体说明了理财规划在不同的生命周期阶段、不同的家庭模型中的应用。

表 1-3　　　　　　　　不同生命周期、不同家庭模型下的理财规划

生命周期	家庭模型	理财需求分析	理财规划
单身期	青年家庭	1. 租赁房屋 2. 满足日常支出 3. 偿还教育贷款 4. 储蓄 5. 小额投资积累经验	1. 现金规划 2. 消费支出规划 3. 投资规划
家庭与事业形成期		1. 购买房屋 2. 子女出生和养育 3. 建立应急基金 4. 增加收入 5. 风险保障 6. 储蓄和投资 7. 建立退休基金	1. 消费支出规划 2. 现金规划 3. 风险管理规划 4. 投资规划 5. 税收筹划 6. 子女教育规划 7. 退休养老规划
家庭和事业成长期	中年家庭	1. 购买房屋、汽车 2. 子女教育费用 3. 增加收入 4. 风险保障 5. 储蓄和投资 6. 养老金储备	1. 子女教育规划 2. 风险管理规划 3. 投资规划 4. 退休养老规划 5. 现金规划 6. 税收筹划
退休前期		1. 提高投资收益的稳定性 2. 养老金储备 3. 财产传承	1. 退休养老规划 2. 投资规划 3. 税收筹划 4. 现金规划 5. 财产传承规划
退休期	老年家庭	1. 保障财务安全 2. 遗嘱 3. 建立信托 4. 准备善后费用	1. 财产传承规划 2. 现金规划 3. 投资规划

3.2　货币时间价值理论

案例导入

　　曼哈顿岛（Manhattan）位于美国东部哈德逊河下游，面积约 60 平方千米，是纽约市中心，百老汇就位于辖域范围内。曼哈顿区有发达的文化产业，在全球具有极强的影响力。传说此岛是在1626年，用总价 24 美元的念珠和其他小玩意买下的。相信大多数人会说：太划算了！24 美元买个岛。但我们不

要忘记，此24美元非彼24美元。386年前的24美元，折算到现在值多少钱呢？假定利率是8%，那么相当于24美元在复利模式下，以8%的利率"存了"386年！根据复利公式计算，得到约合19万亿美元！美国现在人口大约3亿，也就是说，站在"今天"的角度来看，为了买曼哈顿岛，平均每个美国人，"花了"6万多美元！现在大家是否觉得"很划算"呢？

（资料来源：http：//news. hexun. com/2008－07－14/107 398 233. html）

3.2.1 了解资金时间价值

资金时间价值是理财规划的基础观念之一，由于其非常重要并且涉及所有理财活动，因此被人们称为理财的"第一原则"。

资金时间价值，或者称货币时间价值，是指在不考虑风险和通货膨胀的条件下，资金历经一定时间的投资和再投资所增加的价值。资金时间价值广泛的应用在个人理财的每个领域中。资金的时间价值体现了货币资金随着时间的推移，进行周转使用后增值的情况，因此一定量的货币资金在不同时点上具有不同的价值。因此我们认为，年初的100元不等于年末的100元，且前者较后者有更高的经济价值。

资金时间价值可以用绝对数表示，也可以用相对数表示，即以利息额或利息率来表示。

一般来讲，利息率可以用无风险、无通货膨胀下的社会资金利润率来表示。

由于资金具有时间价值，因此在理财规划与决策的时候，不同时点的资金应换算到相同的时点下，才能进行价值的比较。根据时间点的不同，可分为现值与终值的计算；根据资金收付方式的不同，又分为一次性收付款与年金的计算。

3.2.2 一次性收付款款项的终值与现值计算

1. 单利的计算

单利是指只对本金计息，其产生的各期利息不再加入本金计算利息的一种计息方式。例如我国银行定期整存整取存款的计息方式都采用单利计息。

（1）单利终值的计算。终值又称将来值，是指现在一定量的资金在未来某一时点上的价值。单利终值的计算公式为：

$$F=P+P\times i\times n=P\times(1+i\times n)$$

其中，F 表示终值，P 为现值，i 表示一定期间的利率，n 为计息期数，要注意的是利率与计息期数的时间范围应一致。

（2）单利现值的计算。现值又称本金，是在已知未来某一时点下的一定量资金折合到现在的价值。其计算公式为：

$$P=F/(1+i\times n)$$

[例] 假定银行 3 年定期整存整取存款年利率为 6%，若想 3 年后获得 10 000 元现金，王女士现在应存银行多少钱？

根据单利计息的方式，一次性存款的现值计算公式，可计算得到：

$$10\ 000/\ (1+6\%\times3) = 8\ 474.58 元$$

说明王女士只要以 8 475 元的现金存入银行三年定期存款，按 6% 单利计息，3 年后即可获得 10 000 元的现金。

2. 复利的计算

复利是指将每期利息加入下期本金再计利息的一种计息方式，也称利滚利。我们称相邻两次计息的时间间隔为计息期，可以按年、月、日计息等。除非特别说明，个人理财实务中通常以年为计息期，复利计算。

(1) 复利终值的计算。复利终值是指按复利计算若干计息期后的本利和。其计算公式为：

$$F=P\times(1+i)^{n}$$

其中，$(1+i)^{n}$ 标记为复利终值系数，用符号 $(F/P,\ i,\ n)$ 表示，例如 $(F/P,\ 6\%,\ 3)$，表示利率为 6%，3 年期复利终值系数。复利终值系数可以直接查阅 "复利终值系数表" 获得。

[例] 25 岁的张先生准备在 5 年后结婚，他打算将 5 万元积蓄存入银行，按一年整存整取，连续存 5 年，假定一年整存整取存款利率为 5%，请问 5 年后张先生可以取出多少钱？

一年整存整取连续存 5 年，相当于当年的本息和一起计入下一期本金计息，是复利计息，因此，用公式得到，$F = 50\ 000\times(F/P,\ 5\%,\ 5) = 50\ 000\times1.276\ 3 = 63\ 815 元$。

在理财实务中，我们会发现，随着时间的推移，复利计息下终值的增长速度会越来越快，它对理财结果的影响是相当大的。

(2) 复利现值的计算。复利现值是复利终值的对称概念，即已知未来一定的本利和，现在需要收付的本金。其计算公式为：

$$P=F\times(1+i)^{-n}$$

其中，$(1+i)^{-n}$ 标记为复利现值系数，用符号 $(P/F,\ i,\ n)$ 表示，该系数与复利终值系数互为倒数，同样可以通过查表 (http://www.lstvu.net.cn/kj/cwgl/xsbcx/01.htm 复利现值系数表) 得到。

[例] 假定小王 3 年后需 3 万元来支付读研的学费，小王准备用手中的钱购买基金，投资回报率在 7%，问现在应拿出多少钱来投资？

复利现值 $=P\times(P/F,\ i,\ n)$

$= 30\ 000\times(P/F,\ 7\%,\ 3) = 30\ 000\times0.816\ 3 = 24\ 489 元$

15

3.2.3 年金的终值、现值及年金的计算

1. 年金的类型

在理财实务中，几乎所有的消费信贷和住房按揭都要求按月等额偿还，那么消费者究竟一次性还贷合适，还是分期等额付款呢？这就需要掌握年金的概念与计算。

年金是指在一定时期内，一系列在相等时间间隔上等额收付的款项。例如零存整取的银行存款、住房按揭的分期等额还贷、消费信贷的分期付款、养老金的等额发放等。

按年金收付时点的不同，可将年金分为普通年金、预付年金、递延年金和永续年金四种形式。普通年金的收付时点在每期期末；预付年金的收付时点在每期期初；递延年金的第一次年金收付时间发生在第二期或第二期以后；永续年金是无限期等额收付的年金。但不论年金的形式如何变化，普通年金是最基本的一种年金，其他年金都是它的转化形式，因此本书将重点介绍普通年金的终值、现值及年金的计算，其他类型的年金计算可参阅相关文献。

2. 普通年金的终值计算

普通年金又称后付年金，其终值是指一定时期内每期期末等额收付的系列款项的复利终值之和，相当于银行零存整取的本利和。

利用复利终值公式可以计算出普通年金各期收付款项的终值，求和后可得到普通年金的终值。以下直接给出普通年金终值的计算公式：

$$P = A \times \frac{(1+i)^n - 1}{i}$$

其中，$\frac{(1+i)^n - 1}{i}$ 标记为年金终值系数，符号为 $(F/A, i, n)$。可通过查阅年金终值系数表查得。

[例] 王小姐每年年末存入银行 1 万元，连续存 3 年，在银行利率 10% 的情况下，在第三年末王小姐将积累多少资金？

根据普通年金终值的计算公式：

$$F = A \times (F/A, i, n)$$
$$= 10\,000 \times (F/A, 10\%, 3)$$
$$= 10\,000 \times 3.31 = 33\,100 元$$

在理财实务中，还会经常碰到这样的情形：为了达到预先设定好的年金终值金额而应计算存入的年金数额，即已知年金终值，求年金。

根据年金终值的计算公式：

$$P = A \times \frac{(1+i)^n - 1}{i} = A \times (P/A, i, n)$$

可以推算得到：

$$A = F / (F/A, i, n)$$

[例] 小陈打算在 5 年后还清50 000元的人民币债务，假定银行存款利率

为 4%，那么每年年末他需要存入多少元人民币？

这是已知年金终值，求年金的情形，可根据公式计算：

$$A = F/ (F/A, i, n)$$
$$= 50\ 000/ (F/A, 4\%, 5)$$
$$= 50\ 000/5.416 = 9\ 231.91元$$

3. 普通年金的现值计算

普通年金的现值是指一定期间内每期期末等额收付的系列款项的现值之和。普通年金的现值计算也可以通过各期收付款的复利现值求和得到，以下直接给出一般公式：

$$P = A \times \frac{1 - (1 + i)^{-n}}{i}$$

其中，$\frac{1 - (1 + i)^{-n}}{i}$ 标记为年金的现值系数，用符号 $(P/A, i, n)$ 表示。也可以通过查阅年金现值系数表查得。

[例] 某人购买一份保险产品，有两种付款方式：一是连续 20 年每年年末缴交保费 5 000 元，一是当年趸交 5 万元，假定当时的市场利率为 6%，问应如何选择？

两种付款方式只有在同一时间点下比较才有意义，因此应统一到现值的比较。

第一种方式是年金，求年金现值：

$$P = A \times (P/A, i, n) = 5\ 000 \times 11.469\ 9 = 57\ 349.5元$$

第二种方式是一次性给付，当年交 5 万元，是现值，两者比较，从数值大小上，应选择趸交 5 万元。

同样的，实务中我们还需要学会计算，当年金现值已知的情形下，年金的计算方式。例如准备在 5 年内清偿期初向银行所欠债务，需计算出每年应等额支付多少现金。

根据年金现值计算公式，

$$P = A \times \frac{1(1 + i)^{-n}}{i} = A \times (P/A, i, n)$$

可以推导得到：

$$P = A \times \frac{1 - (1 + i)^{-n}}{i} = A \times (P/A, i, n)$$

[例] 李女士分期分批付款购买住宅，向银行借款 30 万，还款期为 10 年，银行贷款利率为 6%，问需每年年末应偿还的本息和是多少：

根据已知年金现值求年金的公式计算得到，

$$A = P/ (P/A, i, n) = 300\ 000/7.360\ 1 = 40\ 760.32元$$

3.2.4 利率的计算

1. 利率的内涵

利率是资金使用权的价格，就其表现形式来说，是指一定时期内利息额同借贷资本总额的比率，通常用百分比表示。利率反映的是单位货币在单位时间内的利息水平，表明利息的多少。

利率是经济学中一个重要的金融变量，几乎所有的金融现象、金融资产均与利率有着或多或少的联系。当前，世界各国频繁运用利率杠杆实施宏观调控，利率政策已成为各国中央银行调控货币供求，进而调控经济的主要手段，利率政策在中央银行货币政策中的地位越来越重要。

2. 名义利率与实际利率

通常情况下，我们假定利率为年利率，即以年作为计息期，按复利计息。但现实生活中，复利的计息期不一定是一年，有可能是按月或按季度来计算。当每年的复利计息次数超过了一次，那么给出的年利率为名义利率；当每年只有一次的复利计息时，名义利率等于实际利率。

我们设名义利率为 r，实际利率为 i，一年中复利计息的次数为 m，名义利率与实际利率的换算公式如下：

$$i = \left(1 + \frac{r}{m}\right)^m - 1$$

当年利率为6%，按半年复利计息一次，此时的实际利率应为6.09%，可以发现，此时的实际利率超过了名义利率。即当一年内有多次计息的情况下，其实际利率大于名义利率。

[例] 小陈向银行申请了一笔贷款，银行的贷款利率为9%，按季度计息，请问小陈这笔贷款的实际借款利率为多少？

由于银行按季度计息，名义利率不等于实际利率，因此根据公式计算得到：

$$i = \left(1 + \frac{r}{m}\right)^m - 1 = \left(1 + \frac{9\%}{4}\right)^4 - 1 = 9.3\%$$

实际借款利率大于名义利率。

3.3 风险与报酬

3.3.1 风险的概念

风险是指预期结果的不确定性。在理财实务中，始终存在着预期结果的不确定性，可能是负面效应的不确定性，也可能是正面效应的不确定性。风险意味着危险与机会并存，因此个人理财过程中应注意防范和控制风险。

3.3.2 风险的衡量

风险意味着结果的不确定性，因此在具体测量中要用到概率与统计的方法。

1. 概　率

在相同条件下可能发生多种不同结果的现象称为随机现象。随机现象的每一个可能结果都是一个随机事件。概率就是用来表示随机事件发生或某种结果出现可能性大小的数值。在现实理财活动中，随机现象随处可见。例如某客户进行股票投资，该客户购买的股票在某一天的走势具有不确定性，可能上涨，可能下跌，也可能持平，因此对该客户当天的盈亏就可能出现三种不同的结果。当然这种不确定性我们是可以进行预测的。

一般，我们用 X 来表示随机事件，X_i 来表示随机事件的第 i 种结果，用 P_i 来表示该结果的相应概率，其取值范围在 [0，1] 之间，当 $P_i = 0$，说明该事件结果出现的可能性为 0；当 $P_i = 1$，说明该事件结果必然发生。当 P_i 越大，表明该结果出现的可能性越大。所有可能结果出现的概率之和一定等于 1。

2. 期望值

期望值是指一个概率分布中的所有可能结果以各自相应的概率为权数的加权平均值。它反映了所有结果的一个平均值，是集中趋势的一种度量。期望值的计算公式为：

$$\overline{E} = \sum_{i=1}^{n} X_i P_i$$

其中，P_i 为第 i 种结果的概率，X_i 表示第 i 种结果的数值表示，n 为所有可能结果的个数。

3. 标准差与标准离差率

风险是指结果的不确定性，那么这种不确定性可以用各种结果之间的差异性来衡量，或者称为离散程度，各种结果的差异性越大，则离散程度越大，不确定性就越明显，风险就越大。因此我们可以用反映离散程度的指标来衡量风险的大小。一般我们会使用标准差和标准离差率两个指标。

标准差是各种可能结果偏离期望值的综合差异，是反映离散程度的一种度量。计算公式为：

$$\delta = \sqrt{\sum_{i=1}^{n} (X_i - \overline{E})^2 P_i}$$

标准离差率是标准差与期望值的比率，通常用 V 来表示。标准差只使用于期望值相同的方案比较，对于期望值不同的决策方案，只能通过比较标准离差率来确定风险的大小。标准离差率的计算公式为：

$$V = \frac{\delta}{期望值}$$

[例] 某项投资的资产利润率概率估计如下：

可能出现的情况	概率	资产利润率/%
运行状况好	0.3	20
运行状况一般	0.5	10
运行状况较差	0.2	−5

请为投资者计算该项目资产利润率的期望值、标准差及标准离差率。

由风险衡量的各项指标计算公式得到：

资产利润率的期望值 = 0.3×20% + 0.5×10% + 0.2×（−5%）= 10%

资产利润率的标准差

$$\delta = \sqrt{(10\% - 20\%)^2 \times 0.3 + (10\% - 10\%)^2 \times 0.5 + (-5\% - 10\%)^2 \times 0.2}$$
$$= 8.66\%$$

资产利润率的标准离差率 = 8.66%/10% = 0.866

3.3.3 风险与报酬

1. 风险与报酬的关系

当我们在投资理财面对着一个预期收益不确定的高风险投资项目时，我们都希望得到的投资回报率要高于一般的低风险项目，否则我们将会放弃这项投资。事实上，面临的风险越大，要求的必要报酬率就越高，这就是风险与报酬的基本关系。

在经济活动中，各投资项目的风险大小是不同的，在投资报酬率相同的情况下，人们都会选择风险小的投资，竞争的结果使该投资风险增加，报酬率下降。最终高风险的项目必然有高投资，否则就没有人投资；低报酬的项目必然风险很低，否则也没有人投资。风险与报酬的这种关系就是市场竞争的结果。

投资者进行风险投资的目的是获取风险报酬，因此投资者要求的最低投资报酬率就应该包括无风险收益率和风险报酬。其中风险报酬就是指投资者因冒风险进行投资而要求的，超过了资金时间价值的那部分额外报酬。因此对每项投资来说，其要求的必要报酬率可以用以下公式表示：

必要报酬率（R）= 无风险报酬率（R_f）+ 风险报酬率（R_r）

其中无风险报酬率相当于不考虑通货膨胀和风险下的社会平均投资回报率，一般用短期国库券利率来代替；风险报酬率表示因承担该项投资的风险而要求的额外补偿，我们将在下文中介绍如何确定风险报酬率。

2. 风险报酬率的确定

实务中，可以用风险报酬系数将标准离差率转变为相应的风险报酬率，即

$$R_r = b \times V$$

其中 V 为标准离差率，用来衡量风险的大小；b 为风险报酬系数，用来衡量风险与报酬的基本关系，该数值的大小取决于投资者或理财者对风险的偏好。如果该投资者对风险的态度越是回避，其要求的风险补偿也就越高，因而风险报酬系数的值就越大；反之则变小。

风险与必要报酬率之间的关系可以用图 1-5 来表示。

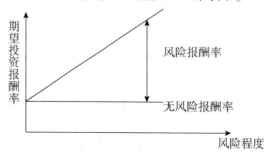

图 1-5　风险与报酬关系图

任务4 个人理财业务的发展

理财规划是一个评估个人或家庭各方面财务需求的综合过程，它是由专业理财人员通过明确客户理财目标，分析客户的生活、财务现状，从而帮助客户制定出可行的理财方案的一种综合性金融服务。我们称进行理财规划工作的专门人员为理财规划师。理财规划要求提供全方位的服务，因此要求理财规划师全面掌握各种金融工具及相关法律法规，为客户提供量身订制的、切实可行的理财方案，同时在对方案的不断修正中，满足客户长期的、不断变化的财务需求。

4.1 国内外主要有以下几种理财规划师资格认证

4.1.1 理财规划师（CHFP）

2003年，人力资源和社会保障部正式设立理财规划师职业，颁布《理财规划师国家职业标准》，"理财规划师"列入国家职业大典。2004年，国家职业技能鉴定专家委员会理财规划师专业委员会成立，作为制定及修订职业标准等事务的专门机构。2005年，理财规划师专业委员会成立了秘书处，正式展开培训工作。2006年，国家理财规划师资格开始实行全国统考制度。

国家理财规划师职业资格分为三个级别：高级理财规划师（国家理财规划师一级）、理财规划师（国家理财规划师二级）、助理理财规划师（国家理财规划师三级）。考试内容有基础知识、专业技能、综合评审三项，考试每年两次，分设在5月中旬和11月中旬。理财规划师证书是目前世界上最权威的理财顾问认证项目，理财规划师持证者人数的多少，已成为衡量一个国家或地区理财行业发达程度的参考指标。对个人来说，理财规划师证书是理财专家的身份证明，更是获得高薪和高职的有力保证。

4.1.2 注册理财规划师（CFP）

注册理财规划师（Certified Financial Planner）起源于1985年的美国，目前发展为全球性的理财师认证组织，它是由CFP标准委员会考试认证，是目前国际上金融领域最权威、最流行的个人理财职业资格认证。在我国，CFP的认证机构是中国金融理财标准委员会。目前我国取得CFP会员资格的专业人士中，约有三分之二来自银行、证券、基金、保险公司等金融机构，另有三分之一人员主要从事独立理财顾问工作。

CFP的资质认证必须要满足教育、考试、经验、操守四个环节的认定，在取得资格后每两年都要对资格进行更新，同时要接受20个课程继续教育的义务。

CFP为客户提供全方位的专业理财服务，以实现客户财务目标，避免财务风险为宗旨。其所提倡的4E标准（考试标准Examination、从业标准Experience、职业道德Ethics、继续教育Continuing Education）和7项原则（诚实Integrity、客观Objectivity、称职Competence、公正Fairness、保密Confidentiality、专业Professionalism、勤勉Diligence）已为全球理财行业所推崇和效仿。

4.1.3　注册财务策划师（RFP）

财务策划，也称理财规划或财富管理，是评估个人财务状况和风险承受能力以达到人生不同阶段的财务目标的综合过程，其范围包括储蓄计划、投资计划、保险计划、税务计划、退休计划及遗产管理等，涉及面非常广泛。财务策划师就是从事财务策划服务并取得相关专业资格认证的从业人员，广泛来自于会计师、注册会计师、个人理财顾问、投资顾问以及银行、保险、证券或财务公司的从业人员。

RFP（Registered Financial Planner）证书由中国香港注册财务策划师协会推出，其资格在欧美许多国家获得广泛认可。要获得 RFP 证书，必须通过 5门课程：基础财务规划（Foundation of Financial Planning）、投资规划（Investment Planning）、保险及退休规划（Insurance & Retirement Planning）、税务及遗产规划（Tax & Estate Duty Planning）以及高级财务策划（Advanced Financial Planning）。

4.1.4　特许财富管理师（CWM）

特许财富管理师（Chartered Wealth Manager）由美国金融管理学会推出，是美国三大理财规划证书之一。调查显示，在美国银行从业人员中，CWM 证书持有者比例最高，因此 CWM 在银行界具有相当大的权威性。

CWM 课程围绕保险计划、投资计划、退休计划、地产计划、税务计划和财务规划基本原则等六个方面的内容设置。在我国，要取得 CWM 认证需参加由国外资深专家为主要授课阵容的认证培训课程，并通过考试，合格的学员将可以获得由美国金融管理学会颁发的 CWM 证书。

相较于 CFP，CWM 专门针对开拓高端客户的零售银行、理财中心及私人银行部门，其培训注重实战及实务，在高端客户需求探索、高端客户业务开拓、顾问式理财营销、客户长远关系管理、财富管理策划、资产组合配置管理及投资风险管理方面都有独特的设计。另外，CWM 与 CFP 的知识体系是互通的，CWM 持有者在补修规定课程后也可申请 CFP 证书。

4.1.5　特许金融分析师（CFA）

特许金融分析师（Chartered Financial Analyst）由美国投资管理与研究协会于1963年发起成立，是目前全球金融财经界最为推崇的金融投资专业资格。

我国于1999年引入 CFA，目前在北京、上海和香港均设有 CFA 资格认证机构。全英文的 CFA 认证考试分为三阶段，每个考生每年只可报考一个阶段的考试，通过了才可报考下一阶段，而且必须于 3～7 年内通过全部三个阶段的考试。其考试内容涵盖了金融分析行业所必备的专业知识，包括证券分析、企业财务、定量分析、经济学、投资组合分析以及道德与职业操守等多方面。

除此以外，申请者还必须具备 3 年或 3 年以上美国投资管理与研究协会所认可的从业经验，遵守该协会公布的职业操守和道德准则，并申请成为一名该协会的成员，只有具备了这些条件后，申请者才可获得 CFA 资格证书。

4.2　财金类高职学生的主要职业资格考试

为了更贴近财金类高职学生的实际情况及未来理财职业生涯的规划，本书还介绍以下几种职业资格考试。

4.2.1　银行从业资格证

"中国银行业从业人员资格认证"简称 CCBP（Certification of China Banking Professional）。它是由中国银行业从业人员资格认证办公室负责组织和实施银行业从业人员资格考试。该认证考试自2006年试点。

银行从业人员资格考试，是对依法从事银行业专业岗位的学识、技术和能力的基本考核，共由四个基本的环节组成，具体为资格标准、考试制度、资格审核和继续教育。考试科目为公共基础、个人理财、风险管理、个人贷款和公司信贷，其中公共基础为基础科目，其余为专业科目。考生可自行选择任意科目报考。按照《中国银行业从业人员资格认证考试证书管理办法》规定，通过"公共基础"考试并获得证书是获取专业证书的必要前提。

4.2.2　证券从业资格证

证券从业资格证书（Certification of Securities Professional）由中国证券业协会（SAC）颁发，是从事证券行业工作必须持有的资格证书。在我国，证券公司、基金管理公司、基金托管机构、基金销售机构、证券投资咨询机构、证券资信评估机构及中国证监会认定的其他从事证券业务的机构中从事证券业务的专业人员，必须在取得从业资格的基础上取得执业证书，从事相应的证券活动。

证券从业资格考试科目分为基础科目和专业科目，基础科目为《证券市场基础知识》，专业科目为《证券交易》、《证券发行与承销》、《证券投资分析》和《证券投资基金》。其中基础科目为必考科目，专业科目可以自选。考试成绩合格者可取得成绩合格证书，考试成绩长期有效。通过基础科目及任意一门专业科目考试的，即可取得证券从业资格，符合《证券业从业人员资格管理办法》规定的从业人员，可通过所在公司向中国证券业协会申请证券从业资格证。

4.2.3　保险从业资格证

保险从业资格考试分为全国保险中介从业人员资格考试和中国人身保险从业人员资格考试项目（即 CICE）两大类：保险中介从业人员考试又分为保险经纪人、保险公估人及保险代理人考试，其中以保险代理人考试人数最多；人身保险从业人员考试（即中国寿险管理师、寿险理财管理师、员工福利规划师资格考试）是广大保险从业人员加强后续专业知识学习，提高专业能力的重要证书。以下简要介绍保险代理人资格考试。

保险代理资格证是中国保监会对保险代理从业人员基本资格的认定，须通过参加中国保监会统一组织的保险代理从业人员基本资格考试方可取得，它并不具有展业证明的效力。考试内容含"保险原理"、"中华人民共和国保险法"、"寿险业务"及"财险业务"。

4.3　国外个人理财业务的发展状况

4.3.1　国外个人理财市场的主要参与者

在全球个人理财业务比较发达的地区，至少有以下几类金融机构参与个人理财市场的竞争。

首先是私人银行。原本定位于极端富裕阶层，诸如瑞士信贷、SG Hambro 等传统意义上的私人银行，开始充分利用丰富的经验和品牌影响力，积极拓展市场空间，将服务范围延伸到日益扩大的大众富翁阶层。

其次是投资银行和资产管理公司。如高盛、美林、汇丰、摩根大通等投行或资产管理公司也是个人理财市场上一类非常重要的参与者，他们已经不再仅仅满足于以公司客户为主要目标市场，而是将一些拥有巨额财富的个人客户纳入到服务对象里。

再次，是独立理财咨询室或理财咨询机构。这类理财机构的目标客户是财务知识缺乏，亟需理财指导的大众富裕阶层，他们主要通过为客户量身定做理财建议，通过收取指导费用以及相关金融机构的佣金维持经营。

最后是零售银行。国外一些传统零售银行正在充分发挥其在个人金融市场上客户基础广泛、业务品种丰富、网点分支机构众多等优势，纷纷推出集银行业务、理财咨询、增值服务等于一体的贵宾银行服务，这使个人理财业务更广泛地推广到大众富裕群体。

4.3.2　国外个人理财市场的主要产品和服务

以美国商业银行的个人理财业务为例，其服务的类型及分类标准大体上可以分为以下三个层次，如表1-4所示。

表1-4　　　　美国商业银行个人理财业务分类标准一览表

类别	大众化理财业务	半个性化理财业务	高度私密性理财业务
客户分类	一般消费者；一般占银行个人账户总数的80%以上	富裕消费者客户；一般占银行个人账户总数的10%，多属于白领工薪阶层	私人银行客户；一般占银行个人账户总数的1%左右；主要为富裕家族成员、大公司主管、著名医生、律师等
主要业务种类	银行账户、住房抵押贷款、汽车贷款、信用卡4类业务	银行账户、住房抵押贷款、汽车贷款、信用卡以及投资类、保险类产品，要求服务质量较高	对银行服务要求有高敏感度
差别服务	较少提供个性化服务	提供一定的个性化理财服务	根据每一个客户量身定做，尽可能满足其个性化需求

（资料来源：宁云芳《中美商业银行个人理财业务的比较分析》，吉林财经大学．2013）

从美国商业银行理财服务的内容来看，大体分为贷款业务、委托业务、投资业务及私人理财业务这四类。

表 1-5　　　　　　　　　美国商业银行个人理财业务的主要内容

贷款业务	信用卡、综合消费贷款、个人存单质押贷款、住房抵押贷款等
委托业务	委托转账、委托代扣代缴费用、个人综合委托服务等
投资服务	股票、债券、基金、外汇、房产等投资
私人理财服务	分析设计理财方案、资产管理服务、遗产规划、税务规划、子女教育计划、养老规划及各种理财咨询等

（资料来源：《美国商业银行个人理财业务发展与启示》，2011）

从表 1-5 可以看出，在美国，商业银行会根据不同类型的客户群体，开展不同类型的理财服务，具体的业务涵盖了储蓄、信贷、保险、信用卡、CDs、投资货币市场和资本市场的高收益理财计划、教育计划、退休金计划、遗产计划等多个方面。随着金融行业的不断创新，银行、证券、保险等业务相互交叉、相互渗透、相互融合，极大地丰富了国外个人理财市场。

4.3.3　国外个人理财业务的经验总结

1. 全面的金融理财服务

国外个人理财业务品种多样化，其中信托、投资业务占有重要地位。形成了包括银行、投资管理、保险、个人信托等各类金融服务，并提供有关居家生活、旅行、退休、保健等方面的便利。

2. 市场细分和个性化理财服务

市场细分和差别服务是国外商业银行个人理财业务发展的基本思路，也是商业银行经营的基本手段。根据客户的年龄、职业、收入、家庭等实际情况开展综合理财咨询，为客户提供量身定做的个性化理财方案。在这种模式下，金融机构充分挖掘并满足客户在人生中每个阶段的不同理财需求，使银行显示出更高的工作效率；同时根据客户差异分析，为客户提供个性化理财服务，也使银行体现出更高的服务水准。

3. 理财从业人员专业化

理财策划师是个人理财业务中的关键环节。国外个人理财业务成功模式的关键，是在银行和客户之间发展弧形信任的超常规关系，即"专家顾问型"关系。银行的理财策划师往往要经过专业培训，并精通银行业务和个人理财业务，能够给客户提供全方位的银行和理财服务，满足客户的不同年龄段、不同收入层次的多方面需求。因此，客户与银行之间不再是简单的一次性交易关系，而是一种长期稳定的关系。

4. 信息科技的广泛应用

信息科技在国外个人理财业务中应用广泛，形成了综合立体化的销售和服务网络，为金融机构扩展个人理财业务创造了条件。同时，信息技术与金融业务的有机整合是国外个人理财业务发展的一个重要特点。一是金融机构与目标客户实现沟通、达成交易的途经和手段更加多样化、综合化和立体化；

25

二是基于信息技术的客户关系管理系统（CRM）的普遍应用，金融机构可以对客户信息进行全面的管理和分析，为客户提供个性化的理财服务。

4.4 国内个人理财业务的发展状况

4.4.1 国内个人理财业务的发展现状

我国个人理财业务起步较晚，直到上世纪 90 年代中期，商业银行才开展了此项业务。1997年，中信实业银行广州分行率先成立了私人银行部，推出了国内首项个人理财业务，随后各类金融机构纷纷跟进，个人理财业务逐步受到重视并渐渐发展起来。

虽然目前国内的个人理财业务尚处于发展初期，但个人理财市场的潜力却相当巨大。首先，随着我国居民可支配收入的大幅提高，为个人理财业务提供了坚实的物质基础，居民的理财意识不断增强，构成了潜在、持久且旺盛的理财需求。其次，我国的住房、医疗、教育、养老等体制的改革，使居民逐步意识到个人理财的重要性，进一步激发了居民的理财需求。选择合适的时机，合理配置资产成为个人自由支配财产、实现富足生活的重要途径。最后，我国金融市场的不断发展，大大丰富了市场上的金融产品，为金融机构开展理财业务提供了良好的契机，为理财市场的发展奠定了基础。

4.4.2 国内个人理财业务存在的主要问题

1. 市场规模小，供需维持低层次均衡

由于起步较晚，发展不完善，导致目前理财市场规模小，规模优势难以得到充分发挥。这已经成为目前制约其发展的重要因素。虽然近年来个人理财市场规模开始增长，但从银行业个人理财形成的中间业务收入上来看，远远低于贷款业务形成的收益，这就是说个人理财业务还处于规模劣势，还不是银行的优势业务。

2. 理财产品缺乏新意，同质化现象突出

国内理财产品缺乏独特价值内涵，理财服务同质化成为制约个人理财市场发展的主要瓶颈。与成熟市场的个人理财市场相比，目前我国个人理财更多的是把现有的业务进行一个重新的整合，而没有针对客户的需要进行个性化的设计。例如，目前我国各家商业银行推出的理财产品的投资渠道和收益标准大致雷同，只是在名字上进行了变更，如建设银行的"利得盈"、工商银行的"稳得利"、农业银行的"利得丰"等，缺乏丰富的产品和创新的理念。

3. 缺乏素质高、综合能力强的理财人员

个人理财业务的开展要求理财人员不仅能掌握商业银行业务的各项产品和功能，还能掌握证券、基金、保险、房地产等相关知识，不仅能为客户提供全面的理财服务，同时也能根据客户的不同需求提供个性化服务；另外理财人员还应具备良好的沟通和协调能力，因此对从事理财业务的相关人员要求很高。目前，我国金融机构个人理财人员数量虽有所增加，但从业人员的综合素质仍有待提高，因此培养和选拔高素质的理财经理是提升我国发展个人理财业务水平的重要步骤之一。

4.4.3　国内个人理财市场发展的对策

1.市场细分，提供个性化理财服务

市场细分的目的就是筛选目标客户，通过深耕细作客户关系，提升个人理财的服务价值。由于不同的客户具有不同的特点，可能处于单身期、家庭形成期、家庭成长期、子女教育期、家庭成熟期、退休期等不同阶段，因此客户对个人理财的产品和服务的需求将因人而异，因此个人理财业务的发展要逐步实现客户市场的细分，提供差异化、个性化理财服务。

2.坚持产品和服务的创新，培育有特色的理财产品和品牌

目前，尽管国内商业银行及其他金融机构都推出了个人理财产品和业务，但总体来讲，多未形成自我的品牌和特色，究其原因主要是理财产品的设计缺乏创新，理财服务的理念不够人性化。合适的产品和服务创新，应以客户为中心，在现有理财产品的基础上进行组合和改进，增加其功能，使产品的内容更加完善，同时向客户提供"套餐式"个性化服务，使客户能感受到贴心的人性化服务，进而形成理财机构自有的品牌资源。

3.培养高素质理财客户经理，提高服务质量

目前理财机构应优选一批业务熟练、责任心强又善于沟通的业务人员，加强其在银行、证券、保险、税收、房地产等方面的专业知识，提高其金融营销技巧，建立起一支高素质的理财人员队伍。同时组织专门的培训机构，为理财人员进行资格考证培训，如 CFP，CFA 等理财职业资格认证考试，加强与境外机构的交流合作，引进国际经验，使国内的理财人员不断增强国际视野，提高职业道德，全面提升理财业务的服务水平。

4.积极培育理财市场，强化客户风险意识

理财机构应积极利用媒体和中介机构向广大消费群体加强理财观念的宣传和引导，向大众传达正确的理财观念和方法，推荐合适的理财产品，真正从客户的利益出发，为客户提供增值保值便捷的理财工具。同时，理财机构在进行产品营销过程中，要克服重收益、轻风险的误区，强化客户的风险意识，帮助客户进行风险承受能力分析，实现客户自由、自在、自主的理财目标。

5.开发和完善个人理财信息系统

目前，国内大部分理财机构对客户的个人信息管理上处于粗放型管理阶段，只有少数银行开发了个人客户信息管理系统。个人理财业务面对的是一支庞大的客户群体，由特征完全不同的许多个体组成，而理财服务提供的又是长期的动态金融服务，因此个人理财信息的开发与维护非常重要。只有掌握了大量的客户信息数据，对具有相似特征的个体进行归类，并相应进行动态的理财规划，才能有效地提高服务效率，寻找新的业务增长点，进一步发展和繁荣理财市场。

小　结

本项目分为四个任务：任务一介绍了个人理财的基本内涵，包括个人理财的定义、目标、原则、规划步骤、理财工具，重点阐述了财务安全和财务自由的原理。任务二介绍了现金规划、消费支出规划、风险管理和保险规划、投资规划、教育投资规划、退休养老规划、居住规划、财产分配与传承规划、个人理财税收筹划等个人理财的主要内容。任务三介绍个人理财的生命周期理论、货币的时间价值理论，并提出风险与报酬对等的原理。任务四讲述个人理财在国内外的发展状况。本项目是个人理财实务的入门任务，需要很好地把握本项目的基础核心知识，深入了解个人理财规划的本质。

能力训练

◎知识训练

一、判断题

1. 理财就是生财，就是投资赚钱。 （ ）

2. 理财是有钱人的事，对于普通的工薪阶层是没有用的。 （ ）

3. 理财金字塔，在三角形的底部是代表防守的资金。 （ ）

4. 个人理财主要考虑的是资产的增值，因此，个人理财就是如何进行投资。

（ ）

5. 将终值转换为现值的过程被称为"折现"。 （ ）

6. 复利的计算是将上期末的本利和作为下一期的本金，在计算时每一期本金的数额是相同的。 （ ）

7. 个人资产负债表与公司资产负债表的格式一模一样。 （ ）

8. 理财是中年人或老年人的事，与年轻人无关。 （ ）

9. 子女教育储蓄属于理财目标中的短期目标。 （ ）

10. 不同的人有不同的风险偏好，同一个人在生命周期的不同阶段对风险的承受能力也不同。 （ ）

11. 小王是机关干部，他认为保障很好，因此认为没必要参加个人理财。

（ ）

12. 利率可分为实际利率和名义利率，名义利率才能真实反映资产的投资收益率。 （ ）

13. 个人理财规划首先要考虑的因素是收益，不用考虑风险。 （ ）

14. 人们常说知识就是财富，因此在现实生活中，许多受过良好教育的人一定都很富有。 （ ）

15. 个人理财规划是全方位的综合服务，涉及的内容很多。 （ ）

二、选择题

1. 为个人客户提供的财务分析、财务规划、投资顾问、资产管理专业化服务活动，指（　　）。

　　A. 个人理财服务 　　　　　　　B. 投资规划

　　C. 综合理财服务 　　　　　　　D. 私人银行业务

2. 投资组合决策的基本原则是（　　）。

　　A. 收益率最大化 　　　　　　　B. 风险最小化

　　C. 期望收益最大化 　　　　　　D. 给定期望收益条件下最小化投资风险

3. 下列理财目标中属于短期目标的是（　　）。

A. 子女教育储蓄　　　　　　B. 按揭买房

C. 退休　　　　　　　　　　D. 休假

4. 以下哪一选项不属于个人理财规划的内容？（　　　）

A. 教育投资规划　　　　　　B. 健康规划

C. 退休规划　　　　　　　　D. 居住规划

5. 标准的个人理财规划的流程包括以下几个步骤：Ⅰ. 收集客户资料及个人理财目标；Ⅱ. 综合理财计划的策略整合；Ⅲ. 客户关系的建立；Ⅳ. 分析客户现行财务状况；Ⅴ. 提出理财计划；Ⅵ. 执行和监控理财计划。正确的次序应为（　　　）。

A. Ⅰ，Ⅲ，Ⅵ，Ⅴ，Ⅳ，Ⅱ　　B. Ⅲ，Ⅰ，Ⅳ，Ⅴ，Ⅵ，Ⅱ

C. Ⅲ，Ⅴ，Ⅱ，Ⅰ，Ⅵ，Ⅳ　　D. Ⅲ，Ⅰ，Ⅳ，Ⅱ，Ⅴ，Ⅵ

6. 单利和复利的区别在于（　　　）。

A. 单利的计息期总是一年，而复利则有可能为季度、月或日

B. 用单利计算的货币收入没有现值和终值之分，而复利就有现值和终值之分

C. 单利属于名义利率，而复利则为实际利率

D. 单利仅在原有本金上计算利息，而复利是对本金及其产生的利息一并计算

7. 以下国内机构中无法提供理财服务的是（　　　）。

A. 基金公司　　　　　　　　B. 保险公司

C. 信托公司　　　　　　　　D. 律师事务所

8. 制订个人理财目标的基本原则之一是，将（　　　）作为必须实现的理财目标。

A. 个人风险管理　　　　　　B. 长期投资目标

C. 预留现金储备　　　　　　D. 短期投资目标

9. 同样用 10 万元炒股票，对于一个仅有 10 万元养老金的退休人员和一个有数百万资产的富翁来说，其情况是截然不同的，这是因为各自有不同的（　　　）。

A. 实际风险承受能力　　　　B. 风险偏好

C. 风险分散　　　　　　　　D. 风险认知

10. 在通货膨胀条件下，（　　　）。

A. 名义利率才能真实反映资产的投资收益率

B. 实际利率高于名义利率

C. 个人和家庭的购买力增加

D. 固定利率资产贬值

11. 马斯洛提出了著名的需要层次理论，即人的需求从低到高可以分为五个层面，其中最高层面是（　　　）。

A. 生理需求　　　　　　　　B. 尊重需求

C. 社交需求　　　　　　　　D. 自我实现需求

12. 以下对理财规划的理解错误的是（　　　）。

A. 理财规划是全方位的综合性服务，而不是简单的金融产品销售

B. 理财规划强调大众化，一项理财规划适用于多个人群

C. 理财规划是一项长期规划，贯穿人的一生

D. 理财规划通常由专业人士提供

13. 小张每次乘飞机出行，都会投保100万元的航空意外险，这反映了（   ）的理财规划目标。

A. 合理的消费支出　　　　　　　B. 完备的风险保障

C. 实现教育期望　　　　　　　　D. 必要的资产流动性

14. 小田很喜欢汽车，虽然可以贷款买车，但是考虑到刚刚毕业，并且自己并不需要汽车来代步上班，所以小田决定暂时不购买汽车，这反映了（   ）的理财规划目标。

A. 合理的消费支出　　　　　　　B. 实现教育期望

C. 必要的资产流动性　　　　　　D. 积累财富

15. 王先生和张小姐是一对年轻白领夫妇，对风险的承受能力比较高，对于这样的家庭，理财规划的核心策略是（   ）。

A. 攻守兼备型　　　　　　　　　B. 月光型

C. 进攻型　　　　　　　　　　　D. 防守型

16. 以下几种情况中，（   ）达到了财务自由。

A. 月收入3 000元，全部为工资收入，月支出2 500元

B. 月收入5 000元，其中4 000元是工资收入，1 000元是投资收入；月支出3 000元

C. 月收入7 000元，其中5 000元是工资收入，2 000元是投资收入；月支出8 000元

D. 月收入3 500元，其中1 500元是工资收入，2 000元是投资收入；月支出2 000元

17. 下列哪一个不属于理财规划中的基本的家庭模式（   ）。

A. 青年家庭　　　　　　　　　　B. 中年家庭

C. 老年家庭　　　　　　　　　　D. 壮年家庭

18. 理财规划的最终目标是要达到（   ）。

A. 财务平衡　　　　　　　　　　B. 财务安全

C. 财务自主　　　　　　　　　　D. 财务自由

19. 在通货膨胀预期很强时，下列理财决策不正确的是（   ）。

A. 将资金投放于定期储蓄存款

B. 卖出资产组合中的一部分国债

C. 适当增加资产组合中的股票比重

D. 购置房地产

20. 当预期未来有通货膨胀时，个人和家庭应回避（   ），以对自己的资产进行保值。

A. 股票　　　　　　　　　　　　B. 浮动利率资产

C. 固定利率债券　　　　　　　　D. 外汇

三、计算题

1. 假定银行存款利率为5%，你以30年期限存入10万元，作为将来的退休生活费用，试分别用单利和复利方式计算存款到期时你可以取多少钱？

2. 王女士有一笔50万的现金想进行投资，理财经理向其介绍了三个投资

项目，这三个项目的年预期收益率及其概率资料如下：

市场状况	概率	可能的结果		
		甲	乙	丙
良好	0.3	40	50	80
一般	0.5	20	20	10
较差	0.2	5	−5	−25

要求：请您根据风险与报酬理论为王女士做出选择。

◎ **技能实训**

实训一：理财观念及风险偏好测试

实训目的：通过个人理财规划概述的讲授和操作，收集合适的客户资料，设计一个典型的客户背景，分析客户的风险偏好。使学生对个人理财有一个总括的认识，培养理财观念。

附：投资偏好调查问卷

1. 你的好朋友会用下列哪个句子来形容你？（　　）

A. 能够承受很大的风险　　　　B. 经详细分析后，你会愿意承受风险

C. 一个小心谨慎的人　　　　　D. 不愿承受风险

2. 假设你参加了一个电视游戏节目，获奖了，可选择以下其中一项。你会选择（　　）。

A. 当场获得＄1 000现金

B. 有50%的机会赢取3 000元现金

C. 有25%的机会赢取8 000元现金

D. 有5%的机会赢取50 000元现金

3. 你刚刚有足够的储蓄实践自己一直梦寐以求的旅行，但在出发前三个星期，你忽然被解雇，则你会（　　）。

A. 取消旅行

B. 选择另外一个比较普通的旅程

C. 依照原定计划，因为你需要充足的休息来准备寻找新的工作

D. 延长旅程，因为这次旅行可能成为你最后一次的豪华旅行

4. 如果你突然有20 000元可用于投资，你会（　　）。

A. 将它存入银行户口、货币市场户口、存款证或定期存款

B. 投资在一些比较安全及高素质的债券或债券基金

C. 投资到股票或股票基金

5. 根据自己的经验，你对于投资股票或基金安心吗（投资股票或基金令你担心吗）（　　）。

A. 不完全安心　　　　　　　　B. 有少许不安心

C. 非常安心

6. 对于"风险"一词，你第一个感觉是（　　）。

A. 损失　　　　　　　　　　　B. 不明朗

C. 机会　　　　　　　　　　　D. 兴奋

7. 专家估计一些资产如金、珠宝、珍藏物和房屋（实质资产）的价格会上升，而债券的价格会下跌，但他们认为政府债券相对比较安全。如你现时持有大量政府债券，你会（　　）。

A. 继续持有

B. 债券卖掉，然后把得来的资金一半投资到货币市场，另一半投资到实质资产

C. 债券卖掉，然后把所有得来的资金投资到实质资产

D. 债券卖掉，除了把所有得来的资金投资到实质资产，并向别人借钱来投资实质资产

8. 以下四个投资选择，你个人比较喜欢（　　）。

A. 好的情况下会赚取 200 元，最差情况下损失 0 元

B. 好的情况下会赚取 800 元，最差情况下损失 200 元

C. 好的情况下会赚取 2 600 元，最差情况下损失 800 元

D. 好的情况下会赚取 4 800 元，最差情况下损失 2 400 元

9. 如果你现在得到一笔 1 000 元的现金，并要求你选择以下其中一项（　　）。

A. 再额外多赚 500 元（即肯定得到 1 500 元）

B. 50% 的机会额外多赚 1 000 元，50% 的机会维持得到 1 000 元现金

10. 如果你现在得到一笔 2 000 元的现金，并要求你选择以下其中一项（　　）。

A. 从 2 000 元中损失 500 元（即肯定得到 1 500 元）

B. 50% 的机会额外损失 1 000 元，50% 的机会维持得到 2 000 元现金

11. 假设你继承了 10 万元遗产，你必须把所有遗产投资以下其中一项，你会选择投资（　　）。

A. 一个储蓄户口或货币市场基金

B. 一个拥有股票和债券的基金

C. 一个拥有 15 只蓝筹股票的投资组合

D. 一些保值的投资产品，如金、银或石油

12. 如果你拥有 2 万元可投资，低风险投资包括债券和债券基金；中风险投资包括股票和股票基金；高风险投资包括期货和期权。则你会选择下列哪一组合？（　　）

A. 低风险占 60%，中风险占 30%，高风险占 10%

B. 低风险占 30%，中风险占 40%，高风险占 30%

C. 低风险占 10%，中风险占 40%，高风险占 50%

13. 你的好朋友和邻居连同一位知名的地质学家组成一个探索金矿的研究小组，一旦探索成功，回报可高达 50 至 100 倍；但如果失败，你将血本无归。你的朋友估计这项计划的成功率约为 20%。假设你有足够的资金，你是否会投资？（　　）

A. 不会　　　　　　　　B. 会，少量参与

C. 会，将手头的闲钱都投入　　D. 会，尽量筹集资金全额投入

风险承受能力计分表

序号	A	B	C	D
1	4	3	2	1
2	1	2	3	4
3	1	2	3	4
4	1	2	3	/
5	1	2	3	/
6	1	2	3	4
7	1	2	3	4
8	1	2	3	4
9	1	3	/	/
10	1	3	/	/
11	1	2	3	4
12	1	2	3	/
13	1	2	3	4

客户投资偏好类型和风险承受能力评估

	得分下限	得分上限
非常进取型	36	47
温和进取型	30	35
一般	24	29
温和保守型	19	23
非常保守型	13	18

实训二：德州财务计算器的运用

实训目的：通过实训，同学们能掌握德州财务计算器在理财规划中的具体运用，掌握货币时间价值的计算，以更好地全方位地做好理财规划。

模块二　个人理财内容

项目二　现金规划

 知识目标

1. 了解现金规划的内涵
2. 掌握现金规划工具
3. 了解现金规划流程

 技能目标

1. 学会估算客户现金需求
2. 学会编制客户的现金流量表

案例导入

向动物学理财——田鼠储蓄。据说田鼠这种动物的智商是非常高的。秋天是丰收的季节，田鼠知道趁机储备粮食便可以安全度过寒冷的冬季。通常情况下，一只田鼠需要储备七八斤甚至十多斤粮食，而运送和储存这么多的粮食，田鼠肯定要花费很多时间和精力，但它们却非常专注，乐此不疲。"月光族"们应该学学田鼠这种提前计划、积谷防饥的理财思路。最利于攒钱的方式是零存整取，这种存款方式要求每月固定存入，时间长了，就自然而然地养成定期储蓄的习惯。开放式基金的定期定额申购也有助于积攒家庭积蓄。这种基金业务是借鉴了保险业分期投资、长期受益的营销模式，最大特点是多次申购摊薄了投资成本，避免了一次性投入的潜在风险；同时，准入门坎较低，一般每月200元以上就可以投资，非常适合工薪阶层。

(资料来源：百度文库——动物的理财方法)

现金规划是个人或家庭理财规划中的一个重要内容，也是一个核心的部分，能否做好现金规划将对其他理财规划产生重大影响。现金规划的主要内容就是确定现金及现金等价物的额度，即在现金及现金等价物的流动性和还有现金及现金等价物的机会成本之间进行权衡的问题。

任务1　分析客户现金需求

1.1　向客户介绍现金规划

现金规划是为满足个人（家庭）短期需求而进行的管理日常现金及现金等价物和短期融资的活动。这里所指的现金和现金等价物是指流动性比较强的现金、各类银行存款和货币市场基金等金融资产。由于现金及现金等价物的高流动性，是以牺牲相应的收益而获得的，因此一般预留3~6个月左右的固定开销即可。

现金规划需要考虑的因素如下。

1.1.1　对金融资产流动性的要求

进行现金规划的动机如下：

1. 交易动机。个人或家庭需要现金及现金等价物是为了进行正常的交易动机。由于收入与支出在时间上不是同步的，因而个人或家庭必须有足够的现金及现金等价物来支付日常的生活需要的开支。一般来说，个人或家庭的收入水平越高，交易数量越大，从而为支付日常开支所需要的货币量就越大。

2. 谨慎（预防）动机。是指为了预防意外支出而持有一部分现金及现金等价物的动机，如个人为了应付事故、失业、疾病等意外事件而需要事先持有一定数量的现金及现金等价物。一般来说，个人或家庭对现金及现金等价物的预防需求量主要取决于个人或家庭对意外事件的看法，但一般来说，预防需求量和收入也有很大关系。

1.1.2　持有现金及现金等价物的机会成本

对于金融资产，通常来说其流动性与收益率呈反比，高流动性意味着收益率较低。现金及现金等价物的流动性较强，因此其收益率也较低。多持有收益率低的现金及现金等价物意味着丧失了持有收益率较高的投资工具的货币时间价值，因此，持有现金及现金等价物存在机会成本。

1.2　收集信息，编制客户的现金流量表

在为客户作专项理财规划或组合理财规划之前，理财规划师首先需要了解客户的相关信息，如个人的职业、家庭状况、收入状况和支出状况等相关信息，主要方式有面谈、电话交流、电子邮件、书面交流等，其中最重要的方式应该是面谈。在此基础上，根据收集到的信息，编制客户的现金流量表，用表格的形式反映出客户的基本状况。

现金流量表是一个重要的财务分析工具，对于帮助理财规划师了解客户的现金流信息非常重要，为进一步的财务现状分析与理财目标设计提供基础资料。通常情况下，现金流量表分为三栏：收入、支出、结余（超支），一般以12个月为一个编制周期。

1.3 确定现金及现金等价物的额度

在进行现金规划时，可采用流动性比率指标进行分析。流动性比率是流动资产（现金及现金等价物）与月支出的比值，它反映客户支出能力的强弱。

$$流动性比率=流动性资产/每月支出$$

通常情况下，流动性比率应保持在 3~6 左右。当然，在实际工作中，应根据客户的具体情况，兼顾考虑资产流动性与收益性两个方面。对于工作稳定、收入有保障的客户来说，可以保持较低的资产流动性比率，一般保持在 3 左右；而对于那些工作缺乏稳定性、收入无保障的客户来说，则应保持较高的资产流动性比率，一般保持在 6 左右。

任务 2 制定现金规划方案

在理财规划中，现金规划既要使所拥有的资产保持一定的流动性，满足个人（家庭）支付日常家庭费用和意外事件开销，又要使流动性较强的资产保持一定的收益。因此，在考虑现金规划工具时，应以流动性为主要考虑因素，同时兼顾一定的收益性。常用的现金规划工具为：①现金：现金是现金规划工具中流动性最强的。②相关储蓄品种：如活期存款、整存整取、零存整取、通知存款、定活两便存款等。③货币市场基金：具有本金安全、资金流动性强、投资成本低、分红免税等优势，是较为理想的现金规划工具。④其他：包括解决流动资金周转的信用卡和一些期限短、流动性强、投资成本低的互联网金融理财产品。

2.1 现金规划的一般工具

2.1.1 现　金

现金是现金规划的主要工具，现金有两个突出的特点：一是现金在所有金融工具中流动性最强，二是持有现金的收益率低。在通常情况下，由于通货膨胀现象的存在，持有现金不仅没有收益率，反而会贬值。一般情况下，人们之所以会持有现金，主要是为了追求现金的流动性，但在客观上损失了一定的收益。

2.1.2 相关储蓄品种

1. 活期储蓄

1 元起存，多存不限，由储蓄机构发给存折，凭存折存取，开户后可以随时存取的一种储蓄方式。在 2013 年 9 月 21 日前，活期存款每年 6 月 30 日结息一次，之后按季结息，按结息日挂牌活期存款利率计息，每季末的 20 日为结息日。未到结息日清户时，按清户日挂牌公告的活期利率计息到清户前一天为止。适用于收入较高，收付金额较大且次数频繁的群体。

2. 整存整取定期储蓄

整存整取定期存款是在存款时约定存期，一次存入本金，全部或部分支取本金和利息的服务。整存整取定期存款 50 元起存，其存期分为三个月、半年、一年、二年、三年、五年。存期越长，利率越高。储户还可以根据本人意愿办理定期存款到期约定或自动转存业务。现在有些银行支持多次提前部分支取，如兴业银行就规定客户可享受 5 次提前部分支取的权利。剩余部分还按原存期，原利率计算。

3. 零存整取定期储蓄

零存整取存款是指客户按月定额存入，到期一次支取本息的服务。零存整取存款人民币 5 元起存，多存不限。零存整取存款存期分为一年、三年、五年。存款金额由客户自定，每月存入一次。这是一种强制存款的方法，适合刚参加工作、收入不高、需强制储蓄的"月光族"等。

4. 整存零取储蓄

指本金一次存入，按约定分期支取本金，到期一次性支取利息的定期储蓄存款。金额起点一般为1 000元，可记名。存期一般为 1 年、3 年、5 年。整存零取部分不得部分提前支取。适合于储户有较大款项需要分期适用的情况。

5. 存本取息储蓄

存本取息是指存款本金一次存入，约定存期及取息期，存款到期一次性支取本金，分期支取利息的业务。存本取息定期存款5 000元起存。存本取息定期存款存期分为一年、三年、五年。存本取息定期存款取息日由客户开户时约定，可以一个月或几个月取息一次；取息日未到不得提前支取利息；取息日未取息，以后可随时取息，但不计复息。

6. 定活两便储蓄

人民币定活两便储蓄存款是存款时不确定存期，一次存入本金随时可以支取的业务。定活两便存款 50 元起存。存期不满三个月的，按天数计付活期利息；存期三个月以上（含三个月），不满半年的，整个存期按支取日定期整存整取三个月存款利率打六折计息；存期半年以上（含半年），不满一年的，整个存期按支取日定期整存整取半年期存款利率打六折计息；存期在一年以上（含一年），无论存期多长，整个存期一律按支取日定期整存整取一年期存款利率打六折计息。适用于部分存款较大、存期不确定、要求方便和保息的储户需要。

7. 个人通知存款

通知存款是一种不约定存期，支取时需提前通知银行，约定支取日期和金额方能支取的存款。通知存款不论实际存期多长，按存款人提前通知的期限长短划分为一天通知存款和七天通知存款两个品种。一天通知存款必须提前一天通知约定支取存款，七天通知存款则必须提前七天通知约定支取存款。一般 5 万元起存，最低支取金额 5 万元，一次存入，可分一次或多次支取的储蓄存款。

小资料

兴业银行智能通知存款业务

兴业银行"智能通知存款"业务为不同投资理财需求的客户度身设计，提供"便捷型"和"收益型"两款产品，客户开通"智能通知存款"业务无需提前预设存期，系统将自动根据存款时间智能选择最合适的存期类型，为客户实现收益的最大化。

1. "智能通知存款（便捷型）"业务特色

享受活期便利：智能通知存款（便捷型）采用活期账户管理模式，智能通知存款（便捷型）与活期存款关联为一个账户，随存随取，与活期账户资金具有同样的便利性。

不限资金笔数：智能通知存款（便捷型）不限制存入资金的笔数，转入资金均按规则享受通知存款收益。

无需指定存期：客户无需预先指定存期类型，根据账户余额变动情况，对达到5万元的资金智能选择一天或七天的通知存款类型进行计息，同时每一季度自动结息一次，税后利息将自动转入本金再次参与下一周期的计息。

2. "智能通知存款（收益型）"业务特色

满七天利滚利：客户登记"智能通知存款（收益型）"后，活期账户可用资金超过5万元的千元整数倍资金将自动转入"智能通知存款（收益型）"账户，享受通知存款利息收益；"智能通知存款（收益型）"每七天自动结息一次，系统自动将利息和客户活期账户可用资金的千元整数倍重新转入本金起息。在计息周期内，活期账户的资金每7天自动向"智能通知存款（收益型）"账户资金划转一次。

智能选择存期："智能通知存款（收益型）"无需客户提前预设存期，系统将自动根据存款时间智能选择最合适的存期类型：连续存款时间达到七天按七天通知存款利率计息，连续存款时间不足七天按一天通知存款利率计息，真正实现了自在理财、自在增利。

部分业务享受活期便利：客户办理取款（通过本行柜面、ATM或他行ATM发起）、POS消费、第三方存管银转证（通过本行柜面、电话银行、网上银行或通过券商端发起）以及信用卡自动还款交易时，若卡内活期账户资金不足，系统将自动搜索卡中"智能通知存款（收益型）"账户，并自动将不足部分从"智能通知存款（收益型）"账户转入活期账户。除此之外，您还可随时通过本行柜面、电话银行、网上银行等渠道按规定进行支取。

3. 理财实例

钱先生有人民币30万元资金存放在理财卡活期账户中，以活期利率0.44%，七天通知存款利率1.529%计算（实例所涉利率均用于示例，各项存款业务的实际利率以该行对外公布利率为准）：

（1）钱先生未登记"智能通知存款"业务，年利息收益为 $300\ 000 \times 0.44\% = 1\ 320$ 元；

（2）钱先生登记了"智能通知存款"业务，年利息收益（按每年52个滚存周期计算）为 $300\ 000 \times \left[(1+1.529\%/52)^{(52-1)} \right] = 4\ 621.56$ 元；

（3）钱先生登记"智能通知存款"业务后，其年利息收益约为活期储蓄的3倍。

（资料来源：兴业银行网站 http://www.cib.com.cn）

8. 教育储蓄

教育储蓄是一种特殊的零存整取定期储蓄存款，享受优惠利率，更可获取额度内利息免税。起存金额为 50 元，本金合计最高限额为 2 万元人民币。存款到期，凭存款人接受非义务教育（全日制高中、大中专、大学本科、硕士和博士研究生）的录取通知书或学校开具的存款人正在接收非义务教育的学生身份证明，可享受整存整取的利率。在存期内遇有利率调整，按开户日挂牌公告的相应储蓄存款利率计付利息，不分段计息。2 万元本金限额内，可免征利息税。适用于在校小学四年级（含四年级）以上的学生。

9. 大额可转让定期存单

大额可转让定期存单亦称大额可转让存款证，是银行发行的一种定期存款凭证，凭证上印有一定的票面金额、存入和到期日以及利率，到期后可按票面金额和规定利率提取全部本利，逾期存款不计息，大额可转让定期存单可流通转让，自由买卖。大额存单在某种意义上是银行存款的证券化。

10. 新型储蓄理财产品

随着个人金融资产的不断增长，人们对资产保值增值的需求大大增加，投资理念日益成熟，传统的储蓄存款类个人理财产品远远满足不了个人投资者多样化和个性化的投资需要。商业银行在日益激烈的市场竞争中，为留住储蓄存款客户，扩大存款来源，在原有传统储蓄产品基础上不断创新，推出了种类繁多的新品种，以满足个人投资者的需要。

小资料

兴业银行——钱大掌柜

钱大掌柜是国内较大的综合财富管理平台，是兴业银行在银银平台的基础上，通过对行内理财产品、贵金属交易、银证转账、基金代销等财富管理业务进行整合，形成的一个面向各合作银行的综合财富管理平台，为个人客户提供一站式全方位的财富管理解决方案。用户在兴业银行注册钱大掌柜并绑定银行卡关联，周一至周四 15 点前转入，当日计算收益，周五至节假日存入从下一个工作日开始计算收益。掌柜钱包是由兴业银行推出的一款余额理财工具，除具备与其他余额理财相似的 T+0 赎回到账、7×24 小时交易等特性之外，还具备以下创新亮点：

（1）1 分钱起购、当日申购无上限；

（2）具备目前业内最高当日赎回额度 3 000 万元；

（3）赎回资金瞬间到账；

（4）钱大掌柜连接众多银银平台合作银行以及第三方支付公司，目前已支持 80 多家银行卡购买，使得"掌柜钱包"的覆盖面更加广泛；

（5）"掌柜钱包"是具有银行背景的余额理财产品。

由于借助了钱大掌柜的开放式平台，掌柜钱包不单只支持兴业银行的客户，通过银联支付渠道及同业业务合作，还支持银行合作的银行卡，以及三线城市各大同业合作银行。因此，除了在网络购买之外，掌柜钱包还可以通过银银平台合作银行渠道购买。这样一来，掌柜钱包的收益，不仅在网络发达的大城市用户可以享受到，而且在广大互联网欠发达的农村地区的储户，也能轻松享受各种金融理财产品带来的高收益，甚至比传统的互联网企业更有效，更全方位地让老百姓享受各种金融服务，实现普惠金融。

（资料来源：兴业银行网站 http://www.cib.com.cn）

中国人民银行决定，自 2015 年 12 月 24 日起，下调金融机构人民币贷款和存款基准利率，以进一步降低社会融资成本。其中，金融机构一年期贷款基准利率下调 0.25 个百分点至 4.35%；一年期存款基准利率下调 0.25 个百分点至 1.5%。同时，对商业银行和农村合作金融机构等不再设置存款利率浮动上限，并抓紧完善利率的市场化形成和调控机制，加强央行对利率体系的调控和监督指导，提高货币政策传导效率。

表 2-1　　　　　2015 年 12 月 24 日最新人民币存贷款基准利率表（节选）

项　　目	年利率/%
一、城乡居民及单位存款	
（一）活期	0.35
（二）定期	
1. 整存整取	
1 年	1.50
2 年	2.10
3 年	2.75
二、短期贷款	
一年以内（含一年）	4.35
三、中长期贷款	
一至五年（含）	4.75
五年以上	4.90
四、个人住房公积金贷款	
五年以下（含五年）	2.75
五年以上	3.25

小资料

6 招高智商储蓄法

1. 月月存储法

这个地球人都知道的储蓄方法可以给你带来意想不到的收益。月月发，月月存。收益高于零存整取，"月光族"最宜使用。

具体方法：按月将定额资金存入定期，所有存单年限相同，但到期日期分别相差一个月，以 1 年为周期存满 12 张。次年将资金与第一张存单本息汇总后再进行下一轮储蓄，以此循环。

2. 交替储蓄法

如果手上闲钱较多，一年之内不会用到，用交替储蓄法会更方便。

具体方法：假设你有 3 万元现金，把它平均分成 2 份（各 1.5 万元）分别存成半年和 1 年的定期存款。半年后，把其中到期的那一笔改存成 1 年定期，

并将两份 1 年期存款都设定成自动转存（即存款到期后如果你不取出，就会自动延长一个储蓄周期）。这样交替储蓄，循环时间为半年，在每个半年时间到期后需要用钱时，你都可以有到期的存单可以支取。

3. 四分储蓄法

这招对于在一年之内会用到，但不确定何时用、一次用多少的小数额闲置金来说最实用。因为金额较少的活期账户不仅利息少得可怜，还可能随着金融市场波动而越变越少。用四分法进行定期储蓄，不仅利息会比存一笔活期储蓄高得多，到用钱时也能以最小损失取出需要的数额。

具体方法：假设你有 10 万元现金，把它分成金额不同的四份——10 000元、20 000 元、30 000 元、40 000 元，然后分别存成四张一年期的定期存单。当有需要时，取出与所需数额最接近的那张定期存单。既能满足用钱需求，又能最大限度得到高额利息。

4. 利滚利存储法

决不能让钱闲着。让利息像雪球滚起来，让一笔钱能取得两份利息。

具体方法：假如现在有 30 万元，可以先考虑把它存成存本取息储蓄，在一个月后，取出存本取息储蓄的第一个月利息，再用这第一个月利息开设一个零存整取储蓄户，以后每月把利息取出来后，存入零存整取储蓄，这样不仅存本取息储蓄得到了利息，而且其利息在参加零存整取储蓄后又取得了利息。

5. 阶梯存储法

为子女积累教育基金，短存的照顾短用，长存的不放弃高收益，生活节奏井井有条。

具体方法：假定家庭持有 5 万元，可分别用 1 万元开设一个一年期存单，用 1 万元开设一个两年期存单，用 1 万元开设一个三年期存单，用 1 万元开设一个四年期存单（即三年期加一年期），用 1 万元开设一个五年期存单。这种存储方法能使储蓄到期额保持等量平衡，具有一定的计划性。

6. 接力储蓄法

与交替储蓄法类似，但操作更灵活，是一种完全能代替日常活期储蓄的定期储蓄方法。

具体方法：假设你每个月都会固定到银行存 5 000 元活期存款。不妨将这5 000 元存成 3 个月定期。在之后的 2 个月中，继续坚持每月存一笔5 000 元定期存款，这样，在第四个月时，第一个月存的 5 000 元存款已经到期，从此每个月你都有一笔 3 个月的定期存款到期可以支取啦！这种方式不仅不会影响你的日常用钱，还会取得比活期储蓄高得多的利息（即便是 3 个月的定期存款，利息也是活期存款的两倍以上）。

（资料来源：百度文库）

2.1.3　货币市场基金

货币市场基金是指投资于货币市场上短期（一年以内，平均期限 120 天）有价证券的一种投资基金。该基金资产主要投资于短期货币工具，如现金、国库券、商业票据、1 年以内（含 1 年）银行定期存单、银行承兑汇票、政府短期债券、剩余期限在 397 天以内（含 397 天）的债券等短期有价证券。它是一种功能类似于银行活期存款，但收益却高于银行存款的低风险投资产品。

货币市场基金具有以下特征：

1. 本金安全

由于大多数货币市场基金主要投资于剩余期限在一年以内的国债、金融债、央行票据、债券回购、同业存款等低风险证券品种，因此这些投资品种就决定了货币市场基金在各类基金中风险是最低的，在事实上保证了本金的安全。

2. 资金流动性强

其流动性可与活期存款媲美。基金买卖方便，资金到账时间短，流动性很高，一般基金赎回两三天资金就可以到帐。

3. 收益率较高

多数货币市场基金一般具有国债投资的收益水平。货币市场基金除了可以投资一般机构可以投资的交易所回购等投资工具外，还可以进入银行间债券及回购市场、中央银行票据市场进行投资，其收益率高于同期银行储蓄的收益水平。不仅如此，货币市场基金还可以避免隐性损失，抵御通货膨胀。当出现通货膨胀时，实际利率可能很低甚至为负值，货币市场基金可以及时把握利率变化及通胀趋势，获取稳定收益，成为抵御物价上涨的工具。

4. 投资成本低

买卖货币市场基金一般都免收手续费，认购费、申购费、赎回费都为 0，进出非常方便，既降低了投资成本，又保证了流动性。

5. 分红免税

多数货币市场基金基金面值永远保持 1 元，收益天天计算，每日都有利息收入，投资者享受的是复利，而银行存款只是单利。每月分红结转为基金份额，分红免收所得税。

另外，一般货币市场基金还可以与该基金管理公司旗下的其他开放式基金进行转换，高效灵活、成本低。股市好的时候可以转成股票型基金，债市好的时候可以转成债券型基金，当股市、债市都没有很好机会的时候，货币市场基金则是资金良好的避风港，投资者可以及时把握股市、债市和货币市场的各种机会。

小资料

货币市场基金与其他投资于股票的基金最主要的不同在于基金单位的资产净值是固定不变的，通常是每个基金单位 1 元。投资该基金后，投资者可利用收益再投资，投资收益就不断累积，增加投资者所拥有的基金份额。比如某投资者以 100 元投资于某货币市场基金，可拥有 100 个基金单位，1 年后，若投资报酬是 8%，那么该投资者就多 8 个基金单位，总共 108 个基金单位，价值 108 元。

（资料来源：百度百科）

货币市场基金有几种方式进行申购：（1）到银行网点申购。（2）到有代销资格的券商营业部购买。（3）直接到基金公司直销柜台申购。（4）部分基金公司为中国银联会员开通了网上申购服务。一般来说，申购或认购货币市场基金的最低资金量要求为1 000元，追加的投资也是1 000元的整数倍。

反映货币市场基金收益率高低一般有两个指标：日每万份基金单位收益和7日年化收益率。其中日每万份基金单位收益是相当于货币市场基金把每天运作的净收益平均分摊到每一份额上，然后以1万份为标准进行衡量和比较；7日年化收益率是根据近7天收益水平来推算未来年收益趋势，并不代表未来真实的收益水平（见表2-2）。

表2-2　　　　　　　　部分货币市场基金的基本情况（2019.6.3）

序号	基金代码	基金简称	日每万份基金净收益/元	7日年化收益率/%
1	000700	泰达宏利货币B	0.9756	2.74
2	004973	长城收益宝货币B	0.8331	2.98
3	004749	华泰紫金天天金交易型货币B	0.7585	2.83
4	003474	南方天天利货币B	0.8104	2.98
5	001234	国金众赢货币	1.0729	2.99
6	675062	西部利得天添富货币B	0.7395	2.74
7	202308	南方收益宝货币B	0.7748	2.84
8	003465	平安金管家货币	0.7230	2.64
9	004545	永赢天天利货币	1.2927	2.98
10	000540	国金金腾通货币A	0.8001	2.84

2.2　解决超额的现金需求的工具

在某些时候，客户有突然的未预料到的支出，客户的现金及现金等价物的额度可能不足以支付这些支出，临时变现其他流动性不强的金融资产会有部分损失，这就需要一些现金规划的融资工具，一般包括信用卡融资、各种贷款、保单质押融资、典当融资。本书主要介绍信用卡及各种贷款。

2.2.1　信用卡

1.信用卡的内涵

信用卡包括贷记卡和准贷记卡。贷记卡是指银行发行的、并给予持卡人一定信用额度、持卡人可在信用额度内先消费后还款的信用卡；准贷记卡是指银行发行的，持有人按要求交存一定金额的备用金，当备用金账户余额不足支付时，可在规定的信用额度内透支的信用卡。本处主要指贷记卡。

2.信用卡的功能

（1）信用卡生活理财

随着信用卡适用日益便捷，功能日渐增加，覆盖面越来越广，信用卡在人们的生活中扮演着越来越重要的角色。在日常消费中，可以不用带太多现金，以减少资金闲置，还可以帮助人们在日常消费中找到花钱的乐趣与适度控制的均衡点。而且，持卡人刷卡消费时都会形成一个消费积分，当积分达到一定数额时，可以按规定到银行领取相应的奖品；同时年末或几大节日，银行会举行刷卡抽奖活动，多刷卡就会增加中大奖的机会。很多银行为适应客户个性化需求，还推出了很多有特色的、具有各种不同功能的信用卡，满足客户的个性化消费需求。

（2）信用卡投资理财

信用卡所具有的基本功能倘若能熟练掌握运用，则可以使持卡人实现个人的投资理财目标，在免息优惠使用资金、小额贷款、信用积累、汇兑理财等方面给持卡人带来利益。如部分银行规定用信用卡购买机票可以获赠航空意外险，经常坐飞机的持卡人可以因此节省一笔不菲的保险费开支。又如客户有子女在国外念书，则可办一张国际卡，父母持有主卡，子女持有附属卡，子女用附属卡在国外消费也无需支付手续费，免除了汇款环节，也可节省出一笔可观的费用。

3. 信用卡的相关费用

（1）年费：一般一年内刷卡达到一定次数即免年费，如兴业银行规定首年刷一次免年费，第二年刷5次免次年年费。

（2）取现手续费：信用卡提现会产生手续费和利息，手续是每家银行规定不一样，大部分是按照交易金额的1%一次性收取，按照信用卡相应的银行规定执行即可，但是利息都一样的，都是按照交易金额的万分之五，按天收取的，从取款之日起，一直计算到还款之日的前一天。

（3）分期付款手续费：（一般免息，消费时收取一次性手续费）

一般3期2.6%、6期分期的4.2%，12期的以上的7.2%。

（4）消费透支利息（银行的主要利润来源）

到期还款日没有还清款项的，一律从消费的第二天算起，按日收取0.05%的利息（若按单利计算，相当于年息18%），还款额低于最低还款额，另按最低还款额未还部分的5%加收滞纳金，最低是10元。对于申请的消费临时额度，不享受最低还款额。

4. 正确理解信用卡免息期

信用卡有三个相关日期，它们分别是：消费日、对账单日、指定还款日。

免息期：是说从刷卡的消费日当天开始算起，到最晚还款那天把这笔钱还上，这段时间，是不会产生利息的。

最长免息期：当然就是免息期的最大值了。也就是说，你在本月账单日的后一天产生的消费就能享受这个最长免息期。因为这笔消费，你最晚还的时间，是你下个月账单日后的第20天。因为它入账是入在下个月，也就是说，你下个月的账单中才会有这笔消费，到下个月的账单日时，你的这笔消费就已经享受了一个月的免息期了，再加上下个月账单日的后20天才是你要还钱的日子，这又20天，一共加起来，你的免息期最长能够达到的天数50天。

[例] 张小姐信用卡的对账日是每月18日，指定还款日是8日。如果张

小姐在8月18日消费，当天是账单日，在9月8日最后还款日还款，那么免息期是18~8日这段时间，为20天。如果张小姐在8月19日消费，则可以享受的最长免息期为8月19日到10月8日，共有50天。

5. 信用卡的还款方式（见表2-3）

表2-3　　　　　　　　　　　信用卡的还款方式

还款方式	还款特点	操作提示
柜台还款	只要确保准确填写信用卡卡号，即可实现到账，无手续费	银行一般接受他人代还和无卡还款
约定自动还款	到期自动还款，不必担心由于遗忘带来的利息与滞纳金	留意用于还款的活期账户的余额，以免由于余额不足导致自动还款失败
网上银行转账还款	跨行一般需要一定的手续费	可用于还款或接受转账的银行卡种类，视发卡银行而定
电话银行还款	——	事先开通电话银行功能，并将其与信用卡进行关联
ATM机转账还款	转账划入的款项并非即时到帐	建议在还款日之前2-3天进行还款，以免造成不必要的透支利息与滞纳金支出
手机银行还款	跨行一般不需要手续费	——
利用第三方平台还款	微信、支付宝等	还款需要1-3个工作日才能到账，才可查询是否还款成功

6. 信用卡消费注意事项

（1）免息还款期的计算（日利息0.5‰）。要计算好信用卡免息还款期，并非银行承诺的50天（各行规定略有不同）的免息还款期都可以随时享受。客户在消费时一定要注意两点：一是持卡人的消费日期，另一个就是银行对单日与还款日之间的天数。

（2）超额透支不能免息。最好不要超额透支。根据规定，持卡人超过发卡银行批准的信用额度用卡时，不享受免息期待遇，即从透支之日起支付透支利息。

（3）信用卡提现不免息。信用卡体现是要支付利息的，而且信用卡提现并不享受免息期待遇，是从提现当天开始计息。因此，最好不要用信用卡提取现金，一旦提取现金，应尽快还款。

（4）信用卡存钱无利息，存钱后消费视同先消费，后还款。因此，不要将信用卡当存折用。因为不鼓励存款消费也是银行发行信用卡的初衷。

（5）年费不是年年免。一些银行为了开发更多的客户，往往通过使用各种方式来吸引持卡人，免年费就是其中一种。但持卡人应当注意，有些银行免年费只是最初一两年免，以后还是要交的。如果到期没有缴纳年费，银行就会在卡内自动扣款，甚至当做透支提现，就要计算贷款利息，而且按复利计算，时间一长，就会莫名其妙收到透支利息通知书。因此，如果持卡人不

经常使用信用卡，最好将其注销。

（6）当心部分还款不能享受免息待遇，而要全额计息。透支还款要还清用信用卡刷卡消费的金额，持卡人在免息还款期内，全额偿还不需要支付利息；但若是部分偿还透支款项，有些银行只需支付欠款部分的利息，而有些银行需要全额计息。因此，消费前应熟悉信用卡发卡行的相关规定，记住每次的透支金额。

（7）开通网上银行或短信服务，及时获知存取款、转账、刷卡消费等信息，或将同一家银行的借记卡与信用卡连接，开通借记卡的自动转账功能。"收入存在借记卡上一来可赚取利息，二来也不用担心忘记还款"。

小思考：小王申请办理了一张民生银行的信用卡，记账日为每月1日，最后还款日为每月20日。2015年5月3日，她在商场刷卡购买了3 000元的商品，按照最低还款额在6月15日还了300元，剩余的2 700元在7月6日全部还完。小王需要为此次透支支付利息吗？若需要支付，则小王的利息从哪一天开始计算，针对多少金额支付利息？

2.2.2　各种贷款

个人贷款是商业银行按照一定的贷款原则和政策，以还本付息为条件，将一定数量的货币资金提供给借款个人使用的一种理财业务。银行贷款是目前大众融资的主要渠道，银行推出的个人贷款服务中比较适合个人和家庭的有凭证式国债质押贷款、存单质押贷款等。凭证式国债质押贷款和存单质押贷款一般适合于短期、临时的资金需求。

从商业银行取得贷款，是各种贷款方式中最可靠、获取资金最多的一种，银行雄厚的资金实力、良好的服务、众多的网点以及方便快捷的结算方式，也是其他机构所无法比拟的。但是，在实际生活中，个人要取得银行贷款通常并不容易，因此，个人手中应保留一些银行存单、国债等质押物，这样取得贷款相对比较容易。同时，规范自己的财务和经营，争取较高的信用等级。

2.2.3　保单质押融资

保单质押贷款是指以保单为质押物，按照保单现金价值的一定比例获得短期资金的一种融资方式。目前有两种情况：把保单质押给保险公司，直接从保险公司取得贷款；保单质押给银行，由银行支付贷款。保单质押贷款的期限较短，一般不超过6个月；贷款额度一般不超过保单现金价值的一定比例（保险公司规定贷款额度不超过保单现金价值的70%，银行规定贷款额度不超过保单现金价值的90%），期满后贷款一定要及时归还，否则保单将失效。

应当注意的是，不是所有的保单都可以作为质押物，质押保单本身必须有现金价值，如具有储蓄功能的养老保险、投资分红险、年金保险等人寿保险合同，只要投保人缴纳保费超过1年，人寿保险单就具有现金价值；而意外伤害险、医疗保险、财产险等属于损失补偿型合同，则不能作为质押物。

对于个人和家庭来说，投保人寿保险非常重要，不可为了一时的资金周转而退保，采用保单质押的方式照样可以周转资金。

2.2.4　典当融资

典当是指客户将其动产、不动产、财产权利作为当物抵押给典当行，交付一定比例费用，取得当金，并在约定期限内支付当金利息、偿还当金、赎回当物的行为。当前主要包括汽车典当、房产典当、股票典当等几种方式。

与银行对借款人的资信条件近乎苛刻的要求相比，典当融资有很多优点，表现在：典当行对客户的信用要求几乎为零；典当行可以动产和不动产抵押两者兼为；典当行典当物品起点低，典当行更注重为个人客户和中小企业服务；典当贷款手续简单。不足之处在于典当融资利息费用、手续费用较高，且贷款规模小。因此，典当融资只适合于短期、临时的融资，对于长期的借贷是不划算的。

2.3　互联网金融理财产品

2.3.1　互联网金融

互联网金融是指以依托于支付、云计算、社交网络以及搜索引擎，app 等互联网工具，实现资金融通、支付和信息中介等业务的一种新兴金融。互联网金融不是互联网和金融业的简单结合，而是在实现安全、移动等网络技术水平上，被用户熟悉接受后（尤其是对电子商务的接受），自然而然为适应新的需求而产生的新模式及新业务，是传统金融行业与互联网精神相结合的新兴领域。互联网金融存在以下特点。

（1）成本低。互联网金融模式下，资金供求双方可以通过网络平台自行完成信息甄别、匹配、定价和交易，无传统中介、无交易成本、无垄断利润。一方面，金融机构可以避免开设营业网点的资金投入和运营成本；另一方面，消费者可以在开放透明的平台上快速找到适合自己的金融产品，削弱了信息不对称程度，更省时省力。

（2）效率高。互联网金融业务主要由计算机处理，操作流程完全标准化，客户不需要排队等候，业务处理速度更快，用户体验更好。如阿里小贷依托电商积累的信用数据库，经过数据挖掘和分析，引入风险分析和资信调查模型，商户从申请贷款到发放只需要几秒钟，日均可以完成贷款 1 万笔，成为真正的"信贷工厂"。

（3）覆盖广。互联网金融模式下，客户能够突破时间和地域的约束，在互联网上寻找需要的金融资源，金融服务更直接，客户基础更广泛。此外，互联网金融的客户以小微企业为主，覆盖了部分传统金融业的金融服务盲区，有利于提升资源配置效率，促进实体经济发展。

（4）发展快。依托于大数据和电子商务的发展，互联网金融得到了快速增长。以余额宝为例，余额宝上线 18 天，累计用户数达到 250 多万，累计转入资金达到 66 亿元。据报道，余额宝规模 500 亿元，成为规模最大的公募基金。

（5）管理弱。一是风控弱。互联网金融还没有接入人民银行征信系统，也不存在信用信息共享机制，不具备类似银行的风控、合规和清收机制，容易发生各类风险问题，已有众贷网、网赢天下等 P2P 网贷平台宣布破产或停止服务。二是监管弱。互联网金融在我国处于起步阶段，还没有监管和法律约束，缺乏准入门槛和行业规范，整个行业面临诸多政策和法律风险。

课堂笔记

(6)风险大。一是信用风险大。目前我国信用体系尚不完善，互联网金融的相关法律还有待配套，互联网金融违约成本较低，容易诱发恶意骗贷、卷款跑路等风险问题。特别是P2P网贷平台由于准入门槛低和缺乏监管，成为不法分子从事非法集资和诈骗等犯罪活动的温床。近年来，淘金贷、优易网、安泰卓越等P2P网贷平台先后曝出"跑路"事件。二是网络安全风险大。我国互联网安全问题突出，网络金融犯罪问题不容忽视。一旦遭遇黑客攻击，互联网金融的正常运作会受到影响，危及消费者的资金安全和个人信息安全。

当前，越来越多的行业和企业加入到互联网金融的领域中来，不仅极大地丰富了互联网金融的内涵，同时也促进了互联网金融发展的包容性和新奇性，有助于形成多元、多维、充分竞争的互联网金融业态。可另一方面，谁都能掺一脚的现象也说明了互联网金融几乎没有准入门槛，同时监管严重缺位。如今互联网金融鱼龙混杂，既有奇形怪状的产品和服务，又充斥着大量赚噱头、喊口号的伪互联网金融现象，良莠不齐的平台和企业，恶性事件的频发都严重损害了互联网金融的健康发展。现在互联网金融几乎已经把各个行业的玩家都拉下水了，但事实上互联网金融并不是万灵丹，对于各行各业来说谁适合玩，谁能玩得好还有待时间的检验。总之，互联网金融是光明的，需要光明的人去创造光明。金融的本质是信用，共同创造社会的信用，这是使命。

2.3.2 互联网金融理财产品的主要种类

(1)集支付、收益、资金周转于一身的理财产品，典型代表有阿里巴巴（余额宝）、苏宁（零钱宝）。该产品由于承诺T+0赎回，实时提现的优点直接满足投资人对产品流动性的需求。

(2)与知名互联网公司合作的理财产品如：腾讯（微信理财通）、百度（百度理财计划B）。以腾讯理财通为例，直接接入以华夏基金为代表的一线品牌等基金公司。

(3)P2P平台的理财产品，如红岭创投、人人贷、厦门昌满顺投贷网等，该类产品是互联网直接理财的产物，即资金通过互联网平台直接流向资金需求方，出资人享受资金出让的收益。不少P2P平台与小贷、保险或担保公司合作以保障投资人的本息安全。另一种保障方式，是投资人享借款人提供的实物抵押权，最常见的有车子、房产等。正规P2P产品收益一般在8%-15%之间，有抵押产品收益最高12%左右，但若综合考量安全性，后者或许更受保守型投资人的偏爱。

(4)基金公司在自己的平台推广的产品。如：汇添富基金（现金宝、全额宝），以货币基金为本质，披上互联网金融外衣的理财产品，其实跟基金产品是同款产品。

(5)银行自己发行银行端现金管理工具。如：平安银行（平安盈）、广发银行（智能金）。银行信誉的保障是该产品的最大优势，受互联网金融理财的冲击，现在银行也开始不断变革推出开放式T+0理财产品年化率升至4.5%左右，能通过网上银行和手机银等方式购买。

2.3.3 互联网金融理财技巧

(1)金融理财平台的资金安全性。平台有没有第三方支付做资金托管，是

48

考核一个网络金融平台安全性的重要指标，以昌满顺投贷网平台为例，由通联支付为其从事互联网支付的第三方支付服务机构。

（2）金融理财平台的信誉。投资者选择投资平台时，应该去查看企业在工商行政管理局的注册信息，营业执照、法人代表、注册资金、成立时间，机构信用代码、组织机构代码，税务登记证等，通过一切平台可提供的资料来辨别真实性。

（3）金融理财平台利率高低。现在新起的金融平台利率一般是年化8%～15%之间。有些平台为了吸引网民，过度夸大回报率（如20%），有的甚至高达100%。

（4）金融理财平台运营者的经验、实力和团队情况。考察平台的领导者的从业经验、经营能力能决定了平台是否能规避经营风险。"专业的事情交给专业的人去做"，对于投资理财，广大市民理财知识有限，很多理财常识和理财技巧都不足以应付现在的理财方式，因此，在挑选互联网投资理财平台时，更应该看重理财团队的专业性。

总的来说，可以找那些成立时间较长、收益率较稳定、风控体系较完善、逾期坏账率较低、企业信用评级较高的平台。一切从小的投资开始，分散理财。

任务 3　现金规划的工作流程

3.1　明确现金规划的内容

理财规划师应该向客户说明什么是现金规划、现金规划的需求因素及现金规划的内容。

3.2　收集客户与现金规划有关的信息

在此基础上，理财规划师应当收集与客户现金规划有关的信息，如客户的职业、家庭状况、收入情况和支出情况等相关信息。

3.3　编制客户现金流量表

根据收集到的信息，编制客户的现金流量表，用表格的形式反映出客户的基本状况。现金流量表一般以 12 个月为一个编制周期，也可以以一个月为周期进行编制。

3.4　确定客户现金及等价物额度

根据现金流量表的信息，进一步确定现金及现金等价物的额度。在确定现金及现金等价物的额度时，主要取决于客户资金的流动性比率，一般为个人或家庭每月支出的 3~6 倍。

3.5　配置现金规划的额度

将客户的每月支出 3~6 倍的额度在现金规划的工具中进行配置。在配置现金及现金等价物的额度时，既要保持一定的流动性，又要实现一定的收益。如可以将 1/3 部分以现金形式持有，2/3 部分以储蓄及货币型基金形式持有。

3.6　解决客户超额现金需求

向客户介绍现金规划的融资方式，解决超额的现金需求。当前，各种新的现金规划工具的品种越来越多，理财规划师应该对新的理财规划工具品种做更详细的了解。

3.7　形成现金规划报告，交付客户

经过以上工作程序，充分了解、分析客户需求并且选择适当工具满足需求的现金规划方案可以制订完成。如果客户仅进行现金专项规划，则形成现金规划报告交付客户；如果客户需要整合理财规划服务，则将现金规划部分作为分项规划之一纳入综合理财规划建议书中，待各分项规划全部完成后再交付客户。

案例：中高收入夫妇现金规划理财方案

客户财务情况简介：郭先生夫妇年收入 23 万，现夫妇双方收入稳定，拥有国债、基金等金融资产和住房、汽车等个人资产。具体资产情况如表 2-4：

表 2-4　　　　　　　　　　个人资产负债表

日期：		客户姓名：	
资产	金额（人民币元）	负债	金额（人民币元）
现金与现金等价物		长期负债	
银行存款	25 000	房屋贷款	100 000
现金与现金等价物小计	25 000		
其他金融资产			
国债	40 000		
人寿保险投资	30 000		
基金	60 000		
其他金融资产小计	130 000		
个人资产			
房屋不动产	450 000		
汽车	110 000		
		负债总计	100 000
个人资产小计	560 000	净资产	615 000
资产总计	715 000	负债与净资产总计	715 000

表 2-5　　　　　　　　　　　个人现金流量表

日期:				客户姓名:	
收入	金额（元）	百分比/%	支出	金额（元）	百分比/%
经常性收入			经常性支出		
工资奖金和津贴	230 000	99.65	房屋贷款偿还	28 800	37
银行存款利息	810	0.35%	物业管理费	3 000	4
			车辆维修费	12 000	16
			人寿和其他保险	17 995	23
经常收入小计	230 810		经常性支出小计	61 795	
			非经常性支出		
收入总计	230 810	100	旅游费用	15 000	20
支出总计	76 795		非经常性支出小计	15 000	
结余	154 015		支出总计	76 795	100

表 2-6　　　　　　　　　　　财务指标表

结余比例=结余/税后收入	0.67
投资与净资产比率=投资资产/净资产	0.21
清偿比率=净资产/总资产	0.86
负债比率=负债总额/总资产	0.14
即付比率=流动资产/负债总额	0.25
负债收入比率=负债本息/税后收入	0.43
流动性比率=流动性资产/每月支出	3.9

　　结合以上财务数据，结余比例0.67，这一指标较高。清偿比率和负债比率分别为0.86和0.14，这主要是因为只有房屋贷款100 000元。即付比率为0.25，较偏低，当经济形势出现较大的不利时，可能无法迅速偿还负债从而以规避风险，即付比率表明必须适当地提高流动资产的比例。投资与净资产比率为0.21，这一指标还比较理想。负债收入比率0.43，主要是房屋贷款没有摊消到4年里来偿还，而是以某一时点来计算的。流动性比率3.9也比较合理。总的说来，应该提高投资资产在净资产中的比率，特别是流动资产的比率。

　　二、现金规划建议

　　一定量的现金及相当于现金等价物的活期存款、定期存款、货币型基金能够预防突发性事件导致的资金需求，避免由于资产流动性问题导致的损失。我们建议拿出结余的20%~30%作为流动性现金和现金等价物。这样，即付比率会提高到60%~70%，有效地增强资产负债表的抵抗风险能力。家庭负债比率低，建议家庭经济成员各办理一张信用卡，为家庭日常支出提供更充分的保障。

小 结

本项目分为三个任务：任务1主要介绍现金需求分析，包括现金规划需要考虑的因素、现金流量表的编制及流动性比率指标。任务2主要介绍现金规划的工具，包括一般工具和融资性工具。一般工具包括现金、储蓄、货币市场基金；融资工具主要介绍信用卡及一些互联网金融理财产品。任务3主要介绍理财规划的工作流程，并结合实际案例进行展示。

能力训练

◎ **知识训练**

一、单项选择题

1. 下列选项中属于现金等价物的是（　　　）。

A. 股票　　　　　　　　　　　B. 期货

C. 货币型基金　　　　　　　　D. 期权

2. 关于金融资产的流动性与收益率的关系，下列说法中正确的是（　　　）。

A. 二者呈反方向变化　　　　　B. 二者呈同方向变化

C. 二者不相关　　　　　　　　D. 以上说法都不对

3. 理财规划师在与客户进行会谈时，首先要做的是（　　　）。

A. 向客户说明什么是现金规划、现金规划的需求因素及现金规划的内容

B. 收集与客户现金规划有关的信息，如客户的职业、家庭情况、收入状况和支出状况等相关信息

C. 引导客户编制月（年）度的收入支出表

D. 确定现金及现金等价物的额度

4. （　　　）是一种事先不约定存期，一次性存入，一次性支取的储蓄存款。既有活期之便，又有定期之利，利息按实际存期越长利率越高。

A. 活期储蓄　　　　　　　　　B. 定活两便储蓄

C. 整存整取　　　　　　　　　D. 零存零取

5. （　　　）是一种不约定存期，支取时需提前通知银行，约定支取日期和金额方能支取的存款。

A. 活期储蓄　　　　　　　　　B. 定活两便储蓄

C. 整存整取　　　　　　　　　D. 个人通知存款

6. 下列各项中，（　　　）属于货币市场基金应当投资的金融工具。

A. 股票

B. 期限在1年以内（含1年）的中央银行票据

C. 可转换债券

D. 剩余期限超过397天的债券

7. 货币市场基金与其他基金最主要的不同点在于（　　　）。

A. 收益高　　　　　　　　　　B. 风险大

C. 分红免税　　　　　　　　　　D. 基金单位资产净值是固定不变的

8.下列关于货币市场基金的说法正确的是(　　　)。

A. 为个人及企业提供一种能够与银行中长期存款相替代，相对安全、收益稳定的投资方式

B. 就安全性而言，投资品种的特殊性决定了货币基金本金风险接近于零

C. 就流动性而言，货币市场基金比银行7天通知存款的流动性还要好

D. 就收益率而言，货币市场基金的收益率远高于7天通知存款

9.以狭义上说，信用卡主要是指由金融机构或商业机构发行的(　　　)，持卡人在信用额度内可先消费后还款的信用卡。

A. 贷记卡　　　　　　　　　　　B. 准借记卡

C. 准贷记卡　　　　　　　　　　D. 借记卡

10.徐女士申请了某银行的信用卡，按发行规定，每月2日为账单日，22日为还款日。本月3日，徐女士刷卡购买了一件价值6 500元的商品。若该银行为徐女士所提供的信用额度为60 000元。该银行为许女士在本月3日提供的免息优惠为(　　　)天。

A.20　　　　　　　　　　　　　B.22

C.30　　　　　　　　　　　　　D.52

11.杨女士以保单质押贷款方式进行融资，则下列各项中(　　　)可以作为质押物。

A. 医疗保险　　　　　　　　　　B. 意外伤害保险合同

C. 财产保险合同　　　　　　　　D. 缴纳保费超过1年的养老保险合同

12.客户将一笔资金以定活两便的方式存入银行，由于客户在1年之后突然急需资金，将资金取出，则这笔资金适用的利率是(　　　)。

A.6个月定期存款利率的6折　　B.1年定期存款利率的6折

C.6个月定期存款利率　　　　　D.1年定期存款利率

13.下列(　　　)不属于对金融资产流动性的要求。

A. 交易动机　　　　　　　　　　B. 谨慎动机

C. 投机动机　　　　　　　　　　D. 预防动机

14.流动性比率是现金规划中的重要指标，下列关于流动性比率的说法正确的是(　　　)。

A. 流动性比率=流动性资产/每月支出

B. 流动性比率=净资产/总资产

C. 流动性比率=结余/税后收入

D. 流动性比率=投资资产/净资产

15.通常情况下，流动性比率应保持在(　　　)左右。

A.1　　　　　　　　　　　　　B.2

C.3　　　　　　　　　　　　　D.10

16.下列可以反映个人或家庭一段期间的基本收入支出情况的表格是(　　　)。

A. 现金流量表　　　　　　　　　B. 损益表

C. 资产负债表　　　　　　　　　D. 支出表

17. 以下为万先生一家的每月平均支出表:

家用固定电话费	100 元	万先生手机费	500 元
万太太手机费	130 元	上网费	360 元
水电费	300 元	购买日常生活用品开支	300 元
交通开支	250 元	休闲娱乐等开支	500 元
每月寄给万先生父母	1 000元	每月寄给万太太父母	1 000元

1) 理财规划师在为万先生制订现金规划方案时，建议万先生准备的现金或现金等价物的额度为(   )元。

A. 10 000　　　　　　　　　B. 15 000

C. 30 000　　　　　　　　　D. 50 000

2) 理财规划师为万先生制订现金规划方案时，建议万先生选择的现金规划工具中不包括(   )。

A. 定额定期储蓄　　　　　　B. 股票

C. 现金　　　　　　　　　　D. 货币市场基金

18. 高女士拥有一张招商银行的信用卡，该发卡行规定每月的对账单日为3日，指定还款日为每月的 23 日。根据题意回答:

1) 如果高女士在当月 3 日消费2 000元，免息还款期为(   )天。

A. 20　　　　　　　　　　　B. 56

C. 50　　　　　　　　　　　D. 30

2) 如果高女士在当月 4 日消费2 000元，免息还款期为(   )天。

A. 49　　　　　　　　　　　B. 30

C. 20　　　　　　　　　　　D. 56

3) 高女士的下列想法能实现的是(   )。

A. 为了方便，将钱存在信用卡里，这样还能获得活期存款利息

B. 想到有免息期，高女士想从信用卡上取现金来炒股票

C. 高女士在电脑城买一台电脑，由于目前财务紧张，利用信用卡分期付款

D. 高女士的信用卡透支额度为3 000元，可是她刷了5 000元，这样也可以享受免息期待遇

二、多项选择题

1. 现金规划中所指的现金等价物是指流动性比较强的 (   ) 等金融资产。

A. 活期储蓄　　　　　　　　B. 各类银行存款

C. 货币市场基金　　　　　　D. 股票

2. 现金规划应遵循以下原则: (   )。

A. 短期需求可以用手头的现金来满足

B. 将来的需求可以用现金来满足

C. 预期的或者将来的需求则可以通过各种类型的储蓄或者短期投、融资工具来满足

D. 短期需求可以用短期投、融工具来满足

3. 个人或家庭进行现金规划是出于（　　）等动机。

A. 交易　　　　　　　　　　　B. 预防

C. 谨慎　　　　　　　　　　　D. 投机

4. 下列说法中正确的是（　　）。

A. 现金及现金等价物的流动性较强

B. 金融资产的流动性与收益率呈反方向变化

C. 高流动性意味着收益率较低

D. 现金及现金等价物的收益率相对较低

5. 下列各项中，（　　）属于现金规划需要考虑的因素。

A. 对金融资产流动性的要求

B. 个人或家庭的投资偏好

C. 个人或家庭的风险偏好程度

D. 持有现金等价物的机会成本

6. 关于客户的个人收入支出表，下列说法中正确的是（　　）。

A. 客户的个人收入支出表分为两栏：收入和支出

B. 编制个人或家庭收入支出表的目的，是提供个人或家庭获取现金的能力和时间分布，以利于正确地进行消费和投资决策

C. 编制家庭收入支出表需要遵循的主要原则有：真实可靠原则、充分反映原则和明晰性原则等

D. 收入支出表一般以 12 个月为一个标志周期

7. 以下说法中正确的是（　　）。

A. 对于工作稳定、收入有保障的客户来说，资产的流动性并非其首要考虑的因素，因而可以保持较低的资产的流动性比率，而将更多的流动性资产用于扩大投资，从而取得更高的收益

B. 对于那些工作缺乏稳定性、收入无保障的客户来说，资产流动性显然要比资产收益性重要得多，因此理财规划师应建议此类客户保持较高的资产流动性比率

C. 对于那些工作缺乏稳定性、收入无保障的客户来说，资产流动性显然要比资产收益性重要得多，因此理财规划师应建议此类客户保持较低得资产流动性比率

D. 理财规划师应根据客户的具体情况，兼顾考虑资产流动性与收益性两个方面，进而提出有价值的理财建议

8. 理财规划师在为客户确定现金及现金等价物的额度时，应该（　　）。

A. 可以参考客户资金的流动性比率

B. 只考虑持有现金及现金等价物的机会成本

C. 可以将该额度确定在个人或家庭每月支出的 3~6 倍

D. 最终现金规划的具体额度一定要通过收入支出表中收入和支出构成的稳定性角度来确定

9. 与其他的现金规划工具相比而言，现金有两个突出的特点：（　　）。

A. 现金在所有金融工具中流动性最弱

B. 现金在所有金融工具中流动性最强

C. 持有现金的收益率低

D. 持有现金的收益率高

10. 关于定活两便储蓄利息的计算，下列说法中正确的是（　　）。

A. 存期低于整存整取最低档次（不满 3 个月）的，按活期利率计息

B. 存期超过 3 个月以上不满半年的，按 3 个月整存整取利率计息

C. 存期超过半年以上不满 1 年的，按半年整存整取利率计息

D. 存期超过 1 年（含 1 年）的，一律按 1 年期整存整取利率六折计息

11. 个人通知存款按存款人提前通知的期限长短划分为（　　）两个品种。

A. 1 天通知存款　　　　　　　　B. 5 天通知存款

C. 7 天通知存款　　　　　　　　D. 10 天通知存款

12. 个人通知存款的起存额度为（　　）。

A. 人民币通知存款开户起存金额为 1 万元

B. 人民币通知存款开户起存金额为 5 万元

C. 外币通知存款的最低存款金额各地区略有不同，约为等值人民币 1 万元（含 1 万元）

D. 外币通知存款的最低存款金额各地区略有不同，约为等值人民币 5 万元（含 5 万元）

13. 下列关于个人通知存款的说法正确的是（　　）。

A. 存款人可分次存入，分次支取

B. 个人通知存款一般为 5 000 元起存

C. 存款人在存入款项时不约定存期，支取时需提前通知金融机构

D. 根据储户提前通知时间长短，分为 1 天通知存款与 7 天通知存款两个档次

14. 下列说法中正确的是（　　）。

A. 个人通知存款适合于有款项在一定时期内不需动用，只需定期支取利息以作生活零用的客户

B. 整存零取适合那些有整笔较大款项收入且需要在一定时期内分期陆续支取使用的客户

C. 零存整取比较适合参加工作，需逐步积累每月结余的客户

D. 个人通知存款比较适合那些有较大额度的结余，但在不久的将来需随时全额支取使用的客户

15. 货币市场基金应当投资于以下哪种金额工具？（　　）

A. 现金

B. 1 年以内（含 1 年）的银行定期存款、大额存单

C. 剩余期限在 397 天以内（含 397 天）的债券

D. 期限在 1 年以内（含 1 年）的债券回购

16. 货币市场基金具有以下特点（　　）。

A. 本金安全　　　　　　　　　　B. 资金流动性强

C. 收益率相对活期储蓄较低　　　D. 分红免税

17. 广义上的信用卡包括（　　）等。

A. 贷记卡 　　　　　　　　B. 准借记卡

C. 准贷记卡 　　　　　　　D. 借记卡

18.关于信用卡的还款方式，下列说法中正确的事（　　　）。

A. 柜台还款，银行一般接受他人代还和无卡还款

B. 约定自动还款，留意用于还款的活期账户的余额，以免由于余额不足导致自动还款失败

C. ATM 机转账还款，转账划入的款项并非即时到账

D. 柜台还款，银行一般不接受他人代还和无卡还款

◎**技能实训**

小王，28 岁，目前工资收入为每月 4 000 元，每月需支付房租 500 元及各项基本生活开销 800 元。每个月会有一次外出就餐，开销 200 元左右，现有 10 万元的一年期定期存款。小王打算买一辆 12 万左右的福克斯轿车，同时需准备 2 万左右的税费及保险费。你觉得他应该怎样利用现金规划的思路管理他的日常资金及完成他的买车计划。

课堂笔记

57

课堂笔记

项目三　消费支出规划

知识目标

1. 熟悉三类家庭消费模式
2. 掌握各种还贷方式，特别是等额本金还款法和等额本息还款法的比较分析
3. 了解消费信贷的基本内容

技能目标

1. 能够分析客户的住房消费需求，根据客户的财务状况选择合适的贷款种类、贷款额度、还贷方式、还款金额，并根据因素变化进行提前还贷或延长贷款的规划
2. 能够分析客户的汽车消费需求，根据客户的财务状况选择合适的汽车贷款方式
3. 能够向客户提供相关的消费支出规划的咨询服务

案例导入

刘先生和张先生 10 年前是大学本科的同班同学，大学毕业后都从事财务工作。工作 5 年后，两人都存储了 30 万元人民币，并在这一年都花掉了这 30 万元。刘先生在广州购买了一套房，张先生购买了一辆"奥迪"牌小汽车。5 年后的今天，刘先生的房子，市值 60 万元。张先生的汽车，市值只有 5 万元。两人目前的资产，明显有了很大差异，但他们的收入都一样，而且有同样的学历、同样的社会经验，为何两人财富不一样？曾经有理财专家提出，哈佛的学子之所以都很富有的一个最主要的原因在于他们的第一堂经济课只学习两个概念：1. 花钱要区分"投资"行为与"消费"行为；2. 每月先将 30%的工资用于投资，剩下来的用于消费。刘先生进行的是投资行为，而张先生的是消费行为。显然，家庭消费支出规划是个人理财业务不可或缺的内容。

（资料来源：http://www.chinadmd.com/file/iiwiwrxiuuteriaxeuzuoewx_1.html）

消费支出规划主要是基于一定的财务资源下，对家庭消费水平和消费结构进行规划，以达到适度消费、稳步提高生活质量的目标。其目的是要合理安排消费资金，树立正确的消费观念，节省成本，保持稳健的财务状况。如果消费支出缺乏计划或者消费计划不得当，家庭很可能支付过高的消费成本，严重者甚至会导致家庭出现财务危机。因此，家庭消费支出规划是个人理财业务不可或缺的内容，主要包括住房支出、汽车消费支出、消费信贷等内容。

任务 1　家庭消费模式

1.1　金融市场与消费支出

假设不存在借贷市场和投资市场，大部分家庭除日常生活消费外，都会保留甚至节衣缩食积攒一部分现金以防不测或应付大宗开支。当普通家庭日常开支意外的消费需要只能通过这种模式来满足时，人们通常会感到自己的消费自由受到了很大的限制：一是在消费的时间上人们无法有所选择；二是积攒节约出来的资金不能够增值甚至优于通货膨胀等因素反倒使家庭消费能力下降。就像当年流行的一个故事：中国老太太攒了一辈子的钱，到了临死前才攒够了买新房的钱，才住上了新房，而美国老太太则先贷款，住进了新房，到死贷款也还完了，她也因此住了一辈子的新房。这个经济故事的寓意很明显，在同样的环境下，只不过是稍稍改变了消费模式，美国老太太就能提前住了一辈子的新房，而中国老太太却是固执己见，在临死前才圆了自己的住房梦，相对来说，中国老太太的攒钱消费理念真是老土了。

金融市场的存在帮我们解决了这个问题，消费者能够在金融市场上通过资金的借贷对一段时间内的消费模式进行调整，也可以通过各种投资工具获取投资收益，增强可消费的能力。作为理财规划师，应该对金融市场有着深入的了解和敏锐的洞察力，根据客户的具体情况，制定出成功的消费支出规划，为客户提供优质的服务。

1.2　家庭消费模式种类

我们在项目一中介绍了关于财务安全和财务自由的内容。所谓财务安全，是指个人对自己的财务现状有充分的信心，认为现有的财富足以应对未来的财务支出和其他生活目标的实现，不会出现大的财务危机；所谓财务自由，是指个人或家庭的收入主要来源于主动投资而不是被动工作。当投资收入可以完全覆盖个人或家庭发生的各项支出时，我们认为就达到了财务自由的层次。作为理财规划师来说，应该从整体上把握好收入、消费支出、借贷和投资的关系，帮助客户树立合理的消费观念，从经济角度协助客户达到他们的生活目标，最终赢得财务自由。

家庭消费模式主要有三种类型：收大于支、收支相抵、支大于收。下面用图来说明这三种消费模式以及工薪类收入、消费支出、投资收入和总支出的关系。

1. 收入大于支出消费模式：收入-消费=投资（储蓄也是一种投资）

从图 3-1 中可以看出，收入曲线一直在消费曲线的上方，收入曲线 T 和支出曲线 C 的中间部分是家庭储蓄，此时家庭不但达到了财务安全，而且有一定的结余用于投资。随着投资的不断增加，投资收入曲线 I 将不断上升。当投资收入曲线 I 超过工薪收入曲线 L 时，这意味着投资收入成了家庭最主要的收入来源，家庭的生活目标有强大的经济保障。当投资收入曲线 I 穿过支出曲线 C 时，意味着投资收入涵盖了全部支出，这时便达到了财务自由，个人不再为赚钱而工作。

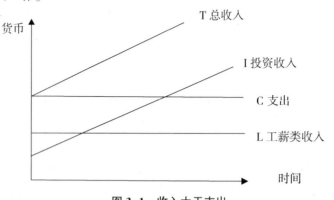

图3-1　收入大于支出

2. 收入等于支出消费模式：收入-消费＝0

从图3-2中可以看出，支出曲线C绕总收入曲线T上下波动。从长期来看，收支大抵相等。这是现实生活中典型的日光族、月光族类的生活。如果没有初始投资的话，这种消费模式不可能实现财务自由。长期下去，财务上的人生是比较糟糕的。

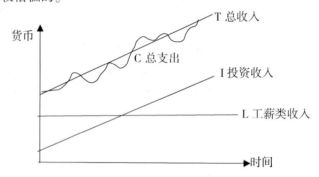

图3-2　收入大于支出

3. 支出大于收入消费模式：收入-支出＜0

从图3-3中可以看出，消费支出一直大于工薪类收入，不得不用家庭原有的财富积累填补缺口，现实生活中的超前消费、提前消费者属于此类，财务明显是不自由的。也就是所谓的"负翁"一族。如果这种状况持续下去，家庭必将陷入财务危机；投资收益不断下降，直到降为零。这类人需要正视自己未来的创富能力，否则，一辈子将会穷困。

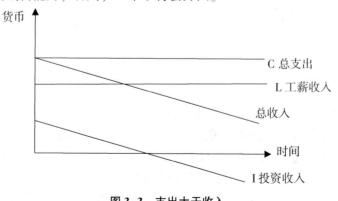

图3-3　支出大于收入

通过比较，显然支出大于收入的消费模式是不可取的，而对于其他两种消费模式，应根据客户的实际情况而定，帮助客户理解正确的消费模式，理顺客户的工薪类收入、消费支出和投资收入的关系。

任务 2　住房消费规划

随着住房商品化政策的深入，住房支出在家庭消费支出结构中所占的比重越来越高，如何规划住房支出成为人们越来越关心的问题，对这方面的需求也越来越高。为了应对这一问题，在个人购房之前，应该提前进行住房消费规划，包括根据负担能力、个人所处的生命周期阶段，选择合适的住房；设定购房目标，提前准备；根据客户的财务状况选择合适的还款方式等。

2.1　住房消费支出的分类

根据目的不同，住房支出分为住房消费和住房投资两类。住房消费是指居民为取得住房提供的庇护、休息、娱乐和生活空间的服务而进行的消费。这种消费的实现形式可以是租房，也可以是买房。按照国际惯例，住房消费价格往往是用租金价格来衡量（对于自由住房的则用隐含租金来衡量）。住房投资，是指将住房看成投资工具，通过住房价格上升来应对通货膨胀，获得投资收益，以希望资产保值或增值。在中国，大多数家庭购买住房时消费目的和投资目的共存。

2.2　租房和买房的选择

2.2.1　适宜租房的人群

(1)刚刚踏入社会的人群：一般来说刚刚工作的年轻人收入较低，经济能力不强，选择租房尤其是合租更为经济。

(2)工作地点和生活范围不固定者：如果因为工作关系需要频繁轮换地方或派遣到其他城市工作者，不太适宜在一个地方买房固定下来，这类人可以先租房，等到能够真正安定下来的时候，再实施买房计划。

(3)收入不稳定且储蓄不足的人群：该类人群如果盲目贷款买房，一旦出现难以还贷的情况，房产甚至有可能会被银行没收。

(4)不急需购房且辨不清房价走势者：随着国家宏观调控楼市的各项政策的不时改变，很多消费者无法把握也看不透房地产市场的未来发展方向和房价走势，对于不急着马上买房的购房者来说，不如"以静制动"，暂且租房（见表3-1）。

2.2.2　租房与购房的比较分析

理财规划师可以通过年成本法和净现值法从资金角度进行分析测算。

61

表 3-1　　　　　　　　　　租房与购房优缺点一览表

	租房	购房
优点	负担较轻，以相对较低的付出拥有较佳的居住品质，较为灵活和自由，有效节约交通费用	房子有增值潜力，可满足心理层面的归属感、安全感的需求
缺点	具有较大的不稳定性，没有保障	负担较重，房贷压力可能让生活品质打折扣
所得	自备款所衍生的收入	增值潜力、税收优惠
付出	每月的房租	自备款和所衍生的收入，购房相关税款及维修费用

1. 年成本法

租房年成本 = 房屋押金×存款利率 + 年租金

购房年成本 = 首付款×存款利率 + 贷款余额×贷款利率 + 年维修及税收费用

年成本法应结合：

（1）未来房租的调整。如果预计未来房租将向上调整，则租房年成本将随之增加。

购房后总价固定，但随着还款额度的增加，本金的机会成本将下降，因此购房年成本将逐年下降。

（2）房价趋势。如果未来房价看涨，那么未来出售房屋的资本利得能在一定程度上弥补居住时的成本。

（3）利率高低。利率越低，购房的成本也越低，购房会相对划算；反之，则租房划算。

案例：小王最近看上了一套 100 平米的住房，该住房可租可买。如果租房，房租每月 5 500 元，以 1 个月房租作为押金。而购买的总价是 120 万元，小王可以支付 60 万元的首付款，另外 60 万拟采用 6% 的商业贷款利率向某行贷款。假设房屋的维修成本为 5 000 元/年，年折旧率为 2%，押金和首付款机会成本均为 3%。请问小王应该租房还是买房？

租房年成本 = 5 500×12 + 5 500×1×3% = 66 165 元

购房年成本 = 600 000×3% + 600 000×6% + 5 000 + 1 200 000×2% = 83 000 元

租房年成本 66 165 元 < 购房年成本 83 000 元，因此租房更划算。

2. 净现值法

$$NPV = \sum_{t=0}^{n} \frac{CF^t}{(1+i)^t}$$

其中 NPV 为净现值，t 为年份数，CF_t 为各期的净现金流，i 为折现率

案例：王先生最近看上了一套房子。该房可租可售。如果租的话，房租每月 3 000 元，租期 4 年，押金 1 万元，预计房租每年调涨 100 元。而购买的总价是 70 万元，王先生可以支付 30 万元的首付款，另外 40 万拟采用 6% 的商业贷款利率向某行贷款，贷款 15 年，本利等额摊还；另外，购买该房的税费及装修费共需 10 万元，王先生估计居住 4 年后仍能按原价出售。王先生应

62

该租房还是买房？（王先生年投资回报率是4%）

王先生租房的净现金流量现值计算：

第一年	净现金流	现值	第二年	净现金流	现值	第三年	净现金流	现值	第四年	净5现金流	现值
CF0	-13 000	-13 000	CF12	-3 100	-2 979	CF24	-3 200	-2 954	CF36	-3 300	-2 927
CF1	-3 000	-2 990	CF13	-3 100	-2 969	CF25	-3 200	-2 945	CF37	-3 300	-2 918
CF2	-3 000	-2 980	CF14	-3 100	-2 959	CF26	-3 200	-2 935	CF38	-3 300	-2 908
CF3	-3 000	-2 970	CF15	-3 100	-2 949	CF27	-3 200	-2 925	CF39	-3 300	-2 898
CF4	-3 000	-2 960	CF16	-3 100	-2 939	CF28	-3 200	-2 915	CF40	-3 300	-2 889
CF5	-3 000	-2 950	CF17	-3 100	-2 929	CF29	-3 200	-2 906	CF41	-3 300	-2 879
CF6	-3 000	-2 941	CF18	-3 100	-2 920	CF30	-3 200	-2 896	CF42	-3 300	-2 870
CF7	-3 000	-2 931	CF19	-3 100	-2 910	CF31	-3 200	-2 886	CF43	-3 300	-2 860
CF8	-3 000	-2 921	CF20	-3 100	-2 900	CF32	-3 200	-2 877	CF44	-3 300	-2 851
CF9	-3 000	-2 911	CF21	-3 100	-2 891	CF33	-3 200	-2 867	CF45	-3 300	-2 841
CF10	-3 000	-2 902	CF22	-3 100	-2 881	CF34	-3 200	-2 858	CF46	-3 300	-2 832
CF11	-3 000	-2 892	CF23	-3 100	-2 872	CF35	-3 200	-2 848	CF47	-3 300	-2 822
									CF48	10 000	8 190

$$NPV_{租房} = \sum_{t=0}^{48} \frac{CF_t}{(1+0.33\%)} = -141229 \text{元}$$

（其中折现率应调整为月利率　$i = 4\% \div 12 = 0.33\%$）

王先生购房的净现金流量现值计算：

第一年	净现金流	现值	第二年	净现金流	现值	第三年	净现金流	现值	第四年	净现金流	现值
CF0	-400 000	-400 000									
CF1	-3 375	-3 364	CF13	-3 375	-3 232	CF25	-3 375	-3 106	CF37	-3 375	-2 984
CF2	-3 375	-3 353	CF14	-3 375	-3 221	CF26	-3 375	-3 095	CF38	-3 375	-2 974
CF3	-3 375	-3 341	CF15	-3 375	-3 211	CF27	-3 375	-3 085	CF39	-3 375	-2 964
CF4	-3 375	-3 330	CF16	-3 375	-3 200	CF28	-3 375	-3 075	CF40	-3 375	-2 954
CF5	-3 375	-3 319	CF17	-3 375	-3 189	CF29	-3 375	-3 065	CF41	-3 375	-2 945
CF6	-3 375	-3 308	CF18	-3 375	-3 179	CF30	-3 375	-3 054	CF42	-3 375	-2 935
CF7	-3 375	-3 297	CF19	-3 375	-3 168	CF31	-3 375	-3 044	CF43	-3 375	-2 925
CF8	-3 375	-3 286	CF20	-3 375	-3 158	CF32	-3 375	-3 034	CF44	-3 375	-2 915
CF9	-3 375	-3 275	CF21	-3 375	-3 147	CF33	-3 375	-3 024	CF45	-3 375	-2 906
CF10	-3 375	-3 265	CF22	-3 375	-3 137	CF34	-3 375	-3 014	CF46	-3 375	-2 896
CF11	-3 375	-3 254	CF23	-3 375	-3 126	CF35	-3 375	-3 004	CF47	-3 375	-2 886
CF12	-3 375	-3 243	CF24	-3 375	-3 116	CF36	-3 375	-2 994	CF48	371 033	316 258

（注：①折现率 $i = 4\% \div 12 = 0.33\%$；

②按题意根据等额本息还款法计算，每月还贷3 375元，4 年后房贷未还本金 $= 325\ 592$元

③4 年后将卖房收入 70 万偿还当月还款额3 375 与房贷余额325 592元，还剩371 033元）

$$NPV_{购房} = \sum_{t=0}^{48} \frac{CF_t}{(1 + 0.33\%)^t} = -230340$$

可见：租房净现值 -141 229元大于购房净现值 -230 340元，王先生租房更合算。

3. 租房与购房的策略选择

如果住房价格呈上涨趋势，往往购房合算；购房的利息负担、装修费用、房屋交易成本都较大；如果不打算在一个地方常住，租房往往比购房合算。

2.3 购房目标

理财规划师在确定了客户的购房需求后，应帮助其确定可量化的购房目标。购房的目标包括客户家庭计划购房的时间、购房面积、届时房价三大因素。

首先，在确定购房面积时，主要考虑家庭人口因素，遵循以下几个原则：①不必盲目求大；②无需一次到位；③量力而行。其次，购房环境主要考虑的是生活品质的因素，包括所居住社区的生活质量、上班的距离、子女上学、配套设施等，都是购房时必须考虑的问题。

因此，理财规划师在为客户提供购房建议时，一定要仔细分析客户需求与目标住房的适应性。由于房价取决于两个因素：区位和面积。房子的大小主要取决于居住人数。如对于单身客户、青年夫妇、老年夫妇、三口之家、三代同堂等不同家庭，其购买的面积以及地段要求等均有不同的考虑因素。另外，由于总价低，需求人群多，小户型房屋比大面积套型更容易转手，因此对于购买第一套住房的客户，理财规划师应对此因素进行考虑。

2.4 购房的财务决策

2.4.1 购房财务规划的基本方法

方法一：以储蓄及还贷能力估算负担得起的房屋总价及单价

1. 可负担首付款 = 目前净资产在未来购房时的终值 + 以目前到未来购房这段时间年收入在未来购房时的终值 × 年收入中可负担首付比例的上限

2. 可负担房贷 = 以未来购房时年收入为年金的年金现值 × 年收入中可负担贷款的上限比例

3. 可负担房屋总价 = 可负担首付款 + 可负担房贷

4. 可负担房屋单价 = 可负担房屋总价/需求平方米数

方法二：按想购买的房屋价格来计算首付和月供。

1. 欲购买的房屋总价 = 房屋单价 × 需求面积；

2. 需要支付的首期费用 = 欲购买的房屋总价 ×（1—按揭贷款成数比例）；

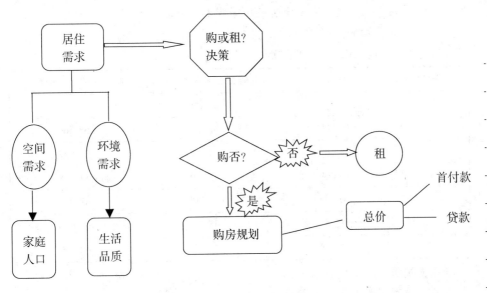

图 3-4　购房消费规划流程图

3. 需要支付的贷款部分=欲购买的房屋总价 × 按揭贷款成数比例;

4. 每月摊还的贷款本息费用=以月为单位的年金值

2.4.2　其他需要考虑的因素

1. 契税:普通住宅按成交价的 1% 缴纳,非普通住宅按成交价的 1.5% 缴纳。

2. 评估费:各商业银行有不同的规定。

3. 律师费:商贷时按每单申请贷款额 3‰ 支付,每单最低额度为 100 元,二手房贷款需要办理公证,每件 200 元。

4. 保险费:商贷时需要加购房综合险。

5. 抵押登记费:按每平方米0.3元计算。

6. 印花税:按购销额 3‰~5‰,贴花。

经验数据显示,贷款购房房价最好控制在年收入的 6 倍以下,贷款期限在 8-15 年。因为在这个范围内,月均还款额下降较快,每月还款压力较小,而且承担的压力也比较合理。

普通住宅是指:住宅小区容积率在1.0(含)以上;单套建筑面积在 140 (含)平方米以下;实际成交价格低于同级别土地上普通住房平均交易价格 1.2倍以下。

2.4.3　购房财务规划的主要指标

1. 房屋月供款与税前月总收入的比率。房屋月供款占借款人税前月总收入的比率,一般不应超过 25%~30% 之间;

2. 所有贷款月供款与税前月总收入的比率。房屋月供款加上其他 10 个月以上贷款的月供款得到的总额占借款人税前月收入的比率,一般应控制在 33%~38% 之间。

案例:王先生预计今年年底年收入 10 万元,以后每年增长3%,每年储蓄比率40%。目前王先生有存款 2 万元,打算 5 年后买房。王先生的投资回

65

报率10%，准备贷款20年，计划采用等额本息还款，房贷利率6%。

王先生可负担的购房首付款是多少？

可负担的购房首付款：290 059

年份	年收入	年储蓄（年收入×40%）	储蓄在购房时的终值
0		20 000	
1	100 000	40 000	58 564
2	103 000	41 200	54 837
3	106 090	42 436	51 348
4	109 273	43 709	48 080
5	112 551	45 020	45 020
合计			290 059

可负担房贷多少？

第6年可用来偿还贷款资金：

112 551×（1+3%）×0.4＝46 371元

可负担的贷款总额：

46 371×（P/A，6%，20）＝531 871元

可负担房贷总价是多少？

可负担的房屋总价：

＝290 059＋531 871＝821 931

房屋贷款占房屋总价的比率：

＝531 871÷821 931＝64.71%

可负担房屋单价：

＝821 931÷100＝8 219.31元/㎡

2.5　住房消费信贷

2.5.1　住房消费信贷的种类

购买住房一般要求首付款占30%，借款人获得房贷后，须定期向银行归还本息。贷款在一年期以上的，采用等额本息还款法、等额递增还款法、等额递减还款法和等额本金还款法。

对于个人住房贷款目前主要有三种贷款方式，

1. 个人公积金贷款：是指按照《住房公积金管理条例》规定按时缴存住房公积金的借款人，在购买自住住房时，以其所购住房或其他具有所有权的财产作为抵押物，或由第三人为其贷款提供担保并承担偿还本息连带责任，申请以住房公积金为资金来源的住房贷款。住房公积金贷款一般不超过30年，利率低、要求提供担保、贷款对象有特殊要求；其担保的形式包括：抵押加一般保证、抵押加购房综合险、质押担保、连带责任保证。

A. 住房公积金为资金来源、发放对象——缴存住房公积金的职工；

B. 贷款期限：最长不超过30年，中国银行还有年龄限制：借款人要小于65岁；

C. 利率：采用公积金贷款利率，比商业性贷款低。

D. 住房公积金贷款的方式：抵押担保、抵押加购房综合险、质押担保、连带责任保证；

E. 公积金贷款的额度由各地住房公积金管理中心规定；

F. 可以不购买保险；

案例：一位参加 s 市住房公积金制度的客户，打算购买一套评估值为 50 万元的自住房，并申请公积金贷款。客户目前的住房公积金本息和共 6 000 元。上个月公积金汇储额 150 元。本人离法定退休年龄剩 30 年。

客户在退休年龄内可缴存的住房公积金总额：

＝目前本人名下公积金本息余额＋上个月汇储额×剩余退休年限×12

＝6 000+150×30×12＝6 万元

借款人的家庭成员在退休内的公积金是 12 万元。

客户可申请的个人住房公积金贷款最高额度为借款人及其家庭成员在退休年龄内可缴存住房公积金的总额（18 万元）。

所购住房的评估价的 70%（35 万元）。

该市公积金管理中心规定的最高贷款额（10 万元）。

结合以上规定，该客户最终的公积金贷款应为 10 万元。

2. 个人住房商业性贷款：是银行以信贷资金向购房者发放的贷款，也叫个人住房商业性贷款或者住房按揭贷款，俗称"按揭"。目前在我国绝大多数商业银行在为客户办理住房抵押贷款时要求贷款人必须购买商业保险。

个人住房商业贷款要求借款人必须有稳定的经济收入，有合法有效的购房合同或协议，自筹 30% 以上的房款，且能向银行提供有效的抵押、质押或保证担保。贷款额度由银行根据申请人的资信程度和还款能力确定，一般不超过所购住房售价的 70%，贷款期限最高不超过 30 年。其利率比公积金贷款高。贷款方式主要有抵押贷款、抵（质）押加保证贷款两种。

（1）抵押贷款方式：贷款银行向贷款者提供部分购房贷款，用其购房契约向银行作抵押，若购房者不能按照购房期限还本付息，银行可将房屋出售、以抵消贷款。

（2）抵押加保证贷款方式：贷款行以借款人尚未办理抵押登记的房产作为个人住房贷款抵押物的同时，要求借款人提供符合规定条件的保证人作为贷款的担保而发放贷款的方式。

3. 个人住房组合贷款：住房公积金贷款和商业性贷款的组合。指银行以住房公积金存款和信贷资金为来源，向同一借款人发放的用于购买自用普通住房的贷款。

两笔贷款的总金额以房价的 70% 为限。

接上案例，客户贷款总金额以房价的 70% 为限，因此客户可申请的最高贷款额度＝50×0.7＝35 万元。其中个人住房公积金贷款金额为 10 万元，则个人商业贷款金额＝35−10＝25 万元。假设贷款期限为 15 年，公积金贷款利率 4.95%，商业贷款利率 6.273%。则通过房贷计算器可算出，该客户公积金贷款每月还款 788.2 元，商业贷款月还款为 2 146.7 元，每月供款共为 2 934.88 元。

由于住房公积金贷款利率相对于商业住房贷款利率低，因此应建议客户先采用住房公积金贷款，如有不足部分再采用住房商业贷款。

2.5.2　还款方式和还款金额

在还款方式的选择上，当前各大银行推出四种还贷方式。特别是较少使用的等额递增和等额递减两种还款方式，客户往往对其政策不太了解。由于各种不同的还款方式，所要偿还的利息不同，适合的人群也不同。因此，帮助客户选择一种合适的还款方式，成了理财规划师必须掌握的技能。

1. 等额本金还款法

指借款人在贷款期限内每月须偿还等额本金，同时付清本期应付的贷款利息。其还款特征是每月所还本金相等。

计算公式：

每月本金＝总本金/还款月数

每月利息＝（本金－累计已还本金）×月利率

每月还款额＝每月本金+当月利息

还款总利息（等差数列）＝（第一月利息+最后一月利息）×总期数/2

还款总额＝还款总利息+贷款额（总本金）

案例：李先生买了一套商品房，面积120平米，他向银行贷款60万，还款期限20年，年利率为6%，用等额本金法进行分析。

解：贷款60万，期限为20年，利率为6%

每月本金＝600 000/240＝2 500

第一个月利息＝600 000×6%/12＝3 000

第一月总还款＝2 500+3 000＝5 500

第二个月利息＝（600 000－2 500））×6%/12＝2 987.5

第某个月总还款额？

最后一个月利息＝2 500×6%/12＝12.5

还款总利息＝（3 000+12.5）×240/2＝361 500

还款总额＝600 000+361 500＝961 500

小结：在等额本金法中，人们每月归还的本金相同，但利息递减，因而其每月还款额逐渐减少。

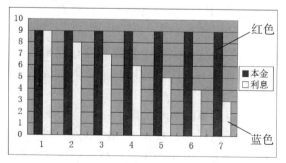

图2-5　等额本金还款法走势柱状图

图2-5中红色部分表示本金，蓝色部分表示利息，从图中可以看出，在等额本金法中，人们每月归还的本金相同，但利息随剩余本金的减少而减少，因而其每月还款额逐渐减少。等额本金还款法主要适合目前收入较高，但是

未来预期会减少的人群，比如快退休者。

2. 等额本息还款法

指在贷款期限内每月以相等的金额平均还贷款本金和利息的方式。其还款特征是每月还款额中的本金比重逐月递增、利息比重逐月递减。这种方法是目前最为普遍，也是大部分银行长期推荐的方式。

计算公式：

$$每月还款项 = \frac{贷款本金 \times 月利率 \times (1+月利率)^{还款期数}}{(1+月利率)^{还款期数} - 1}$$

依前例：银行贷款 60 万，还款期限 20 年，年利率为 6%，用等额本息法进行分析：

解：
$$每月还款项 = \frac{贷款本金 \times 月利率 \times (1+月利率)^{还款期数}}{(1+月利率)^{还款期数} - 1}$$

$$每月还款额 = \frac{600\,000 \times 5‰ \times (1 + 5‰)^{240}}{(1 + 5‰)^{240} - 1} = 4\,298.97 \text{ 元}$$

总利息 $= 4\,298.97 \times 240 - 600\,000 = 431\,752$

由于等额本息方法计算公式复杂，在现实运用中一般采用专用财务计算器计算。

操作	按　键
将所有变量设为默认值	2nd,[+/-],ENTER
将年付款次数设为 12 次	2nd, I/Y,12，ENTER
计算器标准模式	2nd,CPT
使用付款乘子输入付款期数	20，2nd,N,N,显示 N=240
输入年利率	6，I/Y
输入贷款现值	600000，PV
计算每月还款额	CPT,PMT
显示	PMT=-4298.59

小结：等额本息还款法，每月还款额相同，但利息较多。

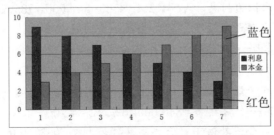

图 3-6　等额本息还款法走势柱状图

图 3-6 中红色部分表示本金，蓝色部分表示利息。从图中可以看出，在等额本息还款法下，每月还款额即本息和相同，但在这种方法下银行一般先收剩余本金利息，后收本金，所以每月还款额中的本金比重逐月递增、利息比重逐月递减。等额本息还款法主要适合收入处于稳定状态的家庭，如公务

69

员、教师等收入和工作机会相对稳定的群体。

小思考：一般来说，刚毕业不久的年轻人适合哪种方式吗？还有别的还款方式吗？

表3-2　　　　　　　等额本金 VS 等额本息

	等额本金	等额本息
优点	所支出的总利息比等额本息要少，而且贷款期限越长，利息相差越大	每月还相同的数额，操作相对简单。每月承担相同的款项也方便安排收支，便于未来理财规划的分析
缺点	前期还款压力大，而且每月还款额不一致，不利于财务规划	由于利息不会随本金数额归还而减少，银行资金占用时间长，还款总利息较等额本金还款法高

案例：宋先生于2012年年底结婚，在2013年初购买了一套二居室，房屋总价为120万元，首付三成，期限25年，房贷利率为6%。根据已知材料回答下列问题：

（1）在等额本息还款法下，宋先生的月还款额为（5 412.13）元。

思路：首付三成，因此贷款额＝120万 * 70%＝84万，期限25年（300期）

此题可用公式计算：

$$每月还款额 = \frac{贷款本金 \times 月利率 \times (1 + 月利率)^{还款期数}}{(1 + 月利率)^{还款期数} - 1}$$

也可用财务计算器计算，依次输入

2ND RESET ENTER

2ND 1/Y 12 ENTER

2ND CPT

25　2ND N N

6　1/Y

840000　＋/－　　Pv

CPT PMT＝5 412.13

（2）宋先生采用等额本息还款方式总共承担的利息是（783 639）元。

思路：把第一题得出的月还款额×300，得出总的本利和，再减去本金84万，即得出总共承担的利息。即5 412.13×300－840 000＝783 639

（3）在等额本金还款法下，宋先生第一个月还款本金为（2 800）元。

思路：等额本金还款法下，每月本金相同＝84万÷300期，即840 000÷300＝2 800

（4）在等额本金还款法下，宋先生第一个月还款利息为（4 200）元。

思路：算出第一个月利息＝840 000×6%/12＝4 200

（5）在等额本金还款法下，宋先生共偿还利息（632 100）元。

思路：先算出最后一个月利息，最后一月剩余本金为84万/300＝2 800元，所以最后一月利息＝2 800×6%/12＝14元，总利息＝（第一个月利息＋最后一月利息）×300/2＝（14+4 200）×300/12＝632 100

3.等额递增还款法

指在还款期内，同一还款年度（即放款当月至次年的对应月）内各月本金还款额相等，后一还款年度内的每月本金还款额大于前一还款年度的月本金还款额的约定金额。即借款人在银行办理贷款业务时，与银行商定还款递增的间隔期和额度；在初始时期，按固定额度还款；此后每月根据间隔期和相应的递增额度进行还款的操作办法。其中，间隔期最少为1个月。

等额递增还款法最大特点是，当借款人还款能力发生变化时，可通过调整累进额或间隔期适应客户还款能力变化。如收入增加的客户，可采取增大累进额、缩短间隔期等办法，使借款人分期还款额增多，从而减少借款人的利息负担；对收入水平下降的客户，可采取减少累进额、增加间隔期等办法，使借款人分期还款额减少，以减轻借款人的还款压力。因此，等额递增还款方式适合目前还款能力较弱，但是已经预期到未来会逐步增加的人群，如毕业不久的年轻人。

4.等额递减还款法

等额递减还款法是指在贷款期的后一时间段内每期还款额相对前一时间段内每期还款额有一个固定减少额，同一时间段内，每期还款额相等的还款方法。这种方法的还款特点是还款的本金阶段性的减少；借款人的利息负担少，但期初的还款本金金额大。因此，等额递减还款方式适合目前还款能力较强，但预期收入将减少，或者目前经济很宽裕的人，如中年人或未婚的白领人士。

表 3-3　　　　　　　　　　　　　四种还款方式比较

还款方式	等额本息	等额本金	等额递增	等额递减
缴款方法	每月偿还固定的金额	每月偿还金额不固定，含本金与利息。初期利息所占比率较高，然后逐月递减	每个时间段内月还款额相同，下一个时间段的还款额按一个固定金额递增。	每个时间段内月还款额相同，下一个时间段的还款额按一个固定金额递减。
缴款负担	每月相同	初期较重，逐月减轻	逐月递增	逐月递减
利息总额	较多	较少	最多	最少
优缺点	每月付款金额相同，容易做资金规划，但全期支付总利息较多	每月付款金额不相同，不易做规划，前期负担重，但有越还越轻松，所付利息较少的优点	初期负担轻，但是全期所付利息较多	初期负担重，后期负担轻，全期所付利息较少
适用对象	收入处于稳定状态的家庭，如公务员、教师等	经济能力充裕，初期能负担较多还款，想省利息的购房者	目前收入一般，还款能力较弱，但未来收入预期会逐渐增加的人群。如毕业不久的年轻人	目前还款能力较强，但预期收入将减少，或者目前经济很宽裕的人，如中年人或未婚的白领人士

总结：

1. 不同的还款方式，只是为满足不同收入、不同年龄、不同消费观念的人。

2. 根据自身未来收入变化情况，选择适合自己的贷款方式，就是最好的理财方式（见表3-3）。

2.5.3 提前还贷

有很多购房者平时月收入并不很高，但年底奖金或分红的数额却很大，这就产生了提前还款这个问题。提前还贷是指借款人具有一定偿还能力时，主动向贷款银行提出部分或全部提前偿还贷款的行为。

提前还贷应视同借款人违约（即未按合同规定办理），必要时银行可收取违约金。各大银行对此均有相关规定。如招商银行规定：不满一年而要提前还款的，要收取至少相对于实际还款额3个月的利息，而一年之后，则只需要一个月；建设银行规定：不满一年而要提前还款的，要收取提前还款额的3%；一年到两年的收取2%，两年到三年的，收取1%；工商银行规定：贷款不满一年提前还款的，要收取提前还款额的5%，贷款满一年后提前还款，不收取任何违约金。

提前还贷的方法主要有以下几种（见表3-4）。

表3-4 提前还贷的主要方式

序号	提前还贷方式	提前还贷效果
1	全部提前还款，剩余的贷款一次性还清	不用还利息，但已付的利息不退
2	部分提前还款，保持每月还款额不变，将还款期限缩短	节省利息较多
3	部分提前还款，每月还款额减少，保持还款期限不变	节省月供负担，但节省程度低于第二种
4	部分提前还款，每月还款额减少，同时将还款期限缩短	节省利息较多

案例： 张先生向银行贷了40万元，贷款10年，采用等额本息还款法，贷款利率6%。已偿还20期。张先生当前获得10万奖金，准备提前偿还银行贷款。

哪种提前还款方式可以节约更多的资金？

A. 月供不变，缩短还款期限

B. 减少月供，还款期限不变

C. 月供减少，还款期限减少

1. 计算不提前还贷，需要支付的利息总额

每月偿还贷款：

2ND RESET ENTER

2ND 1/Y 12 ENTER

2ND CPT

10 2DN N N

6　1/Y

40000　+/-　Pv

CPT　PMT＝4 440.82

2.计算提前还贷时，已经偿还利息和未尝还的本金

由（1）可得 PMT＝4 440.82

2ND　PV

1　ENTER

↓　20　ENTER

↓ BAL＝348 793.78（未偿还本金）

↓ PRN＝51 206.22（已偿还本金）

↓ INT＝37 610.18（已偿还利息）

3.提前还贷方式选择：

A：月供不变，缩短还款期限

P＝348 794-100 000＝248 794

2ND　RESET　ENTER

2ND　1/Y　12　　ENTER

2ND　CPT

248 796　PV

6　　1/Y

4 440.82　+/-　PMT

CPT　　N＝65.89

余下期限应支付利息总额＝4 440.82×65.89-248 794＝43 812

整个还贷期支付利息总额＝37 610+43 812＝81 422

B：减少月供，还款期限不变

每月需偿还贷款：

P＝348 794-100 000＝248 794　　i＝6%/12　　　N＝100　　得出：Pmt＝3 167.63

余下期限应支付利息总额＝3 167.63×100-248 794＝67 969（元）

整个还贷期支付利息总额＝37 610+67 969＝105 579元

C：月供减少，还款期限缩短

仍需偿还贷款期数：P＝348 794-100 000＝248 794

2ND　RESET　ENTER

2ND　1/Y　12　ENTER

6　1/Y

248 794　PV

3 500　+/-　　PMT

CPT　N＝88.05

余下期限应支付利息总额＝3 500×88.05-248 794＝59 383（元）

整个还贷期支付利息总额＝37 610+59 383＝96 993元

提前还贷应注意的问题：

(1) 银行对提前还贷期限、次数和起点金额通常有要求。个人住房按揭

贷款的提前还款，各家银行目前一般规定在借款期内、贷款发放满1年以后；一些银行已经不再限制还款次数，但对起点金额有各自的规定，一般需1万元以上。

（2）提前还贷的前提是借款人以前贷款不拖欠，且以前欠息、当期利息及违约金已还清。

（3）借款人一般需提前10-15天持原借款合同等资料向贷款机构提出书面申请提前还贷。

（4）各银行对提前还贷违约金的要求各不相同。违约金一般是按照提前还款时的未结余额的百分比计算（2%—5%）。

（5）如果客户提前一次性将剩余贷款额还清，可以申请房贷险退保；而对于部分提前还贷的借款人，一般情况下不能申请办理退保手续。

（6）若是组合贷款，提前还贷时应先还商业贷款，再还公积金贷款。

（7）提前还贷还应考虑还贷方式和已还期限。由于等额本息还款法是先还利息，后还本金，相对等额本金还款法而言，提前还贷比较不合算。另外，若是还贷期限已超过一半，一般已还70%利息，提前还贷不划算。

（8）提前还贷不要盲目，要计算好成本支出利息节省额，还应该考虑提前还贷的机会成本，不要因此影响生活质量，也不要因此错过好的投资机会。

（9）贷款结清后，应持贷款行出具的"贷款结清证明"到原抵押登记部门办理抵押登记注销手续。

2.5.4 延长贷款

借款人出现财务紧张或由于其他原因不能按时如数还贷，可以向银行提出延长贷款申请。申请延长贷款时理财规划师需注意以下几点：

（1）借款人应提前20个工作日向贷款行提交延长贷款申请和相关证明。

（2）延长贷款条件：一是贷款期限尚未到期，二是延长期限前必须先清偿其应付的贷款利息、本金及违约金。

（3）借款人申请延期只限一次。

（4）原借款期限与延长期限之和最长不超过30年。

2.5.5 利率调整对还款总额的影响

（1）贷款期间的利率变动按中国人民银行的规定执行。贷款期限在1年以内（含1年）的，遇法定利率调整，不调整贷款利率，继续执行合同利率；贷款期限在1年以上的，遇法定利率调整，于下一年1月1日开始，按相应利率档次执行新的利率。

（2）借款合同约定，签订借款合同后与银行发放贷款期间，如遇法定贷款利率调整时，贷款账户开立时执行最新贷款利率。

小资料

中国人民银行宣布，自2015年6月28日起下调金融机构人民币贷款和存款基准利率。

对于计划按揭买房或正在还按揭的市民来说，此次降息的减压作用有多大呢？

新办房贷

在新办个人房贷中，首套房一般是按同期贷款基准利率执行，第二套房贷一般需要在基准利率上上浮10%。以贷款50万元、贷款期限20年、等额本息还款为例。

第一种情况：基准利率。此次降息后，执行利率为5.40%，利息总额318 701.91元，月供3 411.26元；此次降息前，执行利率5.65%，利息总额335 664.12元，月供3 481.93元。利息总额减少16 962.21元，月供减少70.67元。

第二种情况：上浮10%。此次降息后，执行利率为5.94%，利息总额355 568.72元，月供3 564.87元；此次降息前，执行利率6.215%，利息总额374 667.6元，月供3 644.45元。利息总额减少19 098.88元，月供减少79.58元。

已办房贷

尽管今年以来央行已3次降息，但大多数房贷仍得等到明年1月1日起降息。也就是说，在假设年内不再调息的前提下，届时执行基准利率的个人房贷，利率将由6.15%降至5.40%。

仍然以贷款50万元、贷款期限20年、等额本息还款为例。现在执行的利率为6.15%，利息总额370 133.81元，月供3 625.56元；到了明年初，执行利率为5.40%，利息总额318 701.91元，月供3 411.26元。利息总额减少51 431.9元，月供减少214.3元。

(资料来源：2015年06月28日00：59重庆晚报)

2.6　住房消费信贷规划流程

第一步：跟客户交流，了解初步信息，确定客户希望购房。

第二步：收集客户的信息，包括家庭组成、家庭收入支出以及固有资产等。

第三步：分析客户信息，分析其现状，列出家庭资产负债表和收入支出表。这两个表依据家庭结构不同，其表的结构也不同，所以理财规划师只需掌握这两个表的内涵与基本框架。

第四步：帮助客户指定购房目标，包括购房的时间，希望的居住面积和届时的房价，得到诸如"我希望在两年后购买150平米左右，价格为8 000元/平方米的房屋"这样具体而精确的购房目标的描述。理财规划师应能对单身客户、夫妇两人、一家三口、三代同堂等各种家庭的不同情况进行不同的建议。

第五步：对客户的财务状况进行分析后，帮助客户进行贷款规划，估算客户负担得起的房屋总价，选择合适的贷款方式、还款方式及还款期限等，并运用相关的税收及法律知识，为客户提供必要的支持。例如，由于住房公积金贷款利率相对低，因此应建议客户尽量采用公积金贷款，如有不足部分再采用商业住房贷款。

第六步：购房计划的实施。个人可以申请住房公积金贷款、住房商业性贷款及组合贷款。其中住房公积金贷款的流程为：办理购房手续——贷款申请——住房公积金管理中心审查——办理贷款手续——受托银行放款——按期还款——贷款结清；而住房商业贷款的流程为：贷款申请——银行审贷——签订合同——发放贷款——按期还款——贷款结清。

第七步：根据客户未来情况的变动，对计划做出及时的调整。由于未来情况跟预期的不一样，客户收入可能增加、利率可能调整、家庭的收支出现大的变化，所以住房消费支出规划也要相应作出调整，以使客户在财务安全的基础上，达到成本效益最优的目的，主要的调整方式有提前还贷和延期还贷。其中在提前还贷过程中，还应根据客户的财务状况推荐最合适的提前还贷方法。当然，与此同时，理财规划师还要帮助客户分析购房中的种种法律风险并进行合理规避，以保护客户的合法权益（见表3-5）。

表3-5 人生不同阶段的房产投资规划

人生阶段	单身期	家庭成长期	家庭成熟期	退休老年期
风险承受能力	最强	较强	中等	最低
房地产投资目的	自住	自住、投资增值	投资增值	提高住房品质
房地产投资方式	住房购买	住房购买、公寓出租、购买楼花、房地产证券	住房购买、公寓出租、商铺投资、购买楼花、房地产证券	公寓出租

任务3 汽车消费规划

3.1 汽车消费

作为个人和家庭，汽车逐渐成为不可或缺的一项消费。相对于房屋，汽车较为便宜，但对于工薪家庭来说，购买汽车仍然是一项较大的开支，需要合理筹划。一般而言，所有购车缴纳费用几乎占到购车款的15%~20%，而且这些费用中的大部分都是按年收取的，这意味着购车之后每年将有一笔不小的现金流出。如果没有稳定、充足的收入来源，这笔现金流出会给家庭带来一定的负担。

3.2 自筹经费购车和贷款购车的决策

一般银行规定，贷款买车人必须购买指定经销商的汽车，并提供银行认可的财产抵押、质押或第三方保证，而且首付金额高（首付款项不得低于所购车辆价格的20%）、贷款期限短（3-5年）、手续烦琐、每月需偿还本息高，因此很多人觉得贷款买车心里不踏实。但是由于汽车是消费品，没有升值功能。虽然消费者手中有足够的资金全款买车，是否可通过贷款的方式省下资金另作投资而实现增值呢？

例：王先生准备购买一辆20万的家用轿车，有能力全款购买。但他又想了解贷款买车的情况。通过理财规划师帮助其进行比较，王先生发现如果贷款买车，首付 4 万，贷款 16 万，假设贷款利率为 7.55%，期限 5 年，采用等额本息还款法的话，每月还款 3 209.9 元，因此总共支付利息为 3 209.9×60－160 000＝32 594 元。同时他省下的 16 万投资某理财产品，年收益率达到 6%，五年获得收益为 160 000×6%×5＝48 000（假设按单利算），净赚 48 000－32 594＝15 406，因此采用贷款方式购车还是更划算。

可见，在贷款利率和投资收益率权衡比较下，有时采取银行贷款的方式不但有利于增加我们的现金流动，而且支付的利息比全款购车付出的机会成本更小。

总之，理财规划师需要根据客户的自身情况，帮助其决定是否进行贷款买车。

3.3　汽车消费信贷

3.3.1　个人汽车消费贷款

个人汽车消费贷款是指贷款人向申请购买汽车的借款人发放的人民币担保贷款，包括个人自用车和个人商用车贷款。个人汽车消费贷款实行"部分自筹、有效担保、专款专用、按时偿还"的原则。该贷款只用在与该行签订了《汽车消费贷款合作协议书》的特约经销商处，贷款人、借款人、汽车经销商、保险人和担保人应在同一个城市，贷款不得异地发放。

下面以中国建设银行开办的个人汽车贷款为例。

（1）贷款对象：年龄在 18 周岁（含）至 60 周岁（含），具有完全民事行为能力的自然人；

（2）贷款额度：所购车辆为自用车的，贷款金额不超过所购汽车价格的 80%；所购车辆为商用车的，贷款金额不超过所购汽车价格的 70%，其中，商用载货车贷款金额不得超过所购汽车价格的 60%；

（3）贷款期限：所购车辆为自用车，最长贷款期限不超过 5 年；所购车辆为商用车，贷款期限不超过 3 年；

（4）贷款利率：按照建设银行的贷款利率规定执行；

（5）担保方式：申请个人汽车贷款，借款人须提供一定的担保措施，包括纯车辆抵押、车辆抵押+担保机构、车辆抵押+自然人担保和车辆抵押+履约保证保险；

（6）还款方式：贷款期限在一年以内的，可以采取按月还息任意还本法、等额本息还款法、等额本金还款法、一次性还本付息还款法等方式；贷款期限在一年以上的，可采取等额本息、等额本金还款法。具体还款方式由经办行与借款人协商并在借款合同中约定；

（7）需要提供的申请材料：

①《个人贷款申请书》；

②个人有效身份证件。包括居民身份证、户口簿、军官证、护照、港澳台湾同胞往来通行证等，借款人已婚的要提供配偶的身份证明；

③户籍证明或长期居住证明；

课堂笔记

④个人收入证明，必要时须提供家庭收入或财产证明；

⑤由汽车经销商出具的购车意向证明；

⑥购车首期付款证明；

⑦以所购车辆抵押以外的方式进行担保的，需提供担保的有关材料；

⑧如借款所购车辆为商用车，还需提供所购车辆可合法用于运营的证明，如车辆挂靠运输车队的挂靠协议、租赁协议等。

办理流程：

（1）客户申请。客户向银行提出申请，书面填写申请表，同时提交相关资料。

（2）签订合同。银行对借款人提交的申请资料调查、审批通过后，双方签订借款合同、担保合同，视情况办理相关公证、抵押登记手续等。

（3）发放贷款。经银行审批同意发放的贷款，办妥所有手续后，银行按合同约定以转账方式直接划入汽车经销商的账户。

（4）按期还款。借款人按借款合同约定的还款计划、还款方式偿还贷款本息。

（5）贷款结清。贷款结清包括正常结清和提前结清两种。①正常结清：在贷款到期日（一次性还本付息类）或贷款最后一期（分期偿还类）结清贷款；②提前结清：在贷款到期日前，借款人如提前部分或全部结清贷款，须按借款合同约定，提前向银行提出申请，由银行审批后到指定会计柜台进行还款。

贷款结清后，借款人应持本人有效身份证件和银行出具的贷款结清凭证领回由银行收押的法律凭证和有关证明文件，并持贷款结清凭证到原抵押登记部门办理抵押登记注销手续。

3.3.2 银行与汽车金融公司贷款比较

目前市面上贷款买车方式众多，最常见的是银行和汽车金融公司。二者贷款的区别可以从以下几点进行分析。

1. 车型涵盖范围

银行贷款可囊括所有在售车型，涵盖范围很广。而汽车金融公司需咨询申请贷款的公司与哪些汽车经销商，哪些汽车品牌有合作，相对涵盖范围较窄。

2. 贷款手续

银行车贷则看重申请人收入、户口和抵押物等；而汽车金融公司标准比较宽松，主要看重申请人信用。其最大不同之处在于：在汽车金融公司，外地户口在一定条件下一般很容易申请到车贷，而在银行想申请下车贷比较困难，需要本地市民担保、房产证明等一系列烦琐的程序。同时，汽车金融公司车贷优势在于手续快捷方便，一般三天左右完成，且不用交手续费、抵押费、律师费等费用；银行车贷一般需一周多时间，要找担保公司做担保，且收取一定的杂费。

3. 贷款利率

对于贷款利率而言，银行车贷的利率比较低，在央行基准车贷利率基础上没有上浮。有些银行为了吸引客户还根据客户的诚信资质，将首付比例降低、贷款年限放长，贷款利率予以下浮等优惠。而汽车金融公司汽车金融公司的利率通常要比银行利率高一些，利率调整，要看贷款合同是怎么约定的。目前汽车金融公司的贷款利率一般要比银行高1个百分点，如按贷款10万元计算，3年期有可能要比银行多支付3 000多元。不过，汽车金融公司利率虽较高，但无需支付担保方，而不少银行在办理车贷的时候，需要支付担保费。

4. 首付款比例

汽车金融公司的车贷首付款比例要求较为宽松，首付款一般较低，比如丰田金融对于信誉度非常好的客户可以承诺首付款为全车售价的20%，贷款年限多分为三年和五年两种。而多数银行目前规定最低首付款为全车售价的40%，贷款年限一般也有三年和五年两种选择，最长不超过五年。

5. 还款方式

银行汽车贷款还款方式相对单一，一般贷款期限在1年以内（含1年）的，借款人可采取到期一次偿清贷款本息或分期还款的方式，贷款期限在1年以上的，借款人必须采取分期还款方法。而汽车金融公司的还款方式多样，各家金融公司针对其客户的情况会制定不同的还款方式，最大限度地满足申请者的还款需求。

3.4　汽车消费贷款规划流程

第一步：跟客户进行交流，确定客户的购车需求。

第二步：收集客户信息。包括家庭组成、家庭收入支出以及固有资产等。

第三步：分析客户信息，分析其现状，列出家庭资产负债表和收入支出表。这两个表依据家庭结构不同其表的结构也不同，所以理财规划师只需掌握这两个表的内涵与基本框架。理财规划师根据客户的具体情况，帮助其决定是否贷款。

第四步：帮助客户确定贷款方式、还款方式及还款期限。汽车贷款方式主要有两种：银行贷款和汽车金融公司贷款。

第五步：购车计划的实施。其程序包括申请贷款——资信调查——签约——放贷款——还款。

第六步：根据客户情况的改变及时调整方案。由于未来家庭情况的变化，需要调整贷款方案进行提前还贷或者延期还贷的，可以遵照汽车消费贷款规划的相应内容进行执行。

任务4　消费信贷规划

4.1　个人综合消费贷款

个人综合消费贷款是银行向借款人发放的用于指定消费用途的人民币贷款，用途主要有购房、购车、住房装修、大额购物、上学进修等消费性个人贷款，具有消费用途广泛，贷款额度较高，贷款期限较长等特点。目前，大多数银行都开办了此项贷款业务。

银行根据借款人资信及所提供的担保情况确定具体贷款额度。以个人住

课堂笔记

房抵押的，贷款金额最高不超过抵押物价值的 70%；以个人商用房抵押的，贷款金额最高不超过抵押物价值的 60%。

个人综合消费贷款的贷款期限一般不超过 5 年，个别银行最长可达 10 年。贷款利率按照中国人民银行规定的同期同档次期限利率执行。贷款期限在 1 年以内的，可采用按月还息，按月、按季、按半年或一次还本的还款方式；期限超过 1 年的，采用按月还本付息方式。银行以转账方式向借款人指定个人结算账户发放贷款。其他操作同个人汽车消费贷款。下面以兴业银行开办的综合消费贷款为例。

1. 产品特色

（1）一次授信，长期使用：个人综合消费额度授信期限最长可达 10 年。

（2）额度循环，反复使用：在授信期限内，已使用的额度在贷款偿还后即可恢复。

（3）担保方式多样：可采用质押、抵押方式。

（4）贷款用途多样：可用于出国留学、住房装修、大额耐用消费品消费或其他个人或家庭所需消费。

2. 申请条件

（1）年龄在 18 周岁（含）以上、60 周岁（含）以下，在分行管辖地域范围内有固定住所，具有常住户口或有效居住证明，有完全民事行为能力的中国公民（包括港澳台地区的居民）；

（2）信用良好，具有按期偿还贷款本息的能力；

（3）对采用担保方式的，能提供兴业银行认可的合法、有效的质押、抵押或保证担保；

（4）在兴业银行开立个人结算账户，并通过自然人生理财卡办理结算业务；

（5）兴业银行规定的其他条件。

3. 贷款额度、期限和利率

（1）贷款额度：根据借款人资信情况、贷款用途、提供的担保及贷款支用金额等情况具体确定；

（2）贷款期限：根据不同的贷款用途及提供的担保方式确定不同的贷款期限，最长可达 10 年；

（3）贷款利率：在人民银行公布的同期同档次基准贷款利率及相应的浮动比例内执行。

（4）贷款方式：可以申请单笔贷款，也可以申请授信额度。

（5）原则上采用按月还本付息的还款方式，或其他本行认可的方式。

4. 申办资料

（1）借款人、配偶及保证人（采用第三方自然人保证的）有效身份证明、户籍证明或居住地址证明、婚姻状况证明；

（2）借款人、保证人（采用第三方自然人保证的）收入证明或个人资产证明材料；

（3）贷款用途的相关协议、合同或其他证明文件；

（4）担保相关材料；

（5）兴业银行要求提供的其他资料。

4.2　个人耐用消费品贷款

个人耐用消费品贷款是银行对个人客户发放的用于购买大件耐用消费品的人民币贷款。耐用消费品指除住房、汽车以外，单价一般在2 000元以上，正常使用寿命在两年以上的家庭耐用商品。下面以兴业银行开办的个人耐用消费品贷款业务为例：

（1）贷款对象：贷款对象为年满18周岁至60周岁的具有完全民事行为能力的中国公民。

（2）贷款额度：贷款起点不低于人民币3 000元（含3 000元），最高贷款额度不超过人民币5万元（含5万元）。采取抵押方式担保的，贷款额度不得超过抵押物评估价值的70%；采取质押方式担保的，贷款额度不得超过质押权利票面价值的90%。

（3）贷款期限：贷款期限最长可达10年。

（4）贷款利率：按中国人民银行规定同期贷款利率执行，并可在中国人民银行规定的范围内上下浮动。

（5）担保方式及要求：抵押、质押两种。

4.3　消费信贷规划流程

第一步：跟客户交流，了解初步信息，确定客户有消费信贷或者信用卡消费的需求。

第二步：收集客户的信息，包括家庭组成、家庭收入支出以及固有资产等。

第三步：分析客户信息，分析其现状，列出家庭资产负债表和收入支出表。这两个表依据家庭结构不同，其表的结构也不同，所以理财规划师只需掌握这两个表的内涵与基本框架。

第四步：帮助客户进行贷款规划，如选择何种贷款方式、还款方式及还款期限等，并运用相关税收及法律知识，为客户提供必要的支持。

第五步：计划的实施。

第六步：根据客户未来情况的变动，对计划做出及时的调整。

小　结

本项目分为四个任务：任务1主要介绍家庭消费模式的三个种类，收大于之的消费模式、收支相抵的消费模式、支大于收的消费模式。任务2主要介绍住房消费规划，重点阐述了购房与租房决策比较、购房的财务决策、住房消费信贷的种类、还款方式、还款金额的计算、提前还贷方法的比较，并结合实际案例进行展示。任务2是本项目中需重点掌握的任务。任务3主要介绍如何制定汽车消费方案。任务4主要介绍消费信贷规划，包括个人综合消费贷款、个人耐用消费品贷款及消费信贷规划流程。

课堂笔记

能力训练

◎知识训练

一、单项选择题

1. 宋先生在政府机关工作，2006年他向银行申请了30年期30万元贷款，理财规划师应建议宋先生选择的还款方式是（　　）。

A. 等额本金还款法　　　　　　　　B. 等额本息还款法

C. 等额递减还款法　　　　　　　　D. 等额递增还款法

2. 个人住房公积金贷款是指银行根据公积金管理部门的委托，以（　　）为资金来源，按规定要求向购买普通住房的个人发放的贷款。

A. 储蓄存款　　　　　　　　　　　B. 央行存款

C. 公积金存款　　　　　　　　　　D. 派生存款

3. 2011年7月7日，我国人民银行上调了贷款基准利率，王某在2010年12月27日申请商业住房贷款，这笔贷款将于（　　）以后按照上调后的利率计息。

A. 2011年7月7日　　　　　　　　B. 2011年8月1日

C. 2011年12月27日　　　　　　　D. 2012年1月1日

4. 理财规划师根据李先生的情况，给他制定了一个住房还贷方案，采用等额本金还款，向银行申请20年期30万元的贷款，利率为5.508%，那么第一个月的还款额为（　　）元。

A. 2 847　　　　　　　　　　　　B. 2 700

C. 2 500　　　　　　　　　　　　D. 2 627

5. 最近很多银行推出了等额递增还款法和等额递减还款法，理财规划师一般会推荐下列（　　）采用等额递增还款。

A. 目前收入一般、还款能力较弱，但未来收入预期会逐渐增加的人群，如毕业不久的学生

B. 目前还款能力较强，但预期收入将减少，或者目前经济很宽裕的人

C. 经济能力充裕，初期能负担较多还款，想省息的购房者

D. 收入处于稳定状态的家庭

6. 理财规划师给客户制订家庭消费支出规划，在家庭消费支出的三种消费模式中，（　　）消费模式是不可取的。

A. 收大于支　　　　　　　　　　　B. 收支相抵

C. 支大于收　　　　　　　　　　　D. 三种都可取，没有不可取的

7. 理财规划师应使用一些支付比率指标来估算最佳的住房贷款额度，其中房屋月供款占借款人税前月总收入的比例就是一个重要的指标，一般应不超过（　　）。

A. 50%～60%　　　　　　　　　　B. 40%～50%

C. 30%～40%　　　　　　　　　　D. 25%～30%

8. 小李因出现财务紧张或由于其他原因不能按时如数还贷，可以向银行提出延长贷款申请，下列关于延长贷款期限说法错误的是（　　）。

A. 借款人应提前 20 个工作日向贷款行提交《个人住房借款延长期限申请书》和相关证明

B. 延长贷款条件：一是贷款期限尚未到期；二是延长期限前借款人必须先清偿其应付的贷款利息、本金及违约金

C. 借款期限与延长期限之和最长不超过 30 年

D. 借款人可以申请延期多次

二、多项选择题

1. 借款人在获得住房贷款后，贷款期限在 1 年以上的，可采用（　　）每月偿还。

A. 到期本息一次性清偿　　　　B. 等额本息还款法

C. 等额递增还款法　　　　　　D. 等额递减还款法

2. 等额本息贷款方式目前还是客户选择最多的方式，关于等额本息还款说法正确的是（　　）。

A. 适用于收入处于稳定状态的家庭

B. 公务员、教师适合采用这种还款方法

C. 目前绝大多数客户采用的还款方式

D. 借款人还款操作相对简单，等额支付月供也方便安排每月收支

E. 等额本息还款操作相对简单

3. 理财规划师应给下列（　　）人群推荐等额本金还款法。

A. 适用于目前收入较高但预计将来收入会减少的人群

B. 公务员

C. 还款初期还款能力较强，并希望在还款初期归还较大款项来减少利息支出的借款人

D. 面临退休的人

E. 以上都是

4. 目前我国各商业银行开办的个人住房消费信贷主要包括（　　）。

A. 公积金贷款　　　　　　　　B. 商业贷款

C. 国家贷款　　　　　　　　　D. 组合贷款

E. 交叉贷款

5. 住房贷款的还款方式有（　　）。

A. 等额本息还款法　　　　　　B. 等额本金还款法

C. 等额递增还款法　　　　　　D. 等额递减还款法

E. 以上都对

6. 住房消费是指居民为取得住房提供的庇护、休息、娱乐和生活空间的服务而进行的消费，这种消费的实现形式可以是租房也可以是买房，以下人群中理财规划师最有可能给予租房建议的是（　　）。

A. 刚刚踏入社会的青年　　　　B. 经常在各个城市转换工作的人

C. 储蓄不多的家庭　　　　　　D. 不急需买房且看不清房价走势的人

E. 中年白领阶层人士

◎技能实训

（一）资料：刘先生，某外企员工。2005年9月，刘先生在某高档小区购买了一处住宅，房屋总价120万元，贷款70万元。刘先生听说等额本金还利息较少，遂决定按照等额本金方式还款，贷款期限15年，按月还款，贷款利率为固定利率6.84%。

1. 刘先生每个月所还的本金约为（　　　）。

A. 3 889　　　　　　　　　　　B. 6 229

C. 289　　　　　　　　　　　　D. 422

2. 刘先生第一个月所还利息约为（　　　）。

A. 3 690　　　　　　　　　　　B. 3 790

C. 3 890　　　　　　　　　　　D. 3 990

3. 刘先生如果按照这种方法将所有款项还清，则所还利息总额约为（　　　）。

A. 361 095　　　B. 461 095　　　C. 561 095　　　D. 661 095

4. 刘先生把等额本金还款法与等额本息还款法进行了比较，若采用等额本息法来偿还贷款，每月需偿还贷款约为6 229元，用等额本息的方法将所有款项还清，共需偿还约（　　　）利息。

A. 361 095　　　　　　　　　　B. 421 283

C. 561 095　　　　　　　　　　D. 661 095

5. 通过比较，对于刘先生而言等额本金法和等额本息法哪种方法更节约利息（　　　）。

A. 等额本息法　　　　　　　　B. 等额本金法

C. 一样　　　　　　　　　　　D. 无法比较

（二）资料：老张是北京市公务员，每月按时缴纳了住房公积金，其太太也为公务员，且其太太退休年龄内预计可缴存住房公积金总额为12万元。邻居老李为一个私营企业的营销人员，月工资不多，但是年底分红较多，从未缴纳住房公积金，且其家人也未曾缴过住房公积金，现在，老张和老李都打算购买一套评估价为50万元的自住普通住房，拟在建行申请个人住房公积金贷款。老张目前本人名下的住房公积金本息余额为30 000元，上个月公积金汇储额为250元（包括单位及个人），本人目前离法定退休年龄还剩10年。

1. 老张和老李共同去申请住房公积金贷款，最后的结果是（　　　）。

A. 老张能申请住房公积金贷款

B. 老李能申请住房公积金贷款

C. 老张和老李都不能申请住房公积金贷款

D. 老张和老李都能申请住房公积金贷款

2. 老张在退休年龄内预计可缴存住户公积金总额为（　　　）万元。

A. 6　　　　　　　　　　　　　B. 8

C. 7　　　　　　　　　　　　　D. 9

3. 老张家申请的住房公积金贷款额度最高为（　　　）万元。

A. 18　　　　　　　　　　　　B. 35

C. 40　　　　　　　　　　　　D. 45

4. 老张能申请的住房公积金贷款的最长年限是（　　）年。

A. 15 　　　　　　　　　　B. 20

C. 10 　　　　　　　　　　D. 30

5. 老张申请住房公积金时，下列说法错误的是（　　）。

A. 可用其所购住房为抵押物

B. 用其他具有所有权的财产作为抵押物或质物

C. 由第三人为其贷款提供担保并承担偿还本息连带责任

D. 不需要抵押或质押，只要借款人信用记录上无不良记录

（三）资料：宋先生在政府机关工作，2016 年他向银行申请了 30 年期 30 万元贷款，利率为 6%。

1. 若宋先生采用等额本息还款法来还贷，则他的每月还款额为（　　）元。

A. 1799 　　　　　　　　　B. 1967

C. 1477 　　　　　　　　　D. 1351

2. 若宋先生采用等额本金还款法来还贷，则他的第一个月还款额为（　　）元。

A. 2667 　　　　　　　　　B. 1333

C. 1667 　　　　　　　　　D. 2333

3. 理财规划师应建议宋先生选择的还款方式是（　　）。

A. 等额本金还款法 　　　　B. 等额本息还款法

C. 等额递减还款法 　　　　D. 等额递增还款法

4. 若宋先生打算向银行提出延长贷款申请，则他可以申请延期（　　）次。

A. 不限 　　　　　　　　　B. 3

C. 2 　　　　　　　　　　D. 1

5. 宋先生原借款期限与延长期限之和最长不超过（　　）年。

A. 35 　　　　　　　　　　B. 45

C. 30 　　　　　　　　　　D. 65

项目四　保险规划

 知识目标

1. 了解风险的种类，理解保险对于风险管理的作用
2. 理解保险的概念、特征和职能，掌握保险的基本原则
3. 掌握保险合同主体、主要条款等相关知识
4. 熟悉市场常见的保险产品，熟悉其保险责任范围及保险利益等
5. 掌握保险理财的原则，理解并掌握设计保险规划的步骤与原理

技能目标

1. 学会识别和管理个人及家庭风险
2. 根据现实的情况，学会为客户设计保险业务承保建议书和保险理财方案，具有为客户进行综合保险投资规划的能力
3. 初步具有保险实际业务操作能力；具有一定的人际沟通能力、策划能力和市场开拓的能力

案例导入

保险业服务国家重大战略

2018 年，保险业在服务国家重大战略和实体经济方面持续发力，特别是保险资金通过股权计划、债权计划大力支持雄安新区、长江经济带、粤港澳大湾区等国家重大战略和重大项目，提供了长期稳定的资金支持。保险资金除通过银行存款以及购买债券、股票等方式支持实体经济外，也通过债权投资计划等保险资产管理机构发起设立的产品，直接向实体经济提供融资。截至 2018 年 11 月底，累计发起设立各类债权、股权投资计划 1018 项，合计备案（注册）规模 2.42 万亿元，保险资金已成为保险行业支持实体经济和民生建设的重要手段。其中，支持"一带一路"倡议投资规模达 10269.85 亿元；支持长江经济带和京津冀协同发展战略投资规模分别达 4913.15 亿元和 2086.22 亿元；支持棚户区改造投资规模达 1616.16 亿元；支持振兴东北老工业基地政策投资规模达 455.12 亿元。

保险的核心功能是经济补偿与风险管理，通过事前防范分散和转移国计民生重大项目的各种自然灾害、意外事故、法律责任以及信用等风险，积极防灾减损，通过事后管理进行灾后补偿。但是保险业还具有发挥保障和投资的派生功能，通过直接间接的投资方式，实现资金管理和社会融资能力管理，从而为保险业的防灾减损筹措资金。

（资料来源：http://finance.sina.com.cn/money/insurance/bxdt/2019-01-03/doc-ihqhqcis2635246.shtml）

任务 1　保险规划基础

1.1　认识风险

1.1.1　了解风险

风险是指损失的不确定性。风险存在于人类社会的方方面面，它是自然界中存在的某种变异现象，由自然界的不规则运动或外力作用造成；它也可能是人类社会的某种意外情况或者人为情况造成的。无论如何，风险随时随地都可能发生，也往往不以人的主观意志为转移，所以，风险具有客观性和自然属性，而且风险作用的主体是人类社会。

风险因素、风险事故和损失三者之间密切相关，共同构成风险的统一体。它们之间存在着一种因果关系，可简单表述为：风险因素作用于某个载体从而引起风险事故，风险事故则导致损失。

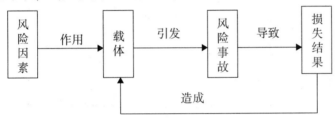

图 4-1　风险构成要素之间关系示意图

1.1.2　主要的风险种类

1. 财务损失风险：家庭财产面临各种自然灾害与意外事故的威胁，如地震和洪水等灾害会造成住房损毁，火灾会烧毁室内财产，私人财物还将面临被盗的风险等。

2. 民事责任风险：民事责任是家庭面临的又一现实风险，其主要来源于 3 个部分：①家庭成员的个人侵权行为会导致受害人的索赔；②家庭的静物责任，是指家庭所有或管理的静物发生意外而导致他人财产损失或人身伤亡而依法应负的赔偿责任；③动物责任，是指因家庭或家庭成员饲养的动物伤害他人财物或人身而依法应负的法律赔偿责任。

3. 人身风险：家庭中的人身风险是指各种灾害事故可能造成家庭成员意外伤亡的风险，其主要来源于三个部分：①室内风险，是指出现在住宅内的灾害事故；②室外风险，往往是指家庭成员无法控制的风险；③工作中的风险，是指家庭成员在工作中遇到的风险。

4. 其他风险：除以上风险之外，家庭客观上还面临如信用风险等在内的其他风险。

1.1.3.　常见的风险管理技术

1. 风险避免

对于那些潜在的风险成本高于收益的家庭活动予以回避。所有新的风险活动必须仔细分析和衡量。已经实施的，应在实施的过程中不断地分析衡量，

以便尽可能避免风险。

2. 损失控制

一旦认为某一损失无法避免时，只要有可能，将运用损失控制措施。家庭在进行风险管理时应遵循一个原则，即损失控制的措施要优于其他风险管理技术。

3. 自留风险

一般来说，在下述情况下将对一个损失暴露单位进行自留。

（1）每年的潜在损失很小，可以将它看成正常的费用。

（2）损失的可能性会很大，以至于可以将损失事件看成必然事件。如果采用保险方式，则保险费很高，而采用其他风险转移技术，也很复杂。这种潜在的损失量如果在家庭的财务承受能力之内，就可采取风险自留，这样就可以减少附加保险费的支出。

（3）没有这方面的保险或费用高到无法承受的。

4. 保险转移

在下述情况下，将购买保险。

（1）法律或合同对此有规定。如交强险。

（2）潜在损失太大，无法自负。

（3）每年的风险处理成本（不包括保险）无法自己承担，而且保险成本合理，可以接受。

（4）保险可以更好、更经济地提供有关服务，如检查、索赔处理、法律服务和损失控制等。

5. 保险与自留结合

通过自负额保险、免赔额（率）、超额保险和追溯费率拟订等方法将保险与自留保险结合起来，对于损失较低的风险暴露单位得以自留。

1.1.4 不同人生阶段的风险管理规划

1. 单身期：指从参加工作到结婚这段时期。参考年龄：22—30 岁。

此阶段经济收入比较低且花销大，是资金积累期。投资的目的不在于获利而在于积累资金及投资经验。

2. 家庭与事业形成期：指从结婚到孩子出生这段时期。参考年龄：28—35 岁。

这一时期是家庭的主要消费期，经济收入增加而且生活稳定，家庭已经具备一定的财力和基本生活用品。同时为提高生活质量，此阶段往往需要较大的家庭建设支出，如购买一些较高档的用品，贷款买房的家庭还需一笔大开支—月供款。

3. 家庭与事业成长期：指从孩子出生到上大学这段时期。参考年龄：35—50 岁。

在这一阶段里，家庭成员不再增加，家庭成员得到年龄都在增长，家庭费用以建设支出和日常开支为主。同时，随着子女自理能力的增强，父母精力充沛又积累了一定的工作经验和投资经验，投资能力大大增强。

4. 退休前期：子女参加工作到家长退休的这段时期。参考年龄：50—60 岁。

由于在这一时期里自身的工作能力、经济状况都达到高峰状态，子女已完全自立，债务也逐渐减轻，所以最适合累积财富。考虑退休年龄逐渐接近，这一时期不宜过多选择风险投资的方式，而应侧重投资较稳健、安全的投资工具，如购买养老、健康、重大疾病险，并制定合适的养老计划，开始存储养老金。

5.退休期：指退休后的这段时期。参考年龄：60 岁以后。

这段时期的主要内容应以安度晚年为目的，投资和花费通常都比较保守。理财原则是身体、精神第一，财富第二。保值在这时期比什么都重要，最好不要进行新的投资，尤其不能再进行风险投资。对于资产较多的老年投资者，此时可采用合法节税手段，把财产有效地交给下一代。另外在 65 岁之前，检视自己已经拥有的人寿保险，进行适当的调整。

总之，风险是客观存在的，随时随地都在威胁着人们的生命和物质财产的安全，是不以人的主观意志为转移的。面对各种风险造成的损失，人们单靠自身的力量难以解决，因此转移风险就成为风险管理的重要手段。保险就是转移风险的一种有效手段。

1.2　保险概述

1.2.1　认识保险

《中华人民共和国保险法》第 2 条规定：保险是指投保人根据合同约定，向保险人支付保险费，保险人对于合同约定的可能发生的事故因其发生所造成的财产损失承担赔偿保险金责任，或者当被保险人死亡、伤残、疾病或者达到合同约定的年龄、期限时，承担给付保险金责任的商业保险行为。

按照经营政策、保险标的、投保意愿三种标准可以对保险进行分类，如表 4-1 所示。

表 4-1　　　　　　　　　　　　　　保险产品分类

分类标准	类别	具体产品
经营政策	社会保险	医疗保险、养老保险、生育保险、失业保险、工伤保险
	商业保险	终身寿险、分红险、万能险、投连险、盗抢险、火灾险
保险标的	人身保险	人寿保险、意外伤害保险、健康保险、分红险
	财产保险	家庭财产保险、机动车辆保险、责任保险、信用保证保险
投保意愿	自愿保险	寿险、万能险、投连险、家庭财产保险
	强制保险	交强险

1.2.2　保险职能与原则

保险主要具有"分散风险"的职能，可以把少数人的风险损失分散到多数未发生风险损失的投保人身上。保险还具有损失补偿和经济给付的职能，保险人承保业务后，如果发生承保范围内的损失，将根据合同规定支付保险金，使被保险人的损失在实际损失额度内得到补偿。

在保险实务中，适用的主要有以下五个原则。

1. 保险利益原则

保险利益又称保险权益，是指投保人对保险标的具有的法律上承认的利益。保险利益原则，是指在签订和履行保险合同的过程中，投保人或被保险人必须对保险标的具有保险利益，如果投保人对保险标的不具有保险利益，签订的保险合同无效；或者保险合同生效后，投保人或被保险人失去了对保险标的的保险利益，保险合同也随之失效（人身保险例外）。

2. 最大诚信原则

诚信即为诚实守信用。最大诚信原则的基本含义是：保险合同当事人双方在签订和履行合同时，必须以最大的诚意，履行自己应尽的义务，互不欺骗和隐瞒，恪守合同认定的承诺，否则，保险合同无效。

最大诚信原则的基本内容包括告知、保证、弃权与禁止反言。其中，告知与保证是对投保人、保险人等保险合同关系人的共同约束。弃权与禁止反言的规定主要是约束保险人的。

3. 补偿原则

补偿原则又称赔偿原则，是指当保险标的遭受保险责任范围内的损失时，保险人应按照保险合同的条款规定履行其赔偿责任。赔偿金额以被保险人遭受的实际损失为根据，以保险金额为限，被保险人不能额外获利。

4. 近因原则

近因原则是保险理赔工作中必须遵循的原则。近因是指造成损失的最直接、最有效的原因。而近因原则是指，只有当被保险人的损失是直接由于保险责任范围内的事故造成的，保险人才能予以赔偿。

5. 权益转让原则

权益转让原则是在保险人按照保险合同对保险标的的损失履行了赔偿义务后，依法从被保险人那里取得追偿权利和所有权，包括代位求偿和委付两方面的内容。

1.2.3 保险合同

《中华人民共和国保险法》第十条规定："保险合同是投保人与保险人约定保险权利义务关系的协议。"其中，"保险权利义务关系"主要是指投保人为取得保险保障，与保险人协商约定的在保险合同保障期间双方的权利义务关系。

我国保险合同有财产保险合同和人身保险合同之分。财产保险合同是以财产及其有关利益为保险标的的保险合同；人身保险合同是以人的寿命和身体为保险标的的保险合同。

在人身保险合同当中的有一些常用的特殊条款。

1. 不可抗辩条款

不可抗辩条款又称不可争条款，其基本内容是：人寿保险合同生效满一定时期（一般为两年）之后，就成为无可争议的文件，保险人不能再以投保人在投保时违反最大诚信原则，没有履行告知义务等理由主张保险合同自始无效。在保险合同中列入不可抗争条款，是维护被保险人利益、限制保险人权利的一项措施。

2. 年龄误告条款

有时，投保人申报的被保险人的年龄与真实年龄不符。如果真实年龄不符合合同约定的年龄限制的，保险人可以解除合同，并按照合同约定退还保险单的现金价值，但是自合同成立之日起两年的除外；如果误告年龄大于真实年龄而导致多缴保费时，可以无息返还多交部分的保险费；如果误告年龄小于真实年龄，保险人可要求被保险人补缴少交的差额及产生的利息或按比例承担给付保险金额责任。

3. 宽限期条款

在分期缴费的人寿保险中，如果投保人未按时缴纳第二期及以后各期的保险费时（投保人如未缴纳第一期保险费则寿险合同一般不生效），在宽限期（一般为30天或60天）内保险合同仍然有效，如果发生保险事故，保险人仍予负责，但要从保险金中扣除所欠的保险费。如果宽限期结束后投保人仍然没有缴纳保险费，也无其他约定，则保险合同自宽限期结束的次日起失效。

4. 复效条款

人寿保险合同在履行过程中，在一定的期间内，由于失去某些合同要求的必要条件（如欠交保费等），致使合同失去效力，成为合同中止；一旦在法定或约定的时间内所需条件得到满足，合同就恢复原来的效力，成为合同复效。

5. 受益人条款

人身保险合同中的受益人由投保人或被保险人在订立合同时指定，投保人指定受益人时须经被保险人书面同意。当被保险人死亡后，受益人有权领取保险金。虽然指定了受益人，但是被保险人有变更受益人的权利，投保人变更受益人需征得被保险人的同意。被保险人或者投保人可以指定一人或者数人为受益人。受益人为数人的，被保险人或者投保人可以确定受益顺序和受益份额；未确定受益份额的，受益人按照相等份额享有受益权。

6. 自杀条款

一般规定，在包含死亡责任的人寿保险合同中，保险合同生效后的一定时期内被保险人因自杀死亡属除外责任，保险人不给付保险金，仅退还所缴纳的部分保险费；而保险合同生效满一定期限之后被保险人因自杀死亡，保险人要承担保险责任，按照约定的保险金额给付保险金。

小资料

保险合同的主体与客体

任务2 主要的商业保险规划产品

2.1 人身保险

人身保险是以人的生命或身体作为保险标的、以人的生（生育）、老（衰老）、病（疾病）、残（残疾）、亡（死亡）等为保险事故的一种保险。

人身保险一般按照保险范围主要分为人身意外伤害保险、健康保险和人寿保险。

2.1.1 意外保险

人身意外伤害保险是指在约定的保险期内，因发生意外事故而导致被保险人死亡或残疾，支出医疗费用或暂时丧失劳动能力，保险公司按照双方的约定，向被保险人或受益人支付一定量的保险金的一种保险。这里所指的意外应具备外来的、突发的、非本意的和非疾病的四大要素。

人身意外伤害保险具有短期性、灵活性、保费低廉、保障高等特点、其保障项目主要有以下四项。

1. 死亡给付：被保险人遭受意外伤害造成死亡时，保险人给付死亡保险金。

2. 残疾给付：被保险人因遭受意外伤害造成残疾时，保险人给付残疾保险金。

3. 医疗给付：被保险人因遭受意外伤害支出医疗费时，保险人给付医疗保险金。意外伤害医疗保险一般不单独承保，而是作为意外伤害死亡残疾的附加险承保。

4. 停工给付：被保险人因遭受意外伤害暂时丧失劳动能力时，保险人给付停工保险金。

2.1.2 健康保险

1. 健康保险的含义

健康保险是指以被保险人身体为保险标的，保险人承担被保险人在保险期限内因患病、生育或发生意外事故受到伤害时所导致的医疗费用或收入损失补偿的一种保险。

2. 健康保险的种类

（1）疾病保险：以保险合同约定的被保险人的疾病的发生为给付保险金条件的保险。疾病保险的主要种类有：重大疾病保险、特种疾病保险如生育保险、牙科费用保险、眼科保健保险、传染性疾病专门保险等。

（2）医疗保险：以保险合同约定的被保险人的医疗行为的发生为给付保险金条件的保险。按照医疗险的保障范围主要分为普通医疗保险、住院医疗保险、手术医疗保险、高额医疗费用保险、综合医疗保险、门诊医疗保险等。

（3）失能收入损失保险：以保险合同约定疾病或意外伤害导致工作能力丧失为给付保险金条件，为被保险人收入减少或中断提供保障。按照给付额

度是否固定可以分为比例给付法与固定金额给付法；按残疾程度划分，可分为全残给付与部分残疾给付；按保险保障目的不同又可以分为工资收入损失保险、失能买断保险和重要员工失能所得保险。

（4）护理保险：以保险合同约定的日常生活能力障碍引发护理需要为给付保险金条件，为被保险人的护理支出提供保障。保险公司对于那些因年老、疾病或伤残生活无法自理或不能完全自理，而需要他人辅助全部或部分日常生活的被保险人（老人或伤残者）提供护理服务或经济保障的一种保险。此类保险对被保险人的年龄一般限制在 50-84 岁。

2.1.3　人寿保险

人寿保险是以被保险人生存或死亡为保险事故（即给付保险金条件）的一种人身保险业务。人寿保险所承保的风险可以是生存，也可以是死亡，也可同时承保生存和死亡。人寿保险是人身保险中最主要的和基本的险种，市场上寿险品种主要又可分为风险保障型保险和投资理财型保险。

1.风险保障型保险

风险保障型保险，又称普通型保险，属于保障程度高的人寿保险，其基本形态通常包括三大类：生存保险、死亡保险和两全保险。

（1）生存保险

生存保险是指被保险人生存至保险期满，保险人给付保险金的一种人寿保险；若被保险人在保险合同期限内死亡，保险人则不再给付保险金，也不退还已缴的保费。生存保险包括定期生存保险和年金保险。

知识链接：年金保险

年金保险是一种保险公司销售的用来定期向购买人支付现金的金融产品，一般是持有人退休后定期领取现金。即按合同的规定，在被保险人生存期间，每隔一定的周期支付一定的保险金给被保险人。由于年金保险往往是在被保险人生存的情况下定期支付的，所以属于生存保险。

（2）死亡保险

死亡保险是指以被保险人在规定的期间内死亡为给付保险金条件的人身保险。按照保险期限的不同分为定期死亡保险（又称定期寿险）和终身死亡保险（又称终身寿险），其主要目的是避免由于被保险人死亡而使其家属或依赖其收入生活的人陷入困境。

①定期寿险是指以死亡为给付保险金条件，且保险期限为固定年限的人寿保险。也就是说在保险契约中，订立一定期间为保险期间，当被保险人在保险期间死亡，保险公司需承担给付保险金的责任；若保险期满，被保险人仍然生存，则契约终止，被保险人在契约期满后死亡，保险公司并不承担给付保险金的责任，亦无需退还已收取的保险费。定期寿险最大的优点是保险费极为低廉，缺点是有可能付了保险费而得不到补偿。

②终身寿险是指以死亡为给付保险金条件，且保险期限为终身的人寿保险。在保险契约中，订立的保险期间为被保险人终身，不论何时，只要被保险人死亡，保险人将依照契约所约定的金额立即给付保险金。终身寿险的最大优点是被保险人可以得到永久保障，缺点是保险费比定期寿险要高。

93

（3）两全保险

两全保险，又称"生死合险"，是被保险人无论在保险期内死亡还是生存至保险期满，保险人都给付保险金的一种人寿保险。它是生存保险与死亡保险的混合保险。两全保险的死亡保险金和生存保险金可以不同：若被保险人在保险期间内死亡，保险人按合同规定将死亡保险金支付给受益人；保险合同终止时，若被保险人生存至保险期满，保险人将生存保险金支付给被保险人。

2. 投资理财型人寿保险

投资理财型人寿保险最大的特点是既具有保障功能又有理财功能，一定程度上能够抵御通货膨胀，甚至获得额外的收益。主要包括分红保险、投资连结保险和万能人寿保险。

（1）分红保险

分红保险是指按照相对保守的精算假定较高的费率，保险人除了按照保单所载明的保险责任对被保险人进行给付外，还将公司在经营中取得的一部分盈利以保单红利的方式返还给保单持有人的保险。

分红保险保险公司与保单持有人共享经营成果，保险公司每年要将经营分红险种产生的部分盈余以红利的形式分配给分红保险单的持有人。同时，保险公司和客户共担投资风险。保险公司经营状况不同，保险单持有人分到的红利并不同。保险公司经营状况好，红利就会高些；若经营状况不佳，保险单持有人分到的红利就会减少，甚至没有红利可分。

分红保险产品设置独立账户，与非分红险种、投资连结险种以及保险公司其他资产分开管理，实行单独立账、单独管理、单独核算，因此经营公开透明。

保单红利的来源主要有利差益、死差益和费差益等。

利差益：是指保险公司实际的投资收益率高出预计收益率时所产生的盈余，反之则形成利差损。资金主要由保险公司资产管理公司的专业团队管理运作，且机构的投资渠道较为广泛，可以投资银行协议存款、金融债券/企业债券、基金、股票、国债及国务院批准的其他投资渠道等，具有个人投资者不具备的优势。

其计算公式为：利差益 ＝（实际资金运用收益－预定利率）×责任准备金

死差益：是指保险公司实际的风险发生率低于预计的风险发生率，即实际死亡人数比预定死亡人数少时所产生的盈余。其计算公式为：

死差益 ＝（预定死亡率－实际死亡率）×风险保额

费差益是指保险公司实际的营运管理费用率低于预计费率时所产生的盈余。其计算公式为：

费差益 ＝（预定费用率－实际费用率）×保险金额

红利的分配方式有现金红利分配和增额红利分配两类。其中现金红利分配是直接以现金的形式将盈余分配给保单持有人的红利分配方式，这是投保人选择最多的红利领取方式；增额红利分配是指在整个保险期限内每年以增加保额的方式分配红利。增加的保额作为红利一旦公布则不得取消。

（2）投资连结保险

投资连结保险，简称投连险，是指包含保险保障功能并至少在一个投资账户中拥有一定资产价值的人身保险。投连险是一种融保险与投资功能于一身的新险种，由于投资账户不承诺投资回报，保险公司在收取资产管理费后，将所有的投资收益和投资损失由客户承担。充分利用专家理财的优势，客户在获得高收益的同时也承担投资损失的风险。因此投资连结保险适合于具有理性的投资理念、追求资产高收益同时又具有较高风险承受能力的投保人。

①保险费：购买投连险后，保险公司将客户缴纳的保险费分成保障和投资两个部分，少部分用于购买保险保障外，其余部分则通过购买投资账户中的投资单位进入投资账户。

②保险金额：投连险的保额由基本保额和额外保额两部分组成。基本保额是被保险人无论何时都能得到的最低保障金额；额外保险则另设立账户，由投保人选择投资方向委托保险人进行投资。

一般投连险的死亡保额设计通常有两种方法：一是给付保险金额和投资账户价值两者中较大者（以下称方法一）；二是给付保险金额和投资账户价值之和（以下称方法二）。方法一的死亡保险金额在保险单年度前期不变，当投资账户价值超过保险金额后，随投资账户价值波动。方法二的死亡保险金额随投资账户价值波动而不断变化，但净风险保额（死亡保险金额与投资账户价值之差）保持不变。在保险合同有效期内，净风险保额应大于零。

③投资账户：购买投连险后，保险公司设立了投资账户。根据客户事先选择的投资方式和投资渠道进行投资。投资账户必须是资产单独管理的资金账户。一般来说，投资连接风险账户汇分为以下几种：一是低风险收益型投资账户，其资金主要投资于银行存款、现金拆借等；二是高风险高收益型的投资账户，最少有60%的资金用于投资基金；三是稳健平衡型的投资账户，不低于20%的资金用于投资国债及银行存款，不高于60%的资金用于投资基金。客户还可以根据投资市场的变化，结合自身理财需求，通过在不同风险收益级别的投资账户间进行自由转换，及时调整原有理财方案，实现财富长期增值。

小资料 \\\\\\

泰康寿险公司盈e生投连险产品

泰康寿险公司有一款投连险产品为盈e生A款，它的特点如下：

（1）无身故风险保障。如被保险人身故，则返还所有账户价值。

（2）投资资金在收取完初始费用后，全部进入投资账户。

（3）此款投连险属于保险产品，包含六大投资账户，3款偏股型账户（积极成长型、进取型、优选成长型），2款偏债型账户（稳健收益型、开泰稳利型），1款货币型账户（货币避险型）。可以独立投资一个账户或者多个账户，并不需要每个账户都有资金存入。

（4）泰康资管团队负责背后运作。稳健、专业、长期业绩优异。

泰康投连险账户由泰康资产管理有限公司的投资团队负责资产的投资管理。

投资收益：从2006年至今，泰康资产受托泰康保险集团一般账户资产年

均投资收益率超过 8%，超越保险业平均收益率约三个百分点。

资产规模：截至 2017 年底，泰康资产的资产管理总规模超过 10 800 亿元，提前实现超万亿战略目标，第三方规模超 5 400 亿元，年金类资产管理规模达 1 500 亿元，是中国市场最大的企业年金投资管理人之一，入选基本养老保险基金证券投资管理机构。

（资料来源：https：//wenku. baidu. com/browse/downloadrec？doc_ id = 1d52de482379168884868762caaedd3383c4b58c&）

（3）万能保险

万能保险是指具有保险保障功能并设有单独保单账户，且保单账户价值提供最低收益保证的人寿保险。万能保险是介于分红险与投连险之间的一种投资型寿险。所缴保费分成两部分，一部分用于保险保障，另一部分用于投资账户。保险公司按照当期给付的数额、当期的费用、当时保险单现金价值等变量确定投资收益的分配，并且向所有保单持有人书面报告。

我们可以根据某保险公司的某款万能险产品即图 4-2 来看看万能保险的产品运作流程。

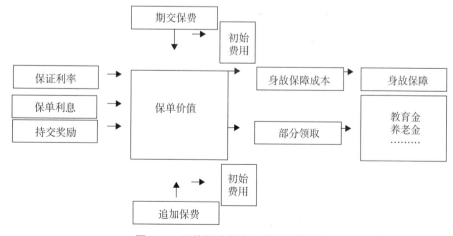

图 4-2　万能保险的产品运作流程图

购买万能险的客户选择期交保费，每期所交保费金额一般不能低于一定金额，对于已经支付应交期交保险费且每年期交保险费大于一定金额的客户，拥有追加保险费权利。如果投保人每年持续交费，从某个保单年度起，保险公司每年额外分配当年应交期交保险费的一定比例，作为持续交费特别奖励，而保费、追加保费及持交奖励都计入保单价值。

客户所交保险费扣除初始费用和身故保障成本，进入保单价值账户。初始费用就是保险公司的运作费用。而身故保障成本是保险公司承担保险责任收取的相应费用，它依据被保险人的性别、年龄、身体状况、危险保额及其它核保因素核定。

保证利率和保单利息都计入保单价值。当保单价值投资运作年收益等于或少于保证利率甚至为负值时，保险公司保证给付保证利率，因此万能险是一种保底保息的投资类险种。保单利息是保单价值的实际结算利率，当投资收益高于保证利率时，按保单利息给付（即按实际收益给付）。

而保单价值是万能险的运作中心，是已经扣除初始费用及保障成本后的结果。保单价值随着保险费的支付、持续交费特别奖励发放、利息结算而增加，随着部分领取、保障成本扣除而减少。大病和身故保险金根据保额及保单价值计算，客户退保时按保单价值给付，即：保单价值=现金价值。保单价值可以用于支付客户身故保障或者作为客户给子女的教育金、为自己准备的养老金等，用途十分广泛。在保险期间内，客户可以根据自身的需要部分领取资金以应付不时之需。

2.2　财产保险

财产保险是指以各种物质财产及有关利益为保险标的，以补偿投保人或被保险人的经济损失为基本目的的一种经济补偿制度。广义上来讲，它包括物质财产保险、责任保险、信用保险、保证保险等业务在内的一切非人身保险业务。狭义财产保险则仅指各种财产损失保险，它强调保险标的是各种具体的财产物资。

财产保险主要有以下种类。

（1）火灾及其他灾害事故保险。主要承保火灾以及其他自然灾害或意外事故引起的直接损失。比如企业财产保险、家庭财产两全保险、涉外财产保险等。其中家庭财产保险（简称为家财险）是面向城乡居民家庭并以其住宅及存放在固定场所的物质财产为保险对象的保险。它属于火灾保险范畴，强调保险标的的实体性和保险地址的固定性。

（2）货物运输保险。主要承保货物运输过程中自然灾害或意外事故引起的财产损失。这类保险的期限以运程期间为计算标准，其保险金额一般以货物的购进价格加上运杂费、税收、保险费等费用为依据。主要包括海洋货物运输保险、陆上货物运输保险和航空货物运输保险。

（3）运输工具保险。主要承保运输工具因遭受自然灾害或意外事故造成的运输工具本身的损失及第三者责任。它具有三个特点：一是保险标的处于运行状态；二是保险标的的出险地点多在异地；三是意外事故的发生通常与保险双方之外的第三方有密切关系。运输保险主要包括机动车辆保险、船舶保险和飞机保险。

（4）责任保险。责任保险是指以被保险人依法应负的民事损害赔偿责任或经过特别约定的合同责任作为承保责任的一类保险。责任保险一般以各种附加险的形式与其他保险产品共同出售，但是也存在着一些可以单独办理的责任保险。主要有第三者家庭责任险、职业责任保险、家庭责任保险等。

除此以外，财产险还包含企业财产险、工程保险、信用保险、保证保险、农业保险等。

针对这些不同种类的财产保险，市场上主要有如下几种常用的财产保险规划工具。

2.2.1 家庭财产保险

我们主要选择三种有代表性的家庭财产保险产品予以介绍，主要包括普通家庭财产保险、家庭财产两全保险和房屋保险。

1. 普通家庭财产保险

根据保险责任的不同，普通家庭财产险又分为灾害损失险和盗窃险两种。

（1）家庭财产灾害损失险。普通家庭财产险的保险标的包括被保险人的自有财产、由被保险人代管的财产或被保险人与他人共有的财产。保险责任包括：火灾、爆炸、雷击、冰雹、洪水、海啸、地震、泥石流、暴风雨、空中运行物体坠落等一系列自然灾害和意外事故。对于被保险人为预防灾害事故而事先支出的预防费用，保险人原则上不予赔偿；但对于在灾害事故发生后，为防止灾害损失扩大，积极抢救、施救、保护保险标的而支出的费用，保险人将按约定负责提供补偿。

普通家庭财产险的保险金额由投保人依据投保的实际价值自行估计而定。若估价过低，会使保障不足；若估价过高，一方面，保费将随之增加，另一方面，实际灾害发生时，保险人将根据补偿原则，以投保财产的实际价值作为赔偿上限，因而被保险人也不可能靠此获利。

普通家庭财产险保险期限为1年，即从保单签发日零时算起，到保险期满日24时为止。

（2）盗窃险。保险责任指在正常安全状态下，留有明显现场痕迹的盗窃行为，致使保险财产产生损失。除自行车、助动车以外，盗窃险规定的保险标的的范围与家庭财产灾害损失险完全一样。对于由被保险人及其家庭成员、家庭服务人员、寄居人员的盗窃或纵容行为造成的损失以及如房门未锁、门窗未关等非正常安全状态下的失窃损失，保险人均不承担赔偿责任。盗窃险保险金额的确定以及保险期限的规定，均与灾害损失险相同。

2. 家庭财产两全保险

家庭财产两全保险是一种兼具经济补偿和到期还本双重性质的长期性的家庭财产保险，是传统家庭财产保险的特殊形式之一。家财两全险的特点：被保险人投保以后，既可以在家庭财产遭到保险责任范围内的灾害事故而造成损失时获得保险人的经济补偿，又可以在保险期满时从保险人那儿领回自己原先缴纳的保险储金，而不管保险期内是否发生过保险事故损失，是否得到过保险赔款。这样，家庭财产得到了保险保障，投保时所缴纳的保险储金也能如期领回，可谓"两全其美"。

3. 房屋保险

房屋保险属家庭财产保险范畴，主要保障火灾、爆炸、雷击等自然灾害和意外事故造成的房屋损失。保险金额为房屋每平方米售价乘以购房总面积或按合理的评估价格或双方约定价格确定。一般由屋主或住户投保，保险费率为0.1%~0.2%，发生损失时，保险公司按房屋的实际价值计算赔偿，但以不超过保险金额为限。

小资料

家庭的安全锁——家庭财产保险

我们有必要投家庭财产保险吗？只要是家里的财产都可以保吗？它的保险范围又是什么？

家庭财产保险范围

市面上的家庭财产保险产品繁多，主要有两类，一种是普通保险，一种是特殊保险。

1. 普通家庭财产保险

投保范围一般包括房屋及房屋装修、衣服、卧具，家具、燃气用具、厨具、乐器、体育器械，家用电器；附加险有盗窃、抢劫和金银首饰、钞票、债券保险以及第三者责任保险等。这类保险又分为两种：定期与不定期。一般投保的年限是1年、3年、5年。

2. 特殊家庭财产保险

这类保险除了可保普通的财产，对于一些特定的财产也承保。包括农村家庭存放在院内的非动力农机具、农用工具和已收获的农副产品，个体劳动者存放在室内的营业器具、工具、原材料和商品，代他人保管的财产或与他人共有的财产，须与保险人特别约定才能投保的财产等。

家庭财产保险不可保或者特约可保的标的物

1. 价值太大或无固定价值

包括金银、珠宝、首饰、古玩、货币、古书、字画等珍贵财物。这类财物价值太高，同样风险也就高，保险公司要承保的风险很大，一般的保险公司是会拒保的。

2. 不是实际物资

货币、储蓄存折、技术资料等。这类非实物的财务价值无法估量，而且认定困难，是被保险人及家庭故意遗失损毁，还是第三人偷窃，这个很难考察。

3. 无法鉴定价值

比如一些绿植，宠物。无法鉴定价值也就无法理赔，为避免纠纷，保险公司不会承保。

4. 其他财产保险范围

比如机动车，一般都是投了保险的，所以不在可保范围内。财产险虽然可以双重投保，但是理赔起来却非常麻烦。而且不同的保险公司具体规定不同，协商起来也困难。所以一般来说投了其他的财产险的财产，保险公司不会再承保。

保险责任认定

1. 保险公司负责赔偿责任的情况：火灾爆炸引起损失，暴雨、暴风、雷

击、冰雹、雪灾、洪水、泥石流等引发规定损失，存放在室内的保险财产被偷窃引起的损失等。

2. 保险公司不负责赔偿责任的情况：因地震海啸及其次生灾害引起的损失，因战争、暴动等引起的损失，被保险人或其家庭故意行为或重大过失引起损失，保险财产本身缺陷或者因保管不善引起损失。

（资料来源：https：//baijiahao. baidu. com/s？id=1624231931733388706&wfr=spider&for=pc）

2.2.2 机动车辆保险

机动车辆保险是以机动车辆本身及其第三者责任等为保险标的的一种运输工具保险。机动车辆是指汽车、电车、电瓶车、摩托车、拖拉机、各种专用机械车、特种车。机动车辆保险一般包括基本险和附加险两部分。基本险分为车辆损失保险和第三者责任保险。

（1）车辆损失保险。在机动车辆保险中，车辆损失保险与第三者责任保险构成了其主干险种，并在若干附加险的配合下，共同为保险客户提供多方面的危险保障服务。

车辆损失险的保险标的，是各种机动车辆的车身及其零部件、设备等。

车辆损失保险的保险责任，包括碰撞责任与非碰撞责任，其中碰撞是指被保险车辆与外界物体的意外接触。非碰撞责任，则可以分为以下几类：保险单上列明的各种自然灾害，如洪水、暴风、雷击、泥石流等；保险单上列明的各种意外事故，如火灾、爆炸、空中运行物体的坠落等；其他意外事故，如倾覆、冰陷、载运被保险车辆的渡船发生意外等。

（2）第三者责任保险。机动车辆第三者责任保险的保险责任，即被保险人或其允许的合格驾驶员在使用被保险车辆过程中发生意外事故，致使第三者人身或财产受到直接损毁时，被保险人依法应当支付的赔偿金额。此保险在责任核定时应当注意两点：一是直接损毁，实际上是指现场财产损失和人身伤害，各种间接损失不在保险人负责的范围；二是被保险人依法应当支付的赔偿金额，保险人依照保险合同的规定进行补偿。

机动车辆的附加险是机动车辆保险的重要组成部分。从中国现行的机动车辆保险条款看，主要有附加盗窃险、附加自燃损失险、附加新增加设备损失险、附加不计免赔特约险、附加驾驶员意外伤害险、附加乘客意外责任保险等，保险客户可根据自己的需要选择加保。

2.2.3 互联网保险-新形势下保险产品的创新模式

如同那些备受冲击的传统行业一样，保险业与互联网结合的序幕也快速拉开，互联网保险的发展恰逢其时，也衍生出了许多创新型的互联网保险产品。

1. 基于虚拟财产的财产保险

虚拟财产保险指的是对网络中的虚拟财产进行保护的财产保险。保护的险种分为损失险和责任险。损失险的标的物是指游戏中的装备、游戏币以及游戏账号等，当这些物品发生损失的时候，保险公司负责赔偿。另外虚拟财险中也有因为系统意外而衍生的险种即责任险。

2. 基于营销场景衍生的保险需求

　　由于互联网的存在，将会产生很多独特的互动、社交、交易场景，这种场景区别于线下的实体场景同样需要相关的保险产品设计。例如，网络购物的退费险是基于电子商务交易而产生的新的保险产品，客户进行淘宝交易付款的时候，淘宝提供一个运费险选项。它的金额一般在0.5元-2.0元不等，如果退货可以得到一定的赔付，可以完全或者部分抵消货物退换客户需要支付的邮费。

　　3. 基于大数据分析定制个人保费

　　在产品设计方面，互联网对保险的助力在于帮助保险产品的风险定价。互联网大数据带来丰富的被保险标的的信息数据，结合多维数据描述标的性质，进而分析风险进行产品定价。

小资料

人保财险推出鲜果快递类保险，保险产品创新"接地气"

　　2018 年 1 月 31 日，国务院总理李克强在中南海主持召开座谈会，听取科教文卫体界人士和基层群众代表对《政府工作报告（征求意见稿）》的意见和建议，受邀参会的山西省临猗县卓里镇百世快递网点负责人李朋璇向李总理当面建言："可否从国家层面推动保险业和快递业合作，为水果快递开发个保险产品，为农产品进城保驾护航？"获悉本次座谈会信息后，人保财险山西省分公司党委、总经理室高度重视，在山西保监局指导和人保财险总公司的大力支持下，迅速成立了生鲜快递保险产品开发领导组，抽调省、市、县三级业务骨干主动对接"快递小哥"，实地调研运城地区生鲜快递市场。结合快递业保险产品供需现状，经过密集数据收集，该公司"量身定做"开发设计了《中国人民财产保险股份有限公司山西省分公司"果鲜保"快件损失责任保险方案》和《中国人民财产保险股份有限公司鲜果快递物流运输保险条款》两个保险产品投放市场。根据两款生鲜快递保险产品的保险责任，该公司对保险期间内，快递公司在经营鲜果快递业务中，因意外事故造成用户鲜果快件丢失、货物散失的，或因运输工具发生碰撞、震动、挤压等导致货物包装破裂、内件破碎、弯曲、凹瘪、折断、开裂等损坏损毁、内件短少等情况造成或致使损失的，由快递公司承担的经济赔偿责任，人保财险公司将按照相关保险合同约定负责赔偿。目前，这两款生鲜快递保险产品正在运城地区广泛推广，运城人保财险公司负责人表示将及时总结推广经验，创新服务举措，协同省分公司把两款产品逐步推向全省乃至全国，力争做成保险业支持快递业发展的一张支农惠农"服务名片"。

　　（资料来源：https：//www. qichacha. com/postnews_ 0de22aeb33008e0711d6ff33634d1ddb. html）

任务 3　保险理财规划

3.1　保险理财规划

3.1.1　认识保险理财规划

保险规划是指经济单位通过对风险的识别、衡量和评价，并在此基础上选择与优化组合各种风险管理技术，对风险实施有效控制和妥善处理风险所致损失的后果，以尽量小的成本争取最大的安全保障和经济利益的行为。

保险规划是针对人生中的风险，定量分析保险需求额度，并做出最适当的财务安排，即帮助个人/家庭选择合适的保险产品并确定合理的期限和金额，避免风险发生时给生活带来的冲击，达到财务自由的境界。它具有避税、免于债务追偿和抵抗通货膨胀等功能，因此掌握保险理财规划的原则和流程，对于我们从事个人理财工作有着重要的意义。

3.2　保险理财规划编制

3.2.1　投保及保险理财的原则

想要掌握如何制定保险理财规划，就要先了解投保的注意事项及保险理财的基本原则，从而有效组合利用保险相关产品，有针对性地设置出完美的保险规划，为投保人实现风险保障，损失规避，资产保全等目标，达到个人、家庭财产保值增值的目的。

1. 投保应"先大人，后小孩"

家长才是家庭财富的主要创造者，一旦他们发生意外丧失工作能力，孩子怎么办？所以，首先应对家庭经济支柱进行保障，才能最有效地抵御疾病、意外等风险对家庭造成的冲击。因此，家长为自己买保险，在某种程度上来说，是对自己挣钱能力的保障，也是对整个家庭责任的承担。

2. 家庭互保原则

在家庭成员间保险费用配比应当遵循 6：3：1 原则，即为最主要收入来源的家庭成员购买保险的保费和保额应当占整个家庭保险资产的 60% 左右，为次要收入来源的家庭成员购买的保险比例为 30%，为孩子购买保险的适当比例为 10%。

3. 先保障后投资，注意资产的配置

人是家庭的根本，在购买保险时应该先满足家庭成员的人身保障，再进行家庭财产的规划和投资。只有在家庭成员的生命安全得到保障时，理财才有意义。一般保险的购买应该占到资产 5%～10%。

4. 投保顺序有讲究

根据保险的种类和一般家庭的需要程度，意外、医疗健康应该放在首位考虑。至于教育金保险类似强制储蓄，保额高低视各个家庭的经济承受能力。专家建议，先意外、健康险，后其他险（见图 4-3）。

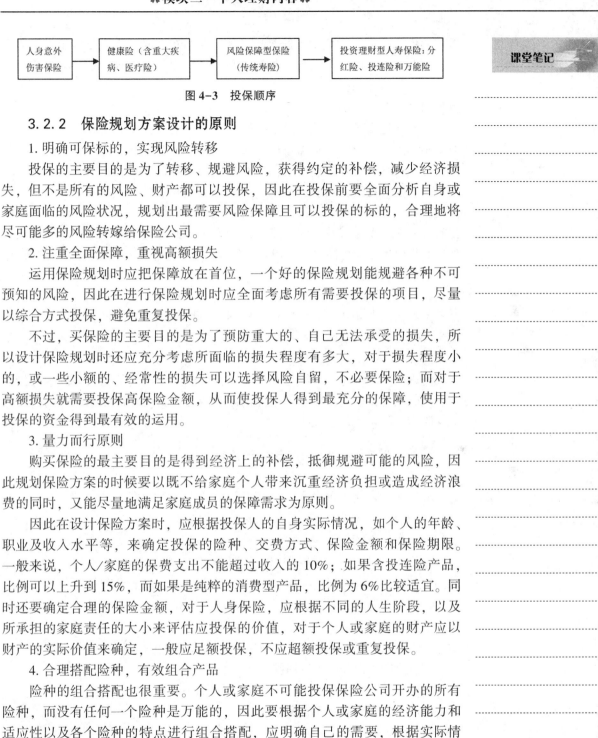

图4-3　投保顺序

3.2.2　保险规划方案设计的原则

1. 明确可保标的，实现风险转移

投保的主要目的是为了转移、规避风险，获得约定的补偿，减少经济损失，但不是所有的风险、财产都可以投保，因此在投保前要全面分析自身或家庭面临的风险状况，规划出最需要风险保障且可以投保的标的，合理地将尽可能多的风险转嫁给保险公司。

2. 注重全面保障，重视高额损失

运用保险规划时应把保障放在首位，一个好的保险规划能规避各种不可预知的风险，因此在进行保险规划时应全面考虑所有需要投保的项目，尽量以综合方式投保，避免重复投保。

不过，买保险的主要目的是为了预防重大的、自己无法承受的损失，所以设计保险规划时还应充分考虑所面临的损失程度有多大，对于损失程度小的，或一些小额的、经常性的损失可以选择风险自留，不必要保险；而对于高额损失就需要投保高保险金额，从而使投保人得到最充分的保障，使用于投保的资金得到最有效的运用。

3. 量力而行原则

购买保险的最主要目的是得到经济上的补偿，抵御规避可能的风险，因此规划保险方案的时候要以既不给家庭个人带来沉重经济负担或造成经济浪费的同时，又能尽量地满足家庭成员的保障需求为原则。

因此在设计保险方案时，应根据投保人的自身实际情况，如个人的年龄、职业及收入水平等，来确定投保的险种、交费方式、保险金额和保险期限。一般来说，个人/家庭的保费支出不能超过收入的10%；如果含投连险产品，比例可以上升到15%，而如果是纯粹的消费型产品，比例为6%比较适宜。同时还要确定合理的保险金额，对于人身保险，应根据不同的人生阶段，以及所承担的家庭责任的大小来评估应投保的价值，对于个人或家庭的财产应以财产的实际价值来确定，一般应足额投保，不应超额投保或重复投保。

4. 合理搭配险种，有效组合产品

险种的组合搭配也很重要。个人或家庭不可能投保保险公司开办的所有险种，而没有任何一个险种是万能的，因此要根据个人或家庭的经济能力和适应性以及各个险种的特点进行组合搭配，应明确自己的需要，根据实际情况来决定保险的侧重点、投保险种的不同次序，以求全面保障。一般来说，优先选择纯保障型的险种，然后根据个人情况，在购买一个主险的同时在保险项目上做一些组合，购买一至两个附加险；同时要注意商业保险与社会保险相结合的原则，进行综合安排，且避免重复投保。

例如，个人或家庭在寿险规划时，可以购买一个养老主险的同时，在能力范围内投保健康险、意外伤害、残疾收入等附险，附加健康保险时应考虑有无社保，如有可以选择重疾险加住院补贴保险；如没有则应选择承保范围较广的疾病险及住院费用保险等。又如，购买车险时，交强险由于是强制保险一定要购买，但由于其保障额度有限，还需要补充其他商业险，如果是新手、新车可以考虑投保全险，否则可以根据个人的驾驶技能、车辆状况等选择投保，以节省保费同时也能获得较为全面的保险保障。

5. 准确把握保险产品的特点和条款，用好相关有利条件

不同险种由于自身特点不同，所以合同中的条款往往都有自身要求。例如，寿险一般都有犹豫期的规定。在犹豫期内撤销保单，可以收回全部已交保费，保险公司只扣除不超过 10 元的工本费。但在犹豫期后退保，将承担一定的损失，保险公司将只退还保单的现金价值或帐户价值；而家庭财产保险没有犹豫期。投保人在缴纳保费后，于次日零点开始保单生效，保险责任开始后，投保人虽然可随时书面申请解除保险合同，但将损失总保险费的 5% 的手续费。所以在投保时，要考虑有无犹豫期条款，并利用好犹豫期，考虑所投保的险种、期限、费率是否合适，以免影响自身利益。又如，很多寿险产品都附有保单借款功能，即以保单质押，根据保单当时的现金价值按一定比例向保险公司进行贷款。这样既能解决燃眉之急，又避免了退保时带来的不必要的损失。

所以保险规划时，应综合考虑需要投保各个险种的特点及条款，巧妙使用有利的条款，以达到保险资金使用效率的最大化，全面保障风险的同时实现保险理财的功能。

3.3 保险理财规划编制程序

3.3.1 综合分析个人或家庭情况，做好风险评估

我们每一个家庭和个人在一生中都会面临各种各样的风险，在投保之前，应综合分析，对风险进行全面的评估，将各人、各家庭成员所承担的责任量化或者将个人财产、家庭财产面临的风险量化，再按照风险程度的不同将需要购买的保险分为必保的保险和可选择的保险。必保的保险是应付那些足以对投保人造成严重威胁的风险。可选择的保险是应付那些有可能减少投保人当前的资产和收入的风险，但是我们尚可承受的风险。而我们评估的客户风险一般包括人身风险、财产损失风险和个人及家庭责任风险等。

1. 分析客户面临的人身风险

影响到客户人身风险的因素包括以下几个方面。

（1）被保险人的生命周期

被保险人所处的生命周期不同，个人及家庭面临的风险就不同，所以应在分析个人及家庭所处不同阶段面临的风险的基础上进行保险规划。

（2）被保险人的家庭责任

客户对保险的需求与其承担的家庭责任成正比。客户承担的家庭责任越大，保险需求就越高。因为客户对家庭承担的责任越大，一旦客户出现意外，对家庭造成的损失、经济影响就越大，越需要风险管理和保障。客户承担的家庭责任，可以从客户的婚姻状况、有无需要赡养的子女和老人、债务负担及家庭角色等几个方面界定。一般来说，如果是单亲父母，由于一个人承担

了相当于两个人的责任，所以保险需求一般较高；而如果家里有需要赡养的子女和老人的保险需求会相对于单身或无子女的家庭需求大；客户的债务负担如车贷、房贷越大的，保险需求也越大。而在家庭中扮演的角色不同，所处的位置不同，也决定了被保险人的保险范围和保险金额。

（3）其他因素：同时我们还要综合考虑其他因素。如客户期望实现的理财目标越高，那我们保险规划中考虑理财的因素要越多；如客户出差应酬越多，保险需求也应该越高；客户个人的情况也应该着重考虑，如客户喜欢旅游、户外运动的，那么出现意外的概率较高，那么可以选择意外险；客户喜爱抽烟喝酒的，可以考虑附加重疾险。

当然，我们还需要考虑客户已有的保险水平。一般每个人都处在三层保护中，即社会保障、企业福利和商业保险。拥有社会医保的居民，通过个人医保账户和社保统筹部分，每年大约有70%的医疗费用可以通过社保报销。这部分居民在考虑商业医疗保险的先后顺序可以是：收入津贴型医疗保险、意外医疗保险、重大疾病保险、费用报销型医疗保险、长期护理险。而对于缺少医保的客户，商业医疗保险是其全部保障，那么先后顺序就应该是：费用报销型医疗保险、重大疾病保险、收入津贴型医疗保险、长期护理险。

2. 分析客户面临的财产损失风险

财产主要分为两种类型：动产和不动产。

动产除了面临火灾、爆炸、自然灾害风险外，还会面临盗窃、抢劫、保管不善等风险；贵重物品和特殊财产还会面临市场价格波动等风险；机动车辆、交通工具等还会面临碰撞、第三者责任险等。

3. 分析客户面临的责任风险

责任风险是指因个人或团体的疏忽或过失行为，造成他人的财产损失或人身伤亡，按照法律、契约应负法律责任或契约责任的风险。目前我国家庭责任保险中主要保障的有如下两种风险。

（1）家庭第三者责任险。主要承保住宅内因为静物导致的第三人人身伤害或财产损失。如家里阳台上摆放的花盆掉落砸伤路人或砸坏楼下居民住所内的财产等。

（2）家养宠物责任险。投保该险种之后，若因家养宠物造成他人受伤或他人财物损毁，并因此需要承担法律责任的费用将可获得赔偿。

3.3.2　全面考虑个人或家庭的情况，确定保险标的，明确保险需求

根据个人或家庭面临的风险情况、承担的责任、现有的经济水平等，进一步明确哪些标的需要投保，哪些风险需要转嫁，哪些风险可以自留，明确应投保的标的和自身的保险需求。

1. 确定保险标的

保险标的是在对客户潜在风险分析的基础上根据其保险需求确定的，具体哪些项目要投保，要看哪些风险会导致家庭陷入财务困境。

对于人身险，投保人可以以其本人、与本人有密切关系的人作为保险标的。对于财产保险，可计算相对风险价值。单项资产价值占比越大，一旦损失，家庭面临的风险越大。

$$相对风险价值 = \frac{单项资产价值}{全部资产价值}$$

在保险理财规划中，保险标的需要结合个人或者家庭的需求来确定，根据需求的情况来确定保险标的的主次、组合等。

2. 根据保障的优先级别，选定保险种类

保障的优先级别是根据需要保障的范围和家庭经济能力确定各保险标的和险种投保的优先顺序。我们可以将家庭成员按创造收入的数额由大到小排列，将每个人的风险造成的损失由大到小排列，并将社保和已有保障剔除掉，确定投保的先后顺序，再根据投保的先后顺序选择对应的险种。一般来说，家庭责任大的优于家庭责任小的成员，家庭收入高的优于收入低的成员，人身保险优于财产保险；人身保险的排序应是意外伤害险、定期寿险、重大疾病险、终身寿险等。

3. 确定保险金额

保险金额是当保险标的的保险事故发生时，保险公司所赔付的最高金额。在确定保险产品的种类之后，就需要确定保险金额。一般来说，保险金额的确定应该以财产的实际价值和人身的评估价值为依据。

（1）财产保险额度的确定。

一般的财产保险，如家用电器、机动车等的保额可以根据财产的实际价值或按照重置价值来确定；对于特殊财产，如古董、证券等，需要根据专家的评估价值来确定保险额度。购买财产保险时可以选择足额投保或不足额投保。因为保险公司的赔偿是按实际损失程度进行赔偿的，所以一般不应超额投保或重复投保。家庭财产保险和个体企业保险额度计算公式一般为：家庭或个体企业保险金额=家庭或个体企业总保障需求-现有财务保障。

（2）人身保险额度的确定。

人的生命无法用价值来估量，但我们可以根据性别、年龄、月收入、月消费、配偶、子女、父母年龄及生活需求等因素来确定"人的价值"以确定保险额度。往往可以用以下三种方法：

①倍数法则。在对客户情况不了解的情况下，通常采取倍数法则方法，即根据家庭的收入状况以最简单的倍数关系粗略估算出保险需求的方法。倍数法则中最常用的是"双十原则"，即年保险费支出以年收入的十分之一为上限，寿险保额以年收入的十倍左右为限。倍数法则计算简便，但是并不科学，不适合所有人或家庭。

②生命价值法。即通过生命损失的经济估算来计算对保额的需求。简单地说，就是计算作为家庭主要经济来源的成员，在未来收入扣除本人必要生活费用后的资本化净值，也就是估算家庭成员的不幸给家庭造成的净收入损失。

保障金额=被保险人一生对家庭收入的净贡献

（净贡献是指个人的收入减去自己本人的消费）

其计算步骤如下：

第一，确定个人的工作或服务年限；

第二，估计未来工作期间的年收入；

第三，从预期收入中扣除个人衣食住行等生活费用，得到净收入；

第四，选择适当的折现率（通货膨胀率）计算预期净收入现值，得到个人经济价值即寿险需求。

[**例**] 有一位被保险人陈丽现年30岁，年收入为10万元，个人年支出为3万元，计划60岁退休，求其个人的寿险需求。

如果不考虑资金的时间价值，假设被保险人现在死亡，则未来一生的净收入会减少：

（10-3）×（60-30）= 210万元。

这个数值是按照生命价值法计算求出的。

但是如果考虑资金的时间价值，设折现率为3%，则陈丽每年的净收入为10万-3万=7万元。那么每年净收入的现值：

$PV=A×（P/A，i，n）= 70,000×（P/A，3%，30）= 70,000×19.6 = 137.2$ 万元。

其中，（P/A，3%，30）可以通过查阅"年金现值系数表"得出约为19.6004。

也就是说陈丽在未来30年能够实现的净收入为137.2万元，当她万一遭受死亡或者伤残的风险，家庭将面临137.2万元的资金缺口，因此陈丽现在的寿险需求为137.2万元。

③支出需要法，又称遗属需求法，即通过计算未来可预期的支出需要的累计现值来估算保险需求的方法，也就是说从需求的角度考虑某个家庭成员不幸去世后会给家庭带来的现金缺口，计算未来所必需的累计支出费用。这种方法比较符合每个家庭的实际情况，我们通常需要考虑的必要支出一般包括善后基金、偿还贷款基金、应急基金、教育基金、子女独立前所需费用、配偶终身所需收入等。

支出需要法计算步骤如下：

第一，确立理财目标（还贷、奉养、子女教育、退休养老、丧葬、家属生活费用等）；

第二，参数假设（通货膨胀率，收入增长率，贴现率）；

第三，确认现有资源与责任（资产负债、收支等）；

第四，计算不同时间下遗属所需收入现值与资源现值的缺口，得出保险保障需求。

[**例**] 刘先生和刘太太两人均为35岁，有两子女，长女6岁，幼子1岁。夫妇二人税后年收入共20万元，刘先生16万元，刘太太4万元。家庭的主要资产负债包括房屋50万元，房贷余额20万元；汽车和其他资产15万元，车贷余额5万元；储蓄7万元。年家庭生活费用5万元，假设收入和支出均在期初发生。家庭想建立起应急基金8万元，教育基金10万元，养老基金30万元（65岁时使用），临终与丧葬费用开支5万元。假设投资收益率为7%，年平均通胀率4%，工资年度增长率为5%，请用遗属需求法计算刘先生应投保的保额大小。

第一，确定理财目标，包括应急基金8万元，教育基金10万元，养老基

金30万元（65岁时使用），临终与丧葬费用开支5万元，偿还贷款25万元、退休前配偶和孩子生活费用需要进一步计算；第二，参数假设（通货膨胀率，收入增长率，贴现率）如题中所述；第三，确认现有资源与责任（资产负债、收支等）；第四，需要计算出刘先生出现不幸，刘太太和孩子们的需求现值和资源现值的缺口。通过表4-2的计算，得出刘先生遗属30年的生活费用缺口现值为98 508元。

表4-2 遗属生活费缺口现值计算

年度	刘太太年龄	家庭开支（元）通货膨胀率4%	刘太太年收入（元）增长率5%	年收支缺口（元）	现值（元）贴现率7%
1	35	50 000	40 000	10 000	10 000
2	36	52 000	42 000	10 000	9 346
3	37	54 080	44 100	9 980	8 717
4	38	56 243	46 305	9 938	8 113
⋮	⋮	⋮	⋮	⋮	⋮
29	63	149 935	156 805	-6 870	-1 033
30	64	155 933	164 645	-8 713	-1 225
总额					98 508

最后，确定刘先生的保险额度。即用理财目标和遗属未来的经济需求相加之和扣除已经积累的财富，就是保险金额，如下：

应急基金	80 000
教育基金	100 000
养老基金	300 000
临终与丧葬费用开支	50 000
偿还贷款	250 000
遗属生活费用	98 508
理财目标与生活费用缺口合计	878 508
减：现有储蓄	-70 000
得：刘先生的保险保障金额为	808 508

那么，用遗属需求法计算的刘先生应投保的保险金额为808 508元，这样才能保障家庭的生活质量保持不变，并实现理财目标。

（资料来源：古洁.个人理财实务.大连：大连理工大学出版社，2010）

3.3.3 制订保险理财规划

综合评估了客户面对的风险及客户的保险需求后，应为客户进行个性化方案定制，需要综合考虑相关因素，选择不同保险类型、不同保险险种并确定保险额度，为客户制订较为完善的整体方案。

1. 如何选择保险类型

首先，需要考虑客户的实际。包括客户的年龄、教育程度、财富水平、特殊习惯、对风险的承受能力及其他投资理财安排等。

其次，考虑险种保障的内容和特点。例如，人身险中，定期险适合成长与高责任时期的保障；终身寿险属于保障和储蓄资源在更长时间综合利用的品种等。

2. 如何确定保险额度

各个险种保险额度确定时一般要从客户的风险转移需求和费用承担能力两个方面来考虑。如对于家庭责任重大同时收入较低的，保险产品应以注重保障的消费型险种为主，年缴保费不多，对家庭保障较高。

因此，人身险在确定险种和保险额度时，要充分利用保险产品组合：一方面能实现风险尽可能全覆盖，另一方面，在预算有限时，针对主要风险，利用附加险，以节省保费支出；最后，避免重复投保。

对于财产险，收入少的家庭可以选择普通家财险；收入高的家庭可以选择长效险，虽然费用高，但有储蓄和保障双重功能。同时，财产险要避免重复投保和超额投保，使投保资金有效利用。

3. 其 他

在选择保险公司时，应根据公司类型、经营状况、服务质量、客户认可或品牌等方面来选择保险公司。一般保险公司对于老客户都有一定优惠，所以在差别不大时固定在一个保险公司较好。除了保险之外，家庭风险还可以采用回避、预防、自留等非保险方式处理。因此规划保险方案时，不需要投保的风险可以选择其他方式转嫁规避。

3.4 白领家庭保险理财规划方案

一、背景材料

陈先生，32周岁，IT行业职员，年收入10万元；其太太王女士，30周岁，医药行业职员，年收入18万元；目前没有孩子，计划2年内生育子女；双方均有父母需要赡养。家庭主要资产及负债：房屋180万元，房贷余额50万元，房贷每年本息要返还10万元；储蓄存款5万元；股票投资5万元，基金投资5 000元；（除满足各项目标外）年家庭基本开支10万元；陈先生现有保险保额为20万元，每年保费支出为6 000元，王女士现有保险保额为20万元，每年保费支出为7 000元。理财目标（现值）为：应急基金2.5万元；孝养基金31万元，主要为赡养父母所需费用现值；养老基金47万元，计划先生52岁起使用，太太50岁起使用；临终和丧葬费用开支5万元。假设可实现的税后投资收益（贴现）率为6%，通货膨胀率为4%，工资每年按5%增长。试为陈先生王女士进行保险规划。假设预期寿命长度：男性85岁，女性90岁（见表4-3）。

表4-3   家庭现有保险

被保险人	保险产品	保额	缴费期	交费方式	保费/年
王女士	友邦保险守护人生两全保险+意外险	20万	20年	年缴	7 000元
陈先生	平安保险返还型重疾+意外险，保障致65周岁	20万	20年	年缴	6 000元

通过家庭现有保险分析，我们来看看该家庭是否还需要其他的保险保障。

（一）王女士保险保障需求

假设王女士不幸去世，则她的收入将中断，那么必须要考虑王女士的丈夫陈先生今后的收入是否能够应付家庭开支。根据遗属需求法和已知条件，结合假定的通货膨胀率、收入增长率及贴现率等，我们可以推算出陈先生目前人生阶段的保险需求。

表4-4 王女士保险保障需求

单位：元

年度	陈先生年龄	家庭基本开支	陈先生年收入	年度收支缺口	现值
1	32	100 000	100 000	0	0
2	33	104 000	105 000	−1 000	−943
3	34	108 160	110 250	−2 090	−1 860
4	35	112 486	115 763	−3 276	−2 751
5	36	116 986	121 551	−4 565	−3 616
...					
16	47	180 094	207 893	−27 798	−11 599
17	48	187 298	218 287	−30 989	−12 199
18	49	194 790	229 202	−34 412	−12 779
19	50	202 582	240 662	−38 080	−13 341
20	51	210 685	252 695	−42 010	−13 885
21	52	219 112	265 330	−46 217	−14 411
总额		3 196 920	3 571 925	−375 005	−165 890

从表格4-4中可知陈先生退休前生活费用需求没有缺口，还有盈余，盈余的现值为165890元。我们可以得出陈先生的保险保障需求如下：

遗属退休前生活费用现值缺口	−165 890
陈先生52岁补充养老金现值	470 000
父母孝养金现值	310 000
应急基金现值	25 000
丧葬费用	50 000
偿还贷款	500 000
理财目标与生活费用缺口合计	1 189 110
减：现有储蓄	−50 000
减：现有保险	−200 000
得：需补充的保险保障金额：	935 000

（二）陈先生的保险需求

假设陈先生不幸去世，则他的收入将中断，那么必须要考虑王女士今后的收入是否能够应付家庭开支。根据遗属需求法和已知条件，结合假定的通货膨胀率、收入增长率及贴现率等，我们可以推算出陈先生目前人生阶段的保险需求。

表 4-5 　　　　　　　　　　　 陈先生保险保障需求

单位：元

年度	王女士年龄	家庭基本开支	王女士年收入	年度收支缺口	现值
1	30	100 000	180 000	−80 000	−80 000
2	31	104 000	189 000	−85 000	−80 189
3	32	108 160	198 450	−90 290	−80 358
4	33	112 486	208 373	−95 887	−80 508
...					
19	48	202 582	433 192	−230 610	−80 793
20	49	210 685	454 851	−244 166	−80 700
21	50	219 112	477 594	−258 482	−80 596
总额		3 196 920	6 429 465	−3 232 545	−1 695 884

　　从以上表格中可知王女士的收入远远超过支出；且长期来看，没有任何保障需求，但从现金流的分析来看，如果要求王女士在其先生去世时立即还清所有债务，则王女士在最初几个年度仍然会遇到麻烦，即没有足够的现金，家庭会出现财务危机。

　　比如，假设在投保第一年，陈先生去世，则王女士最起码会有 40 万元左右的现金缺口（不算应急基金的话）

　　王女士的保险保额 = 现金需求 − 生息资产

$$= 100\ 000 + 50\ 000 + 500\ 000 - 50\ 000 - 200\ 000 = 400\ 000$$

　　（三）保险产品规划

　　我们在设计保险产品规划时，主要是运用商业保险在风险发生时为家庭创造即时现金流，分担工作收入期主要风险，即收入来源的突然中断；同时在已有社会福利保险奠定了基本养老、医疗、工伤、失业、生育问题的情势下，通过商业保险做社保外补充，建立自己的保险资金水库，闲时筑坝，旱时不怕没水吃。而在以家庭为单位做整体规划时，应根据家庭成员所承担的责任大小来购买适宜产品。

　　根据上述分析，由于陈先生王女士组成的家庭中，主要收入来源为王女士，因此在购买保险产品时宜侧重购买王女士的保险，以保证一旦王女士丧失劳动能力后家庭生活所需。

　　（四）保险产品设计

　　1. 太太保险规划：年度保费合计：5 219.5 元

险种	名称	解决问题	保额	保期	交费期
定期寿险	附加家庭收入保障寿险	遗属需求近100 万现金保障	100 万	20 年	至 60 周岁
健康险	鸿鑫额外给付重大疾病保险	重疾保障	20 万	88 岁	20 年

　　产品说明：（1）附加家庭收入保障寿险：附加于保险公司提供选择的人

身保险合同；

（2）鸿鑫额外给付重大疾病保险：用于覆盖社保医保无法保障的疾病或意外风险，作为社保的补充。

2. 先生保险规划

险种	名称	解决问题	保额	保期	交费期
定期寿险	附加家庭收入保障寿险	遗属需求40万现金保障	40万	10年	10年
健康险	瑞鑫提前给付重大疾病保险	重疾保障	30万	终身	10年

年度保费合计：4 695.6元

产品说明：瑞鑫提前给付重大疾病保险：用于覆盖社保医保无法保障的疾病或意外风险，作为社保的补充。

（资料来源：http://adenahan418.blog.sohu.com/）

三、结　论

本案例中，新增保险加上之前已购买的保险保费，家庭年度保费累计为22 915.1元，只占家庭年收入8.2%，保费合理的同时不会给家庭带来财务压力。

总之，我们为家庭的顶梁柱设计险种时，首先考虑了保障性最强的定期寿险，接着建议购买健康险、意外险，同时还考虑了相应的终身寿险，符合险种规划的先后顺序；而在考虑保障型保险时，最先考虑的是为家庭最主要的两位经济支柱投保，之后如果有能力的话，可以考虑为老人及孩子选择相应的保险产品，而后者不仅可以考虑风险保障，相应地还可以加入理财的考虑，如购买分红型的教育险或者万能险等。

小　结

本项目内容分为三个任务。任务一介绍风险管理与保险的基本理论。任务二介绍了进行保险规划时运用的工具即主要的保险产品，包括人身保险、财产保险等主要的商业保险品种，并重点介绍了分红险、投资连结保险和万能险等投资理财型人寿保险。任务三通过现实中一个中等收入家庭保险规划方案策划的案例，让学生理解并掌握设计保险规划的步骤与原理，学会根据实际情况为客户设计保险理财方案。

 能力训练

◎ **知识训练**

一、单项选择题

1. 下列关于商业人身保险和社会保险关系的表述，错误的是（　　　）。

A. 商业保险的供给弥补了社会保险水平的不足

B. 商业保险与社会保险是相互融合的

C. 商业保险和社会保险是互相排斥的

D. 商业保险和社会保险是互相渗透的

2. 某投保人购买了一份一年期的房屋保险，半年后将房屋转卖给他人，之后房屋因火灾受损，此时投保人的保单还在有效期内，但保险公司根据（　　）原则不予赔付。

A. 损失补偿　　　　　　　　B. 近因

C. 可保利益　　　　　　　　D. 最大诚信

3. 以下不属于分红保险特征的是（　　）。

A. 保额可变　　　　　　　　B. 共享经营成果，共担投资风险

C. 红利有多种领取方式　　　D. 红利是不确定的

4. 开始规划养老的年轻一族，处于事业起步阶段，虽有风险承受能力，但缴费能力并不一定持久，有时还伴随不确定的额外支出压力。针对这一状况，他们适合购买（　　）的产品组合。

A. 投资连结保险+意外伤害保险

B. 养老年金+健康保险

C. 传统寿险+分红型养老保险

D. 传统寿险+万能险

5. 张女士是一位商务人士，常年奔波在外。投保保险期间为（　　）意外险产品较适合张女士。

A. 4 天的短期　　　　　　　B. 8 天的短期

C. 一个月的短期　　　　　　D. 1 年期

6. 王先生目前已经拥有的保险，其中社会保险主要有失业保险、基本医疗保险、养老保险；商业保险主要有车辆险、重大疾病险，其中最需要补充的保险是（　　）。

A. 投连险　　　　　　　　　B. 意外伤害险

C. 年金保险　　　　　　　　D. 分红保险

7. 根据保险行业经验，保险费应占投保人年收入的（　　）。

A. 30%　　　　　　　　　　B. 10%

C. 40%　　　　　　　　　　D. 50%以上

8. 2000年张先生为自己投保了一份两全保险，但是张先生由于参赌已债台高筑。为了还债，张先生打起了自己保险的主意，张先生故意用菜刀切断了自己的一个小拇指，治愈后落下残疾，张先生到保险公司索赔，保险公司如何处理？（　　）

A. 保险公司无权解除保险合同

B. 保险公司有权解除保险合同，但应在扣除手续费后退还保险费

C. 保险公司有权解除保险合同，并向受益人退还全额保险费

D. 保险公司有权解除保险合同，但应退还保险单的现金价值

9. 2012年4月，张某买了一辆桑塔纳车并投保了车辆损失险和第三者责任险。保险期内，张某碍于朋友情面，将车辆借给没有驾驶执照但开过车的朋友王某，王某驾驶该车发生事故。经交管部门裁定，王某应负全部责任，

则保险公司对此( )。

　　A. 不予赔付，因为王某没有驾照

　　B. 应该赔付，此车不是王某的

　　C. 应该赔付，因为是为车投保

　　D. 不予赔付，因为张某没有尽到监督的义务

　　10. 张大妈到某银行存款，银行的工作人员看到张大妈存定期，便向张大妈推荐购买某保险公司的分红型保险，以下关于分红型保险说法错误的是( )。

　　A. 分红型保险属于创新型保险

　　B. 分红型保险属于带有投资性质的保险

　　C. 分红型保险的分红水平依据保险公司经营业绩而定

　　D. 以将来的积累解决现在的需要

　　11. 在分红保险中，按照合同约定享有保险合同利益及红利请求权的人是( )。

　　A. 保单持有人　　　　　　　　B. 受益人

　　C. 被保险人　　　　　　　　　D. 保险人

　　12. 包含保险保障功能并至少在一个投资账户拥有一定资产价值的人身保险产品是( )。

　　A. 年金保险　　　　　　　　　B. 分红保险

　　C. 投资连结保险　　　　　　　D. 万能保险

　　13. 投资连结保险中投资风险由( )承担。

　　A. 受益人　　　　　　　　　　B. 投保人和保险人

　　C. 保险人　　　　　　　　　　D. 投保人

　　14. 投资连结保险产品的保单现金价值( )。

　　A. 与单独投资账户资产相匹配　　B. 由保险公司的投资规定决定

　　C. 有最低保证的限制　　　　　　D. 受保险公司的资产账户影响

　　15. 以下选项中，属于纯粹风险的风险是( )。

　　A. 股票投资　　　　　　　　　B. 购买福利彩票

　　C. 赌博　　　　　　　　　　　D. 发生车祸

　　16. 某家庭财产保险的投保人家中着火造成损失，根据我国家庭财产保险的规定，保险人应该负责赔偿( )。

　　A. 电烤箱自身发热造成的本身损失

　　B. 电烤箱自身发热造成的投保人身体的损伤

　　C. 电烤箱自身发热引发火灾造成的室内财产的损失

　　D. 电烤箱自身发热引发火灾投保人身体的损伤及造成的室内财产的损失

　　17. 根据《中华人民共和国保险法》，我国的商业保险分为( )。

　　A. 损害保险和人身保险两类

　　B. 财产保险和人身保险两类

　　C. 财产保险、人身保险和短期健康保险三类

　　D. 财产保险、人身保险和人身意外伤害保险三类

　　18. 某写字楼价值 1.5 亿元，其所有者就该楼分别向甲保险公司投保 0.5

亿元，向乙保险公司投保 0.7 亿元，向丙保险公司投保 0.7 亿元，假设保险期间发生火灾保险事故致使该楼全损，则该投保可得的最高赔偿金额是（　　）亿元。

A. 1.5　　　　　　　　　　B. 1.2

C. 1.4　　　　　　　　　　D. 1.9

19. 下列关于人身保险利益的提法，错误的是（　　）。

A. 投保人对其配偶具有保险利益

B. 被保险人同意投保人为其投保的，视为对被保险人具有保险利益

C. 人身保险的保险利益必须在任何时候都存在，否则，将对合同效力产生影响

D. 投保人对有抚养关系的近亲属具有保险利益

20. 根据我国《保险法》的规定，自人身保险合同效力中止后，（　　）年内投保人和保险人未达成协议的，保险人有权解除合同。

A. 2　　　　　　　　　　　B. 3

C. 4　　　　　　　　　　　D. 5

二、判断题（在每小题的括号内填入判断结果，用"√"表示正确，"×"表示错误。）

1. 保险合同的订立要经过要约和承诺两个步骤。　　　　　　　（　　）

2. 投保人故意不履行如实告知义务的，若在保险人解约之前发生保险事故造成保险标的损失，保险人可不承担赔偿责任，但是要退还保险费。
（　　）

3. 保险合同中规定有关于保险人责任免除条款的，保险人在订立合同时未履行责任免除明确说明义务，该保险合同责任免除条款无效。　（　　）

4. 郑某投保了人身意外伤害保险，在回家的路上被汽车轻微擦伤送往医院，在其住院治疗期间因心肌梗塞而死亡。保险公司应该赔偿。（　　）

5. 朱某投保家庭财产（房屋）保险，按市场价格确定保险金额为 20 万元，发生保险事故造成全损，出险时的市场价格为 22 万元。根据损失补偿原则，保险人应承担的赔偿金额是 20 万元。　　　　　　　（　　）

6. 保险利益必须是已经确定的利益，投保人不可为其将来可确定的期待利益投保。　　　　　　　　　　　　　　　　　　　　　　　　（　　）

7. 如果被施救的财产中包括未保险的财产，其发生施救费用保险公司可以负责赔偿。　　　　　　　　　　　　　　　　　　　　　　　（　　）

◎ **技能实训**

案例 1： 方先生今年 38 岁，月平均工资 5 000 元；方太太 36 岁，月平均工资 6 000 元，二人均享有社保。他们有一个聪明的儿子，今年 10 岁。三口之家生活和美、稳定，月平均支出在 3 000 元。

根据资料请回答 1~3 题。

1. 因为疼爱孙子，方先生的父亲为孙子投保了一份两全保险，受益人为方先生，则这份保险合同能否成立？为什么？

2. 方先生投保了一份寿险，被保险人是他自己，合同中约定如果被保险

人生存至 70 岁以上，保险公司不予给付保险金，也不退还保费；如果方先生在 70 岁以前身故，保险公司将给付受益人 90 万元保险金。则方先生投保的这一寿险是什么类型的保险？

3.虽然父母不需要方先生在经济上进行支援，但方先生还是为其 60 岁的母亲投保了一份养老险，以使老人的老年生活更有保障。该保险年缴保费 8 000 元，承保年龄是 0 到 65 岁，但方先生投保时把母亲的年龄 60 岁误填写成了 59 岁。一年后，保险公司发现年龄误告，则保险公司应如何处理？若保险公司在两年后发现方先生年龄误告，又应如何处理？

案例 2： 年轻有为的李先生现在 35 岁，年收入过百万元；其妻子李太太 33 岁，年收入约 5 万元，李先生的父母都已退休，二老的退休金每年合计约 48 000 元；李先生 12 岁的女儿佳佳刚小学毕业。李先生除了拥有"五险一金"之外，还购买了保险金额 15 万元的意外险，李太太则只有"三险"，李先生为其爱车 Q7 购买了第三者责任险，除此之外家庭没有任何保险。

根据已知材料回答下列 1-4 题：

1.针对佳佳个人而言，目前相对还需要什么险种？

2.作为家庭的主要收入者，理财规划师建议李先生在风险保障方面应该注意什么？而李先生在规划自己的养老保险的保障金额时，应考虑哪些因素？

3.假设李先生 60 岁退休，退休前年均收入为 80 万元，他本人每年的支出为 20 万元，如果单独考虑用生命价值法来规划李先生该购买的寿险，则保险金额应该为多少？

4.假设李先生 60 岁退休，退休前家庭年均收入为 85 万元，房贷支出每年 10 万元，还需还房贷 15 年，其他支出 12 万元，若单独考虑用家庭需求法来规划李先生该购买的寿险，则保险金额应该为多少？

案例 3： 张先生和张太太均为 30 岁，如果张先生不幸去世，按照张太太的年收入和现有家庭开支，预计每年收支缺口为 50 000 元，假设贴现率为 5%，预计张太太还将存活 50 年，则张先生遗属张太太的寿险需求是多少？

项目五 证券投资规划

知识目标

1. 了解证券投资及投资规划的基本知识
2. 掌握证券投资的工具

技能目标

1. 能够正确运用各种证券投资工具
2. 掌握证券投资规划的编制程序
3. 学会制定证券投资规划

案例导入

万科企业股份有限公司是中国最具实力的房地产开发商之一，1988年香港人刘元生投资万科股票的360万元，以后，随着万科A送股、配股，加上刘元生通过二级市场增持的部分，他拥有的万科A股票也逐年增加，到2007年，其持有万科A的股票市值超过16亿元。

19年投资增值超过400倍！刘元生成为A股市场上最富有的散户之一。这一投资回报远超美国股神巴菲特，因为巴菲特最骄人的业绩是持有《华盛顿邮报》股票30年，股票增值128倍。

（资料来源：百度百科）

学会投资，懂得投资，也许在不经意间，财富就出现在你家的后花园。

任务1 证券投资

1.1 认识证券投资

1.1.1 什么是证券投资

证券投资是指投资者（法人或自然人）买卖股票、债券、基金券等有价证券以及这些有价证券的衍生品，以获取差价、利息及资本利得的投资行为和投资过程，是间接投资的重要形式。证券投资是对预期会带来收益的有价证券的风险投资，收益具有较大的不确定性。

1.1.2. 证券投资的主要工具

市场上的证券投资工具主要有股票（包括A股、B股、H股等）、债券（国债、企业债券、金融债券、可转债券等）、证券投资基金（集合资金信托、

117

公募基金、私募基金等）、金融衍生产品（期货、期权、权证等）和其他产品（外汇、黄金等）。

1.2 证券投资原则

1.2.1 收益与风险组合原则

在证券投资中，风险与收益相对应、共生共存，承担风险是获取收益的前提；收益是风险的成本和报酬。对于证券投资而言，风险较大的证券，其要求的收益率相对较高；反之，收益率较低的投资对象，风险相对较小；因此收益与风险组合原则是：在风险一定的前提下，尽可能使收益最大化；或在收益一定的前提下，使风险最小化。

1.2.2 分散投资原则

投资分散化原则，是指不要把全部财富投资于一种证券，而是要分散化投资在多种证券标的，这样可以有效地分散风险，也就是我们通常说的"不要将所有鸡蛋都放在同一个菜篮子里"。因此，在充分了解各种证券属性的基础上，构建科学的、多样化的、有效的证券投资组合，可以有效降低投资风险，提高收益。

1.2.3. 理智投资原则

投资者一定要牢固树立理性投资理念，根据自身的账务状况、投资经验，选择符合自身承受能力的投资产品，切忌道听途说、盲目跟风，在分析、比较后进行审慎投资，谨记"市场有风险，投资需谨慎"。

1.3 证券投资风险

证券投资风险就其性质而言，可分为系统性风险和非系统性风险。

1.3.1 系统性风险

系统性风险是指由于全局性事件引起的投资收益变动的不确定性。系统风险对所有公司、企业、证券投资者和证券种类均产生影响，因而通过多样化投资不能抵消这样的风险，所以又称为不可分散风险或不可多样化风险。系统性风险的来源主要由政治、经济及社会环境等宏观因素造成，主要包括以下几个方面。

1. 政策风险

每一项经济政策、法规出台或调整，都对证券市场都会有一定的影响，有的甚至会产生很大的影响，从而引起市场整体的较大波动。例如经济政策的变化，可以影响到公司利润、债券收益的变化；证券交易政策的变化，可以直接影响到证券的价格。

2. 利率风险

在证券交易市场上，证券的交易价格是按市场价格进行，而不是按其票面价值进行交易的。市场价格的变化随时受市场利率水平的影响。一般来说，市场利率提高时，证券市场价格就会下降，而市场利率下调时，证券市场价格就会上升，这种反向变动的趋势在债券市场上尤为突出。

3. 购买力风险

购买力风险也称为通货膨胀风险。在证券市场上，投资实际收益率＝名义收益率－通货膨胀率，由于投资证券的回报是以货币的形式来支付的，在通货膨胀时期，投资的实际收益会出现下降，将给投资者带来损失的可能。

4. 市场风险

市场风险是指由证券价格的涨跌直接引起的。证券价格时刻都在变动，价格波动越大，市场风险也就越大。

1.3.2.　非系统风险

非系统风险是指由非全局性事件引起的投资收益率变动的不确定性。这些因素跟其他企业没有什么关系，只会造成该家公司证券收益率的变动，不会影响其他公司的证券收益率，它是某个行业或公司遭受的风险。由于证券收益率的非系统性变动跟其他证券收益率的变动没有内在的、必然的联系，因而这类风险可以通过证券多样化方式来消除，所以又被称为可分散的风险或可多样化风险。主要包括以下几个方面。

1. 经营风险

经营风险主要指公司经营不景气，甚至失败、倒闭而给投资者带来损失。公司经营、生产和投资活动的变化，导致公司盈利的变动，从而造成投资者本金和收益的减少或损失。例如经济周期或商业周期的变化对公司收益的影响，竞争对手的变化对公司经营的影响，公司自身的管理和决策水平等都可能会导致经营风险。

2. 财务风险

财务风险是指公司因筹措资金而产生的风险，即公司可能丧失偿债能力的风险。公司财务结构的不合理，往往会给公司造成财务风险。公司的财务风险主要表现为：无力偿还到期的债务，利率变动风险（即公司在负债期间，由于贷款利率发生增长变化，必然增加公司的资金成本，从而抵减了预期收益），再筹资风险（即由于公司的负债经营导致公司负债比率的加大，相应降低了公司对债权人的债权保证程度，从而限制了公司从其他渠道增加负债筹资的能力）。

3. 信用风险

信用风险也称违约风险，指不能按时向证券持有人支付本息而使投资者造成损失的可能性。主要针对债券投资品种，对于股票只有在公司破产的情况下才会出现。造成违约风险的直接原因是公司财务状况不好，最严重的是公司破产。因此不管对于债券还是股票的投资，投资者必须对发行债券的信用等级和发行股票的上市公司进行详细的了解。知彼知己，方能百战不殆。

4. 道德风险

道德风险主要指上市公司管理者的道德风险。上市公司的股东和管理者是一种委托—代理关系。由于管理者和股东追求的目标不同，尤其在双方信息不对称的情况下，管理者的行为可能会造成对股东利益的损害。

小资料

证券成功投资人必备的素质

曾经有科学家专门对证券市场中一些成功人士的心理做过专门研究，他们发现，成功的投资者都具有以下特点：有积极的人生态度，有赚钱动机，内部冲突很少，勇于为结果承担责任，同时还具备风险控制和耐心这两个关键的因素。为了方便投资人对以上这些成功人士心理特点的把握，我们重新做以下归纳：

第一，每一个成功的投资人对市场及其运作都非常感兴趣，而且这份热爱并非仅仅是因为市场提供了发财致富的机会，而是因为对工作的执迷以及由此而来的挑战。

第二，差不多所有成功的投资人都是一个孤独者。证券市场的特殊性决定成功的投资人总是要求采取与大多数人相反的立场，或者与市场中大多数人的一致观点相反。当然为了做到买低而卖高，仅仅成为一个孤独者是不够的，他们还必须是一个富于创造性、具有想象力的独立思考者。

第三，所有成功的投资人都有一套自己的投资理念。树立一套正确的投资理论，并真正在投资实践中加以运用，这正是成功投资人超越常人之处。

第四，自律和耐心，这是成功投资人所具备的两个突出的心理品质，自律，意味着在不断变化的市场面前，仍能坚持自己的投资原则。同时成功的投资人也是一个极具耐心的人。在没有理想时机的情况下，他们会耐心等待，一旦时机成熟，就会立即采取行动。

第五，成功的投资人也是一个现实主义者。他们一旦发现市场条件发生改变，会迅速改变立场以适应市场的变化，真正是"识时务者为俊杰"。

第六，所有成功的投资者似乎都有一种超前思维及预测能力。他们往往能够在行情发生之前，通过心理上的预演，从已知的市场信息中提前嗅到市场主流趋势将逆转的线索，并据此采取行动。

（资料来源：《扬子晚报》2007年5月18日）

任务2 股票投资

2.1 认识股票

2.1.1 股票的含义

股票是股份有限公司在筹集资本时向出资人发行的股份凭证。股票代表着其持有者（即股东）对股份公司的所有权。

目前我国有两个股票交易所，即上海证券交易所和深圳证券交易所。

2.1.2 股票的特征

（1）不可偿还性。股票是一种无偿还期限的有价证券，投资者认购了股票后，就不能再要求退股，只能到二级市场卖给第三者。

（2）参与性。股东有权出席股东大会，选举公司董事会，参与公司重大决策。股东参与公司决策的权利大小，取决于其所持有的股份的多少。

（3）收益性。首先，股东凭其持有的股票，有权从公司领取股息或红利，获取投资的收益。股息或红利的大小，主要取决于公司的盈利水平和公司的盈利分配政策。其次，股票的收益性还表现在股票投资者可以获得价差收人。通过低价买人和高价卖出股票，投资者可以赚取价差利润。

（4）流通性。股票的流通性是指股票在不同投资者之间可以进行数量和价格的交易。

（5）价格波动性和风险性。股票在交易市场上作为交易对象，同商品一样，有自己的市场行情和市场价格。由于股票价格要受到诸如公司经营状况、供求关系、银行利率、大众心理等多种因素的影响，其波动有很大的不确定性。正是这种不确定性，有可能使股票投资者遭受损失。价格波动的不确定性越大，投资风险也越大。因此，股票是一种高风险的金融产品。例如，称雄于世界计算机产业的国际商用机器公司（IBM），当其业绩不凡时，每股价格曾高达 170 美元，但在其地位遭到挑战，出现经营失策而招致亏损时，股价又下跌到 40 美元。如果不合时机地在高价位买进该股，就会导致严重损失。

2.1.3　股票的分类

股票根据不同的性质可以有多种分类，我们主要介绍按享有权利的不同分类，可分为普通股股票和优先股股票。

1. 普通股股票和优先股股票

（1）普通股

普通股是指在公司的经营管理和盈利及财产的分配上享有普通权利的股份，代表满足所有债权偿付要求及优先股股东的收益权与求偿权要求后对企业盈利和剩余财产的索取权，它构成公司资本的基础，是股票的一种基本形式，也是发行量最大，最为重要的股票。目前在我国上海和深圳证券交易所上交易的股票都是普通股。

普通股股票持有者按其所持有股份比例享有以下基本权利：

①公司决策参与权。普通股股东有权参与股东大会，并有建议权、表决权和选举权，也可以委托他人代表其行使其股东权利。

②利润分配权。普通股股东有权从公司利润分配中得到股息。普通股的股息是不固定的，由公司盈利状况及其分配政策决定。普通股股东必须在优先股股东取得固定股息之后才有权享受股息分配权。

③优先认股权。如果公司需要扩张而增发普通股股票时，现有普通股股东有权按其持股比例，以低于市价的某一特定价格优先购买一定数量的新发行股票，从而保持其对企业所有权的原有比例。

④剩余资产分配权。当公司破产或清算时，若公司的资产在偿还欠债后还有剩余，其剩余部分按先优先股股东、后普通股股东的顺序进行分配。

（2）优先股

优先股是相对于普通股而言的。主要指在利润分红及剩余财产分配的权利方面，优先于普通股。优先股有两种权利：

①在公司分配盈利时，拥有优先股的股东比持有普通股的股东分配在先，而且享受固定数额的股息，即优先股的股息率都是固定的，普通股的红利却不固定，视公司盈利情况而定，利多多分，利少少分，无利不分，上不封顶，下不保底。

②在公司解散，分配剩余财产时，优先股在普通股之前分配。

2. 我国股票的类型

（1）A股，即境内上市人民币普通股票，以人民币计价，面对中国公民发行且在境内上市的股票。

（2）B股，即境内上市外资股，是指在我国境内上市的用外币计价的股份，上海证券交易所的B股采用美元计价，深圳证券交易所的B股采用港币计价。

（3）境外上市外资股，是指股份有限公司向境外投资者募集并在境外上市的股份，主要由H股（在香港上市的股票）、N股（在纽约上市的股票）、S股（在新加坡上市的股票）等构成。

红筹股是指在中国境外注册、在香港上市但主要业务在中国大陆或大部分股东权益来自中国大陆的股票。

小资料

我国股票的交易规则

1. 交易时间

周一至周五（法定休假日除外）上午9：30—11：30 下午13：00—15：00，采用竞价成交的方式。竞价原则：价格优先、时间优先。价格较高的买进委托优先于价格较低买进委托，价格较低卖出委托优先于较高的卖出委托；同价位委托，则按时间顺序优先。

2. 交易单位

（1）股票的交易单位为"股"，100股＝1手，委托买入数量必须为100股或其整数倍；

（2）当委托数量不能全部成交或分红送股时可能出现不足100股，只能委托卖出。

3. 报价单位

股票以"股"为报价单位；交易委托价格最小变动单位：A股为人民币为0.01元；深圳B股为0.01港元；上海B股为美元0.001美元。

4. 涨跌幅限制

在一个交易日内，除首日上市证券外，每只证券的交易价格相对上个交易日收市价的涨跌幅度不得超过10%，标有"ST"和"＊ST"的股票除外，超过涨跌限价的委托为无效委托。

在股票名称前冠以"ST"和"＊ST"的股票交易日涨跌幅限制5%。

5. 委托撤单

在委托未成交之前，投资者可以撤销委托。

6. 交收制度

自1995年1月1日起，为了保证股票市场的稳定，防止过度投机，股市实行"T+1"交收制度，当日买进的股票，要到下一个交易日才能卖出，同时对资金仍然实行"T+0"，即当日回笼的资金马上可以用于买卖证券，但不能转出证券账户。这种交收方式适用于我国的A股、基金、国债交易。

2.1.4　股票的价值与价格

1. 股票的价值

在股票的价值中，有面值、净值、清算价值、内在价值等四种。

（1）股票的面值。

股票的面值是股份公司在所发行的股票上标明的票面金额。股票的面值一般都印在股票的正面且基本都是整数，如百元、拾元、壹元等。在我国上海和深圳证券交易所流通的股票，其面值基本都统一定为壹元，即每股一元。股票票面价值的最初目的是在于保证股票持有者在退股之时能够收回票面所标明的资产。随着股票的发展，购买股票后将不能再退股，所以股票面值作用主要是表明股票的认购者在股份公司投资中所占的比例和作为发行定价的一个依据。

一般来说，股票的发行价都将会高于面值。当股票进入二级市场流通后，股票的价格就与股票的面值相分离了，彼此之间并没有什么直接的联系，股民爱将它炒多高，它就会有多高，如有些股票的价格达到200多元，但其面值也就仅为1元。

（2）股票的净值。

股票的净值，又称为账面价值，也称为每股净资产，指的是用会计的方法计算出来的每股股票所包含的资产净值。股票的账面价值是股份公司剔除了一切债务后的实际家产，是股份公司的净资产。其计算方法是：每股净值＝公司净资产/公司总股本。

由于账面价值是财会计算结果，其数字准确程度较高，可信度较强，所以它是股票投资者评估和分析上市公司经营实力的重要依据之一。股份公司的账面价值高，则股东实际所拥有的财产就多；反之，股票的账面价值低，股东拥有的财产就少。股票的账面价值虽然只是一个会计概念，但它对于投资者进行投资分析具有较大的参考作用，也是产生股票价格的直接根据，因为股票价格愈贴近每股净资产，股票的价格就愈接近于股票的账面价值。

在股票市场中，股民除了要关注股份公司的经营状况和盈利水平外，还需特别注意股票的净资产含量。净资产含量愈高，公司自己所拥有的本钱就越大，抗拒各种风险的能力也就越强。

（3）股票的清算价值。

股票的清算价值，是指股份公司破产或倒闭后进行清算之时每股股票所代表的实际价值。从理论上讲，股票的每股清算价值应当与股票的净值相一致，但是企业在破产清算进行财产处置时，其财产价值是以实际的销售价格来计算的，其销售价格往往都低于实际价值。所以股票的清算价值就与股票的净值不相一致，一般都要小于净值。股票的清算价值只是在股份公司因破产或因其他原因丧失法人资格而进行清算时才被作为确定股票价格的根据，

在股票发行和流通过程中意义不大。

（4）股票的内在价值。

股票的内在价值即理论价值，是股票未来收益的现值，是在某一时刻股票的真正价值，它也是股票的投资价值。计算股票的内在价值需用折现法进行计算，但是由于上市公司的寿命期、每股税后利润及社会平均投资收益率等都是未知数，所以股票的内在价值较难计算，在实际应用中，一般都是取预测值。

2.股票价格

股票价格有市场价格和理论价格之分。

（1）股票的市场价格。

股票的市场价格即股票在股票市场上买卖的价格。股票市场可分为发行市场和流通市场，发行市场也称为一级市场，流通市场也称为二级市场，因此股票价格也就有发行价格和流通价格之分。

股票的发行价格就是发行公司与证券承销商议定的价格，目前国际市场上确定股票发行价格的参考公式是：股票发行价格＝市盈率还原值×40%＋股息还原率×20%＋每股净值×20%＋预计当年股息与一年期存款利率还原值×20%；这个公式全面地考虑了影响股票发行价格的若干因素，如利率、股息、流通市场的股票价格等，值得借鉴。

股票的流通价格是指股票在二级市场市场上进行交易的价格，是完全意义上的股票的市场价格，一般称为股票市价或股票市行。股票的市场价格由股票的价值决定，但同时受到许多其他因素的影响，其中，供求关系就是最直接的影响因素，供大于求时，股票价格下跌，供小于求时，股票价格上涨。在二级市场，股票价格表现为开盘价、收盘价、最高价、最低价等形式。其中收盘价是分析股市行情时采用的重要数据。

（2）股票的理论价格。

从理论上讲，股票价格由价值决定，股票本身并没有价值，股票之所以有价格，是因为股票代表的是持有者的股东权益。这种股东权益的直接经济利益，表现为股息、红利收入。股票的理论价格，就是为获得这种股息、红利收入的请求权而付出的代价，是股息资本化的表现。股息收入与利息收入具有同样的意义。投资者是把资金投资于股票还是存于银行，这首先取决于哪一种投资的收益率高。计算股票的理论价格需要考虑的因素包括：预期股息和必要收益率。

2.2 股票的估值

对股票价值进行评估就是利用各种方法评估股票的内在价值，这些方法可以分为两类：绝对价值评估法和相对价值评估法。

2.2.1 绝对价值评估法

绝对价值评估法，又称收益贴现模型，是将公司未来的现金流进行折现来对公司内在价值进行评估的方法。由于不同类别投资者对现金流索取权的次序有所不同，公司未来现金流的分配也存在差异。按照公司财务理论，企业现金流首先是满足营运资本的需求，剩余的现金流称为企业自由现金流，企业自由现金流首先需要向债权人支付债务利息，然后才能向公司股东进行红利分配。通常，企业为了未来有更好发展，需要进行再投资，因而分配给普通股股东的红利往往是扣除再投资和留存收益之后的现金流，这样，与现金流的分配顺序相匹配，不同的现金流决定了不同的现金流贴现模型。

1. 股利贴现原理

股票的价值在于能提供未来的一系列现金流，内在价值就应该是这一系列现金流按照要求的收益率贴现值的加总。投资者可以获得股票持有期间上的所有红利，因此当前的股票价值就应当等于持有期限上的红利现值之和。所以股票的内在价值公式为：

$$V = \sum_{t=1}^{\infty} \frac{D_t}{(1+k)^t}$$

其中，V 为股票的内在价值，D_t 是第 t 年每股预期股利，k 是期望收益率（贴现率）。

2. 零增长股利贴现模型

利用股利贴现模型计算股票内在价值需要预测未来所有期限的股利水平，这是不太可能实现的。因此，在实践操作中通常假设未来的股利符合一定的增长规律，从而将公式简化，最简单的情况是假设每一期的股利保持不变，因此 $D_0 = D_1 = D_2 \cdots\cdots = D_t$，即股利增长率为 0，未来各期股利按固定数额发放，计算公式为：

$$V = D_1 / k$$

其中 V 为公司价值，$D0$ 为当期股利，k 是期望收益率（贴现率）

例：投资者预期本年度股利 0.6 元。而以后各年都将保持与本年相同的股利，已知公司的每股市价为 5 元，投资者要求的股票收益率为 10%，那么对投资者来讲，每股价值是多少元？

解：每股价值 $V = D_0 / k = 0.6 / 10\% = 6$（元）

因为每股价值>每股市价，当前市场价格低估，投资者应当买人该公司股票。

3. 不变增长的股利贴现模型

假设公司股利每一期的股利保持照固定的增长率增长。计算公式为：

$$V = D_1 / (k-g)$$

其中 V 为公司价值，k 是期望收益率（贴现率），g 为固定的增长率，D_1 为下一期的股利，$D_1 = D_0 (1+g)$，而非当期股利。

例：如果分析师预计某上市公司一年以后支付现金股利 1 元，并将保持 6% 的增长速度不变，投资者对该股票要求的收益率为 12%. 那么股票的价值是多少？

解：股票价值 $V = D_1 / (k-g) = 1 / (12\% - 6\%) = 16.67$（元）

2.2.2　相对价值评估法

相对价值模型是应用一些相对比率将目标公司与具有相同或相近行业特征、财务特征、股本规模成经营管理风格的上市公司进行比较，来对公司股票进行估值。而这些相对比率是影响股票价值和内在价值的重要变量，包括收益、现金流、账面价值和销售额等，在此我们只探讨市盈率、市净率、市价/现金流比率。

1. 市盈率模型（P/E）

投资者应得到的回报是公司的净收益。估价的一种方法就是确定投资者愿意为每一单位的预期收益（通常以 1 年的预期收益表示）支付的金额，计算出当前的收益倍数，因此，市盈率（P/E）的计算公式如下：

市盈率＝每股市场价格/每股预期年收益

所以，每股市场价格＝市盈率＊每股预期年收益

例：如果投资者愿意支付 15 倍的预期收益，预计每股收益为 0.6 元，则该股票的价格是多少？

解：该股票市场价格＝市盈率＊预期年收益＝15×0.6＝9（元）

市盈率是投资回报的一种度量标准，股票投资者根据当前的收益水平收回其投资所需要计算的年数。当前市盈率的高低，表明投资者对该股票未来价值的主要观点。投资者必须将 P/E 比率与整体市场、该公司所属行业及其他类似公司和股票 P/E 比率进行比较，以决定他们是否认同当前的 P/E 比率水平。也就是说，根据市盈率比率偏高或偏低，判断该股票价格高估还是低估。

2. 市净率模型（P/B）

市净率指的是每股股价与每股净资产的比率。市净率是衡量公司价值的重要指标，市净率的计算公式为：

市净率＝每股市场价格/每股净资产

例：2019 年 6 月 6 日，阳泉煤业股票价格为 5.49 元，每股净资产为 7.06 元，该公司市净率是多少？

解：该公司的市净率＝每股市价/每股净资产＝5.49/7.06＝0.78

一般来说市净率较低的股票，投资价值较高，相反，则投资价值较低；但在判断投资价值时还要考虑当时的市场环境以及公司经营情况、盈利能力等因素。

相对于市盈率，市净率在使用中有着其特有的优点：第一，每股净资产通常是一个累积的正值，因此市净率也适用于经营暂时陷人困境的企业及有破产风险的公司；第二，统计学证明每股净资产数值普遍比每股收益稳定得多；第三，对于资产中包含大量现金的公司，市净率是更为理想的比较估值指标。这样 P/B 尤其适用于公司股本的市场价值完全取决于有形账面值的行业，如银行、房地产公司。而对于没有明显固定成本的服务性公司，账面价值意义不大。

同时，市净率在使用过程中也存在一定局限性。由于会计计量的局限，些对企业非常重要的资产并没有确认人账，如商誉、人力资源等；当公司在资产负债表上存在显著的差异时，作为一个相对值，P/B 可能对信息实用者有误导作用。

3. 市场价格/每股现金流比率（P/CF）

由于公司盈利水平容易被操纵而现金流价值通常不易操纵，市场价格/每股现金流比率（P/CF）越来越多地被投资者所采用。同时，根据信用评价"现金为王"的法则，现金流价值在基本估值中也是很关键的。市场价格/每

股现金流比率（P/CF）的计算公式如下：

$$P/CF = P_t/CF_{t+1}$$

式中，P_t 为 t 期股票的价格；CF 为公司在 $t+1$ 期的预期每股现金流。

一般来说市场价格/每股现金流比率（P/CF）较低的股票，投资价值较高，相反，则投资价值较低；但在判断投资价值时也同样需要综合考虑公司经营状况和盈利能力等因素。

影响这个比率的因素与影响 P/E 的因素相同，即这些变量应该是所采用的现金流变量的预期增长率和由于现金流序列的不稳定或波动挫所带来的股票的风险。

2.3　股票投资分析的主要方法

2.3.1　基本分析法

基本分析法是以传统经济学理论为基础，以企业价值作为主要研究对象，通过对决定股票内在价值和影响股票价格的宏观经济形势、行业发展前景和企业经营状况等进行分析，评估股票的投资价值和安全边际，与当前股票的市场价格进行比较，相应形成买卖的建议。

基本分析包括下面三个方面内容：①宏观经济分析，分析经济政策（货币政策、财政政策、产业政策等）、经济指标（生产总值、失业率、通胀率、利率、汇率等）对股票市场的影响。②行业分析，分析行业发展前景和区域经济发展对行业的影响。③企业分析，具体分析企业在行业中的地位，市场前景和财务状况等。

2.3.2　技术分析法

技术分析法是以传统证券学理论为基础，以股票价格作为主要研究对象，以预测股价波动趋势为主要目的，从股价变化的历史图表入手，对股票市场波动规律进行分析的方法。技术分析认为市场行为包容消化一切，股价波动可以定量分析和预测。技术分析法主要遵循"量、价，时、空"，即从股票的成交量、价格、达到这些价格和成交量所用的时间、价格波动的空间几个方面分析走势并预测未来。目前常用的有 K 线理论、波浪理论、形态理论、趋势线理论和技术指标分析等。

2.3.3　量化分析法

量化分析法是利用数学和计算机的方法对股票进行分析，找出涨跌的概率，从而进行相应的投资决策。量化分析方法主要有趋势判断型量化投资方法和波动率判断型量化投资方法。

2.3.4　演化分析法

演化分析是以演化证券学理论为基础，将股市波动的生命运动特性作为主要研究对象，对股价波动方向与空间进行动态跟踪研究，为股票交易决策提供机会和风险评估的方法。

演化分析法认为股市运作的背后具有很强的生物进化逻辑，所有市场行为都受到生物进化法则的广泛制约，只要多从"生物本能"和"适应与竞

争"的角度观察市场，就可以找到持续性盈利的思路、线索和方法。

2.4 股票投资的具体策略

成功的股票投资者在进行股票投资时，一般会结合自身优势和不足，因时利势，采取不同方法进行投资，下面选取几种方法，以供参考。

2.4.1 分摊子策略

分摊子操作技巧其实就是投资者不要把全部资金投资于一只股票，而是应该将资金分成几份来买不同类型的股票，即使一只股票亏损了也不会对投资者造成太大的损失，可以有效地分担风险。

2.4.2 趋势投资策略

趋势投资就是指股价波动具有一定的规律性，投资者可以利用这种规律获取利益。首先是主要的基本趋势，它像大海浪潮一样，持续时间长且幅度较大。其次是次级趋势，次级趋势呈现出的短暂而频繁地变动的动态。一般长期跌势所产生的反弹和升势所产生的回跌，其期间都可达二周至二个月之久，强势反弹或回跌的幅度有时可达先前涨或跌幅的三分之二；弱势反弹或回跌的幅度也可能达先前涨或跌幅的三分之一，投资者一定要注意股价起落的时间周期。最后是日常趋势，即通常所说的每日走势，投资者在分析日常趋势时，要将相关信息、新闻等进行综合考虑。

2.4.3 过滤策略

过滤策略主要做法就是在买入股票时，先预定一个停损点，当股价跌破这个点时，不管股价是否还会上涨，果断卖出。当买入后，价格按照预期开始上升，那就应该持有股票，让利润随着增长扩大，可以争取更大的利润机会。这正如华尔街的经典名言："截短亏损，让利润奔跑"。

2.4.4 短线策略

采取此种投资策略的观点是能抓住股价上涨时期的获利机会，提高资金的产出效果，即使短线下跌，也不至于被套牢。但其不足之处在于：一是买入之后，可能会出现行情反转之势而使投资者蒙受损失；二是在更高的价位上卖出时，行情可能会继续升高，而不能获取最大效益。因此，采取短线策略需要注意两点：一是要加强股市行情分析和预测；二是要选好买卖股票的时点。

2.4.5 分批买卖策略

分批买卖策略指的是当股价下跌到一定程度后，投资者开始进入股市分批购进；而当股价上扬一定高度后，则开始将持有股票予以分批售出。分批买卖法是克服人性优柔寡断弱点的一种投资方法。股票投资者的良好愿望是能够在最低价买进和最高价售出，但真正能在市场上如愿以偿的投资者却为数不多。通常发生的情形，在股价下跌到可以入市购进时，许多投资者还认为股价会继续下跌，仍持币待购；而待股价强劲反弹上来时，又后悔莫及，坐失入市良机。另外，当股价上涨到应该脱手时，认为股价还会继续上扬，而待股价下跌时，不仅卖不出好价钱，有时甚至还难以脱手。

2.4.6　定期投资策略

具体操作是：选定某种具有长期投资价值且价格波动较大的股票，在一定的投资期间内，不论股值上涨还是下跌，都坚持定期以相同的资金购入该种股票。

采用这种方法应注意三点：一要选择经营稳定、利润稳定上升的公司的优良股票；二要有一个较长的投资期限，如果期限较短，则效果将不明显；三要价格波动幅度较大，且股价呈上升趋势的股票，如股价一直处于跌势，则会发生投资亏损。

2.4.7　分段买高策略

分段买高法，是投资者为了减少风险而分段逐步买进某种上涨股票的投资技巧。由于一次投入存在较大的风险，所以不少投资者往往在股价上涨的过程中，将资金分次分段逐步投入市场。这样一旦行情出现反转下跌，投资者可立即停止投入，以减少损失。

2.4.8　金字塔形买卖策略

金字塔形买卖策略是是分批买卖策略的变种。此法是针对股票价位的高低，以简单的三角形（即金字塔形）作为买卖的准则，来适当调整和决定股票买卖数量的一种策略。具体做法：当分批买入，价格越低买入数量越多，价格越高买入数量越少；当分批卖出，价格低时少量卖出，价格高时大量卖出。

2.4.9　跟庄策略

庄家一般是指那些资金实力雄厚，持股很多的投资者，很多是机构投资者。他们的资金少则几十万，多则千万或上亿。他们通常都有资深的专业人士作为智囊，有灵通准确的信息，有手法精熟的操盘手专门操作，可以说兼备天时、地利、人和的优势。庄家的行为具有强烈投机色彩，短期运作后获取价差是他们的主要目的。庄家的资金入市或离市不但可能影响某个股价位，甚至引起大盘整体的波动。作为庄家财源的普通投资者，必须关注庄家行踪，巧妙利用机会，防止落入圈套。若有幸掌握庄家脉搏，顺势而为，当然可以获得较大的收益，万一判断失误，落入圈套，难免损失惨重，后悔莫及。因此，在紧密关注庄家行踪时适度跟进，见好就收，对一般投资者是较为可取的。

股票市场虽然变幻莫测，但决定命运的，不是股票市场，也不是上市公司本身，而是投资者本人。投资的策略多种多样，以上介绍的方法不一而足，也不是每一个投资者都能适用，投资者要充分结合自身优势和不足，找出适合自己的投资策略，不断强化训练，固化成自己的盈利模式，才能成为股票市场的"常胜将军"。

小资料

资深股民的 16 条金玉良言

口诀 1：不冲高不卖，不跳水不买，横盘不交易

这是针对短线操作最简单、最基本的道理，实为最根本、最有效之的方

课堂笔记

法。"横盘不交易"应该格外注意的：横盘时交易，一旦反向变盘，你必然会去止损或者追涨，这两者都是不可取的。横盘时差价不大，你若没有耐心，多次交易，势必会造成手续费亏损。

口诀2：买阴不买阳，卖阳不卖阴，逆市而动，方为英雄

这是中线操作的基本道理，讲究逆市而动。即，买时，选K线收阴线时买；卖时，选K线收阳线时卖。

口诀3：高低盘整，再等一等

当一只股票持续上涨或者下跌了一段时间后就进入了横盘状态，此时不必在高位全仓卖出，也不必在低位全仓买进，因为盘整之后就会变盘，故盘整时期不可主观决定建仓或清仓。如果是高位向下变，则及时清仓，不会有损失；如果是低位向高变，及时追进，也不会踏空。

口诀4：高位横盘再冲高，抓住时机赶紧抛；低位横盘又新低，全仓买进好时机

股价和大盘常常是高位盘整后还有新高，低位盘整后又创新低，因此说，要等待变盘的方向明朗后再开始。如高位横盘后向上变盘，再创新高，这是卖出的最佳时机；而低位横盘整理之后再向下变盘，这将是满仓买入的最佳时机。

口诀5：未曾下手先认错，宁可买少勿买多

这是说资金的分配使用问题，你不能一下子把资金全都买进去。下手买股之前，你必须承认你的买入是错误的，做好股价跌下去，被套后在低位如何加仓补进的准备。

口诀6：套牢补仓求保本，奢求盈利乃为贪

当你被套了，你在技术上的支撑位补了一把仓，但你要清楚认识到你这么做的目标只是为了扳回本钱。当反弹不亏时，你应该及时卖出，然而很多人则看见股价涨了起来，心理就想再涨一涨我就赚了，就赚多少多少了，结果是又跌回去了，再次重仓被套，这回连自救的资金也没了，只有坐以待毙。

口诀7：一推二荐就不涨，只好往下再震仓

这种情况一般是：一只股票已经回调很久，接近尾声了，大多处于平台整理状态，开始接二连三地有人推荐，你看基本面也的确不错，可你买入了，它就是不太动，某一天却突然向下破位了，你大骂着卖了出去，但你会看到，它的K线在做了一个坑形后一直涨了上来，并轻松地突破了原来整理的平台，创出新高，绝尘而去，你就是这样被抛下了。

口诀8：绿荫丛中一线红，抓紧买入莫放松

当一只股票连续向下多日回调，如出现5，7，9……根阴线，呈现出一片绿时，有一天你发现K线当日可能收阳星，或者是小阳线时，不必分析原因，不管是主力震仓、吸货、还是什么放量出货，尽管杀入，次日一般都会出现长阳线反弹。

口诀9：下跌趋缓，反弹亦缓；下跌加速，反弹亦速

在一个连续的下跌过程中，从日K线看，下跌的幅度呈越来越小的态势，那它反弹的时候一般开始比较慢，你完全有时间去跟进，但如果从日K线看，那种跌幅越来越大的走势，它反弹的时候则是突然间就开始的，速度快且幅度大，你必须快速反应才能追进去，否则，当你发现的时候就已经是底部起

来的一棵带长下影的大阳线了，进晚了利润空间就不大了。

口诀10：平静水面一波高，当心后面大波涛

这两句话是一个意思，是从连续的分时线上，看底部启动初期的技术特征。即当一只股票在底部横盘了很长时间，其多日连续的分时线呈现出十分平缓的形态，犹如下倾的缓坡或平静的水面，而当有一天水面突然涌起一波比较高的波浪，而后又没有再回到原水平面时，则后面往往会来一股更加惊人的大波涛。

口诀11：底部长阳第一次，坚决持股到收市

当一只股票在底部盘整了很长时间，突然有一天拉起一根阳线的时候，这根阳线的长度往往是你无法判断的。因为盘整时间长，大家渐渐地忘记了它，当它突然拉起来的时候，人们不能立刻发现，当大家不断发现，不断地追进来，它的涨幅就越来越大，常常是收盘在最高点。而原来持有的人，因为在里面被闷了很久，耐心已经到了限度，一看见它涨了起来，就克制不了卖的冲动，而卖了，就错了，因为它是底部刚刚启动，次日还会大有表现，所以说，至少，一定要坚持到收盘时再做决定。

口诀12：小阳携量往上排，暴发长阳还没来

股票走势形态中K线图呈现为有成交量的多个小阳线不断缓慢向上攀升，每个阳线实体均不大。排推到一定高度，或特定的技术关口时，主力会突然发力，向上暴发式上涨，一般会拉出两三个较长的阳线，然后再震荡回调。操作上，见小阳推升时应耐心等待，在长阳暴发上升时卖出。

口诀13：震荡攀升一上午，且待午后再冲高

这种情况多出现在底部开始谨慎回升时期，有时也出现在高位横盘后又开始谨慎上攻时期。分时线表现出十分清晰的上行的震荡波，波幅的大小为：高低点之间基本上不能做差。如果这种形态保持了一个上午，则午后常常有一个冲破上轨的加速时刻。操作上，如果是谨慎上行，可在冲高时短线卖出，再择机回补；如果是高位谨慎上攻形态，则是清仓的最后机会。

口诀14：逢利好乌云盖顶，而后将震荡攀升

因受利好影响，大幅高开，或几个涨停之后直线下跌，收出一个巨大阴线，或连续阴线。形成技术上常说的乌云盖顶，看似主力大肆放空，形态恐怖，实则是长线建仓难得良机。其后走势定势为：缓慢反弹数日到长阴线的一半或接近长阴线高点时，再次向下回档，但低点已经不会再低于前低，这个二次低点为长线建仓的最佳位置，而后会慢牛攀升，突破长阴高点，创新高、新高、再新高。

口诀15：热股不可恋，持股要常换；从始炒到终，到头一场空

这是说一只热门股，当炒到一定的高点后，就可能变成了一只冷股，就要及时换掉，改炒别的。而如果一直炒它，则会先赚后赔，到头来白忙活。这是人们常犯的一种错误。也是人常说的——不可与股票谈恋爱。

口诀16：我不发疯不会赔空，我不疯狂哪会灭亡

这是一句看似可笑，实则生死攸关的要诀。你还别一笑了之，认为这事与你无关。人在冷静时谁都知道控制风险，但当你一赔再赔，越赔越多，操作就失去了章法，人也就渐渐失去理性。因回本心切，所以见涨就追，套了

就割，已不在乎什么损失。操作的资金也是从小到大，越来越多，最后进入疯狂状态，人也就离毁灭不远了。

（资料来源：http：//mp. weixin. qq. com/s?＿＿biz＝MzA5MTI3NjgwNw＝＝&mid＝205 858 725&idx）

任务 3 债券投资

3.1 认识债券

3.1.1 什么是债券

债券是政府、金融机构、企业等机构直接向社会借债筹措资金时，向投资者发行，并且承诺按规定利率支付利息并按约定条件偿还本金的债权债务凭证。

3.1.2 债券的票面要素

（1）债券的票面价值。债券的票面价值是债券票面标明的货币价值，是债券发行人承诺在债券到期日偿还给债券持有人的金额。债券的票面价值要标明的内容主要有：要标明币种，要确定票面的金额。票面金额大小不同，可以适应不同的投资对象，同时也会产生不同的发行成本。

（2）债券的到期期限：债券到期期限是指债券从发行之日起至偿清本息之日止的时间，也是债券发行人承诺履行合同义务的全部时间。

（3）债券的票面利率：也称名义利率，是债券年利息与债券票面价值的比值，用百分数表示。形式有单利、复利和贴现利率。影响票面利率的因素包括三点：第一，借贷资金市场利率水平；第二，筹资者的资信；第三，债券期限长短。一般来说，期限较长的债券流动性差，风险相对较大，票面利率应该定得高一些；而期限较短的债券流动性强，风险相对较小，票面利率就可以定得低一些。

（4）债券发行者名称：标明债券的债务主体，为债权人到期追回本金和利息提供依据。

另外，债券票面上有时还包含一些其他要素，例如，还本付息方式，附有赎回选择权、附有出售选择权、附有可转换条款、附有交换条款、附有新股认购条款等。

3.1.3 债券的基本种类

债券的种类很多，可依据不同的标准进行分类。

1. 根据发行主体划分

根据发行主体的不同，可以分为政府债券、金融债券和公司债券

（1）政府债券。

政府债券是政府为筹集资金而向投资者出具的、承诺在一定时期支付利息和到期偿还本金的债务凭证，由于发行主体是政府，所以它具有最高的信用度，被公认为是最安全的投资工具，中央政府发行的债券称为"国债"，国

债的发行规模较大，期限较长。

（2）金融债券。

金融债券发行主体是银行等金融机构。由于金融机构一般具有雄厚的资金实力，信用度较高，因此金融债券往往具有良好的信誉。金融债券的期限一般以中期较为常见。

（3）公司债券。

公司债券是由公司依照法定程序发行的，约定在一定期限还本付息的有价证券。公司债券的发行主体是股份公司，由于公司的情况千差万别，因此公司债券的风险相对于政府债券和金融债券要大一些。

2. 根据付息方式分

（1）零息债券。

零息债券是指债券合约未规定利息支付的债券。通常，这类债券以低于面值的价格发行和交易，债券持有人实际上是以买卖（到期赎回）价差的方式取得债券利息。

（2）附息债券。

债券合约中明确规定，在债券存续期内，对持有人定期支付利息（通常每半年或每年支付一次）。按照计息方式的不同，这类债券还可细分为固定利率债券和浮动利率债券。有些附息债券可以根据合约条款推迟支付定期利息，故也称为缓息债券。

（3）息票累积债券。

与附息债券相似，这类债券也规定了票面利率，但是，债券持有人必须在债券到期时一次性获得还本付息，存续期间没有利息支付。

3. 根据债券券面形态划分

（1）实物债券。

实物债券是具有标准格式实物券面的债券。在其券面上，一般印制了债券面额、债券利率、债券期限、债券发行人全称、还本付息方式等各种债券票面要素。不记名、不挂失，可上市流通。

（2）凭证式债券。

凭证式债券是债权人认购债券的收款凭证，而不是债券发行人制定的标准格式的债券。可记名、挂失、不可上市流通。持有期提前支取，按持有天数支付利息。

（3）记账式债券。

记账式债券是无实物形态的票券，利用账户通过电脑系统完成债券发行、交易及兑付的全过程，我国1994年开始发行。可记名、挂失，可上市流通、安全性好。

4. 按是否有财产担保，债券可以分为抵押债券和信用债券

（1）抵押债券。

抵押债券是以企业财产作为担保的债券，按抵押品的不同又可以分为一般抵押债券、不动产抵押债券、动产抵押债券和证券信用抵押债券。抵押债券可以分为封闭式和开放式两种。"封闭式"公司债券发行额会受到限制，即不能超过其抵押资产的价值；"开放式"公司债券发行额不受限制。抵押债

课堂笔记

的价值取决于担保资产的价值，抵押品的价值一般超过它所提供担保债券价值的 25%~35%。

（2）信用债券。

信用债券是不以任何公司财产作为担保，完全凭信用发行的债券。其持有人只对公司的非抵押资产具有追索权，企业的盈利能力是这些债券投资人的主要担保。因为信用债券没有财产担保，所以在债券契约中都要加入保护性条款，如不能将资产抵押其他债权人、不能兼并其他企业、未经债权人同意不能发行其他长期债券等。

5. 按是否能转换为公司股票，债券可以分为可转换债券和不可转换债券

（1）可转换债券。

可转换债券是指在特定时期内可以按某一固定的比例转换成普通股的债券，它具有债务与权益双重属性，属于一种混合性筹资方式。由于可转换债券赋予债券持有人将来成为公司股东的权利，因此其利率通常低于不可转换债券。若将来转换成功，在转换前发行企业达到了低成本筹资的目的，转换后又可节省股票的发行成本。根据《中华人民共和国公司法》的规定，发行可转换债券应由国务院证券管理部门批准，发行公司应同时具备发行公司债券和发行股票的条件。

（2）不可转换债券。

不可转换债券是指不能转换为普通股的债券，又称为普通债券。由于其没有赋予债券持有人将来成为公司股东的权利，所以其利率一般高于可转换债券。

3.2 债券投资的原则

投资债券既要获得收益，又要控制风险，因此，根据债券收益性、安全性、流动性的特点，我们总结了以下债券投资的原则。

3.2.1 收益性原则

不同种类的债券收益大小不同，投资者应根据自己的实际情况选择。例如国债是以政府的税收作担保的，具有充分安全的偿付保证，一般认为是没有风险的投资；而企业债券则存在着能否按时偿付本息的风险，作为对这种风险的报酬，企业债券的收益性必然要比政府债券高。当然，实际收益情况还要考虑税收成本。

3.2.2 安全性原则

投资债券相对于其他投资工具要安全得多，但这仅仅是相对的，其安全性问题依然存在，因为经济环境有变，经营状况有变，债券发行人的资信等级也不是一成不变。因此，投资债券还应考虑不同债券投资的安全性。例如，就政府债券和企业债券而言，政府债券的安全性是绝对高的，企业债券则有时面临违约的风险，尤其当企业经营不善甚至倒闭时，偿还全部本息的可能性不大，企业债券的安全性不如政府债券。对抵押债券和无抵押债券来说，有抵押品作偿债的最后担保，其安全性就相对要高一些。

3.2.3 流动性原则

债券的流动性强意味着能够以较快的速度将债券兑换成货币，同时债券价值在兑换成货币后不因过高的费用而受损，否则，则意味着债券的流动性差。影响债券流动性的主要因素是债券的期限，期限越长，流动性越弱，期限越短，流动性越强。另外，不同类型债券的流动性也不同。如国债、金融债，在发行后就可以上市转让，故流动性强，企业债券的流动性则相对较差。目前，我国的企业债发行后再到交易所申请上市，债券是否上市的流动性差别很大，上市前后债券的流动性差别很大，上市后债券的流动性还受到该债券发行主体资信情况的影响。

3.3 债券投资的收益

3.3.1 债券收益的来源

债券收益来自三个方面：债券的利息收益、资本利得和再投资收益。

1. 债券的利息收益

这是债券发行时就决定的，除了零息债券和浮动利率债券，债券的利息收入是不会改变的。

2. 资本利得

资本利得是债券买入价与卖出价或买入价与到期偿还额之间的差额，当卖出价或偿还额大于买入价时，为资本收益，当卖出价或偿还额小于买入价时，为资本损失。

3. 再投资收益

再投资收益是投资债券所获现金流量再投资的利息收入（债券记息时间终止前）。

3.3.2 债券收益的影响因素

1. 债券票面利率

票面利率越高，债券收益越大，反之则越小。形成利率差的主要原因是基准利率水平、残存期限、发行者的信用度和市场流通性等。

2. 债券的市场价格

债券购买价格越低，卖出价格越高，投资者所得差额越大，其收益就越大。

3. 利息支付频率

在债券有效期内，利息支付频率越高，债券复利收益就越大，反之则越小。

4. 债券的持有期限

在其他条件一定的情况下，投资者持有债券的期限越长，收益越大，反之则越小。

3.3.3 债券收益率

债券收益率是衡量债券投资收益的指标，主要有到期收益率和持有期收益率。

1. 债券到期收益率

到期收益是指将债券持有到偿还期所获得的收益，包括到期的全部利息。到期收益率是投资购买债券的内部收益率，即可以使投资购买债券获得的未来现金流量的现值等于债券当前市价的贴现率。它相当于投资者按照当前市场价格购买并且一直持有到满期时可以获得的年平均收益率，其中隐含了每期的投资收入现金流均可以按照到期收益率进行再投资。

到期收益率由以下公式表示：

$$P = C_1 / (1+i_1) + C_2 / (1+i_2)^2 + C_3 / (1+i_3)^3 + \cdots\cdots + C_n / (1+i_n)^n + M / (1+i_n)^n$$

式中，P 为年金现值；n 为到期期限；$C_1\cdots\cdots C_n$ 为每期的现金流；$i_1\cdots\cdots i_n$ 为各个期限的收益率；M 为债券的面值。

该公式常用于计算附息债券的到期收益率，因为附息债券每期利率和利息都相同，所以该公式可以具体表达为：

$$P = C / (1+i) + C / (1+i)^2 + C / (1+i)^3 + \cdots\cdots + C / (1+i)^n + M / (1+i)^n$$

式中，P 为年金现值；C 为每期的现金流；i 为收益率；n 为到期期限；M 为债券的面值。

例：某债券的当前价格是 1036 元，距到期日还有 5 年，票面利率是 6%，面值为 1000 元，求该债券的到期收益率？

解：$1036 = 60 / (1+i) + 60 / (1+i)^2 + 60 / (1+i)^3 + \cdots\cdots + 60 / (1+i)^5 + 1000 / (1+i)^5$

利用财务计算器可以求出到期收益率 $i = 5.16\%$。

2. 债券持有期收益率

债券持有期收益率是指买入债券后持有一段时间，在债券到期前将其出售而得到的收益，包括持有债券期间的利息收入和资本损益与买入债券的实际价格之比率。具体公式表示如下：

债券持有期间的收益率 = [持有期间利息收入 + （卖出价格－买入价格）] / （持有年数×买入价格）×100%

例：某人于 1993 年 1 月 1 日以 120 元的价格购买了面值为 100 元、利率为 10%、每年 1 月 1 日支付一次利息的 1992 年发行的 10 年期国库券，并持有到 1998 年 1 月 1 日以 140 元的价格卖出，则

债券持有期间的收益率 = （140－120＋100×10%×5）/ （120×5）×100% = 11.7%

3.4　债券的内在价值

债券的价值分析通常采用现金流贴现法，包括股息（或利息）贴现法和自由现金流贴现法。现金流贴现法认为任何资产的内在价值取决于该资产预期未来现金流的当前价值。而通过对比资产内在价值与市场价格，可以判定该资产是否被高估或者低估，从而有助于投资者进行正确的投资决策。所以债券内在价值的衡量成为债券价值分析的核心。不同类型债券的内在价值分析方法有所不同：

3.4.1　零息债券的内在价值

零息债券以低于债券面值的方式发行，持有期间不支付利息，到期按债券面值偿还。因此，债券发行价格与面值之间的差额就是投资者的利息收入。由于面值是零息债券未来唯一的现金流，所以，这种债券的内在价值为：

$$P = M / (1+i)^n$$

式中，P 为债券内在价值；i 为市场利率；n 为期限；M 为债券的面值。

例：某零息债券面值为 1000 元，期限为 10 年，市场利率为 6%，则该债券的内在价值为：

解：$P = 1000 / (1+6\%)\ 10 = 558.39$（元）

3.4.2　附息债券的内在价值

附息债券按照票面金额和息票利率逐期计算并支付利息，到期偿还本金。投资者不仅可以在债券到期时收回本金（面值），而且还可以定期获得固定的利息收入。因此，该类债券的内在价值为：

$$P = C / (1+i) + C / (1+i)^2 + C / (1+i)^3 + \cdots\cdots + C / (1+i)^n + M / (1+i)^n$$

式中，P 为债券内在价值；C 为每期的现金流；i 为市场利率；n 为到期期限；M 为债券的面值。

例：某债券面值为 1000 元，票面利率为 10%，期限为 20 年，每年支付一次利息，市场利率也为 10%，则该债券的内在价值为：

$$P = 100 / (1+10\%) + 100 / (1+10\%)^2 + \cdots\cdots + C / (1+10\%)^{20} + 1000 / (1+10\%)^{20} = 1000 \text{（元）}$$

这里，债券价值正好与其面值相等，这并不是巧合，当债券票面利率与市场利率相等时，债券内在价值总是等于其面值。

3.4.3　一次性还本付息债券的内在价值

一次性还本付息的债券只有一次现金流动，也就是到期日的本息之和。所以，对于这样的债券只需要找到合适的贴现率，对债券终值进行贴现贴现即可，如果债券的利息支付按照年复利进行计算，一次性还本付息债券的定价公式为：

$$P = M (1+r)^t / (1+i)^n$$

式中，P 为债券内在价值；r 为票面利率；i 为市场利率；t 为发行人至到期日的时期数；n 为到期期限；M 为债券的面值。

例：某 5 年期国债票面利率为 5%，面值为 1000 元，到期一次性还本付息，距离到期日还有 3 年，市场利率为 4%。如果债券利息支付按复利进行，则该债券的内在价值为：

$$P = 1000 (1+5\%)^5 / (1+4\%)^4 = 1134.5 \text{（元）}$$

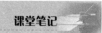
课堂笔记

3.5 债券投资的风险

任何投资都是有风险的，认为投资就会有盈利的想法是幼稚和可笑的。债券投资也不例外，风险意味着可能的损失。因此在对债券进行分析之前，我们有必要关心一下投资债券的风险。

3.5.1 违约风险

违约风险，是指发行债券的借款人不能按时支付债券利息或偿还本金，而给债券投资者带来损失的风险。在所有债券之中，财政部发行的国债，由于有政府作担保，往往被市场认为是金边债券，所以没有违约风险。但除中央政府以外的地方政府和公司发行的债券则或多或少地有违约风险。因此，信用评级机构要对债券进行评价，以反映其违约风险。一般来说，如果市场认为一种债券的违约风险相对较高，那么就会要求债券的收益率要较高，从而弥补可能承受的损失。

3.5.2 利率风险

债券的利率风险，是指由于利率变动而使投资者遭受损失的风险。毫无疑问，利率是影响债券价格的重要因素之一：当利率提高时，债券的价格就降低；当利率降低时，债券的价格就会上升。由于债券价格会随利率变动，所以即便是没有违约风险，国债也会存在利率风险。

3.5.3 购买力风险

购买力风险，是指由于通货膨胀而使货币购买力下降的风险。通货膨胀期间，投资者实际利率应该是票面利率扣除通货膨胀率。若债券利率为10%，通货膨胀率为8%，则实际的收益率只有2%，购买力风险是债券投资中最常出现的一种风险。

3.5.4 变现能力风险

变现能力风险，是指投资者在短期内无法以合理的价格卖掉债券的风险。如果投资者遇到一个更好的投资机会，他想出售现有债券，但短期内找不到愿意出合理价格的买主，要把价格降到很低或者很长时间才能找到买主，那么，他不是遭受降价损失，就是丧失新的投资机会。

3.5.5 再投资风险

再投资风险是指债券持有者在持有期间收到的利息收入、到期时收到的本息、出售时得到的资本收益等，用于再投资所能实现的报酬。

3.5.6 经营风险

经营风险，是指发行债券的单位管理与决策人员在其经营管理过程中发生失误，导致资产减少而使债券投资者遭受损失。

3.6 债券投资的策略

债券投资策略可以分为消极型投资策略和积极型投资策略两种，每位投资者可以根据自己资金来源和用途来选择适合自己的投资策略。

3.6.1　消极型投资策略

消极型投资策略也叫保守型投资策略，是一种不依赖于市场变化而保持固定收益的投资方法，其目的在于获得稳定的债券利息收入和到期安全收回本金。

1. 购买并持有策略

购买并持有策略的步骤是：在对债券市场上所有的债券进行分析之后，根据自己的爱好和需要，买进能够满足自己要求的债券，并一直持有到到期兑付之日，在持有期间，并不进行任何买卖活动。这种投资策略的优点是收益固定、交易成本低；缺点是容易丧失提高收益率的机会、难以抵御通货膨胀的风险。

2. 梯形投资法

所谓梯形投资法，又称等期投资法，就是每隔一段时间（一般是一年），在国债发行市场认购一批相同期限的债券，每一段时间都如此，接连不断，这样，投资者在以后的每段时间都可以稳定地获得一笔本息收入。梯形投资法的优点在于投资者每年能够获得本金和利息，因而不至于产生很大的流动性问题，不至于急着卖出尚未到期的债券，从而不能保证收到约定的收益。同时，在市场利率发生变化时，梯形投资法下的投资组合的市场价值不会发生很大的变化，因此投资组合的投资收益率也不会发生很大的变化。此外，这种投资方法每年只进行一次交易，因而交易成本比较低。

例：Peter 在1992年6月购买了1992年发行的3年期的债券，在1993年3月购买了1993年发行的3年期的债券，在1994年4月购买1994年发行的3年期债券。这样，在1995年7月，Peter 就可以收到1992年发行的3年期债券的本息和，此时，Peter 又可以购买1995年发行的3年期国债，这样，他所持有的三种债券的到期期限又分别为1年、2年和3年。如此滚动下去，Peter 就可以每年得到投资本息和，从而既能够进行再投资，又可以满足流动性需要。只要 Peter 不停地用每年到期的债券的本息和购买新发行的3年期债券，则其债券组合的结构就与原来的相一致。

3. 三角投资法

所谓三角投资法，就是利用国债投资期限不同所获本息和也就不同的原理，使得在连续时段内进行的投资具有相同的到期时间，从而保证在到期时收到预定的本息和。这个本息和可能已被投资者计划用于某种特定的消费。三角投资法和梯形投资法的区别在于，虽然投资者都是在连续时期（年份）内进行投资，但是，这些在不同时期投资的债券的到期期限是相同的，而不是债券的期限相同。这种投资方法的特点是，在不同时期进行的国债投资的期限是递减的，因此被称作三角投资法。它的优点是能获得较固定收益，又能保证到期得到预期的资金以用于特定的目的

例：Peter 决定在2000年进行一次"千禧年"国际旅游，因此，他决定投资国债以便能够确保在千年之交得到旅游所需资金。这样，他可以在1994年

139

投资1994年发行的5年期债券，在1996年购买1996年发行的3年期债券，在1997年购买1997年发行的2年期债券。这些债券在到期时都能收到预定的本息和，并且都在1999年到期，从而能保证有足够资金来实现"千禧之梦"。

3.6.2 积极型投资策略

1. 利率预测策略

利率预测策略是指投资者通过主动预测市场利率的变化，采用抛售一种国债并购买另一种国债的方式来获得差价收益的投资方法。这种投资策略着眼于债券市场价格变化所带来的资本损益，其关键在于能够准确预测市场利率的变化方向及幅度，从而能准确预测出债券价格的变化方向和幅度，并充分利用市场价格变化来取得差价收益。这种方法要求投资者具有丰富的国债投资知识及市场操作经验，并且要支付相对比较多的交易成本。投资者追求高收益率的强烈欲望导致了利率预测法受到众多投资者的欢迎，同时，市场利率的频繁变动也为利率预测法提供了实践机会。

例： 上交所的9908券在2000年2月28日的收盘价为99.38元，计算得到其相应的到期收益率为3.55%。若2月29日市场利率下降到3.29%，则9908券的价格将上升到101.49元，上涨了2.11元；若2月29日市场利率上升到3.81%，则9908券的价格将下降到97.38元，下跌了2.2元。

2. 等级投资计划法

等级投资计划法，是投资计划法中最简单的一种，它由股票投资技巧而得来，方法是投资者事先按照一个固定的计算方法和公式计算出买入和卖出国债的价位，然后根据计算结果进行操作。其操作要领是"低进高出"，即在低价时买进，高价时卖出。只要国债价格处于不断波动中，投资者就必须严格按照事先拟订好的计划来进行国债买卖，而是否买卖国债则取决于国债市场的价格水平。具体地讲，当投资者选定一种国债作为投资对象后，就要确定国债变动的一定幅度作为等级，这个幅度可以是一个确定的百分比，也可以是一个确定的常数。每当国债价格下降一个等级时，就买入一定数量的国债；每当国债价格上升一个等级时，就卖出一定数量的国债。

例： Peter选择1992年国债作为投资对象（假设1992年国债期限为5年，利率为10.5%），确定每个等级国债价格变动幅度为2元，第一次购买100张面值为100元的国债，购进价为120元，那么每当国债价格变动到118, 120, 122, 124, 126元时，按照国债价格下降时买进、上升时抛出的原则进行操作。根据等级投资计划法，当国债价格下降到118元时，Peter再买进100张国债，当价格继续下降为116元时，Peter继续买进100张国债。但是，当国债价格回升为118元时，Peter就卖出100张国债，在价格继续回升到120元时，Peter就继续卖出100张国债。这样一个过程结束后，Peter最初投入12 000元购买100张国债，价格为120元，经过一段操作调整后，虽然国债价格最后还是120元，Peter仍持有100张，但他的投入成本已经不是12 000

元，而是11 600元了，也就是说，Peter 在这一过程中取得了 400 元的收益。等级投资计划法适用于国债价格不断波动的时期。由于国债最终还本付息，因此，其价格呈缓慢上升趋势。在运用等级投资法时，一定要注意国债价格的总体走势，并且，国债价格升降幅度即买卖等级的间隔要恰当。国债市场行情波动较大，买卖等级的间隔可以大一些；国债市场行情波动较小，买卖等级间隔就要小一些。如果买卖等级间隔过大，会使投资者丧失买进和卖出的良好时机，而过小又会使买卖差价太小，在考虑手续费因素后，投资者获利不大。同时，投资者还要根据资金实力和对风险的承受能力来确定买卖的批量。

3. 逐次等额买进摊平法

如果投资者对某种国债投资时，该国债价格具有较大的波动性，并且无法准确地预期其波动的各个转折点，投资者可以运用逐次等额买进摊平操作法。

逐次等额买进摊平法就是在确定投资于某种国债后，选择一个合适的投资时期，在这一段时期中定量定期地购买国债，不论这一时期该国债价格如何波动都持续地进行购买，这样可以使投资者的每百元平均成本低于平均价格。运用这种操作法，每次投资时，要严格控制所投入资金的数量，保证投资计划逐次等额进行。

例：Peter 选择1992年 5 年期国债为投资对象，在确定的投资时期中分 5 次购买，每次购入国债100 张，第 1 次购入时，国债价格为 120 元，Peter 购入 100 张；第 2 次购进时，国债价格为 125 元，Peter 又购入 100 张；第 3 次购入时，国债价格为 122 元，Peter 购入 100 张；第 4 次、第 5 次 Peter 的购入价格分别是 126 元、130 元。

到整个投资计划完成时，Peter 购买国债的平均成本为124.6元，而此时国债价格已涨至 130 元，这时如 Peter 抛出此批国债，将获得收益为：（130－124.6）×500＝2 700（元）。

因为国债具有长期投资价值，所以按照这一方法操作，可以稳妥地获取收益。

4. 金字塔式操作法

与逐次等额买进摊平法不同，金字塔式操作法实际是一种倍数买进摊平法。当投资者第 1 次买进国债后，发现价格下跌时可加倍买进，以后在国债价格下跌过程中，每一次购买数量比前一次增加一定比例，这样就成倍地加大了低价购入的国债占购入国债总数的比重，降低了平均总成本。由于这种买入方法呈正三角形趋势，形如金字塔形，所以称为金字塔式操作法。

例：Peter 最初以每张 120 元价格买入1992年 5 年期国债 100 张，投入资金 12 000 元；以后在国债价格下降到 118 元时，他投入 23 600 元，购买 200 张国债，当国债价格下降到 115 元时，他投入 34 500 元，购入 300 张国债，这样，他三次投入资金 70 100 元，买入 600 张国债，每张平均购入成本为 116.83 元，如果国债价格上涨，只要超过平均成本价，Peter 即可抛出获利。

在国债价格上升时运用金字塔式操作法买进国债，则需每次逐渐减少买进的数量，以保证最初按较低价买入的国债在购入国债总数中占有较大比重。

例：Peter 最初以每张 115 元的价格购入国债 300 张；以后在国债价格上升过程中，他按金字塔操作法进行投资，当国债上升到每张 118 元时，他购入 200 张，当国债价格上升到每张 120 元时，他购入 100 张，这样他投入资金 70 100 元，购入 600 张国债，平均成本为每张116.83元，如果国债价格不低于平均成本价，他就可以获益。

国债的卖出也同样可采用金字塔式操作法，在国债价格上涨后，每次加倍抛出手中的国债，随着国债价格的上升，卖出的国债数额越大，以保证高价卖出的国债在卖出国债总额中占较大比重而获得较大盈利。

运用金字塔式操作法买入国债，必须对资金作好安排，以避免最初投入资金过多，以后的投资无法加倍摊平。

（资料来源：http://www.southmoney.com/bond/bondknowledge/201 408/150 268. html）

小资料

债券价值的影响因素

债券内部因素对债券价值的影响

影响因素	变动方向	对债券价值的影响
票面利率	越高	内在价值越高
期限	越长	内在价值变化的可能性和幅度越大
税收待遇	税收越低	内在价值越大
流动性	越好	内在价值越大
发债主体信用	等级越高	内在价值越大
若可赎回	提前赎回可能性越高	内在价值越小

债券外部因素对债券价值的影响

影响因素	变动方向	对债券价值的影响
供求状况	供大于求	整体价值越低
基础利率	提高	整体价值降低
市场利率风险	越大	整体价值越低
通胀水平	越高	整体价值越低

（资料来源：百度文库）

任务4 证券投资基金

4.1 认识证券投资基金

4.1.1 什么是证券投资基金

证券投资基金是指通过公开发售基金份额募集资金，由基金托管人托管，由基金管理人管理和运用资金，为基金份额持有人的利益，以资产组合方式进行投资的一种利益共享、风险共担的集合投资方式。

4.1.2 证券投资基金的特点

（1）集合投资。基金是这样一种投资方式：它将零散的资金巧妙地汇集起来，交给专业机构投资于各种金融工具，以谋取资产的增值。基金对投资的最低限额要求不高，投资者可以根据自己的经济能力决定购买数量，因此，基金可以最广泛地吸收社会闲散资金，汇成规模巨大的投资资金，从而获得规模效益的好处。

（2）分散风险。在投资活动中，风险和收益总是并存的，"不能将所有的鸡蛋都放在一个篮子里"，这是证券投资的箴言。基金可以凭借其雄厚的资金，在法律规定的投资范围内进行科学的组合，分散投资于多种证券，达到分散投资风险的目的。

（3）专业理财。基金实行专家管理制度，这些专业管理人员都经过专门训练，具有丰富的证券投资和其他项目投资经验。他们善于利用基金与金融市场的密切联系，运用先进的技术手段分析各种信息资料，能对金融市场上各种品种的价格变动趋势作出比较正确的预测，最大限度地避免投资决策的失误，提高投资成功率。

4.2 证券投资基金的分类

4.2.1 按基金运作方式不同，基金可分为封闭式基金和开放式基金

封闭式基金是指经核准的基金份额总额在基金合同期限内固定不变，基金份额可以在依法设立的证券交易场所交易，但基金份额持有人不得申请赎回原基金。

开放式基金是指基金份额总额不固定，基金份额可以在基金合同约定的时间和场所申购或者赎回的基金。

4.2.2 按基金的投资标的划分，可分为债券基金、股票基金、货币市场基金、混合型基金等

（1）债券基金。债券基金以债券为主要投资对象，债券比例须在80%以上。风险高于货币市场基金，低于股票基金。由于债券的年利率固定，因而这类基金的风险较低，具有低风险和稳定收益的特征，适合风险承受能力较低的稳健型投资者的需要。

（2）股票基金。股票基金以股票为主要投资对象，股票比例须在60%以

143

上。股票基金的投资目标侧重于追求资本利得和长期资本增值。基金管理人拟定投资组合，将资金投放到一个或几个国家，甚至是全球的股票市场，以达到分散投资、降低风险的目的。股票基金是最受投资者喜爱的，其原因在于可以有不同的风险类型供选择，而且可以克服股票市场普遍存在的区域性投资限制的弱点。此外，还具有变现性强、流动性强等优点。

（3）货币市场基金。货币市场基金是以货币市场工具为投资对象的一种基金。货币市场基金通常被认为是无风险或低风险的投资。其投资对象一般期限在一年内，包括银行短期存款、国库券、公司债券、银行承兑票据及商业票据等。份额净值始终维持在一元，每天计算收益，一般以一万份基金份额当日获得的收益计算或是以最近七天的万份收益计算出来的年化收益率计算。具有低风险、低收益、高流动性、低费用等特征。通常，货币基金的收益会随着市场利率的涨跌而升降，与债券基金正好相反。货币市场基金有"准储蓄"之称，可作为银行存款的良好替代品和现金管理的工具，因此在理财规划中一般被作为预留现金储备的主要工具之一。

（4）混合型基金。混合型基金是指投资于股票、债券以及货币市场工具的基金，且不符合股票型基金和债券型基金的分类标准。根据股票、债券投资比例以及投资策略的不同，混合型基金又可以分为偏股型基金、偏债型基金、灵活配置型基金等多种类型。

4.2.3 按基金的募集方式划分，可分为公募基金和私募基金

（1）公募基金。公募基金是可以面向社会公众公开发售的基金。公募基金可以面向社会公众公开发售的基金份额和宣传推广，公募基金募集对象不固定；投资金额要求较低，适合中小投资者参与；基金必须遵守有关的法律法规，接受监管机构的监管并定期公开相关信息。

（2）私募基金。私募基金是向特定的投资者发售的基金。私募基金不得进行公开发售基金和宣传推广，只能采取非公开方式发行；基金份额的投资金额较高，风险较大，监管机构对投资者的资格和人数会加以限制；基金的投资范围较广，在基金运作和信息披露方面所受的限制和约束较少。

4.2.4 根据投资风险与收益的不同，可分为成长型基金、收入型基金和平衡型基金

成长型基金以追求资本增值为基本目标，主要以具有良好增长潜力的股票为投资对象；收入型基金以追求稳定的经常性收入为基本目标，主要以大盘蓝筹股、公司债、政府债券等稳定收益为投资对象；平衡型基金既注重资本增值又注重当期收入。

4.2.5 其他特殊类型

（1）指数基金。指数基金是指为了使投资者能获取与市场平均收益相接近的投资回报，产生了一种功能上近似或等于所编制的某种证券市场价格指数的基金。指数基金的投资非常分散，可以完全消除投资组合的非系统风险，指数基金可获得市场平均收益率，特别适用于数额较大，风险承受能力较低的投资者。

（2）ETF（交易型开放式指数基金）。交易型开放式指数基金属于开放式

基金的一种特殊类型，它综合了封闭式基金和开放式基金的优点，投资者既可以向基金管理公司申购或赎回基金份额，同时，又可以像封闭式基金一样在证券市场上按市场价格买卖 ETF 份额，申购赎回必须以一揽子股票换取基金份额或者以基金份额换回一揽子股票。

（3）LOF（上市型开放式基金）。英文全称是"Listed Open – Ended Fund"，称为"上市型开放式基金"，也就是上市型开放式基金发行结束后，投资者既可以在指定网点申购与赎回基金份额，也可以在交易所买卖该基金。不过投资者如果是在指定网点申购的基金份额，想要上网抛出，须办理一定的转托管手续；同样，如果是在交易所网上买进的基金份额，想要在指定网点赎回，也要办理一定的转托管手续。根据深圳证券交易所已经开通的基金场内申购赎回业务，在场内认购的 LOF 不需办理转托管手续，可直接抛出。

4.3　证券投资基金的投资原则

4.3.1　长期投资

开放式基金不同于股票，一般情况下不会在短时间内出现基金净值的大幅变化。而且，基金的申购和赎回费较高，如果盲目打"短线"，会增加操作成本，影响整体收益，所以买基金不可以急功近利，应该有"放长线钓大鱼"的投资心态。

4.3.2　优中选优

选择时既要看整个基金公司的信誉，也要观察单只基金的净值是否稳定增长，持股结构是否具备上涨潜力，普通投资者还可以参考晨星等专业基金媒体的基金推荐指数。

4.3.3　灵活搭配

根据自己的投资目标、风险承受能力、资金的流动性要求，作个性化的搭配。

小资料

基金投资：76 年 4803 倍，每年 63 倍

普通的美国人山姆出生于 1926 年，由于山姆的出生，家里的开销增加，山姆的父母决定把本来用于买车的 800 美元拿去做投资，以应付山姆长大以后的各种费用。

因为他们没有专业的投资知识和手段，也不知道如何选择股票，所以他们选了一种相对稳妥的投资品种——美国中小企业发展指数基金。和许多中小投资者一样，他们并没有把这个数额不大的投资太当回事，也并不怎么放在心上，慢慢就把这事给忘了，直到过世时才把这部分权益转给了山姆。

2002 年，山姆在自己 76 岁生日那天，清理自己的东西时，偶然翻出了 70 多年前的基金权利凭证，于是给该基金代理人打了个电话询问现在的账户余额。听完电话那头的结果，他又给自己的儿子打了个电话。山姆只对儿子说了一句话："我们现在是百万富翁了。"因为山姆的账户上有了 3 842 400 美元！要知道，在这 76 年间，美国遭遇了 1929 年的股市大崩溃、20 世纪 30 年代初的经济大萧条、40 年代的第二次世界大战、50 年代的人口爆炸、60 年代的越南战争、70 年代的石油危机、21 世纪初的"9·11"恐怖袭击事件等让众多投资者倾家荡产、血本无归的种种危机，但山姆却在不经意间因长期投资，收益惊人！76 年 4803 倍，平均每年 63 倍。

（资料来源：百度文库）

4.4　证券投资基金的选择

基于以上的原则，在选择基金时，应该考虑以下几个因素。

4.4.1　选择与自己风险承受能力相匹配的基金

基金类型众多，风险收益特征有所不同，投资者不仅要关注基金的收益和基金承担的风险，更要关注自身的风险承受能力，投资者应选择与自己风险承受能力相匹配的基金，如果投资者是稳健型的，便应该考虑投资一些风险较低及价格较为稳定的稳健型基金。如果投资者是风险偏好型的，希望赚取较高回报，可以投资一些较高风险的进取型基金。

4.4.2　选择优秀基金公司的产品

讲诚信、运作规范、投研实力强大的基金公司毫无疑问在研究支持、后台保障、投资决策能力等方面具备一定的优势，这也为旗下的基金取得好业绩打下坚实基础。因此，投资基金是应该选择优秀基金公司的产品。

4.4.3　选择长期业绩稳定而优良的基金

一般情况下，由于没有历史业绩作为考量，投资者在选择新基金时需谨慎，尤其不要随波逐流，在对基金的基本信息都不了解的情况去疯狂认购新基金。那些长期业绩稳定而优良的基金应该是投资者关注的重点，哪怕是短期的业绩不尽人意。

4.4.4　选择从业经历丰富、投资能力突出的基金经理管理的基金

基金经理是基金投资中的核心，基金的业绩在很大程度上要依靠基金经理的投资能力，因此投资者应该关注那些从业经历较为丰富、历史业绩优良、在择时选股等方面投资能力突出的基金经理管理的基金。

4.4.5　选择好入市时机

根据经济发展周期判断买入时点。我们常说，股市是经济的晴雨表，如果股票市场是有效的，股市表现的好坏大致反映了经济发展的景气状况。经济发展具有周期性循环的特征，一个经济周期包括衰退、复苏、扩张、过热几个阶段。一般来说，在经济周期衰退至谷底到逐渐复苏再到有所扩展的阶段，投资股票型基金最为合适。当明确认为经济处于景气的顶峰阶段时，应该提高债券基金、货币基金等低风险基金的比重。当经济发展速度逐渐下降的时候，要逐步获利了结，转换成稳健收益类的基金产品。此外，还可根据基金的募集热度来判断买入时机，投资者狂热时，市场可能会距离高点不远了；相反，市场冷清时可能是要反弹了。

课堂笔记

4.5　证券投资基金的投资策略

4.5.1　固定比例的投资策略

即将一笔资金按固定的比例分散投资于不同种类的基金上。当某类基金因净值变动而使投资比例发生变化时，就卖出或买进这种基金，从而保证投资比例能够维持原有的固定比例。这样不仅可以分散投资成本，抵御投资风险，还能见好就收，不至于因某只基金表现欠佳或过度奢望价格会进一步上升而使到手的收益成为泡影，或使投资额大幅度上升。

4.5.2　适时进出的投资策略

即投资者完全依据市场行情的变化来买卖基金。通常，采用这种方法的投资人，大多是具有一定投资经验，对市场行情变化较有把握，且投资的风险承担能力也较高的投资者。毕竟，要准确地预测股市每一波的高低点并不容易，就算已经掌握了市场趋势，也要耐得住短期市场可能会有的起伏。

4.5.3　顺势操作的投资策略

又称"更换操作"策略。这种策略是基于以下假定：每种基金的价格都有升有降，并随市场状况而变化。投资者在市场上应顺势追逐强势基金，抛掉业绩表现不佳的弱势基金。这种策略在多头市场上比较管用，在空头市场上不一定行得通。

4.5.4　定期定额购入的投资策略

简称为基金定投，就是不论行情如何，每月（或定期）投资固定的金额于固定的基金上。当市场上涨，基金的净值高，买到的单位数较少；当市场下跌，基金的净值低，买到的单位数较多。如此长期下来，所购买基金单位的平均成本将较平均市价为低，即所谓的平均成本法。平均成本法的功能之所以能够发挥，主要是因为当股市下跌时，投资人亦被动地去投资购买了较多的单位数股票。只要投资者相信股市长期的表现应该是上升趋势，在股市低档时买进的低成本股票，一定会带来丰厚的获利。这是理财规划师最青睐的一种基金投资方式。在下一节我们将做进一步的介绍。

4.6　基金定投

4.6.1　认识基金定投

所谓基金定投，是定期定额投资的简称，是指在固定的时间（如每月8日）以固定的金额（如500元）投资到指定的开放式基金中，类似于银行的零存整取方式。基金定投有"懒人理财"之称，缘于华尔街流传的一句话："要在市场中准确地踩点入市，比在空中接住一把正在落下的飞刀更难。"其特点有：

（1）平均成本、分散风险。普通投资者很难适时掌握投资时点，常常可能是在市场高点买入，在市场低点卖出，而采用基金定投方式，不论市场行情如何波动，每个月固定一天定额投资基金，由银行自动扣款，自动依基金净值计算可买到的基金份额数。这样投资者购买基金的资金是按期投入的，投资的成本也比较平均。

[例] 若投资者每隔两个月投资 100 元于某一只开放式基金，1 年下来共投资 6 次总金额为 600 元，每次投资时基金的申购价格分别为 1 元、0.95 元、0.90 元、0.92 元、1.05 元和 1.1 元，则您每次可购得的份额数分别为 100 份、105.3 份、111.1 份、108.7 份、95.2 份和 90.9 份，累计份额数为 611.2 份，则平均成本为 600÷611.2＝0.982 元，而投资报酬率则为（1.1×611.2－600）÷600×100%＝12.05%，比起一开始即以 1 元的申购价格投资 600 元的投资报酬率 10% 为佳。

（2）适合长期投资。由于定期定额是分批进场投资，当股市在盘整或是下跌的时候，由于定期定额是分批承接，因此反而可以越买越便宜，股市回升后的投资报酬率也胜过单笔投资。对于中国股市而言，长期看应是震荡上升的趋势，因此定期定额非常适合长期投资理财计划。

（3）复利效果，长期可观。"定投计划"收益为复利效应，本金所产生的利息加入本金继续衍生收益，通过"利滚利"的效果，随着时间的推移，复利效果越明显。定投的复利效果需要较长时间才能充分展现，因此不宜因市场短线波动而随便终止。只要长线前景看好，市场短期下跌反而是累积更多便宜单位数的时机，一旦市场反弹，长期累积的单位数就可以一次获利。

（4）自动扣款，手续简单。定期定额投资基金只需投资者去基金代销机构办理一次性的手续，此后每期的扣款申购均自动进行，一般以月为单位，但是也有以半月、季度等其它时间限期作为定期的单位。相比而言，如果自己去购买基金，就需要投资者每次都亲自到代销机构办理手续。因此基金定投也被称为"懒人理财术"，充分体现了其便利的特点。

4.6.2　基金定投适合人群

（1）年轻的月光族。由于基金定投具备投资和储蓄两大功能，可以在发工资后留下日常生活费，部分剩余资金做定投，以"强迫"自己进行储蓄，培养良好的理财习惯。

（2）领固定薪水的上班族。大部分的上班族薪资所得在应付日常生活开销后，结余金额往往不多，小额的定期定额投资方式最为适合，而且由于上班族大多并不具备较高的投资水平，无法准确判断进出场的时机，所以通过基金定投这种工具，可稳步实现资产增值。

（3）在未来某一时点有特殊（或较大）资金需求的。例如三年后须付购房首付款、二十年后子女出国的留学基金，乃至于三十年后自己的退休养老基金等等。在已知未来将有大额资金需求时，提早以定期小额投资方式来筹集，不但不会造成自己日常经济上的负担，更能让每月的小钱在未来轻松演变成大钱。

（4）不喜欢承担过大投资风险者。由于定期定额投资有投资成本加权平均的优点，能有效降低整体投资成本，使得价格波动的风险下降，进而稳步获利，是长期投资者对市场长期看好的最佳选择工具。

4.6.3　基金定投注意事项

1. 基金定投适合什么样的人群

前已述及，基金定投适合年轻的月光族、领固定薪水的上班族、在未来某一时点有特殊（或较大）资金需求的、不喜欢承担过大投资风险者等人群。

2. 选择合适的时机

基金固然是小额投资人参与股市获利成长的最佳方式，但不是每只基金都适合定期定额投资，选对投资目标才能创造优异的回报。债券型基金等固定收益工具不太适合用定期定额的方式投资，建议定期定额首先考虑股票型基金。定期定额投资时要选择在上升趋势的市场；超跌但前景不错的市场最适合开始定期定额投资；投入景气循环向上、现阶段在底部盘整的市场，避免追高，是创造获利与本金安全的不二法则。因此长线前景看好、短期处于空头行情的市场最值得开始定期定额投资。

3. 选择合适的基金

选择波动较大还是较平稳的基金是定期定额投资时必须考虑的问题。波动较大的基金比较有机会在净值下跌的阶段累积较多低成本的份数，待市场反弹可以很快获利。不过如果在高点开始扣款，赎回时不幸碰上低点，那么即使定期定额分散进场风险也无法提高获利。

业绩平稳的基金波动小，一般不会碰到赎在低点的问题，但是相对平均成本也不会降得太多，获利也相对有限。

其实定期定额长期投资分散了股市多空、基金净值起伏的短期风险，只要能坚守长期扣款原则，选择波动幅度较大的基金其实较能提高获利，而且风险较高基金的长期报酬率，应该胜过风险较低的基金，因此如果较长期的理财目标如五年以上至十年、二十年，不妨选择波动较大的基金，而如果是五年内的目标，还是选绩效较平稳的基金为宜。

4. 定投金额如何确定

因人而异，根据具体情况判断。一般情况下，每月发放工资除掉必要的开支后，剩余的资金可拿出 40%~60% 来做基金定投，毕竟基金定投属于长期投资，需要考虑和照顾到今后收支情况！

5. 评估赎回时点很重要

定期定额投资基金时确定赎回时点很重要。如果正好碰上市场重挫、基金净值大跌，那么之前耐心累积的效果将大打折扣。

所以定期定额投资应妥善规划，像累积退休基金这种长期资金，在退休年龄将届的前三年就应该开始注意赎回时机，而且即使只在投资期间的一半，还是要注意根据市场的成长状况来调整。例如原本计划投资五年，扣款三年后市场已在高位，且行情将进入另一个空头循环，则最好先获利了结，以免面临资金需求时，正好碰到市场空头的谷底期。

获利了结则可善用部分赎回，及适时转换。开始定期定额后，如果临时必须解约兑现，或市场在高位，又无法判断后续走势，您不必一次赎回全部的单位数，可以赎回部分单位取得资金，其他单位可以继续保留等到趋势明朗再决定。如果市场趋势改变，可转换到另一个在上升趋势的市场继续定期定额投资。一旦开始定期定额投资适当的基金，就不必在意短期涨跌。

课堂笔记

149

小资料

基金经理安东尼·波顿投资心得：独立性让我赚147倍

如何能让1979年的10万元，到2007年变成1 470万元？方法有很多种。其中之一就是购买一只基金，并一直持有。

素有"欧洲的彼得·林奇"之称的波顿，是富达国际有限公司（Fidelity International Limited）的董事总经理兼高级投资经理，其管理的富达特殊情况基金（Fidelity Special Situations fund）在近30年间平均年回报率高达20.3%，远远高出同时期英国基准股指7.7%的增长，这个成绩在任何信托基金，或者开放式投资公司的排行榜上，都保持着最佳纪录。

波顿的投资心得大致如下：

1. 明确投资主题：你投资的每只股票都需要有一个投资主题。你应该能用几句话来描述为什么会买某只股票，而且这些描述应该是连十几岁的小孩也能听明白。定期检查你的投资主题，如果发现它不再有效，即使是赔本也要卖出。尽量忘掉你买这些股票的价格，该卖出就要卖出。

2. 市场情绪：市场情绪和基本面一样重要，尤其是在短期投资中。过分乐观的情绪预示着风险，而过分悲观的情绪则预示着机遇。成功的投资应该是在站稳自己立场的同时，也兼听市场的声音。

3. 对股价历史走势进行技术分析：我买股票首先要看的就是股价走势图，通常是3到5年的股价走势。

4. 了解财务状况：总是阅读该公司第一手的公告或信息披露，而不是仅从券商那里或者报纸上获取相关信息的摘要，因为细心的阅读往往会发现隐藏的信息。一定要看懂公司的资产负债表。

5. 公司并购前景：购买有并购概念的公司的股票。股东名单中常常包含潜在收购人的信息，大公司通常不容易被收购。

（资料来源：http://finance.sina.com.cn/stock/t/20 081 226/19 505 691 152.shtml）

任务5 其他证券投资

在本任务中，我们简单了解其他几种比较常见的证券投资产品。

5.1 期货投资

5.1.1 期货与期货投资

（1）期货是指与现货完全不同，以某种大宗产品如棉花、大豆、石油等及金融资产如股票、债券等为标的标准化可交易合约。

期货一般分为商品期货和金融期货。其中商品期货又分工业品期货（可细分为金属商品（贵金属与非贵金属商品、能源商品）、农产品期货、其他商品期货等；金融期货主要包括股指期货、利率期货、汇率期货等。

（2）期货投资是指通过在期货交易所买卖标准化的期货合约而进行的一

种有组织的交易方式。期货交易的对象并不是商品本身，而是商品的标准化合约。

5.1.2　期货投资的特点

1. 高杠杆和高风险

期货交易无需支付全部资金，只需交纳5%~15%的履约保证金就可控制100%的虚拟资金。原本行情和盈利被以十余倍放大，达到以小博大的效果，但也就意味着亏损也会被以十余倍放大，因此期货投资存在高风险。

2. 双向性

期货交易与股市的一个最大区别就期货可以双向交易，期货可以买多也可卖空。价格上涨时可以低买高卖，价格下跌时可以高卖低平。做多可以赚钱，而做空也可以赚钱，所以说期货无熊市。在熊市中，股市会萧条而期货市场却风光依旧，机会依然。

3. 随时平仓

期货交易实行"T+0"的交易制度，在把握趋势后，可以随时交易，随时平仓。

4. 交易效率高

期货交易通过公开竞价的方式使交易者在平等的条件下公平竞争。同时，期货交易有固定的场所、程序和规则，运作高效。

5.1.3　期货投资的误区

1. 满仓操作

由于期货交易采用保证金交易，具有放大效应，有些投资者误认为满仓操作可以赚大钱。殊不知，若投资者在市场上能开多少仓就开多少仓，不留余地，那么当行情反向变动，导致可用资金出现负数时，保证金杠杆效应同样使得亏损也放大了。特别在行情剧烈波动时，投资者可能在盘中就会出现很大的亏损，造成保证金不足，而被要求追加保证金或被强行平仓；另外，由于期货交易实行当日无负债结算制度，如果当日结算后，投资者可用资金是负数，且不能在规定时间内补足，那么在第二天上午将会被部分强行平仓或者全部强行平仓，影响到第二天的持仓盈利情况，甚至可能使投资者无法继续开新仓参与交易。

2. 逆势开仓

当市场的趋势已经确立是下跌或上涨时，此时逆市场趋势反向开仓，亏损将会是极大概率的事件。因此要保证在期货交易中不被市场消灭，最好的操作方式就是"顺势而为"。

3. 持仓综合症

很多投资者误认为期货亏损不要紧，"捂着"总有一天能"解套"，殊不知，期货交易实行当日无负债结算制度，也称逐日盯市制度，即当日交易结束后，每一个投资者的盈亏、交易手续费、交易保证金等都要进行结算。当日结算后，投资者保证金余额低于规定水平时，将被通知要求及时追加保证金，否则将面临被强行平仓乃至爆仓的巨大风险。假如这样，不但"捂不住"，更谈不上有一天能"解套"了。

4. 不设止损

入市时设定止损，可以为投资者遇到"逆境"时锁定亏损额度。保护性止损是一种良好的资金管理工具。不设止损只能将风险无限放大，而期货交易采用保证金交易，具有放大效应，不设止损容易让你短时间内就血本无归。

5. 死不认输

当出现亏损时，没有严格止损认输，总存在侥幸心理，甚至还不断加仓以求摊低成本，这样亏损就容易进一步扩大，造成保证金不足而被强行平仓。

小资料

期货投资成功者的必备素质

期货史上的成功者，无论是威廉·江恩、巴菲特，还是道琼斯工业股指的创始人查尔斯·道，他们都有十分过硬的心理素质并能理性地思考。道氏认为："在市场中，人们每天对于诸如财经政策、扩容、领导人讲话、机构违规、创业板等层出不尽的题材不断加以评估和判断，并不断将自己的心理因素反映到市场的决策中。因此，对大多数人来说市场总是看起来难以把握和理解。"而巴菲特也曾说过："要利用市场的愚蠢，进行有规律的投资。"

综合西方的一些成功的投资大师的经验，要想成为一个成功的期货投资人，应该具备三种重要素质：

第一，良好的悟性——认识市场。

期货市场走势变幻莫测，没有人会给你提供一套有效的分析方法，一切都只能靠自己摸索总结。没有良好的悟性，很难对市场的内在规律有一个较为客观全面的认识，又谈何总结一套独特的行之有效的分析方法呢？

第二，良好的心态即平常心——了解自己。

"胜不骄，败不馁"，成功的交易者无论发生任何情况，都应该保持清醒的头脑，以求对市场保持着客观的认识，能一如既往地严格执行自己的交易计划。一个成功的交易者能轻轻松松地交易，且享受到交易的乐趣，赚钱仅仅是愉快交易的副产品而已。

第三，严格自律是协调自己与市场的纽带。

期货市场时时刻刻充满着各种各样的诱惑，人性也有各种各样的弱点，只有具备严格的自律精神，才能抵挡市场的诱惑，才能克服人性的弱点。华尔街著名投资人丹尼尔斯有句话说得很好，"计划你的交易，交易你的计划"。很多投资者交易失败的重要原因不是分析的错误，而是他的交易没有计划，或者有计划但没能自始至终地严格执行。

（资料来源：百度文库）

5.2 期权投资

期权也是一种金融衍生产品，我们只简单介绍其含义、分类和作用。

5.2.1 什么是期权

期权又称为选择权，是在期货的基础上产生的一种衍生性金融工具。指在未来一定时期可以买卖的权利,是买方向卖方支付一定数量的金额(指权利金或期权费)后拥有的在未来一段时间内或未来某一特定日期以事先规定好的价格向卖方购买或出售一定数量的特定标的物的权利,但不负有必须买进或卖出的义务。

从其本质上讲,期权实质上是在金融领域中将权利进行定价,使得权利的受让人在规定时间内对于是否进行交易,行使其权利,而义务方必须履行。在期权的交易时,购买期权的一方称作买方,而出售期权的一方则叫做卖方;买方即是权利的受让人,而卖方则是必须履行买方行使权利的义务人。

5.2.2 期权的分类

按期权的权利划分,有看涨期权和看跌期权两种类型。

(1)看涨期权。是指期权的买方向期权的卖方支付一定数额的权利金后,即拥有在期权合约的有效期内,按事先约定的价格向期权卖方买入一定数量的期权合约规定的特定商品的权利,但不负有必须买进的义务。而期权卖方有义务在期权规定的有效期内,应期权买方的要求,以期权合约事先规定的价格卖出期权合约规定的特定商品。

(2)看跌期权。是指按事先约定的价格向期权卖方卖出一定数量的期权合约规定的特定商品的权利,但不负有必须卖出的义务。而期权卖方有义务在期权规定的有效期内,应期权买方的要求,以期权合约事先规定的价格买入期权合约规定的特定商品。

5.2.3 期权的作用

期权和期货作为衍生工具,都有风险管理、资产配置和价格发现等功能。但是相比期货等其他衍生工具,期权在风险管理、风险度量等方面又有其独特的功能和作用,是适应国际上金融机构和企业等控制风险、锁定成本的需要而出现的一种重要的避险衍生工具,1997年诺贝尔经济学奖授给了期权定价公式的发明人斯科尔斯,这也说明国际经济学界对于期权研究的重视。

5.3 外汇投资

5.3.1 什么是外汇

外汇是指一国拥有的一切以外币表示的资产,是货币在各国间的流动以及把一个国家的货币兑换成另一个国家的货币,借以清偿国际间债权、债务关系的一种专门性的经营活动。实际上就是货币行政当局(中央银行、货币管理机构、外汇平准基金及财政部)以银行存款、财政部库券、长短期政府债券等形式所保有的在国际收支逆差时可以使用的债权。

通俗地讲,外汇就是以外国货币表示的,为各国普遍接受的,可用于国际间债权债务结算的各种支付手段。

外汇投资是指投资者为了获取投资收益而进行的不同货币之间的兑换行为。

5.3.2 外汇投资策略

1.普通外汇投资

(1)外币储蓄。这是目前投资者最普遍选择的方式。它风险低,收益稳定，具有一定的流动性和收益性。而它与人民币储蓄不同，由于外汇之间可以自由兑换，不同的外币储蓄利率不一样，汇率又时刻在变化，所以有选择哪种外币进行储蓄的优势。

（2）外汇理财产品。相对国际市场利率，国内的美元存款利率仍然很低，但外汇理财产品的收益率能随国际市场利率的上升而稳定上升。如今国内很多外汇理财产品大都期限较短，又能保持较高的收益率，投资者在稳定获利的同时还能保持资金一定的流动性。许多银行都推出了类似的产品，投资者可以根据自己的偏好选择，不需要外汇专家的帮助。

（3）期权型存款（含与汇率挂钩的外币存款）。期权型存款的年收益率通常能达到 10% 左右，如果对汇率变化趋势的判断基本准确，操作时机恰当，是一种期限短、收益高且风险有限的理想外汇投资方式，但需要外汇专家帮助理财。目前已有一些外资银行推出这类业务。

以上几种投资方式适合追求本金安全、只赚取息差的普通投资者。

（4）外汇汇率投资。汇率上下波动均可获利，手中拥有外汇的人士可以考虑参与外汇汇率投资交易获利，但一些在境外拥有外汇账户的人在外汇汇率投资时，很需要外汇专家帮助理财。

2. 外汇实盘交易

通过不同币种之间买卖转换，从汇率的涨跌中收益，也是外汇投资的常用手段。投资者可以通过交易软件、电话银行以及柜台等方式，进行实盘港币、澳元、美元、欧元、加元、英镑、日元、新加坡元、瑞士法郎等不同币种之间的转换。

外汇市场 24 小时均可交易，外汇实盘交易采取保证金交易和"T+0"交易制度，交易完成，电脑即完成资金交割。外汇实盘风险较大，本金及收益均可能受损，可以考虑设置合理的止盈点、止损点。

3. 购买外汇期权

这是风险系数相对较高的一种外汇交易方式，适合具有较高风险承受能力且外汇交易经验丰富的投资者。因为投资者可能遭受较大风险，即损失期权费。

在这类交易中，投资者购买的不再是外币，而是一种"权利"，可以在未来某个时间点，以约定价格买进或卖出约定数量的外汇资产。通过这种交易方式，投资者能有效对冲汇率波动实现保值，还能够利用期权价格波动获得投资收益。比如，某投资者手中持有的是英镑，而 3 个月后需要使用的是美元，此时仅需购买美元的看涨或看跌期权，并持有至执行日就可以实现保值。

外汇期权自身还具有套利功能。期权本身的价值会随着汇率的波动上下浮动。当汇率有利于投资者时，期权的价格上涨，投资者可以在到期前出售期权，提前获得投资收益。

对于具有较高风险承受能力并拥有较丰富外汇交易经验的投资者，购买外汇期权会是比较好的选择。对于投资者来说，在参与外汇期权投资前需要经过风险评估调查，确定自己真实的风险承受能力。

任务 6 证券投资规划

6.1 什么是证券投资规划

证券投资规划是在了解和分析投资者财务状况的基础上，根据投资者的理财目标和风险承受能力，制定合理的资产配置方案，通过证券投资组合来实现理财目标的过程。

作为理财规划的一个重要组成部分，证券投资规划是实现其理财目标的重要手段。没有通过投资实现资产增值，个人可能没有足够的财务资源来完成购房、养老等生活目标，因此，证券投资规划对于整个理财规划有重要的基础性作用。

6.2 证券投资规划的步骤

6.2.1 认识证券投资风险

证券投资风险是指未来证券投资收益的不确定性，在投资中可能会遭受收益损失甚至本金损失的风险。投资时，首先要想到风险，应该合理地管理和规避风险，然后才能获利。

6.2.2 测量投资者风险承受能力

投资者通常要面临投资风险，投资者能承受多大的风险，是投资过程中需要考虑的关键问题。投资者的风险承受能力可以通过量化打分和标准化问卷方式测量。一般的风险偏好测试可分为几个类型。①非常保守型投资者：不愿意承担风险，一般只追求固定的收益。②温和保守型投资者：在风险和收益的天平之间，态度鲜明地维护"低风险"乃是投资第一要义。③稳健型投资者：对投资的风险和回报都有深刻的了解，更愿意用最小的风险来获得确定的投资收益。风险偏好较低，稳健是一贯的风格。④温和进取型投资者：风险偏好较高，但是还没有达到热爱风险的地步，对投资的期望用适度的风险换取合理的回报。⑤非常进取型投资者：明白高风险高回报、低风险低回报的投资定律。可能还年轻，对未来的收入充分乐观。在对待风险的问题上，属于风险偏好型。

6.2.3 评估并选择证券投资工具

证券投资工具主要是评估每个证券投资品种收益和风险之间的关系。投资工具的选择应该与投资目标一致，并应考虑投资收益、风险和价值的平衡。

6.2.4 进行资产配置

依据投资者风险承受能力测量，可以判断出投资者类型。投资者分为非常进取型、温和进取型、稳健型、温和保守型、非常保守型五种，不同类型投资者适合的资产配置方案不同。

6.2.5 编制证券投资规划

证券投资规划的具体方案应包括：确定可以用来投资的资产，建立投资目标, 定制投资计划, 评估并选择合适的证券投资工具, 构建分散化的证券投资组合并进行管理。

6.3 如何编制证券投资规划

6.3.1 确定可用来投资的资产

首先将现有资产负债进行清理调整, 预留供衣食住行、娱乐及医疗等基本生活开支需要, 并通过开源节流增收节支, 增加可用于投资的资产。

6.3.2 建立投资目标

投资目标要建立在切实可行的基础上, 根据不同人生阶段的财务状况、风险承受能力, 设定适合的投资目标, 可参照表6-1。

表 6-1　　　　　　　　　　　不同人生阶段的证券投资策略

人生阶段	财务状况	风险承受	理财目标	投资建议
单身期	收入相对固定但收入水平较低, 支出相对较多	处于人生的起步并上升阶段, 不怕失败而风险承受能力强	期望高收益, 为今后建立自己的家庭生活积累并积极创造财富	期货和期权等金融衍生品5%; 股票和成长型基金75%; 债券、货币市场基金、债券型基金20%
家庭与事业形成期	家庭收入趋于稳定, 收入水平增长明显	投资风险承受力较强, 期望在获得较高的收益的同时能够保证部分资金的稳定收益	购置家庭大件物品(如房屋等)、子女教育基金	股票和成长型基金60%; 债券和债券型基金35%; 保障型投资5%
家庭与事业成长期	资产进入高速增长期, 但支出亦进入高峰期, 如子女教育、赡养父母	能够承受高风险, 但与此同时稳定收益的重要性开始显现	保障子女教育支出的大幅增加和父母赡养费用, 并开始规划自己的养老财富积累	股票和混合型基金45%; 债券和债券型基金45%; 保障型投资10%
退休前期	收入进入高峰后出现拐点, 但一些相应的支出也慢慢减少(如房贷接近尾声, 子女参加工作)	风险承受逐渐减弱, 稳定性的收益和养老问题日益重要	养老金的储备和重大疾病和意外等支出	混合型和红利型基金35%; 债券和债券型基金50%; 保障型投资15%

续表6-1

人生阶段	财务状况	风险承受	理财目标	投资建议
退休期	收入趋于下降	具备了很好的个人财务基础，风险承受能力开始急剧减弱	理财收益的稳定性放在首位，更多为以后生活考虑	混合型和红利型基金25%；债券和债券型基金55%；保障型投资20%

6.3.3 制定投资计划

在设定具体合适投资目标的基础上，可以初步拟订投资计划书，内容包括投资目标、目标金额、实现时间等。

6.3.4 选择合适的证券投资工具

要评估每个投资工具的收益和风险之间的关系。选择收集进一步的投资信息，选取与投资目标相一致的投资工具。最好的投资工具未必是收益最大的工具，其他的因素如风险和税负的考量可能影响更大。仔细挑选投资工具是投资成功的关键所在。投资工具的选择应该与投资目标一致，并应考虑投资收益、风险和价值的平衡。

6.3.5 构建科学的投资组合

通过构建科学的投资组合，有效降低投资的风险，增加投资收益，达到资产保值增值的实际效果。

6.3.6 投资组合的管理

投资组合确立后，应及时跟踪投资组合的收益，不断比较投资目标与实际投资收益的差距，及时作出调整，实现投资目标。

案 例

● 基本情况

骆先生，年薪4万元，女朋友在一家公司担任文职，年薪5万元左右。两人月工资共计6 000元左右，年底会有20 000元左右的奖金。目前没有存款或其他投资，只有每个月500元的基金定投，已持续4个月。

两人单位有交社保，但是没有住房公积金。目前骆先生和女友房租1 500元/月，平时花费没有节制，到了月底都会比较拮据，存不下什么钱，算是准"月光族"。

● 理财需求

骆先生打算明年结婚，想存一笔钱下来，暂时不买房，婚后还是想要租房子住。

● 理财分析

由于骆先生及女友正处于理财生命周期的财富积累发展时期，明年结婚、租房等费用都需要一定的资金支持，目前没有资产，负担压力较重。

骆先生家庭收入来源主要为工薪收入，财产性收入较低，不利于应对当工作出现不稳定时可能发生的风险。目前骆先生无负债，无金融资产，除每月基金定投储蓄500元之外，无储蓄，每月无可供支配的资金。投资理财意识较弱。

课堂笔记

● 投资规划建议

1. 基金定投，基金定投方式可有效帮助投资人养成计划储蓄和投资的习惯，积少成多，累积财富。定期定额投资计划有强制投资的效果，对于工薪阶层来说，每个月从工资和奖金中保留一定比例的资金，日积月累投入到基金产品中，追求更高的收益，这一投资方式特别适合刚工作不久、没有太多积蓄的年轻人。如果采用这一投资方式，将发薪日设为自动扣款日，强制投资，约束过去的"月光族"的生活，妥善安排支出，确定长期理财目标，久而久之形成长期理财的好习惯，小钱也能积累成大财富。因此骆先生和女友可每月再增加500元购买定投基金，将发薪日设为自动扣款日，强制储蓄，积累财富。

2. 年底20 000元左右的奖金可投资货币型基金或保本型基金，货币市场基金通常被认为是无风险或低风险的投资，其年化收益率是活期储蓄的5~15倍，赎回取现也比较灵活。保本型基金在保证本金的基础上尽可能去获取收益。这样骆先生可以将奖金的本金和收益作为结婚的资金。

小　结

本项目分为六个任务：任务一主要介绍了证券投资的含义和投资的原则。任务二介绍了股票的概念、特征和分类，并进一步介绍股票投资的原则、影响因素和投资策略。任务三介绍债券的概念、特征和分类，并进一步介绍债券投资的原则、影响因素和投资策略。任务四介绍了基金的概念、特征和分类，并进一步介绍基金的投资策略。任务五简要介绍了期货、外汇等投资策略。任务六结合实际案例对如何编制投资规划的流程进行了分析。本项目要求学习者能够运用各种投资规划工具，为客户制定一个合适的投资规划方案。

能力训练

◎ **知识训练**

一、判断题

1. 收益与风险组合原则是：在风险一定的前提下，尽可能使收益最小化；或收益一定的前提下，风险最大化。　　　　　　　　　　　　　（　　）

2. 系统性风险是指可以分散的风险。　　　　　　　　　　　（　　）

3. 债券票面利率越高，债券收益越大。　　　　　　　　　　（　　）

4. 期货投资满仓操作没有被强行平仓的风险。　　　　　　　（　　）

5. 封闭式基金可以在交易所交易。　　　　　　　　　　　　（　　）

6. 债券是一种由股东向公司出具的，在约定时间承担还本付息义务的书面凭证。　　　　　　　　　　　　　　　　　　　　　　　　　　（　　）

7. 证券投资基金是一种利益共享、风险共担的集合证券投资方式。
　　　　　　　　　　　　　　　　　　　　　　　　　　　　　（　　）

8. 债券的性质是所有权凭证，反映了筹资者和投资者之间的债权债务关系。
　　　　　　　　　　　　　　　　　　　　　　　　　　　　　（　　）

9. 投资基金可以分散投资，甚至完全消除风险。　　　　　　　(　　)

10. 金融衍生产品如股指期货等的主要功能是风险管理，所以其自身的风险是较低的。　　　　　　　　　　　　　　　　　　　　　　(　　)

二、单项选择题

1. 证券投资基金反映的是投资者和基金管理人之间的一种(　　)关系。

A. 债权关系　　　　　　　　　B. 所有权关系

C. 综合权利关系　　　　　　　D. 委托代理关系

2. 关于定期定额投资基金，说法正确的是(　　)。

A. 定期定额投资基金是基金的一种

B. 定期定额投资基金中途不可以解约

C. 定期定额投资基金不是一种基金，而是一种投资方式

D. 以上都不正确

3. 投资风险中，非系统风险的特征是(　　)。

A. 通过投资组合可以分散　　　B. 不能消除，只能回避

C. 不能通过分散投资来消除　　D. 平均影响各个投资者

4. 进行股票投资 K 线图分析时，若收盘价高于开盘价时，则开盘价在下收盘价在上，二者之间的长方柱用红色或空心绘出，称之为(　　)。

A. 阳线　　　　　　　　　　　B. 阴线

C. 上影线　　　　　　　　　　D. 下影线

5. 封闭式投资基金和开放式投资基金是对投资基金按(　　)标准进行的分类。

A. 按投资基金的组织形式　　　B. 按投资基金能否赎回

C. 按投资基金的投资对象　　　D. 按投资基金的风险大小

6. 基金份额总额不固定，基金份额可在基金合同约定时间和场所申购或者赎回的基金是(　　)。

A. 契约型基金　　　　　　　　B. 公司型基金

C. 封闭式基金　　　　　　　　D. 开放式基金

7. 债券发行人不能按照约定的期限和金额偿还本金和支付利息的风险，称为(　　)。

A. 市场风险　　　　　　　　　B. 系统风险

C. 经营风险　　　　　　　　　D. 违约风险

8. 关于基金投资的风险，以下说法错误的是(　　)。

A. 基金的风险是指购买基金遭受损失的可能性

B. 基金的风险取决于基金资产的运作

C. 基金的非系统性风险为零

D. 基金的资产运作无法消灭风险

9. 以追求资产的长期增值和盈利为基本目标的基金是(　　)。

A. 收入型基金　　　　　　　　B. 平衡型基金

C. 成长型基金　　　　　　　　D. 以上都不是

10. 投资者在短期内无法以合理的价格卖掉债券的风险是(　　)。

A. 利率风险　　　　　　　　　B. 购买力风险

C. 变现能力风险   D. 再投资风险

三、多项选择题

1. 按投资标的划分，基金可分为（   ）。

A. 债券基金   B. 股票基金

C. 货币市场基金   D. 混合型基金

2. 金融期货主要包括（   ）。

A. 股指期货   B. 利率期货

C. 汇率期货   D. 农产品期货

3. 作为一种投资工具，基金所具备的明显特点是（   ）。

A. 规模效应   B. 收益很高

C. 分散风险   D. 专家管理

E. 不需要任何费用

4. 基金定投适合那些人群？（   ）

A. 追求高收益的投资者

B. 在未来某一时点有特殊（或较大）资金需求的

C. 年轻的月光族

D. 不喜欢承担过大投资风险者

E. 在短期内急需一大笔资金

5. 证券投资的系统性风险的构成主要包括（   ）。

A. 利率风险   B. 政策风险

C. 购买力风险   D. 市场风险

◎ **技能实训**

案例1：孙先生今年25岁，就职于沈阳一家软件公司。收入方面，孙先生月薪5 000元，年终奖2万元。因为设计软件能力突出，经常有一些企业和个人请孙先生去设计和改进自己公司的软件，所以每年兼职收入还有3万元左右。有养老保险和医疗保险等保险，但没有住房公积金。支出方面，孙先生每月基本生活开销2 000元左右，由于酷爱旅游和户外运动，每年在这方面支出平均2万元左右。金融资产方面，孙先生目前有股票5万元，定期存款5万元，孙先生属于进取型投资者。孙先生父母健康，都在沈阳事业单位工作，有住房公积金和养老保险等，对孙先生来说，没有后顾之忧。

今年孙先生打算买房，而父母已经为他准备好首付款，孙先生的理财目标主要集中在以下两点：①初步打算5年后结婚，希望现在能为将来结婚准备装修、家具和其他相关费用。②为自己购买一台15万元左右的汽车。

请问：该如何为孙先生编制投资规划？

案例2：单身小伙小王今年23岁，虽然参加工作不到半年，但业务做得还不错。每个月除了基本工资2 000元以外，有时还拿到3 500元的奖励。因为生活过得比较简单，每月的开支仅有房租、餐费、交通等方面1 500元左右。但他是个好客之人，经常款待朋友，最终让自己成为"月光族"。不过，小王的另一个身份是一学校附近小酒吧的老板，虽然是和同学合伙的，还负债5 000元，但每月也能给他带来数百元到数千元不等的收入。而且，小王还是个"有志之士"，因为家里将"赞助"住房，所以他计划在三年内给自己买辆小车，将自己的小酒吧扩大经营。(经风险偏好测试，小王是进取型的投资者)

这到底该如何实现呢? 请为小王编制投资规划。

案例3：王女士，36岁，是一家合伙制律师事务所的合伙人，年均收入可达40万元。丈夫赵先生37岁，是某大学的教授，每月收入4 000元，由于经常出外讲课，每年会有6~8万的额外收入。他们的女儿婷婷今年5岁，双方的父母均已退休，且单位有较好的退休福利，家底殷实，均不需要王女士夫妇有过多的照顾。现在的住宅面积约100平方米，另有一处新房已一次付清。另外将大学附近的一处价值60万的房产用于出租，月租金2 000元。现有定期存款30万元人民币，活期存款28万元人民币，股票投资20万元，开放式基金10万元。赵先生在学校工作，福利较好，自身没有投保任何保险。王女士有一份两全险，女儿婷婷有一份两全分红险。目前一家人每月平均支出在15 000元左右。

请为王女士一家编制投资规划。

(资料来源：百度文库)

项目六　教育规划

 知识目标

1. 了解教育投资理财的特点
2. 掌握教育资金的主要来源
3. 掌握各类教育规划工具及其优缺点
4. 掌握教育规划的流程

 技能目标

1. 能准确计算教育基金需求额
2. 能应用各类规划工具进行教育规划方案的设计

案例导入

"再穷不能穷教育"，中国父母在子女教育上的投入一直不"吝啬"。中国最大的人力资源服务商前程无忧在六一国际儿童节到来之际，发布了《2019国内家庭子女教育投入调查》。本次调查对象主要包括学龄前、小学及初高中生群体，共有7090位来自于全国二十余省市的家长参与问卷调查和访谈。调查显示，家庭子女教育年支出主要集中在12，000-24，000元和24，000-36，000元两个范围内，占比分别为22.4%和21.7%。38.8%的受访家庭用于子女校外教育和培养的投入占家庭年收入的2-3成。一位受访家长表示，"我算了一下，花在孩子补课和兴趣培养上的前已经超过其他生活日常开支，每年至少增加20%，而我的工资确没怎么动。"

职场的波动和工作的压力，使得年轻的父母真切感受到"起跑线"的重要。不少家长几乎打从娘胎出生就为子女规划了详尽的教育计划。调查显示，接近4成的受访家庭认为对子女的教育最好从2-7岁开始，其次为11-15岁占比22.9%，主要投入集中在托管班/接送班、兴趣特长班、课外补习班。接近7成的受访家庭希望教育的提早介入能够帮助子女在未来谋生、挣钱、过上体面的生活。

（资料来源：节选自中国经济新闻网http://www.cet.com.cn/xwsd/2249493.shtml）

根据教育对象不同，教育规划可分为个人教育规划和子女教育规划两种。个人教育规划在消费的时间、金额等方面的不确定性较大，而子女教育规划通常是个人家庭理财规划的核心。子女教育又可分为基础教育和大学教育，由于大学教育的费用普遍较高，对其进行理财规划的需求也最大，因此，本项目将主要讨论大学教育费用的理财规划。

任务 1　分析子女教育需求

对子女的教育必须要提前规划，为子女准备充足的教育资金，以此来应对孩子不同时期的转型需要。做好教育规划的基本任务就是：熟悉教育规划的相关知识，选择适合的教育规划工具，编制具体的教育规划。

1.1　为什么要进行教育投资规划

1.1.1　个人的成长离不开良好的教育

随着市场对优质人力资本的需求增大，接受良好的教育已经成为适应市场竞争及提高自我素质的重要途径。一般情况下，受教育的程度与劳动收入成正比，因此教育在一定程度上具有社会分配与社会分层的功能。

1.1.2　孩子的教育费用越来越高

随着人们对教育重视程度的提高，教育费用也在持续上升。新浪网发布的《2017 中国家庭教育消费白皮书》中提到，教育支出在中国家庭年收入的比重占 20% 以上，其中学龄前教育支出约占家庭年收入 26%，7-18 岁子女教育支出约占家庭年收入的 21%，大学阶段的教育支出则占到了家庭年收入的 29%。可见，孩子的教育支出已经成为每个家庭不可回避的问题之一。

小资料

通常我们用"教育负担比"来衡量教育开支对家庭生活的影响，即

$$教育负担比 = \frac{届时子女教育金费用}{家庭届时税后收入} \times 100\%$$

一般来讲，如果预计教育负担比高于 30%，就应尽早准备教育金。另外，由于学费增长率可能会高于收入成长率，因此用现在的水准估计负担比可能会偏低。

[例] 张先生的儿子刚收到了国内某大学的入学通知书。在儿子高考之前，张先生大致估算了下孩子读大学一年的费用，主要包括：全年学费 6 000 元，住宿费 3 000 元，日常生活各项开支预计每月 2 000 元，以一学年 10 个月来算，供需 20 000 元；张先生的妻子提前退休，家庭收入主要来源于张先生的工资，全年的税后收入约为 80 000 元。则对于张先生的家庭：

届时教育金费用 = 学费 + 住宿费 + 日常开支

$$= 6\,000 + 3\,000 + 20\,000 = 29\,000\ 元$$

$$教育负担比 = \frac{届时子女教育金费用}{家庭届时税后收入} \times 100\%$$

$$= \frac{29\,000}{80\,000} \times 100\%$$

$$= 36.25\%$$

可见，张先生儿子就读大学所需要的费用占家庭税后收入的36.25%，对张先生的家庭来讲，略有压力，因此应提前进行资金规划。

1.1.3 教育资金的主要来源渠道为家庭

一般情况下，在家庭收支状况表中，教育资金的支出应列为必然项目，因此如果采用贷款等渠道作为资金的主要来源，则可能在规模、安全、时间等方面受到制约。因此教育支出最主要的资金来源应该是客户自身的收入和资产，稳定的收入和充足的资产是教育支出坚实的资金保障。当然，以借贷的方式融得部分教育资金，特别是在短期理财规划中，也可以作为教育基金规划的重要补充。

1.2 什么是教育规划

1.2.1 教育规划的概念

教育规划也称教育投资规划，是指为实现预期教育目标所需要的费用，并因此而进行的一系列资金管理活动。教育规划可从三个方面进一步理解。

（1）教育支出是一项长期的投资。在孩子成长的每一个阶段，都需要支付一定的费用，以保证孩子能接受最好的教育，这种付出不像购买物质产品一样，一次性付出就可以，而是需要源源不断的支出，且必须要有保证。

（2）教育规划在孩子的每一个成长阶段都必不可少。正是由于教育费用在孩子的每一个成长阶段都必须支出，这就使子女的教育必须提前规划，为子女准备充足的教育资金，以此来应对孩子不同时期教育类型的需要，就算子女将来用不到，也可以转变为自己的养老资金，减少子女的负担。

（3）教育规划的核心内容是如何制定子女教育经费的筹集与实施方案。目前，许多家庭对子女教育规划尚不够重视，对规划投资的理财产品也不够了解，规划手段往往较为单一，收益不高。因此，有必要听取理财规划师的建议，通过合理的财务计划，确保将来有能力支付孩子的教育费用，充分实现个人或家庭的教育期望。

1.2.2 教育规划的特点

与其他理财规划相比，教育金是最没有时间弹性和费用弹性的理财目标，因此应预先规划，才可能避免由于家庭财力不足而使孩子丧失良好的教育机会。

1. 时间无弹性

一般子女到了18岁就要步入大学，届时父母就应该已经准备好至少一年的高等教育金。除去子女幼儿阶段的开销以外，能准备教育金的时间大致为小学到中学（约12年）。时间无弹性的特点使教育规划明显的不同于房产规划或养老规划，如果财务状况不允许，房产规划或养老规划可以采用推迟购房时间或推迟退休等方式推迟目标的实现时间，而教育规划则明显无法推迟。

2. 费用无弹性

高等教育费用相对固定，不像其他资产或退休规划有时间与费用的弹性，这些费用对每位学生基本相同，不会因为家庭富有与否而有差异。

3. 子女的资质无法事先预测

当孩子出生时，家长很难预知孩子在独立生活前需要支出多少资金，也无法预知孩子最终受教育的情况，这些都与子女的资质、注意力、学习习惯和能力有关。

4. 易受通货膨胀的影响

由于教育资金支出的持续时间较长，一般孩子从小学到大学毕业需要15~16年，面对教育支出逐年上涨的事实，教育规划资产必须能应对费用逐年增长的现状，同时还要能抵御通货膨胀带来的风险，其投资规划应具备较好的增值速度。

1.2.3　教育规划的原则

1. 提前规划

提前规划是教育金筹备过程中的首要原则。由于教育金在时间上没有弹性，属于必须支出的费用，因此在进行教育投资时，应充分认识到教育规划的重要性，尽早筹备和规划教育基金。同时，由于受到孩子所需教育程度、学校性质、国内或国外教育等因素的影响，教育金的多少会受较大影响。所有这些，都要求投资者应具备长期规划的意识，确定好目标，未雨绸缪。为了防止超出计划的需要，制定的教育金规模要相对宽松。总之，在保证家庭日常开支的前提下，尽早规划，并积累足够的教育基金才是合理的选择。

2. 目标合理

在对子女设定最终教育目标时，应充分考虑子女的自身特点、兴趣能力等，并结合客户家庭的实际经济情况、风险承受能力设定理财目标。由于父母的期望与子女的兴趣能力可能会有差距，而且在不同的人生阶段，孩子的爱好兴趣都可能发生变化，因此自进行教育规划方案设计时，就要采用相对灵活的教育金积累方式，以适应子女在未来的不同选择。

3. 定期定额

一般情况下，人们不易坚持按月存款，因而利用定期定额计划，用实际数字来量化理财目标，对定期储蓄自制力差的人采取强制储蓄措施，通常可以奏效。每月定时存一部分，虽然当前储蓄额不多，但应坚持习惯性的储蓄计划，才能为教育基金打下坚实基础。目前有很多投资工具可以用来强制储蓄，比如教育储蓄、教育保险等。

4. 专款专用

教育金的储备贯穿孩子的整个教育阶段，周期较长。正因为如此，很多人容易在中途就将教育金用于其他用途，等孩子进入大学或需要继续深造的时候，才发现资金不足。专款专用是教育金储备过程中应严格遵循的一个重要原则，只有执行专款专用的原则，才能使孩子的教育得到保障。

5. 保值增值

根据收益与风险匹配的原则，要获得高收益的投资都将承担较高风险，而教育金的规划既要考虑安全性，也要考虑一定的增值，因此应以低风险、稳健增长为宜，所以教育金并非越多越好。同时规划时不可因筹资的压力而选择高风险投资工具，因为一旦本金遭受损失，对整体教育规划将带来更不好的影响，因此投资应坚持稳健。这点对于那些距子女读大学时间较短的客

课堂笔记

户来讲，尤为重要。

除了保值的原则以外，还要注意教育金的增值特点。由于教育基金易受通货膨胀影响而出现贬值，在对教育金筹备时做一个详细的分析和计划，利用多种理财方式，如银行储蓄、教育保险及其他教育理财产品等，尽可能做到保值增值。采用多种理财方式相结合，可以分散风险，达到长期投入，稳健投资的目的。

1.3　熟悉教育需求的分析流程

1.3.1　了解家庭成员结构与财务状况

在教育规划中，首先要对家庭的成员结构与收支水平进行全面了解，通过数据的收集，编制客户家庭财务表，将家庭信息整理归类到资产负债表、现金流量表中，并通过对两张表数据分析，了解家庭对待风险的态度及风险承受能力。该步骤也是理财规划师在对不同客户制订理财规划方案的基础工作。

1.3.2　明确子女的教育目标

家庭需要明确希望子女未来接受的教育目标，并了解实现该目标当前所需费用。一般可以通过以下问题来帮助明确目标：

您的子女目前年龄是多少？

您希望子女在何地完成该项教育？

您希望子女在何种类型学校完成该项教育？

子女入学年龄是教育费用筹集的重要变量，如果目前子女年龄尚小，进行教育投资规划的时间就较长；反之，则规划时间短。对于这两类客户而言，资金安排方式是截然不同的。

同时，由于我国不同类型的大学收费不同，不同国家大学的费用也有巨大差异，就读专业的不同也会影响学费的多少，因此在进行教育规划时，应尽可能明确未来的教育需求，进而明确实现该目标所需的费用。

1.3.3　估算教育费用

结合实际情况，预测教育费用的增长率，计算未来所需费用，并计算一次性投资和分期投资所需的资金。具体可遵循以下步骤：第一，设定一个通货膨胀率；第二，按预计通胀率计算所需的最终费用；第三，分别计算如果采用一次性投资计划算所需的金额现值和如果采用分期投资计划每月所需支付的年金。

[例] 王先生儿子今年6岁，王先生希望儿子18岁上大学时能积累足够的本科学费，并希望孩子有能力继续深造硕士研究生。王先生目前拥有3万元教育准备金，不足部分打算用定期定额投资基金的方式来解决。王先生投资的平均回报率为5%，按照下表可确定王先生从现在到儿子上大学间每月分期投资金额。

课堂笔记

项目	代号	数值	备注
子女年龄	A	6 岁	
距离上大学年数	B	12 年	=18 岁-A
距离继续深造年数	C	16 年	=22 岁-A
目前大学费用总计	D	75000 元	4 年，范围在 60000--90000 元之间
目前深造费用总计	E	40000 元	3 年，范围在 30000--50000 元之间
学费年成长率	F	4%	3%-5%，以 4%假设
届时大学学费	G	120077.41 元	=D×复利终值系数（$n=B$，$r=F$）
届时研究生费用	H	74919.25 元	=E×复利终值系数（$n=C$，$r=F$）
教育资金投资回报率	I	5%	4%-6%，以 5%假设
目前的教育准备金	J	30000 元	可供子女未来教育使用的资金
至上大学时累积额	K	53875.69 元	=J×复利终值系数（$n=B$，$r=I$）
尚需准备的大学费用	L	66201.72 元	=G-K
准备大学费用的月投资额	M	346.60 元	=L/年金终值系数（$n=B$，$r=I$）/12
准备深造费用的月投资额	N	263.90 元	=H/年金终值系数（$n=C$，$r=I$）/12
当前每月定期定额投资额	O	610.50 元	=M+N

任务 2　编制家庭教育规划

2.1　教育资金的来源

教育支出最主要的资金来源是客户自身的资产和收入，但除了客户自身的收入和资产以外，还有以下几种其他来源。

2.1.1　政府教育资助

政府每年都会在财政预算中拨出一部分资金用于为符合条件的人提供教育资助。这类教育资助通常有严格的资助限制，包括资助条件、资助种类、资助期限等，例如特殊困难及减免学费政策、"绿色通道"政策等。

理财规划师在对客户进行教育规划时应注意：一是要充分收集客户及子女争取政府教育资助的相关信息；二是这类资金来源存在较大不确定，教育规划应减少对这类资金的依赖，尽可能考虑客户自由资源满足教育金的需求。

2.1.2 奖学金

政府及各类民间机构和组织，如企业、基金、慈善团体、学术组织等都可能通过学校设立种类繁多的奖学金。但无论哪类奖学金，它们的申请都是有条件的，一般要求申请人在学业、社会活动或是体育技能方面有所专长。与政府教育资助一样，奖学金作为教育费用的一项来源，也存在不确定性。

2.1.3 工读收入

指孩子上学期间通过假期和课余打工获得的工读收入也可以作为教育费用来源，但是这类收入的金额一般不高，且其取得的时间也不确定，因此在理财规划师不应将工读收入计算在内。

2.1.4 教育贷款

个人教育贷款是指贷款人向在读学生或其直系亲属、法定监护人发放的用于满足其就学资金需求的贷款。根据贷款的性质不同，可分为国家教育助学贷款和高校为无力支付学费的学生提供的学生贷款。教育贷款是教育费用重要的筹资渠道之一。

国家教育助学贷款包括财政贴息的国家助学贷款和商业性银行助学贷款两种。国家助学贷款是指贷款人向借款人发放的，由中央财政或地方财政贴息，向在校的全日制高等学校经济确实困难的本专科学生、研究生以及第二学士学位学生发放的，用于帮助他们支付在校期间的学费和日常生活费的贷款。国家助学贷款是国家运用金融手段支持教育，赞助经济困难学生完成学业的重要形式。国家助学贷款实行"财政贴息、风险补偿、信用发放、专款专用和按期偿还"的原则。商业性银行助学贷款是指银行等金融机构向个人发放的用于支持境内就读普通高校及攻读硕士、博士等学位，或已获批准在境外就读大学所需学杂费用的消费贷款。商业助学贷款实行"部分自筹、有效担保、专款专用和按期偿还"的原则。学生贷款是指学生所在学校为那些无力解决在校学习期间生活费的全日制本、专科在校学生提供的无息贷款。表6-1为几种教育贷款的区别。

表6-1 　　　　　　　　　**各类教育贷款的比较**

	学生贷款	国家助学贷款	商业银行助学贷款
贷款经办机构	所在学校	政府按隶属关系委托助学贷款管理中心通过招投标方式确定国家助学贷款经办银行	开办此项业务的商业银行和城乡信用社
贷款对象	无力解决在校学习期间生活费的全日制本、专科在校学生；但不包括实行专业奖学金制度之专业的学生	无力支付学费、住宿费和生活费的全日制本、专科学生、研究生和第二学士学位学生	年满18岁，具有完全民事行为能力的在校大学生、研究生

续表6-1

	学生贷款	国家助学贷款	商业银行助学贷款
贷款利息	无息	在校期间的贷款利息全部由财政补贴,毕业后全部自付	按法定贷款利率执行
贷款担保	信用担保	无担保信用贷款	采用保证担保、抵押担保、质押担保等形式;担保人可以为法人或自然人
学校介入程度	完全由学校负责	学校负责协助经办银行办理	学校一般指负责证明借款人学生身份及其在校表现
贷款额度	额度等于基本学习和生活费用扣减奖学金	普通本专科生每年每生不超过8 000元,研究生每年每生不超过12 000元	则上不得超过受教育人在校就读期间所需学杂费和生活费用总额的80%
贷款期限	最长为毕业后6年内	视毕业后就业情况,在1-2年内开始还贷,6年内还清	一般为1-6年,最长不超过10年
贷款减免偿还措施	有	无	无

2.1.5　留学贷款

留学贷款是指银行向出国留学人员或其直系亲属或其配偶发放的,用于支付其在境外读书所需学杂费和生活费的外汇消费贷款。出国留学贷款的额度不超过国外留学学校录取通知书或其他有效入学证明上载明的报名费、1年内的学费、生活费及其他必需费用的等值人民币总和,最高不超过50万元人民币。出国留学贷款的期限一般为1~6年,最长期限不超过6年。贷款利率按照中国人民银行规定的同期同档次贷款利率执行,一般没有利率优惠。

留学贷款按借款人可否提取贷款资金分为提款型和非提款型。提款型留学贷款主要用于支付出国留学人员留学期间的学杂费和生活费等实际发生费用;非提款型留学贷款主要作为留学人员及其关系人向外国使领馆申请留学或陪读签证时所需的保证资金,贷款期间贷款资金处于冻结状态,借款人不得提取(权利凭证质押方式项下除外)。

留学贷款有三种担保抵押方式:一是房产抵押,贷款最高额不超过贷款人认可的抵押物价值的60%;二是质押,贷款最高额不超过质押物价值的80%;三是信用担保,以第三方提供连带责任保证的,若保证人为银行认可的法人,可全额发放,若是银行认可的自然人,贷款最高额一般不超过20万元人民币。

申请留学贷款时,借款人需提供以下资料:就读学校的《录取通知书》或《接收函》、就读学校开出的学生学习期间内所需学费、住宿费、生活费等费用的证明总额;贷款人认可的资产抵、质押或具有代偿能力并承担连带责任的第三方借款人，并且借款人已拥有受教育人所需的一定比例的费用。

教育资金的各类主要来源请参见图6-1。

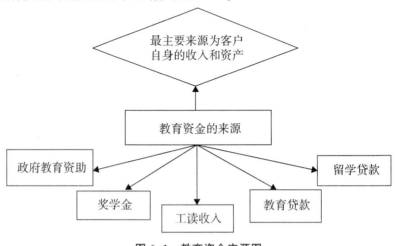

图6-1　教育资金来源图

2.2　教育规划工具

子女从出生到接受高等教育，教育消费时间跨度长，涉及数额大，这就为教育规划留下很大空间。在对教育需求进行分析以后，应该对教育规划的主要投资工具有所了解和掌握，合理选择教育规划工具成为教育规划的一项重要内容。根据教育资金筹集的时间长短来分，教育投资工具可分为短期教育规划工具和长期教育规划工具。

2.2.1　短期教育规划工具

如果教育规划进行的较晚，即短期内就需要一笔资金来支付教育费用，此时就应该考虑贷款或者资产变现。

贷款可分为住房抵押贷款、学校贷款、政府贷款、资助性机构贷款和银行贷款。一般情况下，可首先考虑大学的低息贷款。此外还可以考虑向政府或资助性机构申请贷款，但这类贷款对申请人的资质要求较高，不易取得。当然，也可以选择银行贷款，但银行贷款一般利息较高，且要采用抵押或质押的方式担保。在采用贷款的方式，特别是银行贷款之前，应慎重考虑，应确保贷款不会影响未来的退休计划和其他理财规划。最后，采用资产变现的方式也可以用于解决紧急情况下的教育资金需要，但这将减少家庭的资产，同时也应考虑该资产的变现能力。

2.2.2　长期教育规划工具

一般而言，家庭的教育规划应越早越好，因为这样将使家庭承担的风险和经济压力较小。长期教育规划工具主要包括教育储蓄、教育保险、基金定投、政府债券、子女教育信托及股票和公司债券等。这些投资工具的特点是风险相对较低、收入较为稳定。

1. 教育储蓄

教育储蓄是按国家有关规定在指定银行开户、存入规定数额资金，用于教育目的的专项储蓄，是一种专门用于学生支付非义务教育（指九年义务教育之外的全日制高中或中专、大专和大学本科、硕士和博士研究生）所需教育金的专项储蓄。教育储蓄的开户对象为在校小学四年级（含四年级）以上的学生，存期为 1 年、3 年和 6 年。教育储蓄 50 元起存，每户本金最高限额为 2 万元。教育储蓄采用实名制，开户时，储户要持本人（学生）户口簿或身份证，到银行以储户本人（学生）的姓名开立存款账户。到期支取时，储户需凭存折及有关证明（如身份证、户口簿、学校提供的正在接受非义务教育的学生身份证明）一次支取本息。

教育储蓄的利率享受两大优惠政策：一是免征利息税（国务院决定于 2008 年 10 月 9 日起个人储蓄存款暂免征收利息税），但每份身份"证明"只能享受一次利息税优惠；二是零存整取储蓄将享受整存整取利息，利率优惠幅度在 25% 以上。例如 1 年期、3 年期教育储蓄按开户日同期同档次整存整取定期储蓄存款利率计息；6 年期按开户日的 5 年期整存整取定期储蓄存款利率计息；教育储蓄在存期内遇利率调整，仍按开户日利率计息。

教育储蓄的主要优点是：无风险，收益稳定，且回报高于同期活期存款；但教育储蓄的缺点也较为明显：首先，能办理教育储蓄的投资者身份受限制，且支取教育储蓄款必须开具非义务教育的入学证明，否则无法享受利率优惠和免税待遇；其次教育储蓄的投资额受限，本金存款最高仅为 2 万元，这远远低于目前培养一个大学生的基本费用，无法满足教育金的准备；最后，由于通胀等因素，利率变动可能带来风险，储户可能无法分享到升息的利好。因此教育储蓄需组合搭配其他的教育规划工具，以实现教育资本的积累。

2. 教育保险

教育保险又称教育金保险、子女教育保险，是以为孩子准备教育基金为目的的保险。教育保险既具有强制储蓄的作用，也有一定的保障功能。

教育保险的对象一般是 0 岁（出生满 28 天且已健康出院的婴儿）到 17 周岁的少儿；有些保险公司的教育保险针对的对象为出生满 30 天到 14 周岁的少儿。

教育保险相当于在短时间急需的大额资金分散到逐年储蓄，所以越早投保，家庭的缴费压力越小，领取的教育金越多；反之则投资年限短，缴费压力大。

教育保险从具体产品的保障期限来看，可以分为终身性和非终身型。终身型教育保险通常会考虑到一个人一生的变化，有的产品是两年一返还，孩子小的时候可以用作教育金，年老时可以转换为养老金，分享保险公司长期的经营成果，保障家庭财富的传承；非终身型教育保险则体现了"专款专用"的投资原则，完全针对少儿的教育阶段设计保险金的返还，例如在孩子进入高中和大学两个重要时间节点开始每年返还资金，到孩子大学毕业或婚嫁时点再一次性返还一笔费用，到此该保单保险责任结束，这样孩子在每一个教育的成长阶段都能获得一笔稳定的资金支持。

教育保险的优点主要有：一是客户范围广。一般孩子只要出生 30 天就能投保教育保险，它有分红型和非分红型两种，具有储蓄、保障、分红和投资等多项功能。二是具有强制储蓄的功能。强制储蓄指父母必须每年存入约定金额，以保证储蓄计划能够完成，这对于缺乏时间弹性和费用弹性的教育规划是非常适合的。三是保单可进行质押。教育保险在保费缴纳超过一定时期后，保单就具备了现金价值，如果出现不时之需，可以将保单进行质押救急，但应在规定期限内偿还贷款，否则保单可能失效；四是具有"保费豁免"功能。保费豁免功能是指投保教育保险的家庭，万一父母由于特定原因而无力再继续缴纳保费时，保险公司将豁免其所有未交保费，被保险人还可以继续得到保障和资助。该条款使教育保险明显区别于教育储蓄。

但教育保险也同样有缺点，例如短期内无法提前支取教育金，资金流动性较差，早期退保可能使本金受损。因此我们认为，在教育投资规划中，应适当购买教育保险，但不宜多买。

[例] 平安全能英才教育年金保险

1. 产品基本信息

信息		说明
投保年龄		出生满 28 天-10 周岁
交费方式及周期		月交或年交；交费 10 年
保额		1-30
保险有效期		合同生效日-30 周岁的保单周年日
教育金领取	成长关爱金	5-30 周岁每年领取基本保险金额的 3%
	教育关爱金	15-24 周岁每年领取基本保险金额的 30%
	学业有成金	18、21、24 周岁领取基本保险金额的 30%
	成家立业金	30 周岁，一次性领取基本保险金额的 100%
保障范围		涵盖：小学及初高中教育金、大学教育金、婚嫁创业金、身故保险金、保单红利、保费豁免、意外伤害保险、附加意外伤害医疗保险等
支付方式		可用信用卡、网银、支付宝、快钱等多种支付方式
保单查询		登录平安官网一账通帐户，即刻查看保单信息以及支付状态

2. 应用实例

教育费用越来越高，为了让孩子的未来无后顾之忧。李女士在对比多种教育金保险后，为 2 岁的儿子成功投保了【平安全能英才教育年金保险】，既有教育金保障，还有分红。

项目	所选保障金额
平安全能英才教育年金保险	5 万元
缴费期限	10 年

保费投入：

交费方式	金额
月交	每月需交纳 1 915.9 元
年交	每年需交纳 21 285.649 元

具体享有的保障：

项目	给付时间	给付比例	给付金额
成长关爱金	7~30 周岁	基本保险金额的 3%	每年 1 500 元
教育关爱金	15~24 周岁	基本保险金额的 30%	每年 15 000 元
学业有成金	18、21、24 周岁	基本保险金额的 30%	每次 15 000 元
成家立业金	30 周岁	基本保险金额的 100%	一次性领取 50 000 元
身故保险金	按下列两者的较大值给付： 1）本主险合同所交保险费 2）被保险人身故当时本合同的现金价值		

3. 基金定投

基金定投是一种值得推荐的教育规划工具，它具有类似长期储蓄的特点，能积少成多，平摊投资成本，降低整体风险。只要选择的基金整体增长性良好，投资者长期投资，就可以获得一个相对平均的收益，而不必考虑入市的最佳时点。

基金定投应注意以下问题：

一是最好选择股票型基金或配置型基金。

基金定投的目的是通过灵活运用资金来赚取固定收益，因此对收益波动相对较大的股票型或配置型基金来讲，定额定投会更具有优势，反而对债券类基金等固定收益工具来说，则不太适合进行定额定投。一般来说，只要看好长线远景，短期处于空头行情的市场最值得开始定投。

二是长期投资应选择波动性较大的基金。

由于定期定额长期投资的时间复利效果分散了股市多空、基金净值起伏的短期风险，只要坚持长期扣款原则，选择波动幅度较大的基金更能提高获利水平。因此如果教育规划时间是在 5 年以上，可以适当选择波动性较大的基金。

三是适时适度调整投资策略。

基金定投可以根据长、短期理财目标选择不同特色的基金，也可以根据个人或家庭的每月可投资金额变化进行投资策略的调整。例如，以筹措子女将来留学费用基金为例，若所需资金是短期内需要的，那么就必须提高每月投资额，同时选择波动幅度较小的稳健性基金进行定投，或者加大这类基金的投资比例；再如，当家庭的可投资金额提高时，为了更早的达到投资目标，可以适当的提高每月扣款额度，缩短投资时间，提高投资效率等。

［例］每月定投 2 000 元，还贷教育金两不误

王女士一家家庭年收入在 25 万元左右，小孩 8 岁，上小学二年级。王女士家庭开销一般，一年约有 15 万元结余。夫妻俩都有养老保险和小额医疗保险。王女士准备明年买房，同时想采用基金定投的方式积累小孩的教育基金。目前手头有资金 100 万元，请问王女士应每月为孩子教育资金定投多少金额，才不会影响家庭的正常生活及明年的买房计划？

分析：

王女士目前手头100万元，每年15万结余，到明年可有累积资金115万元。其中100万刚好可以作为房子的首付款，累积的资金尚余15万。按30%首付计算，最高购房总金额为300万元。从谨慎的角度出发，假定王女士除购房首付的部分以外，商业贷款总额为200万，贷款期限为30年，按4.9%的基准利率来计算，每月需供款10，614.53元，1年累计为127，374.36万元。

王女士孩子今年8岁，考虑到孩子几年后将上中学及大学，有一定的学费负担，王女士打算将现有的12万存入银行，购买基本理财产品，年利率4.5%，并每月进行基金定投。按6年初高中每年教育投入3万元、4年大学每年教育投入2万元计算，孩子未来几年的教育共需资金26万元。

假定教育费用年增长率5%，基金定投产品投资收益率10%，则王女士每年只需为小孩教育投资2.4万元，即每月2000元。可见，王女士需每月只需拿出12000左右，基本上可以解决房贷及未来孩子教育金的问题。

（资料来源：基金网 http：//fund.cnfol.com/090 617/105，1 365，6 044 300，00.shtml）

基金定投具有以下优势：

一是可替代储蓄。在一个长期向上的市场中，长期定投的收益将超过银行零存整取带来的收益，同时降低了投资风险，且操作便利，因此投资者可以用基金定投的方式部分替代储蓄。

二是避免主动管理。投资者在进行基金定投时，不必在乎买入时点和市场价格，无需为其短期波动而改变决策，属于"傻瓜式"投资。但值得注意的是，基金定投并非完全不需要考虑投资时间，特别是投资者在选择退出时点时，要对市场长期运行周期有较为准确的把握。

三是操作便利。基金定投只需在银行办理一次性手续，此后每期的扣款申购均自动进行，充分体现其便利性特点。

4. 子女教育信托

子女教育信托就是由父母委托一家专业信托机构帮忙管理自己的一笔财产，并通过合同约定这笔钱用于支付子女未来的教育和生活费用。由于我国的信托业起步较晚，目前的教育信托业务还不普遍，但随着信托业的发展，子女教育信托必将在教育规划中发挥重要作用。

子女教育信托具备以下几个优点：

一是激励子女努力奋斗。在设立信托时，通过设立一定的条件，只有当孩子达到了预定目标，才能取得相应的资金，进而激励子女努力奋斗。

二是防止子女任意挥霍财产。受托人对教育金的管理可以避免孩子养成不良嗜好，防止子女对资金的滥用。

三是有助于培养孩子理财意识。设立信托后，孩子的教育及生活开支都将与信托机构、银行等紧密相连，有利于其从小养成节俭、合理规划的理财观念。

四是避免家庭财务危机。通过设立信托，保证了一部分财产的安全性，可以避免由于家庭财务危机而给子女未来的教育和生活带来不良影响，实现风险阻隔。

五是财产可获得专业的管理和规划。专业信托机构的理财管理服务可以使信托财产得到最好的规划和配置，实现保值和增值，同时保证子女未来的学习和生活。

5. 政府债券

政府债券的发行主体是政府。它是指政府财政部门或其他代理机构为筹集资金，以政府名义发行的债券，主要包括国库券和公债两大类。一般国库券是由财政部发行，用以弥补财政收支不平衡；公债是指为筹集建设资金而发行的一种债券。有时也将两者统称为公债。中央政府发行的称中央政府债券（国家公债），地方政府发行的称地方政府债券（地方公债）。

政府债券具有安全性高、流动性强、容易变现、可以免税的特点，其稳定性和安全性决定了其成为教育规划可供选择的主要投资工具之一。

6. 股票和公司债券

由于股票和公司债券的收益和风险都明显高于基金和政府债券，且子女教育时间弹性小，从稳健性的角度和资产匹配原则来看，都不宜采用。但如果教育规划时间很长（一般在 7 年以上），客户承受风险能力较强，且对这两种投资工具有较好的驾驭能力，可以使用定投的方式进行投资，但在整个教育规划投资组合中，这两类投资工具所占的比重不应过大。

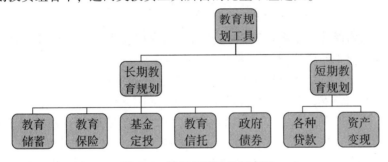

图 6-2　教育规划工具示意图

2.3　制定教育规划方案

在制定教育规划方案之前，首先应对教育需求进行分析，通过了解家庭成员结构与财务状况，确定子女教育的最终目标，并估算教育费用，具体参见本项目任务 1 的客户教育需求分析。在对教育需求做出充分的分析后，教育规划的具体操作流程如下：

第一步，列出距高等教育或出国留学的时间、总教育金额度等变量；

第二步，考虑资金时间价值下，所需教育金总额到上学时的终值；

第三步，考虑资金时间价值下，目前持有资金到上学时的终值；

第四步，计算教育金缺口；

第五步，根据缺口计算每年或每月应投入的资金来弥补教育金的不足；

第六步，选择合适的教育规划工具。应充分了解具体的理财工具及各种理财工具的优缺点，进而选择最合适的教育规划工具；

第七步，制定子女教育理财规划方案。针对客户未来各方面可能发生的变化情况，定期审视评估教育规划方案，在必要时及时对方案进行调整。

[例] 教育金缺口的估算

假定现在是 2019 年，李先生今年 40 岁，孩子 14 岁，计划两年后去加拿大留学读高中直到硕士毕业。李先生家庭经济实力较强，已为其子准备 50 万元留学费用，李先生全家都有较充足的保险保障。

经过留学咨询机构估算，李先生的孩子赴加拿大读书的费用预计为：高中三年，每年约 12 万元；本科 4 年，每年约 12 万元；硕士两年，每年约 15 万元，但由于费用将会增长，因此按年均 3% 增长率计划将来的教育费用（假定不考虑通货膨胀），则李先生之子将来在加拿大留学的费用计算如表 6-2 所示。

表 6-2 留学费用估算表 万元

留学阶段	高中			本科				硕士	
年份	2021	2022	2023	2024	2025	2026	2027	2028	2029
费用	12.7	13.1	13.5	13.9	14.3	14.8	15.2	19.6	20.2

计算举例：以 2021 年的学费为例，估算该年的学费约为 $12 \times (1+3\%)^2 = 12.7$ 万元。

（1）对已有教育资金进行安排。

李先生已经为儿子准备了 50 万元的出国留学费用，建议将该笔资金作为子女国外前四年的教育费用。考虑到两年后儿子就要出国就读高中，对已有的这一笔资金进行保守的储蓄投资安排如下：将现有的 50 万等分为四笔定期存款，每笔 12.5 万，存期分别为两年、三年、四年和五年。

假定该笔定期储蓄投资收益为年均 2%，则每笔存款的到期值分别为：13.01 万元、13.27 万元、13.53 万元、13.80 万元。从孩子出国留学年份开始，每年支取其中最快到期的一笔定期存款。到小孩留学后的第四年末，这笔钱恰好能够基本满足需要。

表 6-3 对已有教育资金的安排情况 万元

留学年份	2021	2022	2023	2024
预估费用	12.7	13.1	13.5	13.9
到期存款余额	13.01	13.27	13.53	13.80

（2）对不足教育资金安排

已有 50 万教育资金只能满足小孩前 4 年的教育费用需要，本科后三年和硕士两年的费用需要另行筹备。假定该笔资金积累能保持年均 5% 的收益率，则客户在 2025 年需要的教育费用现值为：

$$14.3 + 14.8 \times (1 + 5\%)^{-1} + 15.2 \times (1 + 5\%)^{-2} + 19.6 \times (1 + 5\%)^{-3} + 20.2 \times (1 + 5\%)^{-4} = 75.73 (万元)$$

如果从现在开始积累不足的教育资金，到现在已有资金支取完，还剩 6 年时间，要在 6 年内积累 75.73 万元，若按年均收益 5% 来计算，每年需要追加的教育资金约为：

$A = F/(A/F，5\%，6) = 75.73/(A/F，5\%，6) = 11.13$ 万元

根据这样的要求，比较有效的投资安排为：银行存款 60%，债券 10%，基金 25%，股票 5%；即每年将 6.68 万元、1.11 万元、2.78 万元和 0.56 万元分别投入到银行、证券、基金和股票中。

[例] 张先生和张太太有一个 10 岁的孩子，预计 17 岁上大学，21 岁送孩子到澳大利亚去留学两年，目前去澳大利亚留学两年的费用为 6 万澳元，预计学费每年上涨 5%。张先生家庭作为一个中等收入家庭，孩子上大学的费用肯定没有问题，但是，对于出国留学的高额开支，在张先生夫妇看来并不是件很容易的事情，需提前规划。如何为张先生夫妇设计一个子女教育规划方案。（按目前参考汇率：1 澳元＝5 元人民币）

（一）教育费用需求分析

1. 教育费用估算

假定：澳大利亚留学两年的费用为 6 万澳元，学费每年上涨 5%，按汇率 1 澳元＝5 元人民币，以普通年金模式计算，11 年后留学费用总额为：$N = 11$，$I/Y = 5$，$PV = -60\,000$

可得到，$FV = 102\,620.36 \times 5 = 513\,101.8$ 元人民币

2. 每年应准备的金额

假定，投资的平均实际报酬率为 6%，以普通年金计算，每年定期投资的金额为：

$FV = 513\,101.8$，$N = 11$，$I/Y = 6\%$

可计算得到 $PMT = 34\,271.58$ 元人民币

（二）教育金规划

由于子女教育规划在时间上没有弹性，所需费用总额较大，所以张先生夫妇要现在对这笔教育资金的来源进行规划。那么，从教育规划工具来看，教育储蓄只能享受最高 2 万元的额度，相比所需的教育费用来说实在太低；投资于债券或股票，风险太大，不适合张先生夫妇的风险偏好。

根据投资组合理论，我们认为，结合张先生家庭的基本情况，应采取组合产品方案来实现其子女的教育基金储备计划：

1、每个月定期定额的购买一个投资组合，建议这个投资组合中 1/3 是债券型开放式基金，1/3 是指数型基金，1/3 是股票型基金，该组合投资方案相对稳健，即可有效规避风险，又可以获得一定的收益。假设该投资组合在未来 11 年内可以获得年均 6% 的综合回报，则客户每月须投入约 2 855.965 元（34 271.58/12），基本上不会影响张先生家庭的收支状况与现金流。

2、为预防张先生夫妇身故或残疾引起的突然支出，子女教育费用可能无从着落，建议张先生夫妇应购买一份每年 6 000 元左右，保障 30 年，赔偿金额在 30 万元左右的人寿或健康保险。再购买一份每年 1 000 元左右，保额在 50 万元左右的意外伤害保险。

[例] 王先生，29 岁，政府机关的公务员，妻子 26 岁，在某杂志社担任美术编辑。两人合计税后工资 16 000 元。去年夫妻俩喜得贵子，儿子现在暂由

177

双方父母照顾，宝宝虽然聪明可爱，但王先生的理财烦恼也接踵而来了……

步骤一：教育需求分析

1. 夫妻俩希望至少在经济上能支持子女出国留学的目标，如果不出国的话，这笔钱也能将来留给孩子作为创业基金或者以备结婚使用；

2. 夫妻俩不想让父母太过劳累，希望能聘请家政人员协助照顾儿子；

3. 夫妻俩希望能培养孩子一项特长，并从小能扎实孩子的英语基础；

4. 夫妻俩打算使用20万元积蓄专门为孩子制作一份教育规划。

步骤二：估算各阶段子女教育金、抚育金支出

表6-4　　　　　　　模拟子女成长过程中教育金与抚育金支出

年龄	教育阶段	教育金	抚育金	说明
0-2 岁			2 000元/月	
3-6 岁	幼儿园	24 000元/学年	1 500元/月	
7-12 岁	小学	20 000元/学年	1 500元/月	中关村三小
13-15 岁	初中	10 000元/学年	1 500元/月	人大附中
16-18 岁	高中	10 000元/学年	1 500元/月	人大附中
19-22 岁	大学	80 000元/学年	5 000元/月	出国留学

注：暂不考虑保姆费用支出；出国留学支出每年2万美元（暂按人民币汇率7.0计算）

为更好体现子女教育规划的严谨性与可实施性，设定的学费成长率高于通货膨胀和工资成长率，模拟相关重要参数假设，如表6-5所示。

表6-5　　　　　　　通胀率和工资成长率等参数假设

学费成长率	每年4%	通货膨胀率	每年4%
收入成长率	每年3%	无风险收益	每年3%

步骤三：选择合适的教育规划工具

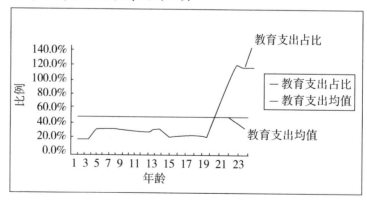

图6-3　子女教育支出比例图

预计王先生家庭子女教育支出的长期比例维持在46.3%，当子女19岁出国后，家庭经济压力陡增，在此之前家庭教育支出比例低于30%，此期间王先生家庭如果没有房屋贷款等负债，家庭收支结构较为合理，需制定相应规划弥补出国留学的教育金筹备。

王先生子女在计划留学前教育支出压力可以承受，因此计划使用薪资收入的储蓄部分应对支出，为弥补留学时的高额教育金缺口，设计的教育投资规划应针对子女19岁时的目标缺口，再依据王先生对子女教育规划的其他目标顺序调整。

步骤四：制定合理的教育规划方案

(一) 留学资金筹备目标投资组合策略

产品名称	美满人生年金保险	华夏平稳增长混合型证券投资基金
发行机构	中国人寿保险股份有限公司	华夏基金管理有限公司
产品简述	客户自保单生效起就开始领取年金直至投保人年满74周岁	实施主动资产配置、精选证券投资、金融衍生工具投资等多种积极策略，追求基金资产持续、稳健增值
适用原因	(1) 为王先生增加保额 (2) 即缴即领年金，现金流稳定	(1) 长期稳定储蓄积累 (2) 获取平均市场收益
投资策略	王先生为被保险人，子女为受益人，缴费期五年期，年缴3万元	每月定投1 500元
	按照保险合同，王先生每月可领取固定年金，另外可以领取多种方式红利，使用年金红利和自由储蓄办理基金定额定投业务	

(二) 聘请保姆、培养特长目标投资组合策略

产品名称	东方红3号	本利丰第9期	中海稳健收益债券型基金
发行机构	东方证券	中国农行	中海基金管理有限公司
产品简述	追求为投资者创造绝对收益，自有资金参与，亏损部分补偿	投资资本市场套利机会，在股指期货正式推出后可进行股指期货套利投资	纯债券基金，可参与新股申购，交易成本低廉，流动性强
使用原因	期望取得超额收益	安全性高	收益稳定，流动性好
预期收益	7.12%-20%	5.5%-13%	5%-9%
投资策略	10万元	5万元	5万元
	综合收益率区间6.2%-10%之前		

（三）综合投资组合策略

理财目标	投资产品	投资比例	投资收益
留学资金筹备	美满人生年金保险	每年3万元，缴5年	终身年金红利
	华夏稳增基金	每月1 500元	10%-15%
聘请保姆、培养特长	东方红3号	10万元	6.12%-10%
	本利丰第9期	5万元	
	中海稳健债券	5万元	

规划后子女教育支出比例曲线变得较为平稳，在子女成长过程中并不会因为某一时段造成家庭负担沉重，在满足王先生三个目标后，家庭子女养育支出的比例均值由46.3%下降至39.04%，理财目标最终实现的可能性很大。此后需要修正家庭风险保障，对家庭有可能发生的意外风险做进步补充，以确保理财规划最终完成。

步骤五：修正家庭风险保障

在初期可选择简单的定期寿险，主要因为具有保费低、保额高的特点，例如在本案例中夫妻一方因现金流中断都将导致最终的理财目标无法完成。使用遗族需要法（即指当被保险人发生意外时，测算家庭其他成员需要多少现金或收入来维持医疗、生活、子女教育的一种保险需求计算方法）计算，王先生家庭为完成全部教育理财目标需要大约145万元，可选择中国人寿人身意外伤害综合保险，大约每年保费3 700元，根据夫妻双方实际收入能力等比例为双方同时投保。当孩子进入小学后随着教育支出的下降可将定期寿险转化为终身寿险或补充相关医疗险，家庭风险保障是最终理财目标实现的重要环节。

（来源：新浪财经，www.sina.com.cn）

教育规划流程见图6-4。

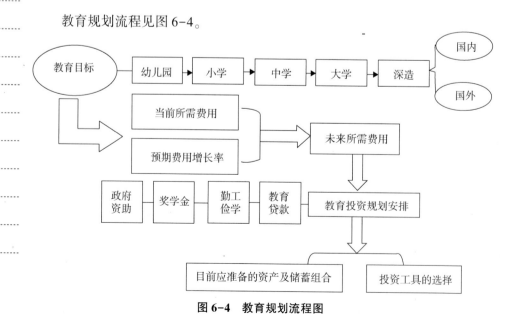

图6-4 教育规划流程图

小　结

　　本项目对教育理财规划进行了细致分析，主要分为两个任务：任务一对子女教育需求进行了分析，对什么是教育规划、教育理财的必要性以及具体的教育需求分析流岁等进行了详细说明；任务二对如何编制家庭教育规划进行了介绍，主要对教育资金的主要来源、各类长短期教育理财工具以及教育理财规划方案制定的流程进行了分析。本项目要求读者能够运用各种教育规划工具和理财计算方法，为客户制定一个合适的教育规划方案，为未来孩子的教育积累教育金。

 能力训练

◎ **知识训练**

一、判断题

1. 教育投资规划不受通货膨胀的影响。　　　　　　　　　　　　（　　）

2. 对于低收入家庭，教育规划应采用风险高、收益大的投资工具，如股票等。　　　　　　　　　　　　　　　　　　　　　　　　　（　　）

3. 确定教育规划目标所需费用时，要考虑教育目标费用的增长率问题。
　　　　　　　　　　　　　　　　　　　　　　　　　　　　　（　　）

4. 教育资金的最主要来源是政府教育资助。　　　　　　　　　　（　　）

5. 教育保险的"保费豁免"条款使教育保险显著异于教育储蓄。（　　）

6. 国家助学贷款是由国家指定的商业银行面向在校的全日制高等学校经济确实困难的学生发放的，用于帮助他们支付在校期间的学费及生活费。
　　　　　　　　　　　　　　　　　　　　　　　　　　　　　（　　）

7. 冯先生准备以现有资金作为启动资金，为正上小学的儿子的教育费用进行投资。因为教育规划的特殊性，他应该把所有资金投向货币型基金。
　　　　　　　　　　　　　　　　　　　　　　　　　　　　　（　　）

8. 教育储蓄免利息税，是教育规划首选的投资工具。　　　　　　（　　）

9. 从理财的角度出发，教育保险也不要多买，适合孩子的需要就够了。
　　　　　　　　　　　　　　　　　　　　　　　　　　　　　（　　）

10. 教育规划是不需要判断客户对待风险的态度及其风险承受能力的，因为子女教育规划的时间弹性和费用弹性都很小。　　　　　　　　　（　　）

二、单项选择题

1. 某客户有一个女儿正在上小学，以下不符合子女教育规划一般原则的是（　　　）。

A. 理财目标的设定要切合实际，角度宽松

B. 尽早给孩子准备教育金

C. 定期定额强制储蓄，来实现子女教育基金的储蓄

D. 教育费用越来越高，投资时应多考虑股票、期货等获得更多收入

2.冯先生准备以现有资金作为启动资金，为儿子的教育费用进行投资。以下投资组合中最为合理的是(　　)。

　　A.80%股票，20%债券型基金

　　B.60%股票，30%股票型基金，10%国债

　　C.100%货币型基金

　　D.30%股票型基金，30%分红险，40%债券型基金

3.适合用来筹备子女教育金的投资工具有(　　)。

　　A. 教育储蓄和教育保险　　　　　B. 权证

　　C. 期货　　　　　　　　　　　　D. 外汇

4.子女教育规划可供选择的主要投资工具是(　　)。

　　A. 政府债券　　　　　　　　　　B. 股票

　　C. 大额存单　　　　　　　　　　D. 公司债券

5.下列各项中，(　　)不属于教育保险的优点。

　　A. 不固定面额　　　　　　　　　B. 固定面额

　　C. 固定期限　　　　　　　　　　D. 可转让

6.传统的教育规划工具主要有(　　)和教育保险。

　　A. 银行助学贷款　　　　　　　　B. 国家助学贷款

　　C. 教育储蓄　　　　　　　　　　D. 学生贷款

7.学生贷款的贷款期限最长为毕业后(　　)年内。

　　A.6　　　　　　　　　　　　　　B.3

　　C.4　　　　　　　　　　　　　　D.5

8.由于(　　)取得的时间、金额都不容易确定，所以在做教育规划时不应将其计算在内。

　　A. 减免学费政策　　　　　　　　B. 国家教育助学贷款

　　C. 工读收入　　　　　　　　　　D. 奖学金

9.理财规划师在为客户进行教育规划，估算教育费用时，第一步要做的是 (　　)。

　　A. 设定一个通货膨胀率

　　B. 计算所需要的各种费用

　　C. 按预计通货膨胀率计算所需要的最终的费用

　　D. 核定将来的收入

10.(　　)是指贷款人向借款人发放的，由中央财政或地方财政贴息，用于借款人本人或其直系亲属、法定被监护人在国内高等学校就读全日制本、专科或研究生所需学杂费和生活费用的助学贷款。

　　A. 商业性银行助学贷款　　　　　B. 财政贴息的国家助学贷款

　　C. "绿色通道"政策　　　　　　　D. 学校学生贷款

三、根据以下资料回答以下单项选择题

资料：李女士想请理财规划师为她制定教育规划方案，她与丈夫都是普通职工，儿子今年刚刚两岁。因为对孩子将来有良好预期，不排除让儿子长大后出国留学的可能。夫妻二人现有储蓄并不多，但也没有什么负债。他们并不知道可以用作教育规划的投资工具都有哪些，具体要求是怎样的，所以

182

请理财规划师给予介绍或回答其提出的问题。

1. 理财规划师在为李女士做规划之前,要对她的财务信息和非财务信息有所了解。在做子女教育规划时,可以不必考虑的因素是( )。

A. 李女士儿子现在的理想　　　B. 了解李女士家庭收支水平

C. 李女士家庭的成员结构　　　D. 李女士对儿子的期望

2. 在各种贷款中,学校介入程度最高的是( )。

A. 学生贷款　　　　　　　　　B. 国家助学贷款

C. 一般商业性贷款　　　　　　D. 民间借贷

3. 理财规划师为她的儿子制订专项教育规划时,会考虑做部分投资,但股票与公司债券在教育规划中所占比例不能过大,原因不包括( )。

A. 依赖投资企业　　　　　　　B. 依赖于经济环境

C. 收益高　　　　　　　　　　D. 受利率影响

4. 教育储蓄的优点不包括( )。

A. 风险小　　　　　　　　　　B. 收益稳定

C. 享受税收优惠　　　　　　　D. 数额大

5. 与教育储蓄相比,教育保险的缺点是( )。

A. 范围广　　　　　　　　　　B. 可分红

C. 变现能力强　　　　　　　　D. 特定情况下保费可豁免

6. 能够达成防止李女士的儿子养成不良嗜好等其他相关目的的教育规划工具是( )。

A. 教育储蓄　　　　　　　　　B. 定息债券

C. 投资基金　　　　　　　　　D. 子女教育信托基金

7. 以下教育规划工具中,能够实现风险隔离的是( )。

A. 教育储蓄　　　　　　　　　B. 定息债券

C. 投资基金　　　　　　　　　D. 子女教育信托基金

8. 学生贷款、国家助学贷款和一般商业性助学贷款贷款利息相比较,正确的是( )。

A. 学生贷款利息最低　　　　　B. 国家助学贷款的利息最低

C. 一般商业性贷款利息最低　　D. 利息水平完全相同

9. 李女士打算将来为她儿子进行教育储蓄,教育储蓄每月约定最低起存金额为( )元。

A. 50　　　　　　　　　　　　B. 100

C. 200　　　　　　　　　　　　D. 300

10. 教育储蓄是国家特设的储蓄项目,享有免征利息税、零存整取并以( )方式计息。

A. 零存整取　　　　　　　　　B. 存本取息

C. 整存零取　　　　　　　　　D. 整存整取

11. 下面关于教育保险的说法错误的是( )。

A. 保险金额越高,每年需要缴付的保费也就越多

B. 有的保险产品的回报率是参照当时银行存款利率设定的

C. 若银行升息,参照当时银行存款利率设定的险种的现金回报率将低于

183

现行银行存款利率

  D. 教育保险是一种最有效率的资金增值手段

  12. 如果李女士的儿子以后出国需要办理留学贷款，下列可作为留学贷款抵押物的是（ ）。

  A. 可设定抵押权利的汽车   B. 可设定抵押权利的房产

  C. 可设定抵押权利的首饰   D. 可设定抵押权利的土地

  13. 留学房产抵押贷款最高额不超过经贷款人认可的抵押物价值的（ ）。

  A. 50%   B. 60%

  C. 70%   D. 80%

  14. 留学质押（国债、本行存单质押）贷款最高额不超过质押物价值的（ ）。

  A. 50%   B. 60%

  C. 70%   D. 80%

  15. 若是李女士能够找到银行认可的自然人做留学信用担保，贷款最高额不超过（ ）万元人民币。

  A. 5   B. 10

  C. 15   D. 20

◎ 技能实训

  案例 1：张先生和妻子拥有稳定的工作，两人的年收入大约在 10 万元左右，双方都有"三险一金"。有一个 7 个月的孩子，双方父母目前均不需照顾，其有收入。现在拥有一套住房，每月的开支在 5 000 元左右。其他资产包括 2 万元的活期存款，以及投资于股市的 5 万元资金（因市场行情不佳，目前被套牢）。张先生和妻子希望在两年内购买一辆 10 万元左右的轿车。最近张先生和妻子在是否应当为孩子未来教育进行投资规划而产生了矛盾。张先生认为，由于学费特别是大学阶段的学费上涨迅速，现在就应当进行一些储蓄或购买保险，但他的妻子则认孩子现在还小，进行教育投资为时过早。假设你是理财规划师，试给这对夫妇提供建议。

  要求：

  究竟他们谁说得更有道理一些呢？你认为张先生目前有没有必要为儿子制定教育规划？假如有这个必要准备多少教育金合适？考虑哪些方面的因素呢？

  案例 2：刘先生儿子今年 10 岁，预计 18 岁上大学。假设学费上涨率每年为 5%，目前大学 4 年学费需30 000元。现在刘先生已经准备了 10 000万元作为子女教育启动资金，投资于收益率8%的项目上。如果刘先生在为儿子积累教育基金时，准备投资到年收益率为 7%的理财产品上，请为刘先生设计教育规划方案（本例中列出的时间点都为年末）。

项目七　退休养老规划

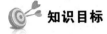 **知识目标**

1. 了解养老保险的基本知识，尤其是了解我国的基本养老保险制度；

2. 掌握企业年金的基本概念，熟悉我国企业年金的现状和相关政策；

3. 了解商业养老保险的基本知识，以及人寿保险公司推出的年金保险产品及选择方法。

技能目标

1. 学会收集客户退休养老方面的信息

2. 能够根据客户的实际需要制定退休养老规划

案例导入

部分国家延长法定退休年龄

美国已确定将退休年龄在 2027 年从现行的 66 岁延长至 67 岁，而且美国规定雇主不得强制要求雇员退休；日本正在考虑将退休年龄从现行 65 岁延长至 70 岁，甚至还想打造"永不退休社会"。2019 年 6 月，俄罗斯也推出了延迟退休计划，计划从 2019 年起逐步将男性退休年龄由 60 岁提高至 65 岁，女性退休年龄由 55 岁提高至 63 岁。

"目前，我国男女法定退休年龄不仅小而且不统一，其中，男性退休年龄为 60 岁，女干部为 55 岁，女工人为 50 岁，女特种工为 45 岁。作为半边天的妇女，退休年龄仅为 50 岁，这既是劳动力资源的巨大浪费，同时也无形中增大了后代的社保缴费负担。"武汉科技大学金融证券研究所所长、中国养老金融 50 人论坛核心成员董登新称。

2018 年 1 月 9 日，人社部部长尹蔚民在人民日报发表署名文章时再次提及，针对人口老龄化加速发展的趋势，适时研究出台渐进式延迟退休年龄等应对措施。2015 年 12 月 2 日，由中国社会科学院人口与劳动经济研究所及社会科学文献出版社共同主办的《人口与劳动绿皮书：中国人口与劳动问题报告 No. 16》发布会在京举行。该报告建议居民养老保险的退休年龄从 2033 年开始每 3 年延迟 1 岁，直至 2045 年完成。同时在退休年龄改革中引入弹性机制，可考虑以法定退休年龄为基准，规定人们可提前或延迟 5 年退休，但养老金待遇与退休年龄挂钩。

（资料来源：华夏时报 18 年 11 月 8 日 https://baijiahao. baidu. com/s? id = 16165349704
07339771&wfr = spider&for = pc）

任务 1 退休养老规划基础

在大多数国家，人们一般在 55 到 65 岁之间退休。就目前的人均寿命而言，这意味着，一般人在退休之后还有 10 到 30 年的退休生活。大多数人在退休之后即失去了其正常的收入来源——工资，这是一个颇为棘手的问题。为了使退休生活更有保障，人们必须提前制定退休计划，或者说需要未雨绸缪，预先进行基于退休目的的财务策划，将老年时各种不确定因素对生活的影响程度降到最低。

1.1 退休及退休养老规划的概念

退休是指员工在达到一定年龄或为企业服务一定年限的基础上，按照国家的有关法规和员工与企业的劳动合同，而离开企业的行为。

退休养老规划是为了保证客户在将来有一个自立、尊严、高品质的退休生活，而从现在开始实施积极的理财方案，是一个人一生中最重要的财务目标，是整个理财规划中不可缺少的一部分。现在退休老人中许多人除了倚靠子女赡养、维持饮食起居不虞匮乏之外，只有少部分的人能够有足够的金钱来完成人生中尚未实现的梦想，如果不幸罹患疾病，又没有足够的保险保障，就对子女造成极大的经济压力。所以，如果自己手里没有一笔丰厚的养老基金，想要维持有尊严而体面的晚年生活并不现实，甚至无法满足老年人对安全与幸福感的需要。

合理而有效的退休养老规划，不但可以满足退休后漫长生活的支出需求，保证自己的生活品质，抵御通货膨胀的影响，而且可以显著地提高个人的净财富。

1.2 退休养老规划的影响因素

退休生活通常占了人们三分之一的生存时间，是充分享受人生的最好时期。安排好退休生活将是达到财务自由的最终目标。从某种意义上讲，所有的个人理财规划，最终都是为富足养老服务的。忽略退休规划的重要性和紧迫性，将来就可能会陷入严重的困境。如果想晚年活的有尊严，过上高品质的生活，那么尽早设计自己的人生理财规划，主动地面对问题而非被动地等待是非常必要的。

1.2.1 预期寿命

预期寿命的多少意味着个人退休后要生活的时间。总的来说，越长的预期寿命将会花费越多的养老费用，这会直接影响到退休规划的目标与策略。

小资料 ▶▶▶

根据世界卫生组织 2019 年的数据，日本预期寿命最长，以人均 83.7 岁位居第一。中国男性的寿命预期从 1990 年的 66 岁延长到 74.6，女性的寿命预期则从 70.2 岁延长到 77.6 岁。

　　而根据美国中央情报局的数据显示，2019 年全球 224 个国家和地区中，男性的平均寿命为 70.31 岁，女性为 75.33，其中摩纳哥女性平均寿命高达 93.5，男性为 85.6，是全球平均寿命最高的国家，这主要归功于摩纳哥的医疗保健系统很好，由国家强制资助，所有摩纳哥公民可享受医疗保健。

（资料来源：百度文库）

1.2.2　性别差异

　　尽管男女平等是社会日益进步的表现，但是不可否认性别差异始终存在。一般而言，女性的寿命比男性长，而在很多国家女性的退休年龄却要比男性提前（如我国法定退休年龄男性是 60 岁，女性是 55 岁），再加上一些其他原因，这就造成了很多情况下女性的退休状况要差于男性。

1.2.3　退休年龄

　　退休年龄对退休规划会产生两方面的影响，一方面会影响个人工作赚取收入的时间（积累时间）；另一方面会影响个人退休后生活的时间长短。

　　有些人会因为种种原因而提前退休，如工作太过劳累，对工作的热情不继、健康状况不佳，家庭问题或是为了提前享受，等等。此外，在某些情况下（诸如经济不景气等）下，雇主可能出于降低成本考虑而推出提前退休计划，鼓励员工提前退休。

　　当然，延迟退休也会影响退休规划，在工业化国家，应对人口老龄化的主要方法是延迟退休期和使劳动力队伍老龄化。美国目前的法定退休年龄是 67 岁，欧盟一般是 65 岁。有专家表示，随着社会的发展，对中年人、老年人的年龄定义已经发生了很大变化。按照现行的退休年龄，许多人其实还正处在知识储备最丰富的时期，此时退休，无疑是一种人才浪费。最重要的是，推迟退休年龄将可大大缓解养老金的不足状况，大大减轻政府压力。但是，延迟退休将产生的负面影响也是可以预期的。中国仍面临劳动力总量过剩的矛盾，延长退休年龄，意味着有一批中老年人要推迟退休，可能会导致一批年轻人得不到工作岗位，使本已严峻的就业压力雪上加霜。正是出于对这些负面影响的考虑，各国对延迟退休都采用谨慎、渐进的做法。

1.2.4　经济运行周期

　　显然，在经济处于繁荣期积累退休储备是有利的；反之，则是不利的。而对于已经开始退休生活的人而言，经济周期的更替将改变其相对经济地位，进而影响其社会地位。从中国经济增长的长期趋势来看，中国经济转轨所实现的静态增长过程将逐渐结束，显然这种情形对正处于积累退休储蓄的个人而言是有利的。因此，这也可能正是当前我国居民进行个人退休规划时最有利的外部条件。

1.2.5　其他不确定的因素

　　比如通货膨胀、市场利率波动、个人和家庭成员的健康状况、医疗保险制度的变化等。

1.3 退休养老规划原则

退休规划的总原则是：本金安全，适度收益，抵御生活费增长和通货膨胀。具体而言，包括以下几个方面。

1.3.1 及早规划原则

要使退休后的生活过的安稳、丰富，就要提前做好退休养老规划。时间长可选收益和风险相对较高的产品，时间会摊平风险；时间短，则可选储蓄和短期债券，确保本金安全。

1.3.2 弹性化原则

满足不同的养老需求，有一定弹性。因为通货膨胀以及其他不确定的因素影响，在进行退休规划时，不要对未来收入和支出的估计太过乐观，很多人往往高估了退休之后的收入而低估了退休之后的开支。以保证给付的资金如社会养老保险和商业养老保险满足退休后的基本支出，以回报较高的其他投资如有价证券等满足退休后的生活品质支出。

1.3.3 收益化原则

为了保证退休后的生活，退休基金应该保持稳健的理财原则，但并不意味着要放弃退休基金进行投资的收益。事实上，任何资金都是有时间价值的，投资者应该在稳健的前提下寻求收益的最大化。

1.3.4 谨慎性原则

老年人发生意外的风险较高，经常可能发生不确定的支出等。因此，在制定退休养老规划的过程中，应多估计些支出，少估计些收入，使退休后的生活有更多的财务资源。

1.4 退休养老规划常见误区

1.4.1 退休计划开始太迟

对于许多二三十岁的年轻人看来，在他们这样的年龄就开始为退休生活做准备似乎为时尚早。的确，对于年轻人来说，他们的财务负担往往比较重，例如结婚、生育子女、购房、偿还教育贷款等都需要花费大笔资金，因而通常无暇顾及自己看似遥远的退休生活。这样做的后果是，年轻人会推迟开始制定退休计划的时间，例如推迟到 40 岁左右。然而，这类推迟行为最终会对退休目标的实现带来不利影响。因为他们的退休规划开始得越晚，当他们退休时就越可能会面对更大的财务困难，或者为了弥补退休资金的不足而不得不推迟自己的退休计划，不得不延长自己的工作年数。

1.4.2 对未来费用和收入估计过于乐观

总会有一些人对自己退休后的经济状况过于乐观，他们往往高估了退休之后的收入，或者低估了退休之后的开支，在退休计划上过于吝啬，不愿意动用太多的财务资源。

造成这种乐观估计的原因有多种，例如认为退休之后的社会保障、养老金计划或者投资足以保障自己的退休生活，认为在退休之后生活开支会显著下降，认为社会基本医疗保障能够承担所有的医疗费用等。当然，人们在退休计划上的吝啬表现也可能是因为别的原因，比如家庭负担过重或者个人的生活方式不同（有些人崇尚及时行乐，而较少考虑未来）。

1.4.3　投资过分保守

很多时候，人们喜欢把自己的养老计划仅仅当作储蓄账户而不是一种投资工具。虽然我们一直强调养老退休计划的安全性，但这并不意味着应当完全排斥风险。在某些情况下，如果投资可以获得合理的回报而又不必承担过大的风险，那么这样的投资在养老计划中是可以考虑的。中老年人在了解投资市场的基础上，适当投资一些国债、基金、股票，尤其是保障型的保险等。当然，并不提倡冒险地将资金投在高风险的资产上，因为中老年人已没有太多的时间和机会来挽回投资的损失。

任务 2　退休养老规划工具

总的来说：退休养老规划在我国包括利用社会保障的计划，利用企业年金计划，以及购买人寿保险公司推出的年金产品等手段。

2.1　社会养老保险

2.1.1　社会养老保险的概念

所谓社会养老保险，是国家和社会根据一定的法律和法规，为解决劳动者在达到国家规定的解除劳动义务的劳动年龄界限，或因年老丧失劳动能力退出劳动岗位后的基本生活而建立的一种社会保险制度。这一概念包含以下三层含义：（1）养老保险是在法定范围内的老年人完全或基本退出社会劳动生活后才自动发生作用的；（2）养老保险的目的是为保障老年人的基本生活需求，为其提供稳定可靠的生活来源；（3）养老保险是以社会保险为手段达到保障的目的，具有强制性、互济性和社会性。

2.1.2　社会养老保险的基本原则

1. 保障基本生活

社会养老保险的目的是对劳动者退出劳动领域后的基本生活予以保障。这一原则更多地强调社会公平，有利于低收入阶层。一般而言，低收入人群基本养老金替代率（指养老金相当于在职时工资收入的比例）较高，而高收入人群的替代率则相对较低。劳动者还可以通过参加补充养老保险（企业年金）和个人储蓄性养老保险，获得更高的养老收入。

2. 公平与效率相结合

社会养老保险待遇水平既要体现社会公平，又要体现个体之间的差别，在维护社会公平的同时，强调养老保险对于促进效率的作用。

3. 权利与义务相对应

目前大多数国家在基本养老保险制度中都实行权利与义务相对应的原则，即要求参保人员只有履行规定的义务，才能享受规定的养老保险待遇。这些义务主要包括：依法参加基本养老保险；依法缴纳基本养老保险费并达到规定的最低缴费年限。基本养老保险待遇以养老保险缴费为条件，并与缴费的时间长短和数额多少直接相关。

4.管理服务社会化

按照政事分开的原则，政府委托或设立社会机构管理养老保险事务和基金。要建立独立于企业事业单位之外的养老保险制度，就必须对社会养老金实行社会化发放，并依托社区开展退休人员的管理服务工作。

5.分享社会经济发展成果

在社会消费水平普遍提高的情况下，退休人员的实际生活水平有可能相对下降。因此，有必要建立社会养老金调整机制，使退休人员的收入水平随着社会经济的发展和职工工资水平的提高而不断提高，以分享社会经济发展的成果。

2.1.3　社会养老保险模式

(1)按照社会养老保险基金筹资模式划分为：现收现付制、完全基金制和部分基金制。

现收现付制：是指当期的缴费收入全部用于支付当期的养老金开支，不留或只留很少的储备基金。

完全基金制：是指当期缴费收入全部用于当期缴费的受保人建立养老储备基金，储备基金的目标是满足未来向全部受保人支付养老金的资金需求。

部分基金制：是指当期缴费一部分用于应付当年的养老金支出，一部分用于为受保人建立养老储备基金。

(2)按照社会养老保险资金的征集渠道划分为：国家统筹养老保险模式、强制储蓄养老保险模式和投保资助养老保险模式。

国家统筹养老保险模式：国家不向劳动者征收任何养老保险费，全部资金来自于国家的财政拨款，也就是财政预算。

强制储蓄养老保险模式：保险基金来自于企业和劳动者两个方面，国家不进行投保资助，仅给予一定的政策性优惠，这一制度在新加坡取得成功。

投保资助养老保险模式：养老基金由国家、企业和劳动者三方共同出资，是世界上大多数国家实行的养老保险模式，美国是代表国家。

2.1.4　我国社会养老保险制度的主要内容

1.发展历程（现收现付制转向部分基金制）

第一阶段：从全国统筹到企业保险

1951年2月25日，政务院颁布了《中华人民共和国劳动保险条例》以及随后颁布的《国家工作人员退休条例》，保障对象是国家机关、事业单位和国有企业职工。主要特征是国家规定统一的养老待遇，各单位和企业支付养老费用，是一种由国家统一管理并保证发放的现收现付型养老保险体制。后由社会保险转变为"企业保险"，从1984年起，部分市县开始进行"国营企业职工退休费社会统筹"的试点。

第二阶段（1985-2000）：重建社会统筹

1986年7月，国务院发布《国营企业职工实行劳动合同制暂行规定》，明确规定养老保险费由企业和工人本人分担缴纳，养老保险制度改革由此真正开始；

1991年，国务院《关于企业职工养老保险制度改革的决定》出台，确立了养老保险改革的原则、个人缴费原则，全国重新实行养老保险社会统筹制度；

1993年党的十四届三中全会通过的《关于建立社会主义市场经济体制若干问题的决定》，对我国社会养老保障制度改革做出了三项原则规定：建立多层次的社会保障体系、实行社会统筹和个人账户相结合、行政管理和基金经营要分开；

1995年3月1日，国务院颁布了《关于深化企业职工养老保险制度改革的通知》；

1997年，国务院颁布了《关于建立统一的企业职工基本养老保险制度的决定》。

2. 我国基本养老保险制度的管理

实行收支两条线管理，即养老保险计划的缴费收入要纳入财政专户存储，支出要专款专用，并要经过严格的审批程序。

养老保险基金的结余除预留相当于两个月的养老金开支外，其余全部要购买国债或存入专户，一般不能用于其他盈利性投资。

小资料

2015年6月29日，人社部、财政部联合就《基本养老保险基金投资管理办法》（以下简称《办法》）公开征求意见，明确提出基本养老保险基金（以下简称养老基金）可以不高于基金资产净值30%的比例，投资股票、股票基金、混合基金、股票型养老基金产品等。中国证监会新闻发言人曾在例行新闻发布会上表示，证监会一直积极支持养老金、保险资金等各类境内外长期资金入市，养老金入市对于扩大养老金投资渠道，实现保值增值具有重要的意义，同时也有利于资本市场的长期稳定健康发展。

（资料来源：百度文库）

3. 我国基本养老保险的缴费

覆盖所有城镇企业和职工，养老保险费用由国家、企业、职工共同负担，社会统筹和个人账户相结合。个人缴费工资总额的8%进入个人账户，单位缴费（通常是工资总额的12%以上）进入社会统筹账户。个人缴费工资总额上限为当地平均工资的300%，下限为当地平均工资的60%。已从现收现付模式转向部分积累模式，社会统筹账户进行部分的代际转移。

4. 职工领取基本养老保险要满足以下条件

达到法定退休年龄，并已办理退休手续。男职工年满60周岁；女干部年满55周岁；女工人年满50周岁；所在单位和个人依法参加养老保险并履行了缴费义务；个人缴费至少满15年。

5. 基本养老保险的计算

191

基本养老金＝基础养老金＋个人账户养老金

　　　　　　＝退休前一年本地区职工月平均工资×20%＋个人账户本息和÷120

[例] 王先生平均月薪4 000元（不考虑收入增加），养老保险缴费期为20年，个人账户投资收益率为5%，20年后北京市月平均工资为3 000元，那么退休后，他每月能领到多少养老金？

每月能领到的养老金＝3 000×20%＋4 000×8%×12×（F/A，5%，20）÷120

　　　　　　　　　　＝600＋127 000÷120 ＝1 658元

6. 基本养老保险制度的完善和发展

（1）关于做实个人养老保险个人账户：有利于实现部分积累的模式；有利于应对人口老龄化的挑战；有利于促进劳动力流动。

（2）关于改革基本养老保险金的计发办法：参保人员每多缴一年保费，养老金中的基础部分增发一个百分点，上不封顶，形成"多工作，多缴费，多得养老金"的激励约束机制，同时还考虑了退休人员平均余命的实际情况；并采取"新人新办法，老人老办法，中人逐步过渡"的方式。

（3）关于统一城镇个体工商户和灵活就业人员参保缴费政策：扩大养老保险覆盖面；改变各地政策差异较大的现状；国家给予优惠政策。

（4）关于建立基本养老保险金的正常调整机制：根据职工工资和物价变动等情况，适时调整企业退休人员基本养老金水平，调整幅度为省、自治区、直辖市当地企业在岗职工平均工资年增长率的一定比例。

2.1.5 世界其他国家的养老保险制度

（1）储金型养老保险。储金型养老保险制度在一批新兴市场经济国家实行，以新加坡、智利等国家为代表，强调自我保障的原则，实行完全积累的基金模式，建立了不同类型的个人养老保险账户或"公积金"账户。

（2）国家型养老保险。国家型养老保险制度曾经在大多数计划经济国家实行，以前苏联、东欧国家为代表。按照"国家统包"的原则，由用人单位缴费，国家统一组织实施，工人参与管理，待遇标准统一，保障水平较高。

（3）传统型养老保险。传统型养老保险以美、德、法等发达市场经济国家为代表，贯彻"选择性"原则，即并不覆盖全体国民，而是选择一部分社会成员参加，强调待遇与工资收入及缴费（税）相关联，因此也可称为"收入关联型养老保险"。

（4）福利型养老保险。福利型养老保险以英、澳、加、日等市场经济发达国家为代表，贯彻"普惠制"原则，基本养老保险覆盖全体国民，强调国民皆有年金，因此称为"福利型"或"普惠制"养老保险。

（5）混合型养老保险。原来实行福利型养老保险的国家，如今大多已经或正在向一种混合型制度转轨。即福利型养老保险与"收入关联型养老保险"同时并存，共同构成第一支柱的基本养老保险。英国与加拿大就是这种

2.2 企业年金

2.2.1 企业年金的定义

企业年金又称职业年金、企业退休金或雇主年金，是指在政府强制实施的公共养老金或国家养老金制度之外，企业在国家政策的指导下，根据自身经济实力和经济状况自愿建立的，为本企业职工提供一定程度退休收入保障的补充型养老金制度。

企业年金是对国家基本养老保险的重要补充，是我国正在完善的城镇职工养老保险体系（由基本养老保险、企业年金和个人储蓄性养老保险三个部分组成）的"第二支柱"。在实行现代社会保险制度的国家中，企业年金已经成为一种较为普遍实行的企业补充养老金计划，又称为"企业退休金计划"或"职业养老金计划"，并且成为所在国养老保险制度的重要组成部分。因此，企业年金是介于社会保险和商业保险之间的一种特殊保险形式。

2.2.2 企业年金的功能

1. 减轻国家养老负担压力的需要

建立企业年金可以在相当程度上提高职工退休后的养老金待遇水平，解决由于基本养老金替代率逐年下降而造成的职工退休前后的较大收入差距，弥补基本养老金保障水平的不足，满足退休人员享受较高生活质量的客观需求，发挥其补充和保障的作用。

2. 增强企业凝聚力和竞争力的需要

企业年金计划根据企业的盈利和职工的绩效为职工年金个人帐户供款，对于企业吸引高素质人才，稳定职工队伍，保障职工利益，最大限度地调动职工的劳动积极性和创造力，提高职工为企业服务的自豪感和责任感，从而增强企业的凝聚力和市场竞争力，获取最大经济效益，是一种积极而有效的手段。

3. 推动资本市场发育，改善投资者结构，促进经济发展的需要

企业年金既具有国民收入初次分配性质，也具有国民收入再分配性质。因此，企业年金形式的补充养老金计划又被视为对职工的一种延迟支付的工资收入分配。

4. 促进各类金融机构从分业经营向混业经营的需要

企业年金基金的运作是在一个开放性市场上进行的，凡符合条件的各类金融机构都可以进入这一市场。

2.2.3 企业年金

企业年金可分为缴费确定（也叫 DC 计划）和待遇确定（也叫 DB 计划）两种类型。

1. 缴纳年金（DC 计划）

通过建立个人账户的方式，由企业和职工定期按一定比例缴纳保险费（其中职工个人少缴或不缴费），职工退休时的企业年金水平取决于资金积累规模及其投资收益。其基本特征是：（1）简便易行，透明度较高；（2）缴费水平可以根据企业经济状况作适当调整；（3）企业与职工缴纳的保险费免予

征税，其投资收入予以减免税优惠；（4）职工个人承担有关投资风险，企业原则上不负担超过定期缴费以外的保险金给付义务。

DC计划的优点在于：（1）简便灵活，雇主不承担将来提供确定数额的养老义务，只需按预先测算的养老金数额规定一定的缴费率，也不承担精算的责任，这项工作可以由人寿保险公司承担；（2）养老金计入个人账户，对雇员有很强的吸引力，一旦参加者在退休前终止养老金计划时，可以对其账户余额处置具有广泛选择权；（3）本计划的企业年金不必参加养老金计划终止的再保险，如果雇员遇到重大经济困难时，可以随时终止养老金计划，并不承担任何责任。

DC计划也有其自身的缺陷：（1）雇员退休时的养老金取决于其个人账户中的养老金数额，参加养老金计划的不同年龄的雇员退休后得到的养老金水平相差比较大；（2）个人账户中的养老金受投资环境和通货膨胀的影响比较大，在持续通货膨胀，投资收益不佳的情况下，养老金难以保值增值；（3）DC计划鼓励雇员在退休时一次性领取养老金，终止养老保险关系，但因为一次领取数额比较大，退休者往往不得不忍受较高的所得税率；此外，DC计划的养老金与社会保障计划的养老金完全脱钩，容易出现不同人员的养老金替代率偏高或偏低。

小资料

联想集团有限公司企业年金介绍

（一）运作机制

联想依据年金管理的相关政策法规，本着公平、公正、公开的原则，对获得企业年金资格的专业服务机构进行了公开招标。最终，平安养老保险公司成为联想企业年金计划的受托人；招商银行成为联想企业年金的账户管理人和基金托管人；嘉实基金成为联想企业年金的投资管理人。

（二）缴费方式

联想企业年金属于缴费确定型计划（DC），公司与员工共同缴费。企业缴费部分按国家规定从公司福利费中列支，员工以个人定级工资为缴费基数，税后纳缴；企业缴费每年不超过本企业上年度职工工资总额的十二分之一，企业和职工个人缴费合计不超过本企业上年度职工工资总额的六分之一。公司缴费比例与公司上年度的经营业绩挂钩。联想集团所有符合加入资格的正式员工均可自愿加入。对工龄超过3年以上的员工，联想还在计划启动当期为其启动了一次性特别缴费，以奖励他们对联想的历史贡献。

（三）投资策略

联想年金的投资策略主要是以员工自愿为原则，具有安全性、稳定性和收益性的特点。即要在保证年金基金安全的前提下，保证年金基金运作的稳定性和收益性。因此，在投资品种上，根据我国政府对年金投资的严格限量监管模式，进行差异化的投资比例限制，并为不同风险偏好和收益追求的员工设计了两类不同风险与收益的组合供选择：保本组合和稳定增长组合。由公司来设计具体投资组合，员工可以根据自己的风险偏好自由选择，最大化满足了不同员工的需求和风险承受能力。

（四）收益测算

在实行企业年金计划之后，联想员工退休后收入将达到退休前三年平均工资的 60~70%，即替代率 60~70%。例如，假如一个员工在退休之前他的平均工资为 6000 元/月，如果未加入联想年金计划，他每个月能得到的养老金可能只有 1320 元（22%，的替代率）。但是如果他加入联想年金计划，他退休之后预计每个月将大约可以拿到：3960 元/月（66%；的替代率）；这个替代率水平已经达到了国际上公认的比较令人满意的水平。一般来说，替代率达到 60% 以上才能保证退休前的生活水平不下降。（注：以上数据仅仅是预期估计测算，不代表真实达到的水平。）

（资料来源：百度文库 https://wenku.baidu.com/view/3ac2bfa951e2524de518964bcf84b9d529ea2c1e.html）

2. 待遇年金（DB 计划）

也称养老金确定计划。指缴费并不确定，无论缴费多少，雇员退休时的待遇是确定的。雇员退休时，按照在该企业工作年限的长短，从经办机构领取相当于其在业期间工资收入一定比例的养老金。参加 DB 计划的雇员退休时，领取的养老金待遇与雇员的工资收入高低和雇员工作年限有关。具体计算公式是：雇员养老金 = 若干年的平均工资 × 系数 × 工作年限。（若干年的平均工资是计发养老金的基数，可以是退休前 1 年的工资，也可以是 2-5 的平均工资；系数是根据工作年限的长短来确定的）

DB 计划基本特征是：（1）通过确定一定的收入替代率，保障职工获得稳定的企业年金；（2）基金的积累规模和水平随工资增长幅度进行调整；（3）企业承担因无法预测的社会经济变化引起的企业年金收入波动风险；（4）一般规定有享有资格和条件，大部分规定工作必须满 10 年，达不到则不能享受，达到条件的，每年享受到的养老金额还有最低限额和最高限额的规定；（5）该计划中的养老金，雇员退休前不能支取，流动后也不能转移，退休前或退休后死亡的，不再向家属提供，但给付家属一定数额的一次性抚恤金。

3. DC 和 DB 的比较

DC 计划保险金给付水平最终受制于积累基金的规模和基金的投资收益，雇员要承担年金基金投资风险。

DB 计划保险金给付水平取决于雇员退休前的工资水平和工作年限，在没有全面建立起物价指数调节机制前，就会面临通货膨胀的威胁。

对 DC 计划而言，只有资本交易市场完善，有多样化的投资产品可供选择时，年金资产管理公司才能有既定收益，保证对年金持有人给付养老金和对投资收益的兑现。

对 DB 计划而言，更适应于金融市场还不是很完善的国家。

从国际上的发展趋势看，DC 计划已经成为国际上企业年金计划的主流。

2.2.4 我国的企业年金计划

1. 企业年金资金筹集

企业年金所需要的费用由企业和职工个人共同缴纳。企业缴费每年不超过本企业上年度职工工资总额的1/12，企业和职工个人缴费合计一般不超过本企业上年度职工工资总额的1/6。

企业年金基金实行完全积累，采用个人账户方式进行管理。即企业和个人缴费以及企业年金基金的投资运营收益都要计入企业年金个人账户。

2. 企业年金资金支付

职工在达到国家规定的退休年龄时，可以从本人企业年金个人账户中一次或定期领取企业年金。

职工变动工作单位时，企业年金个人账户资金可以随同转移。

职工或退休人员死亡后，其企业年金个人账户余额由其指定的受益人或法定继承人一次性领取。

3. 企业年金的税收政策

《企业年金试行办法》第七条规定：企业缴费的列支渠道按国际有关规定执行；职工个人缴费可以由企业从职工个人工资中代扣。企业为全体雇员按省级以上政府规定的标准缴纳的补充养老保险，可以在税前扣除。例如在东三省的试点地区，企业可以将企业年金缴费按工资总额的4%进行税前扣除。

自2014年1月1日起，国家实施企业年金、职业年金个人所得税递延纳税优惠政策。此举旨在推进我国补充养老保险制度建设，促进多层次养老保险体系发展，在一定程度上降低年金参保者个人所得税税负。

4. 企业年金基金的管理模式

我国的企业年金基金管理采用"信托+委托"的模式运作。企业委托人与受托人依据《中华人民共和国信托法》建立信托关系，再由受托人依据《合同法》分别与账户管理人、托管人、投资管理人建立委托关系，委托第三方管理运营企业年金基金。

目前，我国运作规范的企业年金计划大多采用"全拆分"或"2+2"两种模式。

"全拆分"模式是指受托人、投资管理人、账户管理人和托管人分别由四个独立的、具有相应企业年金运作管理资质的机构担任。委托人（企业或企业职工）首先要选择受托人，受托人可以是法人受托机构，也可以成立企业年金理事会。然后由受托人将账户管理人、托管人、投资管理人这三个职责分别委托给选定的3家机构。受托人作为委托人的全权代表，在投资运营中始终起着主导作用，处于核心地位，是投资管理的主体。

"2+2"模式是指，受托人、投资管理人、账户管理人和托管人这四个角色分别由两家机构来承担，且此两家必须分别具有两项资格。根据目前劳动和社会保障部认定的企业年金管理机构的资质来看，可以进入"2+2"模式的机构应该是：同时拥有受托人和投资管理人两个资格的法人受托机构和一家同时具有账户管理和托管资格的银行。

2.2.5 国外企业年金计划的举办方式

1. 直接承付

这种办法又称"自身保险"，即企业直接承担向本企业退休职工支付年金的责任。可采取基金式和非基金式两种，目前在欧洲国家比较流行。

2. 对外投保

即企业代表职工与保险公司签订保险合同，企业职工的养老责任由保险公司承担。美国、英国、日本等国的企业多采用对外投保方式实施企业养老计划，特别是为公司的董事等高级管理人员购买养老保险。

3. 建立养老基金

即企业参加一个具有独立法人资格的养老基金会来办理其养老计划。

2.3　商业养老保险

2.3.1　商业养老保险概述

商业养老保险是商业保险的一种，它以人的生命或身体为保险对象，在被保险人年老退休或保期届满时，由保险公司按合同规定支付养老金。目前商业保险中的年金保险、两全保险、定期保险、终身保险都可以达到养老的目的，都属于商业养老保险范畴。商业养老保险也可以当作一种强制储蓄的手段，帮助年轻人未雨绸缪，避免年轻时的过度消费。

党的十四届三中全会通过的《中共中央关于建立社会主义市场经济体制若干问题的决定》中提出，"发展商业性保险业，作为社会保险的补充"。《国务院关于深化企业职工养老保险制度改革的通知》中也指出："鼓励建立企业补充养老保险和个人储蓄性养老保险。"可见，国家已十分明确地将商业养老保险纳入整个养老保险体系，并对建立和发展这一险种予以鼓励和支持。

商业养老保险是以获得养老金为主要目的的长期人身险，它是年金保险的一种特殊形式，又称为退休金保险，是社会养老保险的补充。

商业性养老保险的被保险人，在交纳了一定的保险费以后，就可以从一定的年龄开始领取养老金。这样，尽管被保险人在退休之后收入下降，但由于有养老金的帮助，他仍然能保持退休前的生活水平。

商业养老保险，如无特殊条款规定，则投保人缴纳保险费的时间间隔相等、保险费的金额相等、整个缴费期间内的利率不变且计息频率与付款频率相等。

案例：泰康之家养老社区

作为中国保险业养老社区投资第一张牌照的持有者，泰康人寿开创了"活力养老、高端医疗、卓越理财、终极关怀"四位一体、"从摇篮到天堂"、"一张保单、一辈子幸福"的全新商业模式。

泰康之家燕园旗舰社区，是中国第一个大规模、全功能、国际标准的都市型养老社区；更是最具人文精神的活力社区，倡导简约舒适、节能环保、民主自立的现代生活方式。作为中国"医养活力社区"概念的缔造者和实践者，泰康之家养老社区定位于世界级标准的"医养活力社区"。

社区集居家生活、美食餐饮、医疗护理、文化娱乐、健身运动等全方位的服务与功能于一体。社区搭建的"三甲医院临床诊疗+社区配建二级康复医院+CCRC 持续关爱养老社区"三层次医养服务体系，将全面提升社区居住者健康质量。

泰康医养社区现已在全国 13 个重点城市布局建设大规模、全功能、国际

课堂笔记

标准的医养社区，总地上建筑面积超 180 万平方米，全部建成后可提供约 2 万户养老单元，全面覆盖京津冀、长三角、珠三角、华中、西南、东北区域。其中，北京的燕园、上海的申园、广州的粤园已及成都的蜀园 4 个养老社区已经开业，燕园目前更是一床难求。

原保监会数据显示，截至 2017 年 6 月末，全国共有中国人寿、泰康人寿等 8 家机构投资的 29 个养老社区项目，分布于北京、天津等 18 个省区市，占地面积超过 1200 万平方米，计划投资金额 678.2 亿元，床位数量超过 4 万张。

（资料来源：1. 13 个城市投资超 200 亿，泰康全国布局养老社区，新华网，2018-11-13

2. 泰康人寿启动全球医疗直通车投千亿进军养老健康产业，新华网，2014-10-22）

2.3.2　商业养老保险的分类

商业养老保险具体可以分为传统型养老险、分红型养老险、万能型寿险、投资连结保险，详细内容可以参考保险理财项目的内容。

1. 传统型养老险

传统的养老保险是投保人与保险公司通过签订合同，双方约定确定的领取养老金的时间，约定相应的额度领取，通常来说，其预定利率是确定的，一般在 2.0%—2.4%。这个预定利率是变化的，一般都会与当时的银行利率保持相当水平。银行利率高时，这个预定利率也高。在上个世纪 90 年代末的高利率时代，商业养老保险的预定利率曾高达 10%，但目前不会超过 2.5%。

优势：回报固定，风险低。由于这类产品的回报是按照合同约定的预定利率来计算，而不受外界银行利率变动的影响，因此，即使是在出现零利率或者负利率的情况下，也不会影响养老金的回报利率。尽管目前利率已经大幅下调，但是在 20 世纪 90 年代末期出售的一些养老产品，仍然按照当时 10% 的利率设计的回报来支付养老金。

弊端：很难抵御通胀的影响。因为购买的产品是固定利率的，如果通胀率比较高，从长期来看，就存在贬值的风险。2003 年的 1 万元与今天的 1 万元，价值确实差很远。而且，这部分投入到养老保险的资金，同时也失去了在股票、基金等渠道里获利的投资机会。

适合人群：以强制储蓄养老为主要目的，在投资理财上比较保守者。

2. 分红型养老险

分红型养老通常有保底的预定利率，但这个利率比传统养老险稍低，一般只有 1.5%~2.0%。分红险除固定的最低回报外，每年还有不确定的红利获得。

优势：除了有一个约定的最低回报，这部分资金的收益还与保险公司经营业绩挂钩，理论上可以回避或者部分回避通货膨胀对养老金的威胁，使养老金相对保值甚至增值。

弊端：分红具有不确定性，红利的多少和有无，与保险公司的经营状况有关系，也有可能因该公司的经营业绩不好而使自己受到损失。目前我国规定，保险公司应当将可分配盈余的 70% 以红利的方式分配给投资人。但是，保险公司的规范化管理依然是问题。

适合人群：既要保障养老金最低收益，又不甘于坐看风云者。

3. 万能型寿险

万能寿险在扣除部分初始费用和保障成本后，保费进入个人投资账户，有保底收益，一般在1.75%~2.5%，有的与银行一年期定期税后利率挂钩。除了必须满足约定的最低收益外，还有不确定的"额外收益"。

优势：万能险的特点是下有保底利率，上不封顶，每月公布结算利率，大部分为5%—6%，按月结算，复利增长，可有效抵御银行利率波动和通货膨胀的影响。账户比较透明，存取相对比较灵活，追加投资方便，寿险保障可以根据不同年龄阶段提高或降低。万能型寿险可以灵活应对收入和理财目标的变化。

弊端：万能险一般承诺有1.75%~2.5%左右的保底收益，但是，储蓄利息的计算基数是进入银行账户的所有本金，而万能险的收益计算基数是保单的账户价值，即个人所缴保费中，扣除初始费、账户管理费等费用以外的资金。若以30岁男性客户每年分别将固定资金投向某公司万能险和银行储蓄相比较，到第5年，这位客户无论是每年投5 000元、1万元还是5万元，收益率都不如银行储蓄高。

适合人群：理性投资理财者，坚持长期投资，自制能力强。

4. 投资连结保险

投资连结保险是一种基金，是一种长期投资产品，设有不同风险类型的账户，与不同投资品种的收益挂钩。不设保底收益，保险公司只是收取账户管理费，盈亏由全部客户自负。

优势：以投资为主，由专家理财选择投资品种，不同账户之间可自行灵活转换，以适应资本市场不同的形势。如果坚持长线投资，有可能收益很高。

弊端：是保险产品中投资风险最高的一类，如果受不了短期波动而盲目调整，有可能损失较大。

适合人群：该品种有可能血本无归，因此不适合将养老寄托于此的人。适合年轻人或风险承受能力强、以投资为主要目的、兼顾养老的人群。

案例：泰康养老：个人税收递延型养老年金保险

个人税收递延型商业养老保险是一款可以享受税收递延政策优惠的个人商业养老险。在缴费期内，保费在一定标准内税前扣除；积累期内，保费所产生的收益暂不征收个税；领取期内，领取金额的75%按照10%纳税，即7.5%。使用税延政策的好处在于，积累期每笔省税金额将产生可观的时间价值，领取时税率低。2018年5月开始在上海、福建和苏州新区试点。

例如：王先生，35岁，退休年龄60岁，其投保泰康养老个人税延养老年金保险B1款，选择固定期限15年月领方式，年化投资收益4.5%。

1）不同月收入情况下，王先生购买泰康养老个人税延养老年金保险的延效果计算如下：

月收入 示例	个人所得税 税率	税延 额度（年）	年减税 金额	退休时减税部 分的积累值	因税减实际 可获得的利益
8 000	10%	5 760	576	26 028	8 234

199

续表

月收入 示例	个人所得税 税率	税延 额度（年）	年减税 金额	退休时减税部 分的积累值	因税减实际 可获得的利益
12 000	20%	8 640	1 728	78 084	51 393
20 000	25%	12 000 *	3 000	135 563	98 491
50 000	30%	12 000	3 600	162 676	125 604
80 000	35%	12 000	4 200	189 789	152 716
100 000	45%	12 000	5 400	244 014	206 924

* 每月缴费金额为税延额度，即月收入×6%，最高不超过 1 000 元。

* "退休时减税部分的积累值"是指每月减金额度按照 4.5% 年化收益率积累至 60 岁时的价值。

* "因减税实际可获得收益"是退休时减税金额的积累值扣除了 15 年月领每期所交税额按照 4.5% 年化收益的贴现值，即被保险人实际因税延而获得的利益。

* 上述案例中年化收益率 4.5% 系假设，实际投资收益以实际计算利率为准。

2）他退休时个人税延商业养老保险账户金额是多少？退休后每月可以领取的养老金有多少？

月收入 示例	最高档个 人所得税 税率	税延额 度（年）	退休时 养老金账 户价值	退休后		
				每月养老 金金额	每月对 应税款	每月实 得金额
8 000	10%	5 760	260 281	1 798	135	1 663
12 000	20%	8 640	390 422	2 696	202	2 949
20 000	25%	12 000	542 253	3 745	281	3 464
50 000	30%	12 000	542 253	3 745	281	3 464
80 000	35%	12 000	542 253	3 745	281	3 464
100 000	45%	12 000	542 253	3 745	281	3 464

* "退休后每月养老金金额"王先生选择"固定期限 15 年月领方式"，每月的养老金金额。

* "每月对应税款"按照现行税延政策每月养老年金对应的应纳税款。

（资料来源：泰康官网 http：//tkyl. pension. taikang. com/cms/static/grkh/syzq/business_ aged. html）

2.3.3 如何选择养老保险产品

一般主要考虑两个方面的因素：价格因素和非价格因素。我国实行产品条款备案制度，价格因素差别不大；非价格因素才是关键。其中，非价格因素包括：保险公司的偿付能力、保险公司的服务质量、保险公司的机构网络、保险公司的民调评价、保险公司的经营特长。因此，我们在选择购买养老产品时，与其说是在选择保险产品，不如说是在选择保险公司，选择一家优良的保险公司是最为重要的。

2.4 其他新型养老金融手段

（1）银行退休养老信托：退休前以储蓄方式定期定额累积存入，由银行设立投资信托进行运作和管理，退休后再向银行定期定额赎回。

（2）保险公司变额万能投资型保单：退休前向保险公司定期定额投入，退休后定期定额赎回，并提供综合性的医疗和意外保障。

（3）银行反向赎楼：退休前为供楼而工作，退休时完成供楼，退休反向将该楼抵押给银行，每月定额获得一笔资金，去世后楼款用完，房屋由银行收回。

案例：幸福人寿广州迎首批以房养老客户

2015年6月26日，广州市两位老人与子女正式签订"幸福房来宝老年人住房反向抵押养老保险（A款）（以下简称"幸福房来宝"）投保单，这是幸福人寿在广州以房养老保险的首批客户。

作为国内首款以房养老保险产品，幸福房来宝产品于2015年3月25日获得保监会审批通过，在北京、上海、广州和武汉四个试点城市推出。产品主要从老年消费者的立场和角度研发设计，试点期间"三优先"，优先孤寡失独老人、优先低收入家庭、优先高龄老年群体。

首批客户中的张先生是以房养老保险产品的"忠实粉丝"，在谈及为何会选择幸福人寿这个产品时，他表示，一方面由于女儿在国外，自己和太太房子也没有要传承的需要，另一方面希望可以继续住在自己的房子里，按月领取一笔养老金，补贴每年不少的自费用药费用，改善老年生活品质，同时有充足的资金在身体条件良好的情况下外出旅游散心。

幸福人寿相关负责人对此表示，推出这个产品的初衷就是要让愿意居家养老的老人群体多一种选择。

据介绍，幸福房来宝为非参与型以房养老产品，产品优势一是产品已考虑房屋预期增值收益。首先，在幸福人寿评估抵押房产价值，对价值增长部分调增养老金，提前把给付投保人房产预期增值收益因素考虑在内。其次，幸福人寿不参与分享房产增值收益，如果将来房价上涨，抵押房产价值增长全部归属于投保人；二是产品设计透明。普通保险产品的犹豫期为15天，而幸福人寿"幸福房来宝"的犹豫期为30天。三是幸福人寿承担房价下跌和长寿给付风险。在投保后老年人即可终身领取固定养老金，不受房价下跌的影响。

客户签订投保单后，幸福人寿将按照产品设计的相关流程，逐一完成法律尽调、房屋抵押登记、公证等工作后，最终完成一系列外部流程，保单承保45天并同时经过30天犹豫期后，客户开始领取养老金。

（资料来源：时代周报，http://www.time-weekly.com/html/20 150701/30 337_ 1.html）

任务3　退休养老规划的流程

个人退休规划流程包括确定退休目标，预测资金需求，预测退休收入，计算退休资金缺口，指定退休规划，选择退休规划工具，执行计划，反馈与调整。

3.1 确定退休目标

需要确定的两个退休目标，包括退休时间（积累时间和退休生活时间）和退休后的生活水平。

3.2 估算退休后的支出

退休后支出的一般估算方法是：维持当前生活水平所需支出+老年阶段增加的开销（医疗护理）－老年阶段减少的开销（如子女教育费用、房屋按揭费用、保险支出、交通费等），同时需要考虑投资报酬率和通货膨胀率。

目前有两种简便估算方法：

以退休前收入的某一比例估算，如收入的60%~70%。

以退休前支出的某一比例估算，如支出的70%~80%。

表7-1　　　　　　　　　　估算退休后第一年支出

支出项目	目前年支出/元	退休年后支出/元	费用上涨率（%）	复利终值系数（n=20）	退休后第一年支出（元）
饮食	12 000	8 000	3	1.806	14 448
服装美容	500	3 000	1	1.22	3 660
房租	0	0	3	1.806	0
房屋按揭贷款	30 000	0	0	1	0
水电气、电话	5 000	3 000	4	2.191	6 573
交通	6 000	5 000	4	2.191	10 955
子女大学教育	12 000	0	6	3.207	0
休闲娱乐	6 000	10 000	6	3.207	32 070
国外旅游	12 000	16 000	6	3.207	51 312
医疗保健	5 000	10 000	6	3.207	32 070
保险	5 000	0	0	1	0
其他	5 000	5 000	5	2.653	13 265
生活总支出	103 000	60 000	5.10	2.739	164 353

案例： 张先生现年35岁，预计60岁退休，退休后再生活20年。假设张先生从今以后的税后投资报酬率是10%，在退休时年支出为16.4万元。

（1）不考虑退休后的通货膨胀，请计算张先生退休时需要储备多少养老金才能满足养老需要。

（2）假设张先生退休后，平均通货膨胀率是5%，请计算张先生退休时需要储备多少养老金才能满足支出养老需要。

案例计算：

不考虑通货膨胀时，需要的退休储备金＝16.4万×（P/A，10%，20）＝134万元

考虑通货膨胀时，退休后第 t 年需要退休金 = 16.4 万 × $(1+5\%)^t$

折现到退休时的现值 = 16.4 万 × $(1+5\%)^t$ ÷ $(1+10\%)^t$ = 16.4 万 ÷ $(1+4.76\%)^t$

考虑通货膨胀，20 年共需退休储备金 = 16.4 万 × (P/A，4.76%，20) = 209 万元

这意味着，退休后每年的支出相当于一个期限 20 年，折现率为 4.76% 的年金。使用的折现率 = $(1+10\%)$ ÷ $(1+5\%)$ −1 = 4.76%

3.3　估算退休后的收入

个人退休后的收入来源有社会养老保险、企业年金、商业养老保险、资产投资收益、资产变现收益、子女赡养费、遗产继承、兼职工作收入等。

退休收入估算存在偏差的原因主要是两个方面，包括缺乏养老规划经验和知识，养老规划周期很长，悲观或乐观情绪容易使养老规划产生较大偏差。

3.4　估算退休金缺口（退休金净值）

退休准备金的来源于当前资产中留作养老储备金的部分和未来每年储蓄留作养老储备金的部分。

退休金缺口 = 预计的养老金支出 − 预计的养老金收入

案例：黄先生 35 岁，月收入 15 000 元，月均支出 4 000 元，假设收入支出不变，希望 60 岁退休，并享受 20 年退休生活。

黄先生希望退休后维持现有生活水平，开支为当前开支 70%。

假设黄先生投资报酬率和个人养老金账户投资报酬率都是 5%，今后的通货膨胀率为 3%。

假设当地月平均工资为 1 092 元，每年月平均工资按 5% 增长，25 年后当地月平均工资为 3 698 元。社会养老保险最高缴费为当地平均工资的 300%。

请计算（1）退休时共需多少养老准备金；（2）退休后 20 年领取的社会养老金现值；（3）退休后的养老金缺口？

计算步骤：

（1）退休后第一年的养老金需求 = 4 000×12×70%×$(1+3\%)^{25}$ = 70 351 元

退休后 20 年养老金需求现值 = 70 351 × (P/A，1.05/1.03−1，20) = 115.68 万元

（2）工作后第 t 年的养老金个人账户积累到退休时的本利和 = 1 092×$(1+5\%)^t$×300%×8%×12×$(1+5\%)^{(25-t)}$ = 1 092×300%×8%×12×$(1+5\%)^{25}$

工作 25 年到退休时个人账户积累的养老准备金本息和

= 1 092×300%×8%×12×$(1+5\%)^{25}$×25 = 26.62 万元

退休后 20 年中领取的社会养老保险现值 = [3 698×20%×12+ 266 200÷120×12]×(P/A，1.05/1.03−1，20) = 58.37 万元

（3）退休后的养老金缺口 = 115.68 万元−58.37 万元 = 57.31 万元

3.5 制定退休规划

制定退休规划是指根据退休金缺口，制定退休规划，利用各种方法弥补退休金缺口。退休金缺口的弥补方法可以通过提高当前收入、提高储蓄比例、降低退休后开销、延长工作年限、提高投资收益等方法（见表7-2）。

表7-2　　　　　　　　　　　退休时间分段

退休生活时间分段		
退休前期	65 岁以前	尚有工作能力，可选择兼职工作
退休中期	65-75 岁	具备积极的生活能力，退休支出高峰期，可外出旅游，发展业余爱好
退休后期	75 岁以后	以居家为主，医疗护理支出增加

3.6 选择退休规划工具

养老投资原则主要有三点：一是以社会养老保险和商业养老保险满足退休后的基本支出；二是以报酬率较高的有价证券投资满足退休后的生活品质支出；三是养老投资注重：安全性、收益性、多样性、流动性（见表7-3）。

表7-3　　　　　　　　　　　主要养老投资工具比较

主要养老投资工具	优点	缺点
社会养老保险	低保障、广覆盖	只能满足基本生活需求，不能享受到高品质的老年生活
企业年金	我国养老保险的重要组成部分，基本养老保险的补充	真正实行企业年金的企业数量还是很少，企业年金实行最终的选择权和主动权都在企业手里，员工个人无法掌控
商业养老保险	传统型保险回报固定，风险低，固定利率；分红型保险收益与保险公司经营业绩挂钩，可以抵制一定的通胀，使养老金相对保值增值	传统型保险很难抵御通胀的影响；分红型保险的分红具有不确定性
银行存款、国债、高等级企业债券	固定收益，可以保本	平均收益不高
银行理财产品、基金等	投资机构信誉好，安全性高，网点众多，更专业、客观	产品设计复杂，信息披露不透彻，投资收益含糊不清
股票（主要投资于蓝筹股）	投资收益较高，可操作性强，流通性强	影响股票价格的因素很多，股价波动较大，风险与收益成正比，高报酬高风险
实物投资（比如房产）	丰厚的资金支持	变现能力稍弱

3.7　执行计划

在制定好退休计划、选择好养老投资工具后，就进入执行计划阶段，养老规划周期很长，应严格执行养老规划，养成强制储蓄的习惯。

3.8　反馈与调整

如果市场环境、客户养老目标没有发生重大变化，只需要定期（每年）检查退休规划的执行情况。

小　结

退休养老规划是为了保证在将来有一个自立、尊严、高品质的退休生活，而从现在开始积极实施的理财方案。本项目包括三个任务。任务一介绍退休养老规划的概念、影响因素和原则，任务二介绍了各种养老产品，包括社会养老保险、企业年金、商业养老保险，任务三结合实例了解退休养老规划的流程。

 能力训练

◎**知识训练**

一、单项选择题

1. 为了保证客户在将来有一个自立、尊严、高品质的退休生活，需从现在开始积极实施的理财规划是(　　)。

A. 现金规划　　　　　　　　B. 教育规划

C. 退休养老规划　　　　　　D. 风险管理和保障规划

2. (　　)是社会保障制度的重要组成部分，是社会保险最重要的险种之一。

A. 失业保险　　　　　　　　B. 医疗保险

C. 社会养老保险　　　　　　D. 人寿保险

3. 养老保险实行社会统筹与(　　)相结合的运行方式。

A. 基础养老金　　　　　　　B. 个人账户养老金

C. 企业账户养老金　　　　　D. 财政账户养老金

4. 由社会共同负担、社会共享的模式，实际上也就是由国家、企业和劳动者三方共同出资的方式筹集养老保险的模式是(　　)。

A. 国家统筹养老保险模式　　B. 强制储蓄养老保险模式

C. 投保资助养老保险模式　　D. 现收现付式

5. 我国现行的养老保险实行社会统筹与个人账户相结合的运行方式。其中个人账户的存储额可以用于(　　)。

A. 提前支取　　　　　　　　B. 职工养老

C. 企业投资　　　　　　　　D. 职工临时使用

6. 我们知道，企业年金的性质是补充性的养老保险，下列关于企业年金与基本养老保险关系的说法，正确的是(　　　)。

    A. 所有企业都必须建立企业年金计划

    B. 效益良好的企业可以建立企业年金计划

    C. 企业可以选择企业年金和基本养老保险其中之一建立

    D. 企业年金和基本养老保险缺一不可

7. 下列哪一项不属于建立退休养老规划的原则？(　　　)

    A. 及早规划原则　　　　　　B. 弹性化原则

    C. 退休基金使用的收益化原则　D. 开放性原则

8. 下列哪一项不属于退休养老基金的保存方式？(　　　)

    A. 银行存款　　　　　　　　B. 债券

    C. 基金　　　　　　　　　　D. 股票

9. 现实生活中，有大量对个人的退休生活带来影响的因素，这些因素构成了对退休养老规划的需求。这些因素不包括(　　　)。

    A. 预期寿命的延长

    B. 提前退休

    C. "养儿防老"理念的不可行性

    D. 婚姻生活

10. 大多数国家的养老保险体系由三个支柱组成，下列各项不属于这三个支柱的是(　　　)。

    A. 基本养老保险　　　　　　B. 企业年金

    C. 家庭养老　　　　　　　　D. 个人储蓄性养老保险

11. 企业年金作为资本市场上最重要的机构投资者之一，能极大地改善资本市场的投资者结构，由于它具有注重(　　　)等特点。

    A. 科学理财、组合投资、分散风险、短期回报

    B. 科学理财、组合投资、聚集风险、长期回报

    C. 专家理财、组合投资、分散风险、长期回报

    D. 专家理财、组合投资、聚集风险、长期回报

12. 企业年金制度又称企业退休年金制度、企业补充养老保险金制度和企业年金制度，它是企业在参加基本养老保险并按规定履行缴费义务的基础上，(　　　)的一种补充性养老保障制度。

    A. 国家强制实行　　　　　　B. 自主实行

    C. 雇员要求实行　　　　　　D. 国家和企业共同实行

13. 下列各项对企业年金的特征理解错误的是(　　　)。

    A. 非盈利性　　　　　　　　B. 政府鼓励

    C. 企业行为　　　　　　　　D. 商业化运营

14. 如果自己投资用于养老的资产，并决定投资于开放式基金。那么下列哪一种策略是合理的(　　　)。

    A. 应尽可能地投资于多只基金，以分散风险

    B. 每年评估基金业绩，将基金转换成历史业绩最好的基金

    C. 随着退休日期的临近，逐渐加大指数基金的投资比重

D. 年轻时股票基金比重较大，随着年龄的增长，逐渐加大债券基金的比重

15. 退休后的资产配置中，下列哪一项是不必要的做法？（   ）

A. 找理财规划师，寻求合理建议

B. 持有股票，以规避通货膨胀的风险

C. 不应再持有股票，以债券和现金为主

D. 应保持较好的流动性

◎ **技能实训**

1. 老李今年 40 岁，打算 60 岁退休，考虑到通货膨胀，退休后每年生活费需要 10 万元。老李预计可以活到 85 岁。老李拿出 10 万元储蓄作为退休基金的启动资金，并打算每年年末投入一笔固定的资金。在退休前采取较为积极的投资策略，假定年回报率为 9%，退休后采取较为保守的投资策略，回报率 6%。问老李每年应投入多少资金？

2. 进行市场调研，找出一款当前适合老年人退休养老规划的理财产品，并进行推介。

项目八 财产分配与传承规划

 知识目标

1. 掌握家庭成员权利义务关系，熟悉有关财产权属的法律规定
2. 熟悉有关婚姻家庭财产风险因素，掌握夫妻财产分配的法律规定
3. 掌握遗产的界定和遗产分割的原则，了解财产传承规划工具

 技能目标

1. 按照客户的类别制定财产分配和传承规划方案
2. 定期对财产分配和传承规划方案做出检查和调整

案例导入

关教授，70岁，退休后关教授每月的退休金和各种津贴大概在1万元，并有一套价值200万元的房产和80万的存款，现有一子一女。范阿姨，65岁，每月退休金2 000元，30万元存款，有一女儿。经人介绍后关教授与范阿姨结婚，准备携手度过晚年，对于像关教授和范阿姨这种家庭关系复杂，并且殷实富裕的再婚家庭，二老的年龄也较大，应该及早开始财产分配与传承规划。关教授和范阿姨都没有设立遗嘱，所以二老应尽快设立遗嘱，对自己的财产进行故去后的分配，以免到时发生财产纠纷。

（资料来源：http：//dongfanghuaersz. blog. 163. com/blog/static/1 290 532 102 009 927 111 549 850/）

财产分配与传承规划是个人理财规划中不可或缺的部分。财产分配规划是针对夫妻财产而言的，是对婚姻关系存续期间夫妻双方的财产关系进行的调整，因此财产分配规划也称为夫妻财产分配规划。而财产传承规划是为了保证财产安全承继而设计的财务方案，是从财务的角度对个人生前财产进行的整体规划。从形式上看，制定财产分配和传承规划能够对个人及家庭财产进行合理合法的配置；从更深层次的角度看，财产分配与传承规划为个人和家庭提供了一种规避风险的保障机制，当个人及家庭在遭遇到现实中存在的风险时，这种规划能够帮助客户隔离风险或降低风险带来的损失。

任务1 财产分配

财产分配规划师指为了家庭财产在家庭成员之间进行合理分配而制定的财务规划。通常意义上的财产分配规划是针对夫妻财产而言的，是对婚姻关系存续期间夫妻双方的财产关系进行的调整。

1.1　分析客户财产状况

1.1.1　分析客户财产状况

1. 判断客户婚姻状况

客户在家庭中的身份有几类，不同的身份会有不同的相对关系人，进而产生不同的财产关系。配偶是家庭关系的基础，婚姻关系是夫妻财产分配规划的基础，因此理财规划师针对客户的财产分配规划要求应首先分析客户的家庭婚姻状况，确定客户财产关系。

2. 婚姻成立的法律条件

结婚是指男女双方按照法律规定的条件和程序，以确立夫妻关系为目的而达成合意的民事法律行为。结婚是婚姻成立的形式要件，登记结婚是婚姻成立的法定程序，是婚姻取得法律认可和保护的方式，同时也是夫妻之间权利义务关系成立的必要条件。

婚姻成立还需要实质要件，这是婚姻成立的关键。结婚的必备条件：一是男女双方完全自愿，禁止一方对另一方的强迫或第三人干预；二是必须达到法定年龄，即男满 22 周岁，女满 20 周岁；三是必须符合一夫一妻制。结婚的禁止条件：一是禁止直系血亲和三代以内旁系血亲结婚；二是禁止患有医学上认为不应当结婚的疾病的人结婚。

3. 无效婚姻及其财产、子女抚养问题处理

无效婚姻是指男女两性虽经登记结婚，但由于违反结婚的法定条件，而不发生婚姻效力，应被宣告为无效的婚姻。无效婚姻包括四种具体原因：①重婚的；②有禁止结婚的亲属关系的；③婚前患有医学上认为不应当结婚的疾病，婚后尚未治愈的；④未达法定婚龄的。针对这种无效婚姻期间的财产处理有一定的规定。如同居期间所得的财产，推定为共同财产，如主张归个人所有，应承担举证责任；在子女抚养问题上，则适用婚姻法有关父母子女关系的规定。

4. 可撤销婚姻

可撤销婚姻是指违法结婚的某些法定条件，其婚姻可以在法定期间内予以撤销。如缺乏结婚的真实意思：或受胁迫或被非法限制人身自由。这种婚姻通过有撤销权的当事人行使撤销权使已经发生法律效力的婚姻关系失去法律效力。受胁迫一方撤销婚姻的请求应在自结婚登记之日起 1 年内提出，被非法限制人身自由的当事人撤销婚姻的请求，应当自恢复人身自由之日起 1 年内提出。过了这个时间限制没有提出撤销请求，即视为有效婚姻。

可撤销婚姻与无效婚姻的相似之处：①都是履行了结婚登记手续，具有登记婚姻的形式；②都是欠缺婚姻法规定的法定结婚条件，属于违法婚姻；③法律后果相同，均为自始无效，从婚姻成立之日起即不产生婚姻的法律效力。

二者区别：①形成的原因不同；②请求权人不同；③请求权的存续期间不同。

1.1.2　财产分配规划中应注意的事项

在进行财产分配规划时，要全面考虑分割家庭财产的因素。财产分配规

划经常遇到的问题是抚养、赡养、夫妻债务、房屋产权等，理财规划师要能够对不同情况进行分析。

1. 抚养

通常是指父母对子女在经济上的供养和生活上的照料，包括负担子女的生活费、教育费、医疗费等。

对于子女的抚养义务，不但存在于婚姻关系的存续期间，而且在婚姻关系破裂，夫妻双方已经离婚的情况下仍然存在。夫妻离婚进行财产分割时，要充分考虑双方对子女的抚养义务，抚养子女的一方应适当地多分配到一些财产；对于子女未随其生活的一方，应当向子女支付抚养费。包括子女对外所欠的债务等。

2. 赡养

是指子女对父母的供养，即指在物质上和经济上为父母提供必要的生活条件。

成年子女对父母的赡养是无条件的，赡养义务的承担主体不仅包括婚生子女，同时也包括养子女和与继父母形成抚养教育关系的继子女。

3. 夫妻债务

夫妻对外的债务是影响夫妻财产分配规划的一个因素，它直接影响到夫妻实际待分配财产的总额。夫妻债务主要包括夫妻个人债务和夫妻共同债务。不同的债务性质使家庭财产面临的风险是不同的。夫妻共同债务会减少整个家庭的财产总额，进而影响到整个家庭的生活水准；而夫妻个人债务仅对夫妻一方产生影响，通常不会影响到家庭生活。

（1）夫妻个人债务：①夫妻双方约定由其中一方承担的债务。如果夫妻约定由一方承担债务，但没有把这个约定通知债权人并征得其同意，则约定不对债权人产生效力。②一方未经对方同意擅自资助与其没有抚养义务的亲朋所负的债务。③一方未经对方同意，独自筹资从事经营活动，并且收入确实没有用于共同生活所负的债务。④其他应当由个人承担的债务。包括因一方实施违法行为所欠的债务；婚前一方所负的债务；婚后一方为满足个人欲望所负的与共同生活无关的债务，等等。

（2）夫妻共同债务：是指在婚姻关系存续期间，夫妻双方或一方为共同生活所产生的负债。夫妻共同债务是一种连带债务。

认定夫妻共同债务的标准：①夫妻双方共同举债。②夫妻一方负债是为了夫妻共同生活需要。③夫妻双方约定由夫妻共同承担的债务。对于婚前一方的债务及婚后一方的债务，如果夫妻约定为共同债务，也应为夫妻共同债务。约定必须为债权人知道并且同意才能对债权人有约束力。

[例] 甲于2000年与乙结婚，2001年以个人名义向其弟借款10万元购买商品房一套，夫妻共同居住。2003年，甲乙离婚。甲向其弟所借的钱，离婚时应如何处理？

A. 由甲偿还   B. 由乙偿还

C. 以夫妻共同财产偿还   D. 主要由甲偿还

此题即属于其中第二种情况。答案为C。

4. 夫妻共有财产中的股权构成

（1）有限责任公司股权。夫妻设立的有限公司或者以夫妻一方名义投资于有限责任公司，要首先考虑通过财产分配规划在公司财产和家庭财产之间布下防火墙，以抵御经营风险对家庭财产的侵扰。离婚时夫妻共有的股份应当按公平原则来分割。

（2）合伙企业合伙份额。普通合伙人对合伙企业债务是承担无限连带责任的，当企业经营出现问题的时候会对家庭财产和家庭成员的生活产生重大的影响。理财师对有合伙企业普通合伙人身份的客户，应首先建议客户有一个风险隔离的安排，在这里最有效的风险隔离工具就是信托，即将个人或家庭财产中的一部分以委托人的身份将财产权转给受托人，并根据信托目的指定信托财产的受益人。通过一个或数个信托安排使这些财产从合伙经营所带来的无限连带责任风险中解脱出来，形成财产的有效保护。

如果夫妻双方协商一致，将其合伙企业中的财产份额全部或者部分转让给对方时，按以下情形分别处理：①其他合伙人一致同意的，该配偶依法取得合伙人地位；②其他合伙人不同意转让，在同等条件下行使优先受让权的，可以对转让所得的财产进行分割；③其他合伙人不同意转让，也不行使优先受让权，但同意该合伙人退伙或者退还部分财产份额时，可以对退还的财产进行分割；④其他合伙人既不同意转让，也不行使优先受让权，又不同意该合伙人退伙或者退还部分财产份额，视为全体合伙人同意转让，该配偶依法取得合伙人地位。

[例]　2000年3月，甲、乙、丙开办一合伙企业，同年6月甲与丁结婚。2005年8月，双方协议离婚，约定将合伙企业中甲的财产份额全部转让给丁。下列哪些说法不正确？

A. 合伙企业中甲的财产份额属于夫妻共同财产

B. 如乙、丙同意，丁依法取得合伙人的地位

C. 如乙、丙不同意丁入伙，必须购买该财产份额

D. 合伙企业应清算，丁分得甲应得财产份额

分析：根据《中华人民共和国婚姻法》第18条的规定，"有下列情形之一的，为夫妻一方的财产：（一）一方的婚前财产"，因此，合伙企业中甲投入的财产份额属于其个人财产，非夫妻共同财产，选项A说法不正确；根据《中华人民共和国合伙企业法》第21条第1款的规定，"合伙企业存续期间，合伙人向合伙人以外的人转让其在合伙企业中的全部或者部分财产份额，须经其他合伙人一致同意"，故选项B说法正确；根据《中华人民共和国合伙企业法》第22条的规定，"合伙人依法转让其财产份额的，在同等条件下，其他合伙人有优先受让的权利"，因此，不同意转让的合伙人没有必须受让该份额的义务，选项3说法不正确；根据《中华人民共和国合伙企业法》第57条的规定，"合伙企业有下列情形之一时，应当解散：（一）合伙协议约定的经营期限届满，合伙人不愿继续经营的；（二）合伙协议约定的解散事由出现；（三）全体合伙人决定解散；（四）合伙人已不具备法定人数；（五）合伙协议约定的合伙目的已经实现或者无法实现；　（六）被依法吊销营业执照；

课堂笔记

（七）出现法律、行政法规规定的合伙企业解散的其他原因"以及第58条的规定，"合伙企业解散后应当进行清算，并通知和公告债权人"，选项4中，甲将其财产份额全部转让给丁并非公司解散事由，因此不能清算，故而该说法不正确。

（3）个人独资企业。夫妻用共同财产以一方名义投资设立独资企业的，分割夫妻在该独资企业中的共同财产时，应当按照以下情形分别处理：①一方想经营该企业，对企业资产进行评估后，由取得企业一方给予另一方相应的补偿；②双方均要求经营该企业，在双方竞价基础上，由取得企业的一方给予另一方相应的补偿；③如果双方均不愿意经营该企业，按照《中华人民共和国个人独资企业法》等有关规定办理。

[例] 甲以夫妻共有的写字楼作为出资设立个人独资企业。企业设立后，其妻乙购体育彩票中奖100万元，后提出与甲离婚。离婚诉讼期间，甲的独资企业宣告解散，尚欠银行债务120万元。该项债务的清偿责任应如何确定？

A. 甲以其在家庭共有财产中应占的份额对银行承担无限责任

B. 甲以家庭共有财产承担无限责任，但乙中奖的100万元除外

C. 甲以全部家庭共有财产承担无限责任，包括乙中奖的100万元在内

D. 甲仅以写字楼对银行承担责任

分析：根据《中华人民共和国个人独资企业法》第18条的规定，"个人独资企业投资人在申请企业设立登记时明确以其家庭共有财产作为个人出资的，应当依法以家庭共有财产对企业债务承担无限责任。"甲以夫妻共有的写字楼作为出资设立个人独资企业，也应当以家庭共有财产对个人独资企业的债务承担无限责任。因此，甲之妻乙购体育彩票中奖所得100万元应当属于夫妻共同财产。由此可知，本题的答案为C。

（4）财产分割时应当特别注意的问题。折价补偿时的股权价格计算：在公平原则的基础上，由专业机构对公司的财产状况和财务情况进行综合评估，按照股权的实际价值决定对股东的配偶进行经济补偿的数额。

5. 房屋财产

房屋财产对于大多数家庭来说举足轻重，是个家庭财产构成的主要部分。实践中，夫妻对共同房屋进行产权分割时主要涉及的问题有下述几个方面。

（1）夫妻一方婚前付了全部房款，并取得了房产证，那么该房屋是婚前财产，另一方无权要求分割。

（2）夫妻一方婚前以个人财产购买房屋，并按揭贷款，把房屋产权证书登记在自己名下的，该房屋为其个人财产，按揭贷款也为其个人债务。

（3）夫妻一方婚前支付了部分房款，但婚后才取得房产证，即使是婚后双方共同还贷，其仍应属于一方的婚前个人财产。

（4）如果夫妻一方婚前支付部分房款，婚后夫妻双方共同还贷，或一方用个人财产还贷且房屋又升值，而房屋的产权证在需要对财产进行分配时还没有拿到。这种情况下，在实践中是不会直接去界定房屋所有权归属的，而

是根据实际情况由夫妻双方先行使用，待取得房屋产权证后，再确定该房屋的权属。

（5）对于一方在婚前购房且房产证登记在其名下，而其配偶方有证据证明也有出资时，在分割该房屋财产时，该房屋仍为房产证登记人的个人财产，但是对于配偶方所付房款，一方应当予以补偿。

[例] 父母出资购房赠与一方。张先生的父母在其婚后出资为张先生夫妇购买了一套房产，他和妻子两人分文未出，但产权证的权利人一栏记载了张先生及其父母三人的姓名。现夫妻俩析产，妻子认为该房产中的 1/3 产权为夫妻俩的共有财产。

分析：生活中类似这样的情形很多，应该区分不同的情况而定：一是如果子女已婚，父母为自己子女夫妻双方购置房屋出资的，应视作对子女夫妻双方的赠与，除非父母明确表示是赠与自己子女一方；二是对父母的"明确表示赠与"，须在办理产权证之前做出，且有证据证明，最佳形式是办理公证。如果父母在办理产权证之后或在子女夫妻要进行析产时才签订赠与合同，这实际上是侵犯了非自己子女一方的合法权益。本案中张先生妻子的主张是符合法律规定的，该房产中的 1/3 产权应当认定为小夫妻俩的共同财产。

1.2 制定财产分配方案

1.2.1 确定财产分配的原则和目标

1. 风险隔离原则

理财规划师在为客户进行财产分配规划的时候，首先要考虑财产的安全。

（1）多婚多子女的家庭、跨国婚姻以及婚前就有大量财产的人：对婚前和婚后财产通过财产分配工具的运用进行不同的财产安排，保障个人财产的安全和更好地履行对其他家庭成员的义务。

（2）对参与各种经营的客户，还需要在经营风险和家庭财产之间布下防火墙，以抵御经营风险对家庭财产的侵扰，从而保证家庭成员的正常生活不受影响。

2. 合情合法原则

理财规划师在为客户确定财产分配目标时，要注意不仅要合法也要合情。合法，是指不违反与财产分配有关的法律规定，比如为客户进行风险隔离规划时要遵守相关法律法规的规定，不能违法操作；合情，是指财产分配要合乎情理，从协调客户及其家庭成员间关系入手，并考虑各个家庭成员主要是夫妻二人对家庭的付出和贡献，这样可以减少财产分配方案在实施中可能遇到的障碍。

在现实生活中，往往存在三种错误思想倾向：一种是认为财产在谁手中就归谁所有的倾向。事实上，只要是婚后所得财产，除非有特殊约定，不管财产在谁的手里，都是夫妻共同财产。二是认为夫妻一方没有经济收入或经济收入较少就没有财产安排权的倾向。而按照有关规定，只要是夫妻共同财产，夫妻双方就享有平等的所有权。在一般情况下，夫妻对共同财产的分割要平均；对共同债务，要平均承担。三是在有离婚情形时，一方想以多占有财产作为同意离婚交换条件的倾向。离婚与财产分割是两个性质不同的问题，不能混在一起相提并论。

3. 照顾妇女儿童原则

抚养教育未成年子女是家庭的一个中心问题，因此，在财产分配规划的制定过程中，要充分考虑子女的问题。在分割夫妻共同财产时，为了防止离婚对子女的学习生活以及心理造成消极影响，对子女的利益予以考虑显得尤为重要。同时要注意不要侵害到未成年子女的合法财产，要将未成年子女的合法财产作为子女的个人财产。未成年人的合法财产，不能列入夫妻共同财产进行分割。对于在子女教育和激励方面有特殊需要的，理财规划师除了为客户提供普通的子女教育规划，还可以为客户定做子女教育信托和子女激励信托。

案例：高某和王某夫妻二人同为某企业职工，2001年高某下海经商，因经营良好，家庭生活环境逐步改善。后因高某常年不回家，二人感情破裂决定离婚。3岁的女儿小高跟随母亲王某生活，鉴于王某收入低，高某决定小高的生活费由他一人负责。王某要求一次性支付小高的抚养费50万元。高某有经济实力一次性支付这笔钱，但他认为王某没有管理能力，不予支付。这时理财规划师可以建议高某进行子女抚养信托。将抚养费交付给受托人进行管理，定期支付给小高，既保障子女的生活，又解除了对交付财产时的担忧。

目前，我国妇女在多数情况下是一个弱势群体。因此，离婚时在财产分割方面，给予妇女适当照顾。既可以在财产份额上给女方适当多分，也可以在财产种类上将某项生活中特别需要的财产，如住房分配给女方。

照顾妇女儿童原则具体包括以下几项：

（1）离婚时，如一方困难，另一方应从其住房等个人财产中给予适当帮助。

（2）离婚后子女的抚养：①哺乳期间的子女，以随哺乳的母亲抚养为原则；②哺乳期后的子女，应从有利于子女的身心健康、保障子女的合法权益出发，结合抚养能力、条件决定。一般规定：子女不足两周岁的，一般随女方生活；子女在两周岁以上，且双方同争子女抚养权的，法院会考虑双方情况，看子女随哪方生活更有利于其成长；子女在10周岁以上，属于限制民事行为能力人，具有一定的辨别是非的能力，在双方均有抚养子女条件时，法院会更多考虑子女的意见。

（3）抚养费的给付的期限，一般到子女满18周岁时止。

4. 有利方便原则

通常，离婚时对于共有财产的分割，有协议的按协议处理，没有协议的原则上应当均等分割，同时考虑共有人对共有财产的贡献大小，适当照顾共有人生活的实际需要等。当然，根据生活的实际需要和财产的来源，具体处理时也可以有所差别。这就是夫妻离婚时财产分割坚持有利方便原则的法律依据。因此，要求夫妻离婚在分割财产时，不应损害财产的效用、性能和经济价值。夫妻共同财产，从财产的用途上划分，可以分为生产资料和生活资料。对于生产资料的分割，应尽可能分给需要该种生产资料，能够充分发挥该种生产资料效用的一方；而对于生活资料的分割，应尽量满足个人从事的专业或职业的需求，如个人从事某个职业所需的书籍、器具等，以发挥物的使用价值。

5. 不得损害国家、集体和他人利益的原则

权利不得滥用，这是公民行使权利的基本准则，也是离婚分割夫妻共有财产的原则之一。根据这一原则，夫妻在离婚分割财产时，不得把属于国家、集体和他人所有的财产作为夫妻共同财产分割，不得借分割夫妻共同财产之名损害其他人的利益。例如，对合伙经营的企业，夫妻作为合伙人与他人合伙，在离婚分割共同财产时，不能擅自分割合伙财产，必须从合伙财产中扣除其他合伙人的财产份额，属于夫妻共同财产的部分才能分割。对于夫妻双方通过约定分割共同财产的，人民法院应当进行审查。如果该约定合法有效，分割夫妻共同财产把共同财产约定归一方所有，或把共同债务约定由一方承担，但未告知债权人，从而损害债权人利益的，该约定对夫妻双方有效，对债权人不产生法律效力。

1.2.2　分析财产分配工具

1. 公　证

指夫妻财产约定公证，是依法对夫妻或“准夫妻”各自婚前或婚后财产、债务的范围及权利归属问题所达成的协议的真实性、合法性给予证明的活动；两个方面的内容：一是对将要结婚的男女双方之间的财产协议进行公证，二是对已经结婚的夫妻双方之间的财产协议进行公证。

（1）意义：①对约定协议的合法性予以把关；②经过公证的夫妻财产约定协议，可以为有关财产登记主管机关提供有效的登记依据。

（2）种类：

①婚前财产约定公证：婚前财产约定协议公证的双方不仅包括未婚男女，还包括有意愿进行公证的夫妻，由公证机构依法对他们各自婚前财产和债务的范围、权利义务归属问题所达成的协议的真实性、合法性给予证明。对于结婚前有大量财产的人士，特别是曾经有过离异经历且事业处于鼎盛时期的很多再婚人士，在再婚前都会在私人财产保护和个人安全感上有所考虑，对对方与自己的结婚动机产生怀疑，对于这类客户，婚前财产约定公证是财产保护的有效方式之一。

②婚后财产约定公证：根据我国法律的规定，婚后共同财产是在夫妻关系存续期间取得的收入，它的界定不考虑夫妻各方的工资奖金差距，也不管是单方还是双方获得的生产经营所得。只要夫妻关系存在，夫妻任一方的工资、奖金、知识产权的收益、未说明赠与财产归单方所有的赠与及法定继承所得的财产，都应视为共同所有。而一方因身体受到伤害获得的医疗费、残疾人生活补助费等费用、遗嘱或赠与合同中确定只归一方的财产、一方专用的生活用品等，就不得约定为夫妻共同所有。

2. 信　托

（1）个人信托与婚姻家庭信托

个人信托是指委托人（特指自然人）基于财产规划的目的，将其财产所

有权委托给受托人，受托人按照信托文件的规定为受益人的利益或特定目的，管理或处分信托财产的行为．个人信托的特点是财产的消极增值管理和财产事物的积极管理。它是实现财产分配和传承的有效渠道。

根据受益人和信托目的的不同，个人信托可分为子女保障信托、养老保障信托、遗产管理信托和婚姻家庭信托等四个种类：

①子女保障信托：指由委托人（父母、长辈）和受托人签订信托合同，委托人将财产转入受托人信托账户，受托人依约对财产进行管理并进行信托规划，定期或不定期给付信托财产受益人（子女），作为其养护、教育及创业之用，以确保其未来生活。这种信托广泛运用于海外留学费用的给付，离异抚养子女的赡养费、未来孩子教育及创业基金等。

②养老保障信托：指由委托人和受托人签订信托合同，委托人将财产转入受托人信托账户，受托人依约替客户管理运用；同时信托合同已明确约定信托资金为未来支付受益人（自己或配偶）的退休生活费用，只要是合同存续期间，受托人就会依约执行受益分配，让信托财产完全依照委托人的意愿妥善处理，达到退休生活无后顾之忧的目的。这种信托是适用于退休规划的有效工具，可以有效弥补我国目前社会养老保障体制的不健全，是退休规划的重要工具之一。

③遗产管理信托：指委托人预先以立遗嘱或订立遗嘱信托合同的方式，将财产的规划内容，包括交付信托后遗产的管理、分配、运用及给付等，详订其中。委托人死亡后，遗嘱或合同生效时，再将信托财产委托给受托人，由受托人依约负责所交办的事项，管理处分信托财产。这种信托是财产传承规划最有效的工具，能合理分配遗产、避免遗产纷争等。

④婚姻家庭信托：指由夫妻一方或双方作为委托人与受托人签订信托合同，将一定财产权委托于受托人作为信托资产，该财产独立于委托人的家庭财产，由受托人依约管理处分。其目的是保证家庭或夫妻一方在未来遭受风险时，家庭和个人生活能够正常维系，因此这种信托具有保障家庭基本生活和防止再婚配偶恶意侵占财产等作用。

（2）婚姻家庭信托关系人

婚姻家庭信托可以妥善管理夫妻双方或一方的生活，当家庭、事业遭受挫折或打击时，还可以通过信托为自己保有一笔创业金。其关系人包括委托人、受托人和受益人。

①委托人：委托人通常是有财产处分能力的人，即具有完全民事行为能力的人。可以是夫妻双方或任何一方。他们或者是对家庭未来财务风险有担忧；或者是担心因为婚姻关系破裂或另一方突然去世等婚姻家庭生活中的意外导致自己生活质量受到影响。

②受托人：受托人应为夫妻之外的任何第三方。受托人一般是委托人比较信任的第三方，包括关系亲密的自然人、专业机构和组织或者专业的人员。当然，一般来说，专业机构或专业人员的财务管理能力和信用都比较高。

③受益人：是委托人想使之享有依托收益的任何人。在婚姻家庭信托中，受益人可以是委托人自己，即自益信托。但大多数时候，受益人是孩子或第三人，即他益信托。

（3）婚姻家庭信托产品介绍

①离婚赡养信托：这是一种专门以离异配偶为受益人的信托。当夫妻关系结束时，如果比较富有的一方需要为经济条件不佳的离异配偶支付赡养费，他可以用部分财产设立离婚赡养信托，这样离异配偶可以不断收到赡养费却不能动用全部财产。这样，委托人既可以履行赡养义务，避免日后和离异配偶发生财务纠纷，又可以设置特殊条款以防止离异配偶的再婚配偶恶意侵占财产。

②不可撤销人生保全信托：这是一种最常用的以配偶及子女为受益人的信托。目的在于当夫妻一方去世后，能为另一方和子女提供稳定的生活保障。因此这种信托通常以配偶（以及子女或其他特定继承人）为受益人。其另一个好处就是可以防止家庭财产被幸存一方的再婚配偶侵占。

③风险隔离信托：这种信托是基于婚姻家庭面临的财务风险而设立的。主要为了防范以下几种风险：

第一，个人破产机制的缺乏；

第二，防范合伙企业的无限连带责任风险；

第三，私人公司财产与家庭财产混淆。

④子女教育信托：这是一种由父母设立，以子女教育金为信托财产的个人信托品种。主要意义在于将子女教育金处于信托保护状态，防止家庭财务危机对子女教育造成不利影响，也可以防止受益人对资金的滥用。子女教育信托具有以下三个优点：

第一，子女教育信托具有强制储蓄的特性。

第二，子女教育信托可以使教育金由专人管理、投资，增加收益率。

第三，子女教育信托具有风险隔离的优点。由于信托财产既不属于委托人所有，也不完全属于受托人所有，因此，无论委托人发生什么样的突发情况，都不会影响子女的教育金。

1.2.3　财产分配规划的工作程序

第一步：帮助客户明确财产分配的原则和目标。

第二步：向客户介绍财产分配规划工具及其不同作用。对于财产分配规划而言，一些与之相关文本是其重要工具，理财规划师要能够应客户需求为客户提供制定相关文件的建议，鉴定客户已有文件中存在的问题，或与其他相关领域的专业人士共同拟定合法有效的文件。

第三步：形成财产分配规划方案，交付客户。在充分了解、分析客户需求的基础上，理财规划师选择适当工具制定财产分配规划方案。根据客户要求，如果客户仅进行财产分配的专项规划，则形成财产分配规划报告，交付客户。如果客户需要整合理财规划方案，则将财产分配规划作为分项规划之一纳入整合理财规划建议书中，全部完成后交付客户。

课堂笔记

任务 2 传承规划

案例导入

台塑集团创办人王永庆去世后，在台湾留下遗产价值逾 600 亿元新台币（约合 128 亿人民币）。台湾税务部门核定其继承人须缴遗产税 119 亿元新台币（约合人民币 25 亿元），创下台湾最高遗产税纪录。据了解，2009 年 1 月 23 日，台湾修改相关法规，将遗产税税率降至 10%。但由于王永庆身故于 2008 年，因此适用旧制遗产税，税率为 50%。

（资料来源：沃保保险 news.vbao.com）

财产传承规划是为了保证财产安全承继而设计的财务方案，是当事人在健在时通过选择适当的遗产管理工具和制定合理的遗产分配方案，对其拥有或控制的财产进行安排，确保这些财产能按照自己的意愿实现特定目的，是从财务的角度对个人生前财产进行的整体规划。

2.1 了解遗产

2.1.1 遗 产

家庭财产传承是指家庭财产在家庭成员之间的转移，通常是在家庭中的一员去世后，对其财产进行继承的行为。继承是指自然人死亡后，由法律规定的一定范围内的人或遗嘱指定的人依法取得死者遗留的个人合法财产的法律制度。

财产传承规划中涉及的财产就是遗产，遗产是继承法律关系的客体，即继承权的标的。根据《中华人民共和国继承法》（以下简称《继承法》）规定，遗产具有以下特征：

（1）遗产必须是公民死亡时遗留的财产，具有时间上的特定性。只有在被继承人死亡时留下的没有被处分掉的财产才为遗产，继承开始之前，被继承人已经处分的财产不属于遗产。

（2）遗产的内容具有财产性和概括性。遗产既包括财产权利，也包括财产义务，也称为积极财产和消极财产。积极财产是指死者生前个人享有的财物和可以继承的其他合法权益，如现金、证券、不动产、收藏品等；消极财产则是指死者生前所欠的个人债务，如未偿还贷款、应付费用、税收支出等。

（3）遗产范围上的限定性和合法性。遗产只能是个人死亡时遗留下的合法财产并且依照《继承法》的规定能够转移给他人的财产。遗产在家庭共有财产之中的，遗产分割时，应当先分出他人的财产。被继承人非法取得的财产，依法不能视为个人所有的财产，不能作为遗产。

知识链接：遗产和保险金、抚恤金的区别

被继承人生前和保险公司签订的人身保险合同，如果在合同中投保人已经指定了受益人，被保险人死亡后则由合同所指定的受益人取得保险金并享有所有权。保险金因死者不享有所有权，因此不能作为死者的遗产。抚恤金是职工因死亡、革命军人牺牲或变故，个人因交通事故或其他事故死亡时，国家或死者生前所在单位等给予死者家属的精神关怀和物质帮助，不属于死者生前的个人财产，因此，不能作为遗产。

2.1.2　遗产的范围

依照《继承法》规定，遗产包括以下财产：

（1）公民的收入。公民的收入主要是指劳动收入，也包括其他合法收入。

（2）公民的房屋、储蓄和生活用品。公民的房屋是公民个人所有的私房，储蓄是公民个人的存款，生活用品是个人所有的生活资料。公民租住的房屋（包括单位的公房）则不属于遗产。

（3）公民的林木、牲畜和家禽。公民的林木主要指依法归公民个人所有的树木、竹林、果园等，如公民在宅基地上自种的树木和自留山上种的树木。但公民承包经营的归集体所有的果园等除外。

（4）公民的文物、图书资料。

（5）法律允许公民所有的生产资料。如农村承包专业户的汽车等。

（6）公民的著作权、专利权中的财产权利。如基于公民的著作被出版而获得的稿费、奖金，或因发明被利用而取得的专利转让费和专利使用费等。

（7）公民的其他合法财产。

2.1.3　遗产分割的原则

遗产分割指在共同继承人之间，按照各继承人的应继份额分配遗产的行为，应继份额可以根据遗嘱人的遗嘱确定，也可以根据法律的直接规定确定。在分割遗产时，各继承人除严格按照我国《继承法》规定的男女平等、养老育幼、优先照顾缺乏劳动能力和没有生活来源的继承人的利益、提倡互谅互让、和睦团结的精神外，还要按照一定的原则进行。

（1）遗产分割自由原则。继承人可以随时进行遗产分割，被继承人死后，从继承开始到进行遗产的实际分割这个阶段，遗产属于所有继承人共有，当然这样的状态不是一直持续的，遗产的分割才是终极目的，因此，继承人可随时请求分割遗产并不会损害他人的利益。当事人请求分割遗产的，他人不得拒绝。当事人可以协商分割遗产，也可以通过诉讼程序请求分割遗产。

（2）保留胎儿继承份额的原则。《继承法》第 28 条规定："遗产分割时，应当保留胎儿的继承份额。胎儿出生时是死体的，保留的份额按照法定继承办理"。分割遗产时应当为胎儿保留的遗产份额没有保留的，应从继承人所继承的遗产中扣回。当然，为胎儿保留的遗产份额，如胎儿出生时是死体的，由被继承人的继承人继承，因此，若胎儿出生时为死体的，则不必从继承人所继承的遗产中扣回。

（3）互谅互让、协商分割原则。遗产分割时，当事人应当互谅互让，协商处理，无论是遗产分割的时间，还是分割的方法、分割的份额，都应按继承人协商一致的意见办理，当然，若当事人协商不成，可以请调解委员会调解，也可以向法院提起诉讼。

(4)物尽其用原则。这是指遗产分割时,应当从有利于生产和方便生活出发,注意充分发挥遗产的效用,不损害遗产的价值。人民法院在分割遗产中的房屋、生产资料和特定职业所需要的财产时,应依据有利于发挥其使用效用和继承人的实际需要,兼顾各继承人的利益进行处理。

分割遗产的方法有以下几种:

(1)实物分割法,当遗产为可分物时,按各继承人的应继承份额对遗产进行实物分割。

(2)变价分割法,即将遗产出卖换取价金,由继承人分取价金。

(3)补偿分割法,继承人取得某项遗产的价值超过其应继承的遗产份额时,该继承人超过部分作出补偿给其他继承人。

(4)保留共有法,在遗产不宜分割并且继承人同意不分割的情况下可以不分割遗产,保留各继承人对遗产的共有权。

2.2 分析客户财产传承需求

根据《继承法》规定,遗产按照下列顺序继承:第一顺序人为配偶、子女、父母。第二顺序人为兄弟姐妹、祖父母、外祖父母。继承开始后,由第一顺序继承人继承,第二顺序继承人不继承。没有第一顺序继承人继承的,由第二顺序继承人继承。同一顺序继承人继承遗产的份额一般应当均等,继承人协商同意也可以不均等。

2.2.1 配　偶

构成家庭财产继承关系的配偶是指合法的婚姻关系的当事人,或者符合法律关于事实婚姻关系规定的当事人。大致包括以下几种情况:

(1)双方当事人依法办理了结婚登记手续,领取了结婚证,但尚未举行结婚仪式,或尚未同居的,一方死亡,另一方可以配偶身份继承遗产;反之,如双方当事人已经举行了结婚仪式,或已同居,但尚未依法办理结婚登记手续的,一方当事人死亡,另一方不得以配偶身份继承遗产(合法的事实婚姻配偶除外)。

(2)夫妻双方因感情不和已经分居,不论分居的时间长短,分居期间一方死亡的,另一方仍可以配偶的身份继承遗产。

(3)夫妻双方协议离婚,已经达成离婚协议,但在依法办理离婚手续期间,一方死亡的,另一方仍可以配偶的身份继承遗产。

(4)夫妻双方已经向法院起诉离婚,在离婚诉讼过程中,或在法院的离婚判决生效前,一方死亡的,另一方仍可以配偶的身份继承遗产。

2.2.2 子　女

我国《婚姻法》规定:"父母和子女有相互继承遗产的权利"。根据我国《继承法》规定:"本法所说的子女,包括婚生子女、非婚生子女、养子女和有抚养关系的继子女。"

1.婚生子女

《继承法》规定:"继承权男女平等。"因此,依法享有继承权的婚生子女,不论是男是女,不论已婚未婚,不论随父姓母姓,不论婚后女到男家落户还是到女家落户，均是法定继承人，依法享有平等的继承权。关于婚生子女享有法定继承权，应注意以下几个问题：（1）除依据我国《继承法》第七条确认丧失继承权的人外，凡"声明"与父母脱离父母子女关系的子女，仍可以依法享有对父母的继承权。（2）父母离婚后，由一方抚养的子女，对未与其共同生活的父或母仍享有继承权，即父母与子女间的关系，不因父母离婚而消除。

2. 非婚生子女

非婚生子女与婚生子女的法律地位完全相同，法律有关父母子女间的权利和义务，同样适用于父母与非婚生子女。非婚生子女作为其生母的继承人，可基于出生的事实加以确定，其身份关系一般不需特别证明。但非婚生子女作为其生父血亲的继承人，其身份则需要特别予以证明。

3. 养子女

公民依法领养他人子女为自己子女的行为是收养行为。在收养关系中，收养人为养父母，被收养人为养子女。我国养子女的法律地位与婚生子女的法律地位完全相同。养子女与养父母间的法定继承权也是基于收养关系的成立而产生的。

4. 形成抚养教育关系的继子女

继子女是指夫与前妻或妻与前夫所生的子女。继父母与继子女间的亲属法律地位分为两种：

（1）没有通过共同生活形成事实上的抚养关系：双方属于直系姻亲关系，不能作为继父母的法定继承人继承遗产。

（2）形成了事实上的抚养关系：双方由姻亲关系转化为拟制血亲的关系，形成法律拟制的父母子女关系。既可作为其生父母的法定继承人继承遗产，同时也作为其继父母的法定继承人继承遗产。

继子女享有对其生父母和有扶养关系继父母的双重继承权。但继子女如被继父或继母收养，那么，继子女与其生母或生父及其他近亲属的权利义务关系也随之消除，不享有双重的继承权。

2.2.3 父 母

我国《婚姻法》规定："父母和子女有相互继承遗产的权利"。《继承法》明确规定："本法所说的父母，包括生父母、养父母和有扶养关系的继父母。"

父母作为子女的法定继承人，还应包括以下两种情况：

1. 对非婚生子女的继承权

（1）生父母对其非婚生子女有继承权，并且继承权不以有无抚养子女的事实为条件。

（2）养父母与生父母处于同等的法律地位。在收养关系存续期间，养父母是养子女的法定继承人。注意两点：一是如果养父母离婚，养父母与养子女间的权利义务关系并不消除；二是如果收养关系解除，养父母子女间的权利义务关系依法消除。

2. 形成抚养教育关系的继父母

与生父母享有同等的法律地位，属于法定继承人的范围，依法对继子女的遗产享有继承权。

2.2.4 兄弟姐妹

兄弟姐妹是血缘关系中最近的旁系血亲。根据《婚姻法》规定，兄弟姐妹在一定条件下，相互负有法定的扶养义务，同时也是法定的继承人，相互享有继承遗产的权利。作为法定继承人的兄弟姐妹，包括同父同母的兄弟姐妹、同父异母或者同母异父的兄弟姐妹、养兄弟姐妹和有扶养关系的继兄弟姐妹。

1. 亲兄弟姐妹。包括全血缘的兄弟姐妹和半血缘的兄弟姐妹。

2. 养兄弟姐妹。养兄弟姐妹是基于收养关系的成立而在被收养人与收养人的其他子女间产生的亲属关系。在收养人的养子女与生子女间、养子女与养子女间形成了养兄弟姐妹关系，其法律地位等同于亲兄弟姐妹间的权利义务关系，彼此相互享有继承权。

3. 形成扶养关系的继兄弟姐妹。继兄弟姐妹间继承权的发生，并不以继父母子女间发生的抚养关系为依据，而是以继兄弟姐妹之间发生的扶养关系为依据。

2.2.5 祖父母、外祖父母

祖父母、外祖父母是孙子女、外孙子女除父母外最近的直系尊亲属。根据《中华人民共和国婚姻法》规定，有负担能力的祖父母、外祖父母在一定条件下，（如父母已经死亡或父母无力抚养的未成年孙子女、外孙子女），有抚养孙子女、外孙子女的义务，同时也享有继承孙子女、外孙子女遗产的权利。我国《中华人民共和国继承法》（以下简称《继承法》）将祖父母、外祖父母作为孙子女、外孙子女的法定继承人，依法对孙子女、外孙子女的遗产享有继承权。

2.2.6 对公婆、岳父母尽了主要赡养义务的丧偶儿媳、女婿

儿媳、女婿和公婆、岳父母之间属于姻亲关系。从婚姻家庭的法律关系上讲，姻亲间没有法定的权利和义务，因而，他们之间没有赡养、抚养的权利义务关系。因此，在正常的情况下，他们之间不发生法定继承关系。但我国《继承法》第十二条规定："丧偶儿媳对公、婆，丧偶女婿对岳父、岳母，尽了主要赡养义务的，作为第一顺序继承人。"这是我国《继承法》的一个突出特色，我国也是世界上唯一在《继承法》中作此规定的国家。

丧偶儿媳、女婿作为第一顺序法定继承人的前提条件，必须是对公婆、岳父母尽了主要的赡养义务。一般从以下三方面来看：一是对老人进行了生活上的照料和精神上的抚慰；二是对老人进行了经济上的扶助和供养；三是对老人的赡养具有长期性、经常性和稳定性。

2.3 制定并调整财产传承规划

2.3.1 制定财产传承规划的目标

财产传承规划目标是帮助客户在其去世或丧失行为能力后分配和安排其资产和债务。与其他财务规划目标不同，财产传承规划的目标只有在家庭成员去世或丧失行为能力后才能实现。

财产传承规划的目标首先要考虑其直接债务的偿还；其次要包括客户的长期责任。主要包括：

（1）为受赠（扶）养人留下足够的生活资源；

（2）为有特殊需要的收益人提供资产保障；

（3）家庭特殊资产的继承；

（4）其他需要（保证家庭和睦、遗产代代相传等）

2.3.2　财产传承规划原则

（1）保证财产传承规划的可变通性：财产传承规划从制定到生效有一段不确定期间，这段期间的家庭财务状况和目标是处于不断变化中的，因此，理财规划师要经常和客户沟通，对财产传承规划不断修改，以保证它能满足不同时期客户需要。

（2）确保财产传承规划的现金流动性：家庭成员去世后所留遗产要先支付相关的税、遗产处置费用、丧葬费和所欠债务等，因此在遗产中应预留充足的现金以满足支出。遗产中的现金收入来源通常有银行存款、存单、可变现的有价证券等，应尽量减少遗产中的非流动性资产（如房地产、长期债券、珠宝和收藏品等），这些资产不仅无法及时变现为所需的现金，还会增加遗产处置的费用。理财规划师应建议客户将它们出售变现，降低现金支出。

（3）减少遗产纳税金额：在遗产税很高的国家，遗产数额较大者的遗产往往需要支付较高的遗产税。所以，减少遗产纳税支出也是遗产规划的重要原则之一。一般来说，采用捐赠、不可撤销性信托和资助慈善机构等方式可以减少纳税金额。需要强调的是，我国内地虽然目前还没有开征遗产税，只是发布了遗产税暂行条例。理财规划师应关注相关政策，正确根据客户的目标和财务状况分配遗产，帮助客户实现理财目标。

2.3.3　财产传承规划工具

1. 遗　嘱

（1）概　念：

遗嘱是立遗嘱人生前对其遗产所作的处分或对其他身后事务所作的安排，并在死亡时发生效力的单方民事法律行为；遗嘱继承是指由被继承人生前通过所立的遗嘱来指定继承人及其继承的遗产种类、数额的继承方式。遗嘱包括以下特征：

①遗嘱是单方民事法律行为，因此要求遗嘱人的行为能力、意思表示的真实性和内容的合法性等；

②遗嘱是死因行为即只有在立遗嘱人死亡时才发生法律效力，因此立遗嘱人可以任意修改和撤销其遗嘱；

③遗嘱是要式法律行为，必须采取法律规定的五种形式之一，并且每种形式必须符合法律规定的条件，否则那无效；

④遗嘱是死者生前处理其死后事务的意思表示；

⑤遗嘱是处分财产的行为。

（2）遗嘱的有效要件：

①实质要件：

根据《继承法》规定，遗嘱的有效要件包括以下几点：遗嘱人有遗嘱能力；遗嘱是遗嘱人真实的意思表示；遗嘱不能取消缺乏劳动能力又没有生活来源的继承人的继承权；遗嘱中所处分的财产须为遗嘱人的个人财产；遗嘱的内容合法并不得违背社会公共利益；遗嘱继承人在继承开始时必须生存，若遗嘱继承人先于被继承人死亡的遗嘱该部分内容无效。

②形式要件：

遗嘱应当采取下列五种形式之一：公证遗嘱、自书遗嘱、代书遗嘱、录音遗嘱、口头遗嘱等五种。对此应当注意以下三点：代书遗嘱、录音遗嘱、口头遗嘱须有两个以上见证人在场见证；在这五种形式中，公证遗嘱的效力最强，若其他遗嘱的内容和公证遗嘱的内容冲突无论公证遗嘱订立的时间先后均优先适用；口头遗嘱只能在情况紧急来不及订立其他遗嘱时才能使用，并且紧急情况解除后应当采取其他形式订立遗嘱，否则口头遗嘱无效。同时，不得作见证人的有：无行为能力人、限制行为能力人；继承人、受遗赠人；与继承人、受遗赠人有利害关系的人，即和继承人、受遗赠人具有某种法律关系而基于此种法律关系继承人、受遗赠人受有利益时其也会随之受有利益。例如丈夫和妻子基于夫妻关系，丈夫取得财产妻子也受有相应的利益。

（3）遗嘱的变更和撤销：

由于遗嘱是死因行为因此立遗嘱人在其死亡之前随时可以变更和撤销遗嘱：

①明示方式变更、撤销：立遗嘱人可以通过明确的意思表示将其所立遗嘱撤销和变更，但是撤销和变更公证遗嘱的意思表示必须经公证处重新公证才有效；

②默示变更、撤销：包括以下三种情况：遗嘱人立有数份遗嘱的，且内容相互抵触的，以最后所立的遗嘱为准，推定后立遗嘱变更或撤销前立的遗嘱，但公证遗嘱的变更和撤销须以公证遗嘱的方式进行方为有效；立嘱人生前的行为与遗嘱的意思表示相反，而使遗嘱处分的财产在继承开始前灭失、部分灭失，或所有权移转、部分移转的，遗嘱视为被撤销或部分被撤销；遗嘱人销毁遗嘱文书，推定遗嘱人撤销遗嘱，但经过公证的遗嘱除外。

（4）遗嘱的执行：

是指遗嘱生效后由遗嘱执行人实现遗嘱的内容。遗嘱的执行应当按照以下程序：确定遗嘱执行人；遗嘱执行人查明遗嘱是否合法真实；清理遗产；管理遗产；按照遗嘱内容执行遗赠和将遗产最终转移给遗嘱继承人。

其中，遗嘱执行人的确定一般有如下途径：遗嘱人在遗嘱中指定遗嘱执行人；法定继承人担任遗嘱执行人；遗嘱人生前所在的单位或继承发生地点的基层组织为遗嘱执行人；指定的专业机构和专业人士充当遗嘱执行人。遗嘱执行人的职责主要包括：查明遗嘱是否合法真实；清理遗产；管理遗产；按照遗嘱内容执行遗赠和将遗产最终转移给遗嘱继承人；遗嘱执行人在执行遗嘱时，任何人不得妨碍。需要强调的是，遗嘱指定的执行人有权拒绝接受。

（5）设立遗嘱的优点和风险：

设立遗嘱体现了遗嘱人对其财产自由安排的意愿，是公民保护私有财产的一种有效方式。其优点主要体现在以下几个方面：设立遗嘱是法律对公民财产所有权予以全面保护的最佳体现；设立遗嘱有利于发挥家庭养老育幼的功能；设立遗嘱有利于发展社会福利事业；设立遗嘱有利于减少和预防纠纷。

但是，在现实生活中，因遗嘱而产生的纠纷并不少，主要是因为遗嘱还存在效力风险和设立遗嘱执行人的风险。效力风险是指大部分遗嘱，都有被推翻的可能性。也就是说任何人只要认为自己有权继承却被排除在外的，都可以到法庭申述，由法院来裁决，结果有可能背离遗嘱人立遗嘱的本意；设立遗嘱执行人的风险是指遗嘱虽然由遗嘱执行人来保管，但遗产通常还是由继承人持有，遗产极容易受到侵吞。不仅容易在继承人之间产生纠纷，而且遗嘱人的遗嘱也得不到很好的执行。

2. 遗嘱信托

（1）概　念：

是指委托人预先以订立遗嘱的方式，将财产的规划内容，包括设立信托后的管理、分配、运用及给付等，详订于遗嘱中。等到遗嘱生效时，再将信托财产转移给受托人。由受托人依据信托的内容，也就是委托人遗嘱所交办的事项，管理处分信托财产。遗嘱信托同样在委托人死亡后才生效。

（2）种　类：

①执行遗嘱信托：受托人在受托之后，在遗嘱人死亡后，根据遗嘱，代遗嘱人办理债权的收取和债务清偿、遗嘱中规定的有关物品的交付以及遗产的处理和分割等遗嘱的执行事宜。

②管理遗产信托：受托人受遗嘱人的委托，在一定时期内代为管理遗产的信托业务。

（3）遗嘱信托的优点和适用范围：

通过遗嘱信托，由受托人确实依照遗嘱人的意愿分配遗产，并为照顾特定人而做财产规划，不但有立遗嘱防止纷争的优点，并因此结合了信托产品独立性和专业化管理的规划方式，使得该遗产和继承人更有保障，达到财产有效保值、合理配置、永续传承的目的。

遗嘱信托的适用范围包括：名下有可观的财产，担心将来在财产分配上会有困扰的人；继承人为无民事能力或限制民事行为能力的人；想立遗嘱但不知如何规划的人；对遗产管理及配置有专业需求的人。

3. 人寿保险信托

人寿保险信托是委托人基于人寿保险中受领保险金的权利或保险金，以人寿保险金债权或人寿保险金作为信托财产设立信托，指定受托人依据信托合同所规定，为受益人管理运用信托财产或直接交付保险金。

人寿保险信托同时具备了保险和信托的双重功能，弥补了保险产品的不足。又具有储蓄和投资理财的双重功效，且具有免税功能，使被保险人对遗属日后的生活更为放心。人寿保险信托的主要功能包括：财产风险隔离、专业财产管理、家庭生活保障、规避经营风险。

2.3.4　财产传承规划的工作流程

财产传承规是涉及客户身故后资产分配的规划和文件。财产传承规划的流程如下：

第一步：审核客户财产的权属证明原件，保留客户财产权属证明复印件，

课堂笔记

并指导客户填写相关表格。

第二步：计算和评估客户的遗产。通过评价遗产价值和遗产种类，可以了解到客户的遗产管理目标，合理选择遗产工具和策略。

第三步：分析财产传承规划工具。财产传承规划工具主要包括遗嘱、遗嘱信托、人寿保险信托三种。

第四步：形成财产传承方案，交付客户。在充分了解客户信息和需求的基础上，选择合适的财产传承工具制定方案，形成报告，交付客户。

第五步：定期检查、调整、修改规划方案。

小 结

本项目分为两个任务：任务一介绍了夫妻财产分配的基本内涵，通过分析客户的财产状况，确定财产分配的原则和目标、分析财产分配工具，制定财产分配方案。任务二介绍了财产传承规划的相关内容，了解遗产的相关规定，分析客户的财产传承需求，分析财产分配工具，制定并调整财产传承规划。通过本项目两个任务的学习，要求能够熟练掌握夫妻财产分配和传承规划工具，熟悉有关《中华人民共和国婚姻法》和《中华人民共和国继承法》的法律规定，制订出合理的财产分配和传承规划方案。

能力训练

◎ 知识训练

一、判断题

1. 夫妻之间可以根据某一方收入的多少和有无来改变双方处理财产权利的大小。 （ ）

2. 分别财产制是指夫妻双方婚后所得财产全部归各自所有的制度。 （ ）

3. 公证遗嘱可以由他人代办。 （ ）

4. 公证遗嘱必须是书面形式。 （ ）

5. 指定了受益人的保险金不能作为死者的遗产。 （ ）

二、单项选择题

1. 在我国婚姻成立的形式要件是（ ）。

A. 双方当事人自愿　　　　　B. 双方达法定年龄

C. 双方已经同居　　　　　　D. 双方进行婚姻登记

2. 下列关于财产传承规划的说法正确的是（ ）。

A. 财产传承规划是为了保证社会向前发展而设计的财产方案

B. 财产传承规划对保证财产安全作用不大

C. 夫妻双方的财产关系可以依据法律、习惯来调整，不需要财产传承规划

D. 财产传承规划受客户财产状况、客户在家庭中的身份地位等诸多因素的影响

3. 下列各项财产中，属于个人财产的是(　　)。

A. 张某婚前以个人名义购买了一套 80 平方米的房子，婚后夫妻共同使用 5 年

B. 蒋某的婚前个人财产与婚后共同财产无法查证

C. 林某在婚内参加演出获得 3 万元的报酬

D. 结婚后，王某以个人名义购买一台液晶电视

4. 下列不属于我国法律规定的禁止结婚类型的是(　　)。

A. 直系血亲
B. 三代以内的旁系血亲
C. 麻风病人未经治愈
D. 糖尿病人未经治愈

5. 张某在国外的叔叔在其结婚前赠与其个人 5 万元，张某一直存于银行，后张某因感情不和离婚，则该 5 万元应当(　　)。

A. 视为张某的婚前个人财产
B. 视为张某与其妻子的夫妻共同财产
C. 由张某与其妻子平均分割
D. 由张某与其妻子应当进行协商确定

6. 耿某结婚 8 年，因感情不和提出离婚，但是在离婚的前两个月时，其妻张某因病失去劳动能力而又无生活来源，此时耿某应当(　　)。

A. 承担扶养义务
B. 交由其子扶养
C. 送到福利院
D. 送到张某父母家

7. 张某由于感情不和与妻子李某离婚，儿子小张由张某抚养，二人协议共同居住的房子由张某继续使用，但需转入儿子名下。离婚后不久，张某与同公司的赵某结婚，婚后赵某对小张视如己出。但随着公司出现亏损并日益严重，张某与赵某的感情也出现问题，为了不影响儿子的成长，二人决定在小张成年后再离婚。小张成年后不久二人离婚，小张在外出散心时不幸发生车祸去世，小张名下的房子应归(　　)。

A. 张某、李某、赵某共同继承

B. 张某与李某共同继承

C. 张某、赵某共同继承

D. 张某独自继承

8. 2008 年 2 月，刘先生与赵女士相识，并确定了恋爱关系。双方计划在 2008 年 5 月 1 日举行婚礼。2008 年 4 月 28 日，二人去当地婚姻登记机关申请结婚登记。登记机关经过审查，认为双方符合结婚条件，予以登记。登记完毕后，由于一些客观原因，登记机关未能当即发放结婚证，有关工作人员告知他俩于 2008 年 5 月 9 日补领结婚证。之后，二人如期举行了婚礼，并于次日搭机飞往海南旅游。旅行期间，二人搭乘的旅行团客车与另一车辆发生严重碰撞，刘先生在这次事故中不幸罹难。处理完刘先生的后事后，赵女士于 2008 年 5 月 9 日领取到结婚证。之后赵女士与刘先生的父母在其是否应享有刘先生遗产继承权的问题上发生了争执。下列说法正确的是(　　)。

A. 赵女士无权继承刘先生的遗产

B. 赵女士享有对刘先生的继承权

C. 刘先生与赵女士的婚姻关系自 5 月 9 日才成立

D. 刘先生死亡时并没有与赵女士领取到结婚证，这说明二人的婚姻关系在当时并不成立

9. 根据法律规定，继承从（　　）时开始。

A. 被继承人死亡　　　　　　　B. 遗嘱生效时

C. 被继承人允许时　　　　　　D. 继承合法时

10. 按照法律规定，以下不属于父母应尽的抚养义务的是（　　）。

A. 对未成年子女无条件地进行抚养

B. 对不能独立生活的尚在校接受高等学历教育的子女的抚养

C. 对丧失或未完全丧失劳动能力等非主观原因而无法维持正常生活的成年子女在一定条件下进行的抚养

D. 对已经工作但收入不能满足支出的成年子女的抚养

11. 王某（女）和丈夫结婚两年，丈夫就得病去世了，她和公婆在一起生活了两年，后来经人介绍和刘某认识，并打算结婚，前夫的父母告诉她，她可以再嫁，但不能带走家里一分钱。前夫父母的行为（　　）。

A. 侵犯了王某的人身自由　　　B. 侵犯了王某的婚姻自由

C. 侵犯了王某的名誉权　　　　D. 侵犯了王某的继承权

12. 下列关于财产传承规划的说法，错误的是（　　）。

A. 按照法律直接规定也可以实现财产传承，没有必要进行传承规划

B. 信托是财产传承的最佳工具

C. 遗产要及早规划，否则会引起家庭纠纷

D. 财产传承规划要考虑的因素有很多

13. 如果有几份遗嘱同时存在，以（　　）为准。

A. 最开始的公证遗嘱　　　　　B. 中间的公证遗嘱

C. 最后的公证遗嘱　　　　　　D. 任意的公证遗嘱

14. 为了保证财产安全承继而设计的财务方案，当事人在其健在时通过选择适当的遗产管理工具和制订合理的遗产分配方案是（　　）。

A. 财产投资规划　　　　　　　B. 财产分配规划

C. 财产传承规划　　　　　　　D. 财产增值规划

15. 赵某（男）想要和妻子陈某签订一份夫妻财产协议，以下说法错误的是（　　）。

A. 夫妻财产协议只能针对夫妻关系存续期间的财产

B. 夫妻财产协议也可以包括夫妻的婚前财产

C. 夫妻财产协议可以针对夫妻双方的所有财产进行约定

D. 夫妻财产协议可以针对夫妻双方的部分财产进行约定

16. 接上例，赵某和陈某采用（　　）形式则不符合法律规定。

A. 口头承诺　　　　　　　　　B. 信件

C. 合同书　　　　　　　　　　D. 电子邮件

17. 下列属于刘某（男）与夏某（女）夫妇的法定夫妻共有财产的有（　　）。

A. 夏某父亲遗嘱中留给夏某的财产

B. 刘某姑姑的赠与合同中强调只赠与刘某的财产

C. 刘某婚前购买的摩托车

D. 夏某的首饰

18. 以下关于子女对父母赡养义务的说法，正确的是(　　)。

A. 法定义务　　　　　　　　B. 只有在父母生活有困难时才需要

C. 父母提出要求，子女才履行　D. 表现为赡养费的支付

19. 1999年5月4日房某去世，5月7日安葬完毕，5月8日继承人一起确定房某的遗产并分开比例，5月10日遗产分割完毕，请问继承是(　　)开始的。

A. 5月4日　　　　　　　　B. 5月7日

C. 5月8日　　　　　　　　D. 5月10日

20. 以下关于在制定财产分配和传承规划中，助理理财规划师的职责说法正确的是(　　)。

A. 助理理财规划师只要配合理财规划师的工作就可以了

B. 助理理财规划师要能够制定财产分配和传承规划

C. 助理理财规划师只要能收集客户信息就可以了

D. 助理理财规划师要能够收集客户信息和提供咨询服务

三、案例选择

(一) 张先生婚前以个人财产购买住房一套，并按揭贷款，把房屋产权证书登记在自己名下，该房屋为其个人财产，按揭贷款也为其个人债务。婚后张先生与妻子王女士共同清偿贷款。后来，由于二人感情不和而离婚，办理离婚登记手续时，王女士向张先生提出分割房屋一半财产的要求。

1. 张先生和王女士离婚后，该房屋的产权(　　)。

A. 归张先生和王女士共同所有

B. 归张先生个人所有

C. 如张先生和王女士共同清偿贷款，则归张先生和王女士共同所有

D. 以上均不正确

2. 夫妻在拥有共有财产的同时，依照法律规定，各自保留的一定范围的个人所有财产是(　　)。

A. 法定共有财产　　　　　　B. 法定特有财产

C. 夫妻约定财产　　　　　　D. 夫妻法定财产

3. (　　) 是婚姻成立的形式要件，是婚姻成立的法定程序，它是婚姻取得法律认可和保护的方式，同时，也是夫妻之间权利义务关系形成的必要条件。

A. 结婚登记　　　　　　　　B. 双方同意

C. 社会认可　　　　　　　　D. 法院证明

4. 通常意义上的财产分配规划是针对 (　　) 而言的。

A. 家庭财产　　　　　　　　B. 夫妻财产

C. 社会财产　　　　　　　　D. 公司财产。

5. 共有财产的分割原则 (　　)。(多选)

A. 遵守法律的原则

B. 遵守约定的原则

C. 遵守平等协商、和睦团结的原则

D. 遵守效率公平兼顾原则

(二) 赵先生是一家合伙企业的合伙人,他的妻子今年30岁,是一名会计。赵先生的父亲已经过世,赵先生的母亲和赵先生的哥哥生活在一起,赵先生夫妇还有一个5岁的女儿。赵先生在一次车祸中不幸遇难,没有留下任何遗嘱,赵先生一家的总财产价值为300万人民币。

1. 赵先生的遗产应当按照( )方式继承。

A. 法定继承 B. 协商继承

C. 抚养继承 D. 推定继承

2. 赵先生的第一顺序继承人中不包括( )。

A. 女儿 B. 妻子

C. 哥哥 D. 母亲

3. 同一顺序继承人之间一般按照( )标准划分遗产。

A. 长幼 B. 经济收入

C. 与被继承人关系的亲疏 D. 等分

4. 假设赵先生夫妇没有夫妻财产协议,则赵先生的遗产总额为( )。

A. 300万 B. 150

C. 100万 D. 无法判定

5. 从上例中,可以获得的启示是( )。

A. 如果赵先生投保意外险,就可以避免风险

B. 赵先生应当及早进行财产传承规划

C. 赵先生应当为妻子、女儿购买保险

D. 赵先生不赡养老人

(三) 张明,男,一家公司的总会计师,父母健在,有一个15岁的身体残疾的弟弟张良和父母生活在一起。2000年10月,张明与夏敏结婚。2002年张明不幸因病去世,而夏敏当时已经怀孕7个月,经查,张明的家庭财产包括60万银行存款、市价70万的房子,(该房子为张明个人婚前购买,全款付清)、价值20万的汽车、还有其他财产共20万。没有留下遗嘱。

1. 张明的遗产应当按照( )的原则处理。

A. 法定继承 B. 遗嘱继承

C. 继承 D. 代位继承

2. 按照法定继承,张明的第一顺序继承人不包括( )。

A. 夏敏 B. 张明的父亲

C. 张明的母亲 D. 张良

3. 可分得张明遗产的人为( )。

A. 张明的父亲、张明的母亲、夏敏

B. 张明的父亲、张明的母亲、夏敏、张良

C. 张明的父亲、张明的母亲、夏敏、未出生的孩子

D. 张明的父亲、张明的母亲、夏敏、未出生的孩子、张良

4. 张明的遗产总额为( )。

A. 120万 B. 170万

C. 85万 D. 60万

5. 按照一般原则,下列关于张明遗产的分配,说法正确的是( )。

A. 张明的父母共分得 1/3 的遗产

B. 张明的妻子得到 1/4 的遗产

C. 张良可适当分得遗产

D. 为未出生的孩子分出 1/3 的遗产

6. 张明未出生的孩子可以分得张明的遗产是(　　　)。

A. 基于照顾弱小的原则　　　　B. 基于法律对胎儿必留份的规定

C. 违反法律的规定　　　　　　D. 基于法定第一顺序继承人的身份

7. 根据本例所示，夏敏获得的遗产总数约为 (　　　)。

A. 22 万　　　　　　　　　　B. 40 万

C. 30 万　　　　　　　　　　D. 42.5万

8. 根据本例所示，夏敏所有的财产约有(　　　)。

A. 72 万　　　　　　　　　　B. 80 万

C. 90 万　　　　　　　　　　D. 92.5万

9. 如果孩子出生时已经死亡，那么孩子的遗产份额通常应当(　　　)。

A. 由夏敏获得　　　　　　　　B. 在张明父母和夏敏之间分配

C. 由张明父母获得　　　　　　D. 在张明父母、夏敏和张良之间分配

10. 如果孩子出生一个月后死亡，那么孩子的遗产份额应当(　　　)。

A. 由夏敏获得

B. 由张明父母获得

C. 在张明父母和夏敏之间分配

D. 在张明父母、夏敏和张良之间分配

(四) 刘某（男）的父亲在2001年1月因病去世，留有遗产：100 平方米的商品房一套，存款 30 万元。刘某在2000年离婚，自己还有房屋一套，价值 50 万元，现金 10 万元，还有冰箱、彩电等家用电器若干。2001年 10 月中旬，刘某与张某再婚。婚后，刘某的舅舅又寄给他 2 万元，作为结婚的贺礼。2002年 10 月，经过对父亲遗产的分割，刘某取得了那套 100 平米的住房。刘某是个作家，手中有历经几年创作的小说书稿一部，2001年 5 月，他与一家出版社签订了出版合同，根据该合同，出版社要支付给刘某稿费 20 万元，但直到2003年 1 月，出版社才将这笔钱汇到刘某账户。2004年，在两人结婚纪念日的当天，刘某给妻子购买了一枚价值 1 万元的钻戒。刘某婚前所有的 10 万元现金到2004年底，已有将近 4 万元的利息。2005年，刘某与张某的感情破裂，决定协议离婚，在拟订离婚协议时为了避免利益受损，两人向一位助理理财规划师进行咨询。

1. 以下不属于法定的夫妻共有财产的有 (　　　)。

A. 工资　　　　　　　　　　B. 知识产权中的人身权

C. 生产经营收益　　　　　　D. 奖金

2. 刘某接受舅舅赠与获得的 2 万元结婚贺礼是 (　　　)。

A. 是刘某的个人财产

B. 如果舅舅没有特别指定就属于刘某个人的财产

C. 属于刘某和张某的共同财产

D. 存到谁的名下就是谁的

231

3. 刘某继承父亲的 100 平米的商品房是（　　　）。

A. 是刘某的个人财产　　　　　B. 是夫妻共有财产

C. 主要看房屋产权证上的名字　D. 无法判定

4. 刘某婚前的所有的房屋、冰箱等家庭用具等（　　　）。

A. 是夫妻共有财产　　　　　　B. 是刘某的个人财产

C. 要看经过使用的时间而定　　D. 视财产属性不同而定

5. 刘某给张某的钻戒是（　　　）。

A. 是刘某的个人财产　　　　　B. 是张某的个人财产

C. 刘某和张某共有财产　　　　D. 要根据刘某当时的意思而定

（五）高某（男）的哥哥2000年去世，留下遗嘱给高某一处房子作为新房，高某与丁某于2001年1月登记结婚，3月的时候才办完房屋过户手续，二人搬进居住。其间二人还对房子进行了翻修，共花费4万元。现在二人要分割财产，对房屋的权属发生了争议。

1. 高某和丁某对婚后财产形成（　　　）。

A. 按份共有　　　　　　　　　B. 共同共有

C. 分别所有　　　　　　　　　D. 联合所有

2. 高某和丁某对其婚后财产的份额为（　　　）。

A. 对婚后财产，高某和丁某是不分份额的

B. 对婚后财产，高某和丁某的份额是固定的

C. 对婚后财产，高某和丁某的份额是确定的

D. 对婚姻其间，高某和丁某对财产的份额是实际存在的

3. 高某对房子的取得属于（　　　）。

A. 原始取得　　　　　　　　　B. 继受取得

C. A 和 B　　　　　　　　　　D. A 或 B

4. 一般个人不可以通过（　　　）取得房屋的所有权。

A. 自建　　　　　　　　　　　B. 租住

C. 购买　　　　　　　　　　　D. 赠与

5. 该房屋的所有权应为（　　　）。

A. 属于高某、丁某夫妻共同财产，因为房屋办理登记时，二人已经登记结婚

B. 属于高某单独所有，因为高某已经于其哥哥去世时取得房屋的所有权

C. 属于高某、丁某的夫妻共同财产，因为高某的哥哥在遗嘱中已经说明将房屋给高某和其妻子共有

D. 属于高某、丁某的共同财产，因为二人以共同财产对房屋进行翻盖

◎ **技能实训**

案例分析：陈旺（男）和梁娥（女）夫妇俩生育有三个儿子，陈强、陈达、陈胜。老大陈强早已成家，和妻子赵丹生育一个女儿陈楠，老二陈达大学刚毕业参加工作，老三陈胜身体有残疾一直跟随父母生活。1999年4月，陈强遭遇车祸去世，赵丹带女儿改嫁，很少和陈家联系。2000年5月，因为家庭矛盾，陈达在当地一家媒体上公布和陈旺脱离父子关系，后与家人失去联系。

2003年8月，陈旺突发心脏病去世。在外地的陈达闻讯赶回来，协助料理完丧事后，要求分割遗产。经过估算，陈旺的家庭财产总值共有200万元。

　　1. 陈旺的遗产总值？

　　2. 按照法定继承原则，该如何对陈旺的遗产进行分配？

　　3. 如果陈旺生前欲聘请你为其订立一份财产传承规划，请列出你的具体操作程序和建议。

课堂笔记

项目九　个人理财税收筹划

知识目标

1. 掌握个人所得税的相关知识；
2. 掌握个人所得税中各种税收的计算方法；
3. 掌握税收筹划的涵义及特征。

技能目标

1. 能够根据实际收入计算应纳个人所得税；
2. 熟练运用不同税种的税收筹划方法；
3. 能够根据家庭的财务状况，制定适合的税收筹划方案。

案例导入

2018 年 8 月 31 日，第十三届全国人大常委会第五次会议通过了《关于修改中华人民共和国个人所得税法的决定》，这是我国个人所得税法自 1980 年出台以来第七次大修，自 2019 年 1 月 1 日起施行。

理财有两方面的含义。一方面，它是指个人在现有财富的基础上，通过各种投资方案，不断创造新财富的过程，即我们通常所说的"如何赚钱"；另一方面，它也要求在收入（或支出）既定的情况下，通过各种可能的方法，减少收入（支出）形成过程中的费用支出，使得净收入最大（净支出最小），也就是我们通常所说的"如何省钱"。在让财富增值的同时，如何减少支出也是一门学问。

本杰明．富兰克林说过："世界上只有两件事情是不可避免的：那就是税收和死亡"。中国俗话也说："愚蠢的人去偷税；聪明的人去避税；智慧的人去节税。"在市场经济条件下，政府是依靠其政治权力、以税收的方式来筹措资金的。这也就使得税收成为了与我们每个人的生活都息息相关的一项活动。同时，在符合法律规范的框架内进行税收筹划可以减少支出，从另一个方面使你的财富增值。因此，作为个人理财项目中不可或缺的税收计算及税收筹划活动也越来越被人们所熟悉与关注。根据课程性质，本项目主要介绍在各种理财过程中涉及的个人所得税以及在个人理财规划中如何进行税收筹划。

任务1　个人所得税基本认识

个人所得税是国家对本国公民、居住在本国境内的个人（自然人）的所得和境外个人来源于本国的所得为征税对象而征收的一种所得税。个人所得税是目前我国仅次于增值税、企业所得税的第三大税种，是主要以自然人为纳税人的品种，在筹集财政收入、调节收入分配方面发挥着重要作用。

1.1　个人所得税的基本规定

1.1.1　纳税义务人的基本规定

为了有效地行使税收管辖权，根据国际惯例，新的个人所得税法根据住所标准和居住时间标准，将个人所得税的纳税义务人分为居民个人和非居民个人，分别承担不同的纳税义务。

根据最新个人所得税法的规定，在中国境内有住所，或者无住所而在一个纳税年度内在中国境内居住累计满 183 天的个人，为居民个人。居民个人从中国境内和境外取得的综合所得、经营所得，应当分别合并计算应纳税额；从中国境内和境外取得的其他所得，应当分别单独计算应纳税额。

在中国境内无住所又不居住，或者无住所而一个纳税年度内在中国境内居住累计不满 183 天的个人，为非居民个人。非居民纳税义务人承担有限纳税义务，其从中国境内取得的所得，依照该法规定缴纳个人所得税。在中国境内无住所的个人，在一个纳税年度内在中国境内居住累计不超过 90 天的，其来源于中国境内的所得，由境外雇主支付并且不由该雇主在中国境内的机构、场所负担的部分，免予缴纳个人所得税。

1.1.2　征税范围的基本规定

确定应税所得项目可以使纳税人掌握自己有哪些收入是需要纳税的，以便进行纳税筹划。我国对以下 9 项所得进行课税：

1. 工资、薪金所得，是指个人因任职或者受雇取得的工资、薪金、奖金、年终加薪、劳动分红、津贴、补贴以及与任职或者受雇有关的其他所得。

2. 劳务报酬所得，是指个人从事劳务取得的所得，包括从事设计、装潢、安装、制图、化验、测试、医疗、法律、会计、咨询、讲学、翻译、审稿、书画、雕刻、影视、录音、录像、演出、表演、广告、展览、技术服务、介绍服务、经纪服务、代办服务以及其他劳务取得的所得。

3. 稿酬所得，是指个人因其作品以图书、报刊等形式出版、发表而取得的所得。

4. 特许权使用费所得，是指个人提供专利权、商标权、著作权、非专利技术以及其他特许权的使用权取得的所得；提供著作权的使用权取得的所得，不包括稿酬所得。

5. 经营所得，是指：

（1）个体工商户从事生产、经营活动取得的所得，个人独资企业投资人、合伙企业的个人合伙人来源于境内注册的个人独资企业、合伙企业生产、经营的所得；

（2）个人依法从事办学、医疗、咨询以及其他有偿服务活动取得的所得；

（3）个人对企业、事业单位承包经营、承租经营以及转包、转租取得的所得；

（4）个人从事其他生产、经营活动取得的所得。

6. 利息、股息、红利所得，是指个人拥有债权、股权等而取得的利息、股息、红利所得。

7. 财产租赁所得，是指个人出租不动产、机器设备、车船以及其他财产取得的所得。

8. 财产转让所得，是指个人转让有价证券、股权、合伙企业中的财产份额、不动产、机器设备、车船以及其他财产取得的所得。

9. 偶然所得，是指个人得奖、中奖、中彩以及其他偶然性质的所得。

个人取得的所得，难以界定应纳税所得项目的，由国务院税务主管部门确定。

居民个人取得第一项至第四项所得统称综合所得，按纳税年度合并计算个人所得税；非居民个人取得前款第一项至第四项所得，按月或者按次分项计算个人所得税。纳税人取得第五项至第九项所得，依照规定分别计算个人所得税。

与2011年版《个人所得税法》相比，新的个人所得税法中将"个体工商户生产、经营所得"改为"经营所得"，取消了"对企事业单位的承包经营、承租经营所得"和"经国务院财政部门确定征税的其他所得"项目，将"对企事业单位的承包经营、承租经营所得"中的工资薪金性质和经营性质的所得，分别并入"工资、薪金所得"和"经营所得"项目征税。

1.1.3 应纳税所得额的确定

应纳税所得额是个人取得的每项收入减去税法规定的扣除项目金额之后的余额。应纳税所得额计算的具体规定如下：

1. 居民个人的综合所得，以每一纳税年度的收入额减除费用六万元以及专项扣除、专项附加扣除和依法确定的其他扣除后的余额，为应纳税所得额。

小资料

对本规定的说明

综合所得中劳务报酬所得、稿酬所得、特许权使用费所得以收入减除百分之二十的费用后的余额为收入额。稿酬所得的收入额减按百分之七十计算。

本规定中的专项扣除，包括居民个人按照国家规定的范围和标准缴纳的基本养老保险、基本医疗保险、失业保险等社会保险费和住房公积金等；专项附加扣除，包括子女教育、继续教育、大病医疗、住房贷款利息或者住房租金、赡养老人等支出。

本规定中的其他扣除，包括个人缴付符合国家规定的企业年金、职业年金，个人购买符合国家规定的商业健康保险、税收递延型商业养老保险的支出，以及国务院规定可以扣除的其他项目。

个人将其所得对教育、扶贫、济困等公益慈善事业进行捐赠，捐赠额未超过纳税人申报的应纳税所得额百分之三十的部分，可以从其应纳税所得额中扣除；国务院规定对公益慈善事业捐赠实行全额税前扣除的，从其规定。

专项扣除、专项附加扣除和依法确定的其他扣除，以居民个人一个纳税年度的应纳税所得额为限额；一个纳税年度扣除不完的，不结转以后年度扣除。

2. 非居民个人的工资、薪金所得，以每月收入额减除费用五千元后的余额为应纳税所得额；劳务报酬所得、稿酬所得、特许权使用费所得，以每次收入额为应纳税所得额。（注：劳务报酬所得、稿酬所得、特许权使用费所得以每次收入减除费用后的余额为收入额）

3. 经营所得，以每一纳税年度的收入总额减除成本、费用以及损失后的余额，为应纳税所得额。

4. 财产租赁所得，每次收入不超过四千元的，减除费用八百元；四千元以上的，减除百分之二十的费用，其余额为应纳税所得额。

5. 财产转让所得，以转让财产的收入额减除财产原值和合理费用后的余额，为应纳税所得额。

6. 利息、股息、红利所得和偶然所得，以每次收入额为应纳税所得额。

1.1.4　税率的基本规定

我国的个人所得税采用的是综合和分项相结合的计算方法，因而其税率按各应税项目分别采用超额累进税率和比例税率两种形式。具体规定如下：

1. 综合所得，适用七级超额累进税率，税率为3%至45%；

表 9-1　　　　　　　　　　　个人所得税综合所得税率表

级数	全年应纳税所得额	税率%	速算扣除数
1	不超过36 000元的	3	0
2	超过36 000元至144 000元的部分	10	2 520
3	超过144 000元至300 000元的部分	20	16 920
4	超过300 000元至420 000元的部分	25	31 920
5	超过420 000元至660 000元的部分	30	52 920
6	超过660 000元至960 000元的部分	35	85 920
7	超过960 000元的部分	45	181 920

（注：本表所称全年应纳税所得额，是指以每一纳税年度的综合所得收入额减除费用六万元以及专项扣除、专项附加扣除和依法确定的其他扣除后的余额。居民个人办理年度综合所得汇算清缴时，应当依法计算劳务报酬所得、稿酬所得、特许权使用费所得的收入额，并入年度综合所得计算应纳税额，税款多退少补。）

2. 工资、薪金所得预扣预缴，适用七级超额累进税率，税率为 3% ~45%。

表 9-2　　　　　　　　　居民个人工资薪金所得税率表（年度版）

级数	全年应纳税所得额	税率%	速算扣除数
1	不超过36 000元的	3	0
2	超过36 000元至144 000元的部分	10	2 520
3	超过144 000元至300 000元的部分	20	16 920
4	超过300 000元至420 000元的部分	25	31 920
5	超过420 000元至660 000元的部分	30	52 920
6	超过660 000元至960 000元的部分	35	85 920
7	超过960 000元的部分	45	181 920

在实际计算居民工资薪金所得税时，一般先按月预扣预留个人所得税，常用到月度版税率表，如表9-3。

表9-3　　　　　　居民个人工资薪金所得税率表（月度版）

（居民个人工资、薪金所得预扣预缴适用）

级数	预扣预缴应纳税所得额	预扣税率%	速算扣除数
1	不超过3 000元的	3	0
2	超过3 000元至12 000元的部分	10	210
3	超过12 000元至25 000元的部分	20	1 410
4	超过25 000元至35 000元的部分	25	2 660
5	超过35 000元至55 000元的部分	30	4 410
6	超过55 000元至80 000元的部分	35	7 160
7	超过80 000元的部分	45	15 160

（注：本表所称全月应纳税所得额是指以每月收入额减除费用五千元以及各项专项扣除、附加减除费用后的余额。）

3. 劳务报酬所得预扣预缴，适用比例税率，税率为20%。预扣预缴税款时，劳务报酬所得每次收入不超过4 000元的，减除费用按800元计算；每次收入超过4 000元的，减除费用按收入的20%计算。对劳务报酬所得一次收入畸高的，实行加成征收。一次收入应纳税所得额超过20 000~50 000元的部分，依照税法规定计算应纳税额后再按照应纳税额加征五成；超过50 000元的部分，加征十成。

表9-4　　　　　　　　劳务报酬所得税率表

级数	预扣预缴应纳税所得额	税率（%）	速算扣除数
1	不超过20, 000元的	20	0
2	超过20, 000元到50, 000元的部分	30	2, 000
3	超过50, 000元的部分	40	7, 000

4. 稿酬所得、特许权使用费所得预扣预缴，适用比例税率，税率为20%，其中稿酬所得的收入额减按70%计算。

稿酬所得、特许权使用费所得，每次收入不超过4 000元的，减除费用按800元计算；每次收入超过4 000元的，减除费用按收入的20%计算。

5. 经营所得，适用5%至35%的超额累进税率。

表1-5　　　　　　　　　经营所得税率表

级数	全年应纳税所得额	税率（%）	速算扣除数
1	不超过30, 000元的	5	0
2	超过30, 000元到90, 000元的部分	10	1 500
3	超过90, 000元到300, 000元的部分	20	10 500
4	超过300, 000元到500, 000元的部分	30	40 500
5	超过500, 000元的部分	35	65 500

（注：本表所称全年应纳税所得额是指每一纳税年度的收入总额减除成本、费用以及损失后的余额）

6. 利息、股息、红利所得，财产租赁所得，财产转让所得和偶然所得，适用比例税率，税率为百分之二十。

1.1.5　个人所得税预扣预缴或扣缴办法

自2019年1月1日起，个人所得税扣缴义务人应按照规定在支付四项综合所得时实施预扣预缴或者扣缴，所扣缴的税款应按照规定及时向主管税务机关申报并解缴税款。

（一）居民个人的预扣预缴方法

1. 预扣预缴环节：扣缴义务人向居民个人支付工资、薪金所得，劳务报酬所得，稿酬所得，特许权使用费所得等四项综合所得时。

2. 预扣预缴方法：实施累计预扣个人所得税方法。

3. 汇算清缴对象：年度预扣预缴税额与年度应纳税额不一致的居民纳税人。居民个人办理年度综合所得汇算清缴时，应当依法计算劳务报酬所得、稿酬所得、特许权使用费所得的收入额，并入年度综合所得计算应纳税款，税款多退少补。

（1）工资、薪金所得

扣缴义务人向居民个人支付工资、薪金所得时，应当按照累计预扣法计算预扣税款，并按月办理全员全额扣缴申报。具体计算公式如下：

本期应预扣预缴税额＝（累计预扣预缴应纳税所得额×预扣率－速算扣除数）－累计减免税额－累计已预扣预缴税额

累计预扣预缴应纳税所得额＝累计收入－累计免税收入－累计减除费用－累计专项扣除－累计专项附加扣除－累计依法确定的其他扣除

其中：累计减除费用，按照5 000元/月乘以纳税人当年截至本月在本单位的任职受雇月份数计算。

（2）劳务报酬、稿酬、特许权使用费所得

扣缴义务人向居民个人支付劳务报酬所得、稿酬所得、特许权使用费所得时，按次或者按月预扣预缴个人所得税。具体预扣预缴税款计算方法为：

劳务报酬所得、稿酬所得、特许权使用费所得以每次收入减除费用后的余额为收入额，稿酬所得的收入额减按百分之七十计算。

减除费用：劳务报酬所得、稿酬所得、特许权使用费所得预扣预缴税款时，每次收入不超过四千元的，减除费用按八百元计算；每次收入四千元以上的，减除费用按百分之二十计算。

应纳税所得额：劳务报酬所得、稿酬所得、特许权使用费所得，以每次收入额为预扣预缴应纳税所得额。劳务报酬所得适用百分之二十至百分之四十的超额累进预扣率，稿酬所得、特许权使用费所得适用百分之二十的比例预扣率。

劳务报酬所得应预扣预缴税额＝预扣预缴应纳税所得额×预扣率－速算扣除数

稿酬所得、特许权使用费所得应预扣预缴税额＝预扣预缴应纳税所得额×20%

（二）非居民个人的扣缴方法

1. 扣缴环节：扣缴义务人向非居民个人支付工资、薪金所得，劳务报酬所得，稿酬所得和特许权使用费所得时。

2. 扣缴方法：直接计算收入额，按月或者按次对表扣缴个人所得税。

非居民个人的工资、薪金所得，以每月收入额减除费用五千元后的余额为应纳税所得额；劳务报酬所得、稿酬所得、特许权使用费所得，以每次收入额为应纳税所得额。其中，劳务报酬所得、稿酬所得、特许权使用费所得以收入减除百分之二十的费用后的余额为收入额。稿酬所得的收入额减按百分之七十计算。上述四项所得的应纳税额＝应纳税所得额×税率－速算扣除数，税率表为按月换算后的综合所得税率表。

3. 非居民个人取得四项综合所得，由扣缴义务人扣缴税款，没有扣缴义务人的需自行向税务机关申报缴纳，不办理年度汇算清缴。

1.2 专项附加扣除

个人所得税专项附加扣除是遵循公平合理、利于民生、简便易行的原则出现的，在2018年个人所得税改革中，包括子女教育、继续教育、大病医疗、住房贷款利息、住房租金、赡养老人六项专项附加扣除。六项专项附加扣除均集中在最基本的民生领域，几乎覆盖各个家庭，但根据每个家庭的实际负担情况又有所差异。纳税人应该对报送的专项附加扣除信息的真实性、准确性、完整性负责，个税附加专项扣除额一个纳税年度扣除不完的，不能结转以后年度扣除。

1.2.1 子女教育专项附加扣除

指纳税人的子女接受学前教育或接受全日制学历教育相关支出方面的扣除。

1. 政策享受条件

（1）子女年满3周岁以上至小学前，此时，不论是否在幼儿园学习。

（2）子女正在接受小学、初中、高中阶段教育（普通高中、中等职业教育、技工教育）

（3））子女正在接受高等教育（大学专科、大学本科、硕士研究生、博士研究生教育）

注意，上述受教育地点，包括中国境内和境外。

2. 扣除标准和方式

按照每个子女每月1 000元（每年12 000元）的标准定额扣除、扣除人由父母双方选择确定。父母可以选择由其中一方按扣除标准全额扣除，也可以选择由双方分别按每月500元（每年6 000元）扣除。扣除方式确定后，在一个纳税年度内不得变更。

如果一对父母有多个符合扣除条件的子女，每个子女均可享受扣除。父母的含义包括生父母、继父母和养父母、子女的含义包括婚生子女、非婚生子女、继子女、养子女、父母之外的其他人担任未成年人的监护人的，比照本办法规定执行。

3. 政策享受起止时间

（1）子女接受学前教育阶段的，可以享受子女教育专项附加扣除政策的起止时间为子女年满 3 周岁的当月至小学入学前一月。

（2）子女接受全日制学历教育，则起止时间为子女接受义务教育、高中教育、高等教育的入学当月至教育结束的当月。

注意，享受子女教育专项附加扣除政策起止时间的计算，包含子女因病或其他非主观原因休学但学籍继续保留的期间，以及施教机构按规定组织实施的寒暑假等假期。

4. 需留存备查的资料

纳税人享受子女教育专项附加扣除，应当填报配偶及子女的姓名、身份证件类型及号码、子女当前受教育阶段及起止时间、子女就读学校以及本人与配偶之间扣除分配比例等信息。

（1）如果纳税人的子女在境内接受教育，不需要特别留存资料。

（2）如果纳税人的子女在境外接受教育，则需要境外学校录取通知书、留学签证等相关教育的证明资料。

案例：

丈夫张三和妻子李四的家庭有一儿一女，儿子正在读初中，女儿在读小学，则张三家庭每月享受的子女教育专项附加扣除为 2 000 元（每年 24 000 元）。则丈夫张三和妻子李四每月子女教育专项附加扣除标准的 2 000 元（每年 24 000 元）可以有如下多种选择方式.

1. 全部由丈夫张三扣除。

2. 全部由妻子李四扣除。

3. 丈夫张三和妻子李四分别每月扣除一半即 1 000 元（每年 12 000 元）。

1.2.2　继续教育专项附加扣除

指纳税人个人在中国境内接受学历（学位）继续教育、技能人员职业继续教育或专业技术人员职业继续教育的相关支出方面的扣除。

1. 政策享受条件

在中国境内接受的继续教育，符合下列情形之一的，可以享受继续教育专项附加扣除政策。

（1）纳税人正在接受学历（学位）继续教育。

（2）纳税人在纳税年度内取得了技能人员或专业技术人员的职业资格证书。技能人员和专业技术人员职业资格证书的具体范围，以人力资源社会保障部公布的国家职业资格目录为准。

在此范围外的继续教育支出，不在扣除范围内。

2. 扣除标准和方式

（1）纳税人在中国境内接受学历（学位）继续教育的支出，在学历（学位）教育期间按照每月 400 元（每年 4 800 元）定额扣除。

（2）纳税人接受技能人员职业资格继续教育、专业技术人员职业资格继续教育的支出，在取得相关证书的当年，按年扣除 3 600 元。

纳税人在接受学历继续教育的同时取得技能人员职业资格证书或者专业技术人员职业资格证书的，该年度可叠加享受两类扣除。也就是说，对同时符合此类情形的纳税人，当年其继续教育共计可扣除8 400元（4 800+3 600）。

注意，由于接受继续教育的纳税人一般都已经就业，因此，继续教育专项附加扣除一般由本人扣除。如果子女已就业，且正在接受本科以下学历继续教育，可以由父母选择按照子女教育扣除，也可以由子女本人选择按照继续教育扣除，但不得同时扣除。

3. 政策享受起止时间

（1）纳税人接受学历（学位）继续教育的，可享受扣除的起止时间为：学历（学位）继续教育入学的当月至学历（学位）继续教育结束的当月；但同一学历（学位）继续教育的扣除期限最长不能超过48个月。

（2）纳税人接受职业资格继续教育的，则以职业资格继续教育相关证书上载明的发证（或批准）日期的所属年度，为可扣除年度。

注意，专项扣除政策从2019年1月1日开始实施，所以证书应当为2019年1月1日后取得的。

4. 需留存备查的资料

纳税人享受继续教育专项附加扣除，接受学历（学位）继续教育的，应当填报教育起止时间、教育阶段等信息；接受技能人员或者专业技术人员职业资格继续教育的，应当填报证书名称、证书编号、发证机关、发证（批准）时间等信息。

纳税人接受技能人员职业资格继续教育、专业技术人员职业资格继续教育的，应当留存职业资格相关证书等资料，留存财政部门有关继续教育收费财政票据，以备税务机关核查。

案例：

张三的儿子正在接受硕士研究生教育，此时张三可以按照每月1 000元（每年12 000元）子女教育专项附加扣除的标准定额扣除。同时，张三本人也在接受硕士研究生的继续教育，张三还可以按照每月400元（每年4 800元）的标准定额扣除，但张三本人硕士研究生的继续教育扣除期限不能超过48个月。

假如张三的儿子是已经就业后又接受硕士研究生阶段的继续教育，此时，张三儿子硕士研究生阶段继续教育的个人所得税专项附加扣除可以由张三按照每月1 000元（每年12 000元）子女教育专项附加扣除的标准定额扣除，也可以由张三的儿子按照每月400元（每年4 800元）继续教育专项附加扣除的标准定额扣除，期限不超过48个月。但是张三的子女教育专项附加扣除和张三儿子的继续教育专项附加扣除只能择其一，两人不可以同时享受张三儿子硕士研究生阶段继续教育的个人所得税专项附加扣除。

1.2.3 大病医疗专项附加扣除

指纳税人发生的与基本医保相关的医药费用，扣除医保报销后个人负担（指医保目录范围内的自付部分/累计超过15 000元的部分的扣除。

1. 政策享受条件

在一个纳税年度内，纳税人本人、或者其配偶、或者其未成年子女，发生的与基本医保相关的医药费用支出，扣除医保报销后个人负担（指医保目录范围内的自付部分）累计有超过 15 000 元的情况。

2. 扣除标准和方式

大病医疗的扣除，只能在年度汇算清缴申报时进行扣除。就个人负担超过 15 000 元的部分，限额据实扣除，最多可以扣除 80 000 元。

具体扣除时，纳税人或配偶发生的大病医疗支出，既可以由纳税人本人扣除，也可以由配偶扣除。未年子女发生的大病医疗支出，可以选择由其父母一方扣除。

3. 政策享受起止时间

大病医疗专项附加扣除政策按年享受，具体时间为，医疗保障信息系统记录的医药费用实际支出的当年。纳税人需要在一个纳税年度终了后，在次年汇算清缴时办理扣除。

4. 需留存备查的资料

纳税人享受大病医疗专项附加扣除，应当填报患者姓名、身份证件类型及号码、与纳税人关系、与基本医保相关的医药费用总金额、医保目录范围内个人负担的自付金额等信息。纳税人申请享受大病医疗专项附加扣除政策，需要留存好大病患者医药服务收费及医保报销相关票据原件或复印件，或者医疗保障部门出具的纳税年度医药费用清单等资料。

案例：

丈夫张三和妻子李四的家庭中有一儿一女，2019年时，妻子李四和女儿不幸感染重病，分别支出大病医疗费用（医保目录范围内自付部分）10 万元和 5 万元。张三家庭中妻子李四和女儿的大病医疗费用可以在减除 1.5 万元之后，按照每年最高 8 万元作为个人所得税专项附加扣除大病医疗支出。

其中，妻子李四的大病医疗专项附加扣除为 8 万元（10 万−1.5 万＝8.5 万≥》8 万）。

女儿的的大病医疗专项附加扣除为 3.5 万元（5 万−1.5 万＝3.5 万≤8 万）。

此时，张三家庭中妻子李四和女儿的大病医疗专项附加扣除可以采取如下扣除方式：

（1）丈夫张三的大病医疗专项附加扣除为 11.5 万元（8+3.5），妻子李四不再享受大病医疗专项附加扣除

（2）妻子李四的大病医疗专项附加扣除为 11.5 万元（8+3.5），丈夫张三不再享受大病医疗专项附加扣除

（3）丈夫张三的大病医疗专项附加扣除为 8 万元，妻子李四的大病医疗专项附加扣除为 3.5 万元。

（4）丈夫张三的大病医疗专项附加扣除为 3.5 万元，妻子李四的大病医疗专项附加扣除为 8 万元。

1.2.4　住房贷款利息专项附加扣除

指纳税人或配偶单独或共同使用商业银行或住房公积金贷款购买住房发

生的首套住房贷款利息支出方面的扣除。

1. 政策享受条件

本人或者配偶，单独或者共同使用商业银行或住房公积金个人住房贷款为本人或配偶购买中国境内住房，而发生的首套住房贷款利息支出，并在偿还贷款期间。

注意，这里的首套住房贷款，是指购买住房享受首套住房贷款利率的住房贷款。非首套住房贷款利息支出，纳税人不得扣除；纳税人只能享受一套首套住房贷款利息扣除；一个纳税人一辈子只能享受一次"首套住房贷款利息支出"的专项附加扣除；纳税人及其配偶不得同时分别享受住房贷款利息专项附加扣除和住房租金专项附加扣除。

2. 扣除标准和方式

（1）每月 1 000 元（每年 12 000 元），扣除期限最长不超过 240 个月。

（2）扣除人由夫妻双方约定，可以选择由其中一方扣除，具体扣除方式在一个纳税年度内不能变更。

（3）夫妻双方婚前分别购买住房发生的首套住房贷款，其贷款利息支出，婚后可以选择其中一套购买的住房，由购买方按扣除标准的 100% 扣除，也可以由夫妻双方对各自购买的住房分别按扣除标准的 50% 扣除，具体扣除方式在一个纳税年度内不能变更。

3. 政策享受起止时间

住房贷款利息支出，享受扣除政策的起止时间为：贷款合同约定开始还款的当月至贷款全部归还或贷款合同终止的当月，但扣除期限最长不得超过 240 个月。

4. 需留存备查的资料

纳税人享受住房贷款利息专项附加扣除，应当填报住房权属信息、住房坐落地址、贷款方式、贷款银行、贷款合同编号、贷款期限、首次还款日期等信息；纳税人有配偶的，填写配偶姓名、身份证件类型及号码。纳税人应当留存住房贷款合同、贷款还款支出凭证备查。

案例：

1. 丈夫张三和妻子李四婚后共同用住房公积金贷款买了一套普通住宅，贷款期限 20 年，每月还贷 2 000 元，符合住房贷款利息专项附加扣除的条件。关于这套住宅的住房贷款利息专项附加扣除方式可以包括如下几种：

（1）丈夫张三每月住房贷款利息专项附加扣除标准为 1 000 元（每年 12 000 元），妻子李四不再享受住房贷款利息专项附加扣除。

（2）妻子李四每月住房贷款利息专项附加扣除标准为 1 000 元（每年 12 000 元），丈夫张三不再享受住房贷款利息专项附加扣除。

（3）丈夫和妻子协议每月各享受住房贷款利息专项附加扣除 500 元（每年 6 000 元）。

2. 如果丈夫张三和妻子李四在结婚前分别购买住房发生了首套住房贷款，且仍在贷款期限内，则张三和李四关于住房贷款利息专项附加扣除方式可包括如下几种：

（1）选择丈夫张三或妻子李四婚前的首套住房贷款为住房贷款利息专加扣除的标的。丈夫张三每月住房贷款利息专项附加扣除标准为1 000元（每年12 000元），妻子李四不再享受住房贷款利息专项附加扣除。

（2）选择丈夫张三或妻子李四婚前的首套住房贷款为住房贷款利息专加扣除的标的。妻子李四每月住房贷款利息专项附加扣除标准为1 000元（每年12 000元），丈夫张三不再享受住房贷款利息专项附加扣除。

（3）同时选择丈夫张三和妻子李四婚前的首套住房贷款为住房贷款利息专加扣除的标的。

丈夫张三每月住房贷款利息专坝附加和除标准为500元（每年6 000元），妻子李四每月住房贷款利息专项附加和除标准为500元（每年6 000元）。

1.2.5　住房租金专项附加扣除

指纳税人在主要工作城市没有自有住房而租赁住房的支出方面的扣除。

1. 政策享受条件

纳税人在主要工作城市租房，且同时符合以下条件。

（1）本人及配偶在主要工作的城市没有自有住房。

（2）已经实际发生了住房租金支出。

（3）本人及配偶在同一纳税年度内，没有享受住房贷款利息专项附加扣除政策。也就是说，住房贷款利息与住房租金两项扣除政策只能享受其中一项不能同时享受。

注意，纳税人的配偶在纳税人的主要工作城市有自有住房的，视同纳税人在主要工作城市有自有住房。

2. 扣除标准和方式

纳税人有任职企业的，主要工作城市为纳税人任职受雇的直辖市、计划单列市、副省级城市地级市全部行政区域范围；纳税人无任职企业的，主要工作城市为受理其综合所得汇算清缴的税务机关所在城市。

（1）直辖市、省会城市、计划单列市以及国务院确定的其他城市，扣除标准为每月1 500元（每年18 000元）。

（2）除上述城市以外的市辖区户籍人口超过100万的城市，扣除标准为每月1 100元（每年13 200元）。

（3）除上述城市以外的，市辖区户籍人口不超过100万人（含）的城市，扣除标准为每月800元（每年9 600元）。

注意，如果夫妻双方主要工作城市相同的，只能由一方扣除住房租金支出，且为签订租赁住房合同的承租人来扣除；如果夫妻双方主要工作城市不同且无房的，可按规定标准分别进行扣除。

3. 政策享受起止时间

享受住房租金专项附加扣除政策的起止时间为：租赁合同（协议）约定的房屋租赁期开始的当月至租赁期结束的当月；提前终止合同（协议）的，扣除停止时间为实际租赁行为终止的当月。

4. 需留存备查的资料

纳税人享受住房租金专项附加扣除，应当填报主要工作城市、出租房类

型、租赁住房地址、租赁起止时间等信息；纳税人有配偶的，填写配偶姓名、身份证件类型及号码。纳税人需要留存备查资料包括：住房租赁合同或协议等资料。

案例：

丈夫张三和妻子李四的主要工作城市在北京。两人在老家山东省烟台市有一套住房，在北京无房。为了工作方便，两人在工作单位附近租房住，夫妻二人没有享受过住房贷款利息专项附加扣除政策。

丈夫张三和妻子李四租住房屋的承租人为张三，则夫妻二人对住房租金专项附加扣除的标准为：丈夫张三享受住房租金专项附加扣除，扣除标准为每月1 500元（每年18 000元），妻子李四不再享受住房租金专项附加扣除。

如果二人租住房屋的承租人为李四，则夫妻二人对住房租金专项附加扣除的标准为：妻子李四享受住房租金专项附加扣除，扣除标准为每月1 500元（每年18 000元），丈夫张三不再享受住房租金专项附加扣除。

如果二人租住房屋是张三和李四共同为承租人，则可由夫妻一方享受住房租金专项附加扣除，扣除标准为每月1 500元（每年18 000元），另一方不再享受住房租金专项附加扣除。

如果张三和李四双方或其中一方在北京名下有房，只是因为希望工作地点距离公司近才选择租房，则双方均不再享受住房租金专项附加扣除。

1.2.6 赡养老人专项附加扣除

指纳税人赡养60岁（含）以上父母以及其他法定赡养人的支出方面的扣除。

1. 政策享受条件

（1）被赡养人年满60周岁（含）。

（2）被赡养人为父母（生父母、继父母、养父母），以及子女均已去世的祖父母、外祖父母。纳税人赡养一位及以上被赡养人的赡养支出，统一按照标准定额扣除。也就是说，纳税人赡养2个及以上老人的，不按老人的人数为倍数加倍扣除。

2. 扣除标准和方式

（1）纳税人为独生子女的，按照每月2 000元（每年24 000元）的标准定额扣除。

（2）纳税人为非独生子女的，由其与兄弟姐妹分摊每月2 000元的扣除额度，每人分摊的额度不能超过每月1 000元（每年12 000元）。

注意，具体的分摊方式可以由赡养人均摊或者约定分摊，也可以由被赡养人指定分摊。指定分摊优先于约定分摊，指定分摊与约定分摊不一致的，以指定分摊为准。具体分摊方式和额度在一个纳税年度内不能变更。

3. 政策享受起止时间

享受赡养老人专项附加扣除政策的起止时间为，被赡养人年满60周岁的当月至赡养义务终止的年末。

4. 需留存备查的资料

纳税人享受赡养老人专项附加扣除，应当填报纳税人是否为独生子女、月扣除金额、被赡养人姓名及身份证件类型和号码、与纳税人关系；有共同赡养人的，需填报分摊方式、共同赡养人姓名及身份证件类型和号码等信息。

纳税人需要留存备查资料包括：非独生子女，并且采取了约定分摊或者指定分摊的扣除方式的，需要注意留存好相关书面协议等资料。

案例：

张三和妹妹的父母均已年满 60 周岁，两人都需要承担赡养老人的责任。则张三和妹妹分摊每月的 2 000 元（每年 24 000 元）赡养老人专项附加扣除的额度，每人分摊的额度为每月 000 元（每年 12 000 元）。

如果张三为独生子女、父母离异，如今父母均已年满 60 周岁，父亲新组建的家庭当中有另一个孩子，母亲新组建的家庭当中没有其他孩子，张三是母亲唯一的法定赡养人，赡养老人专项附加扣除的额度为每月 2 000 元（每年 24 000 元）。

最后，以上个税专项附加扣除信息均有纸质版和电子版两种可选方式，不论是填写纸质版还是电子版，纳税人都应当对报送的专项附加扣除信息的真实性、准确性，完整性负责。

1.3　纳税申报和汇算清缴

（一）纳税申报

下列情形之一的，纳税人应当依法办理纳税申报：

1. 取得综合所得需要办理汇算清缴；

2. 取得应税所得没有扣缴义务人；

3. 取得应税所得，扣缴义务人未扣缴税款；

4. 取得境外所得；

5. 因移居境外注销中国户籍；

6. 非居民个人在中国境内从两处以上取得工资、薪金所得；

7. 国务院规定的其他情形。

扣缴义务人应当按照国家规定办理全员全额扣缴申报，并向纳税人提供其个人所得和已扣缴税款等信息。

居民个人取得综合所得，按年计算个人所得税；有扣缴义务人的，由扣缴义务人按月或者按次预扣预交税款；需要办理汇算清缴的，应当在取得所得的次年三月一日至六月三十日办理汇算清缴。预扣预交办法由国务院税务主管部门制定。

（二）汇算清缴

取得综合所得需要办理汇算清缴的情形包括：

1. 从两处以上取得综合所得，且综合所得年收入额减除专项扣除的余额超过 6 万元；

2. 取得劳务报酬所得、稿酬所得、特许权使用费所得中一项或者多项所得，且综合所得年收入额减除专项扣除的余额超过 6 万元；

3. 纳税年度内预缴税额低于应纳税额；

4. 纳税人申请退税。

纳税人申请退税，应当提供其在中国境内开设的银行账户，并在汇算清缴地就地办理税款退库。汇算清缴的具体办法由国务院税务主管部门制定。这里要注意的是，如果虽然多缴税了，但只要不申请退税，且不符合另三个情形，就不需要去办汇算清缴。

任务 2　个人所得税计算

2.1　综合所得个人所得税的计算

新《个人所得税法》规定，将工资薪金所得、劳务报酬所得、稿酬所得、特许权使用费所得称为综合所得。居民个人按纳税年度合并计算个人所得税，非居民个人按月或按次分项计算个人所得税。居民个人的工资、薪金所得个人所得税，日常采取累计预扣法进行预扣预缴；劳务报酬所得、稿酬所得、特许权使用费所得个人所得税，采取基本平移现行规定的做法预扣预缴；非居民个人则依照税法规定计算并扣缴个人所得税。同时，因综合所得预扣预缴个人所得税额与居民个人年度综合所得应纳税额的计算方法存在一定差异，居民个人预扣税额与年度应纳税额之间的差额在年度终了后可通过综合所得汇算清缴申报，税款多退少补。

2.1.1　居民个人工资、薪金所得预扣预缴个人所得税计算

1. 个人所得税预扣预缴计算方法

扣缴义务人向居民个人支付工资、薪金所得时，应当按照累计预扣法计算预扣税款，并按月办理全员全额扣缴申报。具体计算公式如下：

本期应预扣预缴税额 =（累计预扣预缴应纳税所得额×预扣率−速算扣除数）−累计减免税额−累计已预扣预缴税额

累计预扣预缴应纳税所得额 = 累计收入−累计免税收入−累计减除费用−累计专项扣除−累计专项附加扣除−累计依法确定的其他扣除

其中：累计减除费用，按照 5 000 元/月乘以纳税人当年截至本月在本单位的任职受雇月份数计算。

上述公式中，适用居民个人工资、薪金所得预扣预缴适用的七级超额累进税率。

例 1：居民张三 2019 年每月应发工资均为 10 000 元，每月减除费用 5 000 元，"三险一金"等专项扣除为 1 500 元，从 1 月起享受子女教育加扣除 1 000 元，假设没有其他减免收入及减免税额等情况。

解：应当按照如下方法计算预扣预缴税额

1 月份累计预扣预缴税额 =（10 000−5 000−1 500−1 000）×3% = 75 元。

2 月份累计预扣预缴税额 =（10 000×2−5 000×2−1 500×2−1 000×2）×3%−75 = 75 元。

3月份累计预扣预缴税额＝（10 000×3−5 000×3−1 500×3−1 000×3）×3%−75−75＝75元。

进一步计算，张三全年累计预扣预缴应纳税所得额＝10 000×12−5 000×12−1 500×12−1 000×12＝30 000元．

张三全年一直适用3%的税率，因此张三各月应预扣预缴的税款相同。

例2： 居民李四2019年每月应发工资均为30 000元，每月减除费用5 000元，"三险一金"等专项扣除为4 500元，享受子女教育、赡养老人两项专项附加扣除共计2 000元，假设没有减免收入及减免税额等情况。

解：以前3个月为例，应当按照如下方法计算预扣预缴税额

1月份累计预扣预缴应纳税所得额＝30 000−5 000−4 500−2 000＝18 500元，适用3%的税率。

1月份预扣预缴税额＝18 500×3%＝555元。

2月份累计预扣预缴应纳税所得额＝30 000×2−5 000×2−4 500×2−2 000×2＝37 000元．

适用10%的税率，速算扣除数为2 520元

2月份预扣预缴税额＝37 000×10%−2 520−555＝625元。

3月份累计预扣预缴应纳税所行额＝50 000×3−5 000×3−4 500×3−2 000×3＝55 500元。

适用10%的税率，速算扣除数为2 520元

3月份应预扣预缴税额＝55 500×10%−2 520−555−625＝1 850元。

由于2月份累计预扣预缴应纳税所得额为37 000元，已适用10%的税率，因此2月份和3月份应预扣预缴税款有所增加。

▰小资料▰

新旧个人工资薪金所得缴纳个税案例对比

假设一位纳税人为独生子女，已婚，家有1个上小学的孩子，父母均已年满60岁，工作在北京，目前在读博士，月工资为1万元，社保公积金扣除2 220元，住房租金每月4 000元。

2018年9月30日前个税改革前减除费用是3 500元时，他每月应缴纳个人所得税＝（10 000−2 220−3 500）×10%−105＝323元。

2018年10月1日后取得工资，按每月5 000元基本减除费用标准和调整后的税率表计算，每月应缴纳个人所得税＝（10 000−2 220−5 000）×3%＝83.4元。

2019年1月1日后取得工资，在不考虑到他爱人享受专项扣除的情况下，每月再享受4项专项附加扣除：子女教育专项附加扣除1 000元，继续教育专项附加扣除400元，住房租金专项附加扣除1 500元，赡养老人专项附加扣除2 000元，共计扣除4 900元。也就是说，这位纳税人的工资在扣除社保公积金扣除2 220元和5 000元起征点后，还要再扣除4 900元，剩下的钱才缴纳个税。这样，他每月或将无需缴纳个税。

表 9-5 　　　　　　　　税改前工资薪金所得税率表

级数	全月应纳税所得额	税率%	速算扣除数
1	不超过1 500元的	3	0
2	超过1 500元至4 500元的部分	10	105
3	超过4 500元至9 000元的部分	20	555
4	超过9 000元至35 000元的部分	25	1 005
5	超过35 000元至55 000元的部分	30	2 755
6	超过55 000元至80 000元的部分	35	5 505
7	超过80 000元的部分	45	13 505

（注：旧版本表所称全月应纳税所得额是指以每月收入额减除费用三千五百元以及附加减除费用后的余额。）

2. 采用累计预扣法的考虑

累计预扣法主要是通过各月累计收入减去对应扣除，对照综合所得税率表计算累计应缴税额，再减去已缴税额，确定本期应缴税额的一种方法。这种方法，一方面对于大部分只有一处工资薪金所得的纳税人，纳税年度终了时预扣预缴的税款基本上等于年度应纳税款，因此无须再办理自行纳税申报、汇算清缴；另一方面，对需要补退税的纳税人，预扣预缴的税款与年度应纳税款差额相对较小，不会占用纳税人过多资金。

2.1.2　居民个人劳务报酬、稿酬、特许权使用费所得预扣预缴个人所得税计算

1. 个人所得税预扣预缴计算方法

扣缴义务人向居民个人支付劳务报酬所得、稿酬所得、特许权使用费所得时，按次或者按月预扣预缴个人所得税。具体预扣预缴税款计算方法为：

劳务报酬所得、稿酬所得、特许权使用费所得以每次收入减除费用后的余额为收入额，稿酬所得的收入额减按百分之七十计算。

减除费用：劳务报酬所得、稿酬所得、特许权使用费所得预扣预缴税款时，每次收入不超过4 000元的，减除费用按800元计算；每次收入4 000元以上的，减除费用按20%计算。

应纳税所得额：劳务报酬所得、稿酬所得、特许权使用费所得，以每次收入额为预扣预缴应纳税所得额。劳务报酬所得适用20%至40%的超额累进预扣率，稿酬所得、特许权使用费所得适用20%的比例预扣率。

劳务报酬所得应预扣预缴税额的计算公式：

劳务报酬所得应预扣预缴税额=预扣预缴应纳税所得额×预扣率-速算扣除数

例：2019年3月份，居民张三一次性取得的劳务报酬所得2 000元，

则其应预扣预缴个人所得税额=（2 000-800）×20%=240元．

若2019年8月份时，居民张三一次性取得的劳务报酬所得为50 000元，

则其应预扣预缴个人所得税额=50 000×（1-20%）×30%-2 000=10 000

稿酬所得、特许权使用费所得预扣预缴税额的计算公式：

稿酬所得、特许权使用费所得应预扣预缴税额＝预扣预缴应纳税所得额×20%

例：居民张三个人取得稿酬所得40 000元，

则其预扣预缴应纳税所得额＝（40 000－40 000×20%）×70%＝22 400元

应预扣预缴税额＝22 400×20%＝4 480元。

例：居民张三将自己的一项发明专利让与他人使用，收到使用费3 500元。

则其应预扣预缴个人所得税额＝（3 500－800）×20%＝540元

2. 预扣预缴方法的考虑

居民个人劳务报酬所得、稿酬所得、特许权使用费所得个人所得税的预扣预缴方法，基本平移了现行税法的扣缴方法，特别是平移了对每次收入不超过四千元、费用按八百元计算的规定。这种预扣预缴方法对扣缴义务人和纳税人来讲既容易理解，也简便易行，方便扣缴义务人和纳税人操作。

2.1.3　经营所得个人所得税的计算

经营所得，以每一纳税年度的收入总额减除成本、费用以及损失后的余额，为应纳税所得额，适用5级超额累进税率，计税公式如下：

应纳税额＝应纳税所得额×适用税率－速算扣除数

个体工商户的生产经营所得应纳税所得额＝总收入－成本、费用－损失

例：个体工商户张三在2019年度的收入总额减除成本、费用以及损失后的余额为10万元。计算其应纳税额。

解：根据经营所得适用的税率表，可确定适用税率为20%，速算扣除数为10 500

张三2019年度经营所得应纳税额＝100 000×20%－10 500＝9 500元。

纳税人取得经营所得，按年计算个人所得税，由纳税人在月度或者季度终了后十五日内向税务机关报送纳税申报表，并预缴税款；在取得所得的次年3月31日前办理汇算清缴。

取得经营所得的个人，没有综合所得的，计算其每一纳税年度的应纳税所得额时，应当减除费用6万元、专项扣除、专项附加扣除以及依法确定的其他扣除。专项附加扣除在办理汇算清缴时减除。

从事生产、经营活动，未提供完整、准确的纳税资料，不能正确计算应纳税所得额的，由主管税务机关核定应纳税所得额或者应纳税额。

2.1.4　全年一次性奖金个人所得税的计算

为确保新税法顺利平稳实施，稳定社会预期，让纳税人享受税改红利，财政部、税务总局制发了《关于个人所得税法修改后有关优惠政策衔接问题的通知》（财税〔2018〕164号），对纳税人在2019年1月1日至2021年12月

31 日期间取得的全年一次性奖金，可以不并入当年综合所得，以奖金全额除以 12 个月的数额，按照综合所得月度税率表，确定适用税率和速算扣除数，单独计算纳税，以避免部分纳税人因全年一次性奖金并入综合所得后提高适用税率。

计算公式：应纳税额=全年一次性奖金收入×适用税率-速算扣除数

例：张三平时的月工资为15 000元，正常缴纳个人所得税，2020年2月份，张三发放2019年全年的一次性年终奖金额为60 000元。

张三2019年度的一次性年终奖金应缴纳个人所得税的计算方式如下。

60 000÷12＝5 000元，根据综合所得月度税率表，可确定适用税率为10%，速算扣除数为210，张三2019年度的一次性年终奖金应缴纳个人所得税＝60 000×10%-210＝5 790元。

2022年1月1日起，居民个人取得全年一次性奖金，应并入当年综合所得缴纳个人所得税。在此之前，居民个人取得全年一次性奖金的，可以自行选择计税方式。纳税人可以自行判断是否将全年一次性奖金并入综合所得计税。企业在发放奖金时，也要注意把握，以便于纳税人享受减税红利。

2.1.5 非居民各类所得预扣预缴个人所得税的计算

非居民个人的工资、薪金所得，以每月收入额减除费用5 000元后的余额为应纳税所得额；劳务报酬所得、稿酬所得、特许权使用费所得，以每次收入额为应纳税所得额。

非居民个人工资、薪金所得以及劳务报酬所得、稿酬所得、特许权使用费所得适用个人所得税税率如表9-6所示。

表9-6　　　　　　　　　　非居民个人所得税率表

级数	全年应纳税所得额	税率%	速算扣除数
1	不超过3 000元的	3	0
2	超过3 000元至12 000元的部分	10	210
3	超过12 000元至25 000元的部分	20	1 410
4	超过25 000元至35 000元的部分	25	2 660
5	超过35 000元至55 000元的部分	30	4 410
6	超过55 000元至80 000元的部分	35	7 160
7	超过80 000元的部分	45	15 160

其中，劳务报酬所得、稿酬所得、特许权使用费所得以收入减除20%的费用后的余额为收入额。稿酬所得的收入额减按70%计算。

计算公式：

非居民个人工资、薪金所得，劳务报酬所得，稿酬所得，特许权使用费所得应纳税额=应纳税所得额×税率-速算扣除数

例：非居民张三2019年5月个人取得工资薪金30 000元，劳务报酬所得为20 000元，稿酬所得为10 000元。

解：非居民张三2019年5月个人所得税计算如下：

工资薪金所得应纳税额＝（30 000－5 000）×20%－1 410＝3 590元

劳务报酬应纳税额＝20 000×80%×20%－1 410＝1 790元

稿酬所得应纳税额＝10 000×80%×70%×10%－210＝350元

张三合计应纳税额＝3 590+1 790+350＝5 730元

例：非居民李四2019年5月取得劳务报酬所得为20 000元，计算其应纳税额。

解：非居民李四劳务报酬应纳税额＝（20 000－20 000×20%）×20%－1 410＝1 790元

2.2 财产租赁所得个人所得税的计算

财产租赁所得，每次收入不超过4 000元的，减除费用800元；4 000元以上的，减除20%的费用，其余额为应纳税所得额。适用税率为比例税率20%。此项所得不用区分纳税人是否为居民个人。

计税公式如下：

财产租赁所得应纳税额＝应纳税所得额×适用税率

例：张三于2019年1月将其自有房屋按市场价出租，每月取得租金收入3 000元。

解：张三每月应纳税额＝（3 000－800）×20%＝440元

2.3 财产转让所得个人所得税的计算

财产转让所得，以转让财产的收入额减除财产原值和合理费用后的余额，为应纳税所得额，适用税率为20%。此项所得不用区分纳税人是否为居民个人。

计税公式如下：

财产转让所得应纳税额＝应纳税所得额×适用税率

例：张三建房一幢，造价360 000元，支付其他费用50 000元。建成后将房屋出售，售价600 000元，在卖房过程中按规定支付交易费等有关税费35 000元，计算其应纳税额。

解：应纳税所得额＝财产转让收入－财产原值－合理费用

＝600 000－（360 000+50 000）－35 000＝155 000元

应纳税额＝155 000×20%＝31 000元

2.4 利息、股息、红利所得及偶然所得等个人所得税的计算

利息、股息、红利所得及偶然所得等，以每次收入额为应纳税所得额，

适用税率为20%。此项所得不用区分纳税人是否为居民个人。

计税公式如下：

$$应纳税额 = 应纳税所得额 \times 适用税率$$

例：张三参加电视台举办的有奖竞猜活动中奖，获一台价值8 000元的电脑，应缴纳的个人所得税为：

解：应纳税额 = 8 000×20% = 1 600元

小资料

按照现行税收政策的规定，购买社会福利有奖募捐奖券、体育彩票一次中奖收入不超过1万元的，暂免征收个人所得税；一次中奖超过1万元的，应按税法规定全额征收个人所得税。单张有奖发票奖金所得不超过800元（含800元）的，暂免征个人所得税；个人取得单张有奖发票奖金所得超过800元的，应全额按照个人所得税法规定的"偶然所得"征收个人所得税。

任务3　个人理财税收筹划

3.1　税收筹划

3.1.1　税收筹划的含义

税收筹划是指在纳税行为发生前，在不违反法律、法规（税法及其他相关法律、法规）的前提下，通过对纳税主体（法人或自然人）的经营活动或投资理财行为等涉税事项作出事先安排，充分利用税法提供的优惠和差别待遇，以达到少纳税和递延交纳目标，达到整体税后收益最大化的一系列谋划活动。税收筹划的实质是依法合理纳税，最大程度地降低纳税风险。

3.1.2　税收筹划的特点

1. 合法性

合法性是税收筹划区别于偷税、逃税、欠税、抗税、骗税行为的重要特征。纳税人只有在严格按照税法的规定充分尽其义务，才符合法律规定，才具有合法性。只有在这一前提下，纳税人才可以依据法律，经过合理安排，通过对经营、投资、理财活动的筹划来尽可能的减少自身税收负担，以获取节税收益。税收筹划只能在法律许可的范围内进行，违反法律规定，逃避税收负担，应承担相应的法律责任。纳税人具有依法纳税的责任和义务，税务机关的征税行为也必须受到税法的规范。纳税人发生纳税义务后，应按照税法的规定及时、足额缴纳税款，任何不纳、少缴或推迟缴纳税款的行为都是违法的，税务机关应根据税法的有关规定予以处罚。纳税人为规避和减轻税负而置法律于不顾的偷逃行为显然应受到法律制裁，这是无可非议的。但当纳税人进行经营或投资活动，面临两个或两个以上的纳税方案时，纳税人可以为实现最小合理纳税而进行设计和筹划，选择低税负方案。这也正是税

课堂笔记

收政策引导经济，调节纳税人经营行为的重要作用之一。

小资料 ⟫⟫⟫

税收筹划与偷税、漏税的区别

偷税是一种公然违反税法规定，与税法相对抗的行为。主要手段表现为纳税人通过有主动隐匿有关纳税情况和事实，达到少缴或不缴税款的目的，其行为具有明显的欺骗性质。

漏税是指纳税人利用税法漏洞或者缺陷，通过对经营及财务活动的精心安排，以期达到纳税负担最小的经济行为。比如我国的一些企业为了享受外商投资企业的的税收优惠，从国外请来客商，不要其投资，只借其名义，成立所谓的外商投资企业。一边享受外商的优惠，另一边，进行的却是内资企业的生产和经营。显然，避税行为是违背了税法优惠政策制定时的精神和意图，是不符合政府的税收政策导向的。

税收筹划从形式到内容是完全合法的，反映了国家税收政策的意图，是税收法律予以保护和鼓励的。

2. 目的性

纳税人进行税收筹划，其目的在于减轻税负或延缓纳税以获得资金的时间价值，谋求最大的税收利益。谋求税收利益有两层含义：一是选择低税负，低税负意味着低的税收成本，低的税收成本意味着高的资本回收率；二是滞延纳税时间（非拖欠税款行为），纳税期的滞延，相当于企业在滞延期内得到一笔与滞延税款相等的政府无息贷款。另外，在通货膨胀环境中，纳税时间的推后，还可以减少企业的实际纳税支出。

3. 规划性

税收具有政策性原则和灵活性原则，需要事先规划。纳税行为相对于经济行为而言，具有滞后性的特点。但税收筹划不是在纳税义务发生之后想办法减轻税负，而是在应税行为发生之前通过纳税人充分了解现行税收政策和财务知识，结合企业全方位的经济活动进行有计划的规划、设计、安排来寻求未来税负相对最轻，经营效益相对最好的决策方案的行为，是一种合理合法的预先筹划，具有超前性特点。如果经营活动已经发生，应纳税收已经确定而再去谋求少纳或不纳税款则不能认为是税收筹划。

4. 专业性

税收筹划具有很强的专业性，涉及税收、法学、财务管理等学科的理论知识，又兼有较强的实践性。税务筹划的专业性有两层含义，一是指企业的税务筹划需要由财务、会计、尤其是精通税法的专业人员进行；二是现代社会随着经济日趋复杂，各国税制也越趋复杂，仅靠纳税人自身进行税务筹划已显得力不从心，税务代理、咨询及筹划业务应运而生，税务筹划呈日益明显的专业化特点。所以专业理财师应具有税收筹划的专业技能，正确运用税法、财会法规和有关经济法规制定、筛选税收筹划方案。

5. 综合性

为客户进行税收筹划不能只以税负轻重作为选择纳税的唯一标准，应该

着眼于实现客户的综合利益和长期利益目标。这是因为，一种税少纳了，另一种税有可能要多缴，整体税负不一定减轻。另外，纳税支出最小化的方案不一定等于资本收益最大化方案。进行投资、经营决策时，除了考虑税收因素外，还必须考虑其他多种因素，综合决策，以达到总体收益最大化的目的。

6. 风险性

是税收筹划活动因各种原因失败而付出的代价。税收筹划过程中的操作风险是客观存在的。这主要包括：一是日常的纳税核算从表面或局部的角度看是按税法规定操作的，但由于对有关税收政策的精神把握不准，造成事实上的偷税，由于未依法纳税而面临税务处罚的风险；二是对有关税收优惠政策的运用和执行不到位，面临税务处罚的风险；三是在系统性税收筹划过程中对税收政策的整体性把握不够形成的风险；四是对企业的情况没有全面比较和分析，导致筹划成本大于筹划成果，或者筹划方向与企业的总体目标不一致，表面上看有成果，而实际上企业并未从中得到实惠。

3.2 税收筹划的基本方法

3.2.1 避免应税收入（或所得）的实现

从减轻税收负担角度来看，纳税人尽量取得不被税法认定为应税所得的经济收入。根据我国现行税法规定，几乎各税种都存在此类筹划的空间。例如，根据税法规定，财产增值部分只要不变现就不对其征税。因此，一般情况下，个人尽量不要将财产的增值部分变现。如果需要资金，而且在利息成本小于税款的前提下，可以用财产作抵押进行信贷融资。

尽量取得不需要课税的收入。如我国税法规定，国债和国家发行的金融债券利息、投资基金、保险分红或赔偿、人民币理财产品、股票转让所得，免征个人所得税。

取得不具有所有权的实物，利用税收条款，减少应税收入。例如，纳税人取得的实物收入一般也要缴纳个人所得税。但如果实物的所有权不归属个人，个人只对其使用，可以不缴纳个人所得税。如企业购置汽车，汽车归企业所有，但分给个人使用，个人就不需要缴纳个人所得税。

3.2.2 避免适用较高税率

税率是决定纳税人税负高低的主要因素之一。各税种的税率以及同一税种各税目的税率大多存在一定的差异。适用税率越高，应纳税额就越多，税后收益就越少。因此，尽量使所从事的经济活动适用较低的税率，对纳税人降低税收负担意义重大。

例如，工资薪金等采用超额累进税率，纳税人的应税所得越高，其适用的最高边际税率可能也就越高。因此，在纳税人一定时期内收入总额既定的情况下，其分摊到各个纳税期内的收入应尽量均衡，避免临界所得进入高档税率区。

3.2.3 充分利用"税前扣除"

各国税法中有一些允许纳税人税前扣除的条款，纳税人应该充分利用这些规定，多扣除一些费用，缩小税基，减少税负。尤其是当纳税人的所得适用超额累进税率时，如果纳税人可以多扣除一些费用，缩小了税基，其所得适用的最高边际税率和实际税负就会下降。

1. 利用公益性捐赠行为的筹划

公益性捐赠行为也是既可以满足个人从事公益事业的愿望，也可以在一定程度内减轻税负的方法。我国《个人所得税法》规定，个人将其所得对教育、扶贫、济困等公益慈善事业进行捐赠，捐赠额未超过纳税人申报的应纳税所得额百分之三十的部分，可以从其应纳税所得额中扣除；国务院规定对公益慈善事业捐赠实行全额税前扣除的，从其规定。充分运用捐赠扣除降低税负是个人所得税筹划的一个重要方法，由于我国现行个人所得税法对个人的公益性、救济性捐赠规定有捐赠限额，超过部分不允许扣除，因此在捐赠数额确定的情况下，将一次性的大额捐赠分为多次的限额内捐赠可以降低捐赠者的税负。

例：居民张三2019年度在不考虑专项扣除的情况下，工资薪金收入为150 000元，劳务报酬所得为10 000元，其个税费用扣除标准60 000元，并享受每月子女教育1 000元和每月赡养老人专项附加扣除2 000元，全年共36 000元。

若张三未发生公益捐赠：

全年应纳税所得额 =（150 000+10 000×80%-60 000-36 000）= 62 000元

其适用税率为10%，速算扣除数为2 520元

应纳税额 = 62 000×10%-2 520 = 3 680元

若张三捐赠，根据税法规定，捐赠最高减除费用为应纳税所得额的30%

62 000×30% = 18 600元

假设张三捐款15 000元，不到18 600元，张三的"应交税金"为：

（62 000-15 000）×10%-2 520 = 2 180元

假设张三捐款等于或多于18 600元，张三的"应交税金"为：

（62 000-18 600）×10%-2 520 = 1 820元

因此，若张三捐赠超过18 600元，可分为多次的限额内（15 000元）捐赠以降低税负。

2. 按次取得所得的筹划

我国个人所得税法规定，劳务报酬所得凡属一次性收入的，以取得该项收入为一次，按次确定应纳税所得额；凡属于同一项目（如设计、装潢、医疗、咨询、讲学、表演等）连续性收入的，以一个月内取得的收入为一次，据以确定应纳税所得额；但如果纳税人当月跨县（含县级市、区）提供了劳务，则应分别计算应纳税额。根据上述规定，如果一个纳税人要给某企业提供咨询服务，则咨询服务最好是跨月进行，并且咨询费也是分月取得，这样可以多次取得收入，多次扣除费用；如果咨询服务必须在同一个月内完成，则纳税人可以考虑跨县来提供咨询服务，例如分别在 A 县向总公司以及在 B 县向分公司提供咨询服务，这样纳税人就可以在一个月内两次取得收入，分别扣除费用。

3.2.4 推迟纳税义务发生时间

推迟纳税可以使个人在不减少纳税总量的情况下获得货币的时间价值，有利于资金周转，节省利息支出。由于通货膨胀的影响，延期以后缴纳的税款币值下降，从而降低了实际的纳税额。例如，我国从2018年6月7日起，在上海市、福建省（含厦门）、苏州工业园区三个试点区域推出的个人税收递延型养老保险产品，实质上是国家在政策上给予购买养老保险产品个人的税收优惠。考虑到物价上涨因素，这一产品实际能起到个税"减负"作用。即使不考虑物价上涨的因素，这一产品所起到的个税"减负"作用，还意味着迟缓缴税等好处。在国外，这种产品非常通行，可通过它降低个人的税务负担，鼓励居民购买养老保险。

3.2.5 利用税收优惠

税法中的减免税等税收优惠规定，为纳税人税收筹划提供了可能性。

以个人所得税为例，税法规定的免纳税的项目有：（1）省级人民政府、国务院部委和中国人民解放军军以上单位，以及外国组织、国际组织颁发的科学、教育、技术、文化、卫生、体育、环境保护等方面的奖金；（2）国债和国家发行的金融债券利息；（3）按照国家统一规定发给的补贴、津贴；（4）福利费、抚恤金、救济金；（5）保险赔款；（6）军人的转业费、复员费、退役金；（7）按照国家统一规定发给干部、职工的安家费、退职费、基本养老金或者退休费、离休费、离休生活补助费；（8）依照有关法律规定应予免税的各国驻华使馆、领事馆的外交代表、领事官员和其他人员的所得；（9）中国政府参加的国际公约、签订的协议中规定免税的所得；（10）国务院规定的其他免税所得。而有下列情形之一的，经批准可以减征个人所得税：（1）残疾、孤老人员和烈属的所得；（2）因严重自然灾害造成重大损失的；国务院可以规定其他减税情形，报全国人民代表大会常务委员会备案。

3.3 个人所得税税收筹划实务

一般来说，税收筹划是对那些收入达到一定水平、收入来源多样化的人士而言的。对于一个单纯靠劳动力谋生的个人来讲，由于工薪是收入的唯一来源，其收入的源泉易于控制，他们的税收筹划通常不是自己个人能够实现的。本部分主要介绍个人收入形成环节的纳税筹划知识。

3.3.1 工资、薪金所得的纳税筹划

工资薪金所得是和大部分人关系最紧密的收入形式，是大部分人收入的主要来源，通过对工资薪金所得实施合理合法的个人所得税筹划，能够切实降低人们个人所得税的纳税负担，提高人们的收益水平。

1. 以家庭为单位对个人所得税专项附加扣除实施合理规划

由于个人所得税专项附加扣除的存在本身就是为了降低居民个人所得税的负担，提高生活质量。所以，这项政策也为合理合法筹划个人所得税提供了比较好的操作空间。

比如，在子女教育、住房贷款利息等专项扣除上，可以选择由父母或夫妻一方扣除，或者双方按照规定标准分别扣除，而且具体扣除方式在一个纳

税年度内不能变更。夫妻双方在决定扣除方式时，应当估算当年度各自的收入水平，根据自己的实际情况安排筹划个人专项附加扣除。

案例：

男士张三和妻子李四在北京工作，他们当年度扣除"三险一金"后的年收入分别为50万元和25万元。他们关于个人所得税专项附加扣除满足的基本情况如下：

（1）两人名下都没有住房，两人每月发生固定租金支出（夫妻两人都是承租人）。

（2）他们共同育有1儿1女，且2个孩子均在接受九年义务教育阶段。

（3）两人都是独生子女，而且两个人的父母都已年满60周岁。

（4）张三和女儿在当年度由于身体欠佳，分别支出大病医疗费用（医保目录范围内自付部分）8.5万元和4.5万元。

根据以上情况，他们可以享受的个人所得税专项附加扣除如下：

（1）子女教育专项附加扣除，标准为每个子女每月1 000元（每年1.2万元）。

（2）住房租金专项附加扣除，标准为每月1 500元（每年1.8万元）.

（3）赡养老人专项附加扣除，标准为每人每月2 000元（每年2.4万元）。

（4）张三和女儿的大病医疗专项附加扣除，即扣除医保报销后个人负担（指医保目录范围内的自付部分）累计超过1.5万元的部分，在8万元限额内据实扣除。

[案例解析]

1. 如果将子女教育、住房租金、张三及女儿的大病医疗全部由李四来扣除：

李四当年应纳税所得额＝25万元（李四扣除"三险一金"后的年收入）－6万元（年基本减除费用）－2.4万元（子女教育）－1.8万元（住房租金）－2.4万元（赡养老人）－7万元（张三的大病医疗）－3万元（女儿的大病医疗）＝2.4万元。其适用的扣率是3%，速算扣除数为0。

李四应纳税额＝2.4万元×3%＝720元。

此时，丈夫张三当年应纳税所得额＝50万元（张三扣除"三险一金"后的年收入）－6万元（年基本减除费用）－2.4万元（赡养老人）＝41.6万元。其适用扣率是25%，速算扣除数为31 920元。

张三应纳税额＝41.6万元×25%－31 920元＝72 080元。

张三和李四共应纳税额＝720元＋72 080元＝72 800元。

2. 如果将子女教育、住房租金、张三及女儿的大病医疗全部由丈夫张三来扣除。

张三应纳税所得额＝50万元－6万元（年基本减除费用）－2.4万元（子女教育）－1.8万元（住房租金）－2.4万元（赡养老人）－7万元（张三的大病医疗）－3万元（女儿的大病医疗）＝27.4万元

其适用扣率是20%，速算扣除数为16 920元。

张三应纳税额＝27.4万元×20%－16 920元＝37 880元。

妻子李四当年应纳税所得额＝25 万元 6 万元（年基本减除费用）－2.4 万元（赡养老人）＝16.6 万元。其适用扣率是 20%，速算扣除数为 16 920。

李四应纳税额＝16.6 万元×0.2－16 920 元＝16 280 元

张三和李四共应纳税额＝＝37 880 元＋16 280 元＝54 160 元

可见，将子女教育、住房租金、张三及女儿的大病医疗全部由丈夫张三来扣除时，整个家庭的应纳税额减少＝72 800 元－54 160 元＝18 640 元。

因此，一般情况下，对于夫妻双方可约定一方扣除的个人所得税专项附加扣除项目，如子女教育、住房贷款利息、大病医疗等，由年应纳税所得边际税率高的一方扣除，可使家庭净收入最大化。所以，夫妻双方在年初决定个人所得税专项附加扣除方式时，需估算各自年收入水平。

2. 工资、薪金福利化筹划

我国对工资、薪金适用的是七级超额累进税率，因而工资数额的提高，也意味着上缴税款的比重增加。怎样使自己的工资实际水平保持不变，同时又使所承担的税收款项最小化，是纳税人所共同关心的。一般可行的做法是和单位领导人进行商议，能福利化的尽量福利化，改变自己的工资支付方法。即由单位提供一些必要的福利，如提供住房、提供免费膳食等福利设施。相应地减少自己的工资，并使改变后的工资实际水平和以前保持一致。

（1）企业提供住所。即住房是企业免费提供或收取部分租金提供的。由于个人所得税是就个人的收入总额划分档次课税，对个人的支出只确定一个固定的扣除额。这样收入越高支付的税金就越多，企业将住房费直接支付给个人将会造成个人较多的税收负担。如果企业为个人租用房子采取企业支付或支付个人现金，也会造成个人的税收负担和收入水平的差异。因此，在受聘时，应与雇主协商，由雇主支付个人在工作期间的寓所租金，而薪金则在原有基础上作适当的调整。这样，雇主的负担不变，个人则可因此而降低了个人所得税中工薪应负担的税收。

（2）企业提供假期旅游津贴。即由企业支付旅游费用，然后降低个人的薪金。根据国家规定职工可以享受法定休假，在此期间一切费用照付。如果个人放弃这部分工资的权利，而要求企业提供休假旅游的费用，只要是财务制度所允许的，企业都会予以接受。这样，对企业来讲，并没多支出，而对个人来讲就是少收入、高消费了。

（3）企业提供员工福利设施。由企业向职工提供的各种福利设施，若不能转化为现金，则不会视为工资收入，从而也就不必计算缴纳个人所得税。这样，企业通过提高职工福利，增加其物质满足，也可少缴纳所得税。

例：居民李四是独生子女，2019 年 3 月工资收入 12 000 元，伙食补助 1 000 元，交通补助 500 元，通话补助 500 元。假设其专项扣除为 3 000 元，享受赡养老人专项附加扣除 2 000 元。李四可以如何筹划自己的工资、薪金。

解：节税筹划前：

公司支付给李四所有的工资薪金和各种补助，

则李四的预扣预缴应纳税所得额＝12 000＋1 000＋500＋500－5 000－3 000－

2 000＝4 000元

适用的税率为10%，速算扣除数为210元，

则预扣预缴应纳税额＝4 000×10%－210＝190元

节税筹划后：

公司支付给李四工资薪金12 000元，伙食、交通、通话费用全部由公司转换为企业的福利费。

则李四的预扣预缴应纳税所得额＝12 000－5 000－3 000－2 000＝2 000元

适用的税率为3%，速算扣除数为0元，

则预扣预缴应纳税额＝2 000×3%＝60元

每月可节税130元

3.3.2　年终奖金、年薪、绩效工资等个人所得税的筹划

有的企业给部分员工采取年薪制，员工每月发放的工资政月度奖金金额较低，年底发放的一次性奖金金额较大。可能会造成员工平时不需要缴纳个人所得税，但是年度需要一次性缴纳较多的个人所得税。而如果把员工年终一次性奖金并入当年综合所得之后，扣除基本减除费用、专项扣除、专项附加扣除等后，可能根本无需缴税或者缴纳很少税款。

对部分中低收入者而言，如将全年一次性奖金并入当年工资薪金所得，扣除基本减除费用、专项扣除、专项附加扣除等后，可能根本无需缴税或者缴纳很小税款。而如果将全年一次性奖金采取单独计税方式，反而会产生应纳税额或者增加税负。同时，如单独适用全年一识性奖金政策，可能在税率换档时出现税负突然增加的"临界点"现象。

例：张三2019年度的工资薪金收入为50 000元，2019年的累计专项扣除合计16 000元，累计专项附加扣除合计24 000元。其2019年全年的一次性年终奖金额为60 000元。

解：（1）张三的全年一次性奖金采取单独计算个人所得税的方式，由于其工资薪金50 000元扣除累计专项扣除和累计减除费用60 000元后，无需纳税。

则其年终奖个人所得税计算过程为：

60 000÷12＝5 000，根据按月换算后的税率表，其适用税率为10%，速算扣除数为210元，

应纳税额＝60 000×10%－210＝5 790元。

（2）如果将一次性年终奖金金额并入当年工资薪金所得，扣除基本减除费用、专项扣除、专项附加扣除，则其全年个人所得税计算过程为：

应纳税所得额＝（60 000＋50 000）－60 000－16 000－24 000＝10 000

适用3%的个人所得税税率。

则其年终奖应纳税额＝10 000×3%＝300元。

节省个人所得税额＝5 790－300＝5 490元。

因此，《关于个人所得税法修改后有关优惠政策衔接问题的通知》（财税

[2 018）164号）专门规定，居民个人取得全年一次性奖金的，可以自行选择计税方式。纳税人可以自行判断是否将全年一次性奖金并入综合所得计税。企业在发放奖金时，也要注意把握，以便于纳税人享受减税红利。特别在税率临界点上，应很好地做好事先筹划，避免出现奖金数额增加不多，而税率适用更高等级，税负增加甚至出现税负增加超过奖金增加的现象。这种方法也叫"削山头"筹划。

例：张三2019年度的一次性年终奖金额为36 000元。李四2019年度的一次性年终奖金额为36 001元。

解：张三年终奖应纳个人所得税的计算如下：

36 000÷12 = 3 000元，其适用税率为3%，张三应纳税额 = 36 000×3% = 1 080元。

李四年终奖应纳个人所得税的计算如下：

36 001÷12 = 3 000.08元，其适用税率为10%，速算扣除数为210元，

李四应纳税额 = 36 001×10%−210 = 3 390.1元。

李四比张三年终奖多1元，却多交个人所得税2 310.1元，这时我们可以利用税收盲区进行纳税筹划。

3.3.3　劳务报酬税收筹划

虽然劳务报酬适用的是20%的比例税率，但由于对于一次性收入较高者实行加成征收，实际相当于适用三级超额累进税率。因此一次性收入数额越大，其适用的税率就越高，税收负担也就越重。所以劳务报酬所得筹划方法的一般思路就是：通过增加费用开支尽量减少应纳税所得额，或者通过延迟收入、平分收入等方法，将每一次的劳务报酬所得安排在较低税率的范围内。

1. 分项分次计算筹划法

劳务报酬所得以每次收入额减除一定的费用后的余额为应纳税所得额。《个人所得税法实施条例》中列举了28种形式的劳务报酬所得，对于这些所得属于一次性收入的以取得该项收入为一次；属于同一项目连续性收入的，以一个月为一次。这里的同一项目是指劳务报酬所得列举具体劳务项目中的某一单项。但在现实生活中，由于种种原因，某些行业收入的获得具有一定的阶段性，即在某个时期收入可能较多，而在另一时期收入可能会很少甚至没有收入。这样就有可能在收入较多时适用较高的税率，而在收入较少时适用较低税率，甚至可能连基本的抵扣额都不够，造成总体税负较高。这时，纳税人只要进行一些很简单的筹划活动，就有可能会获取较高的税后收益。

例：张三利用业余时间，为某企业提供劳务，双方约定该企业要支付给张三24 000元的劳务报酬，但没有约定劳务报酬给付的次数。

解：节税筹划前：

如果该企业一次性将24 000元给付张三，

则其代扣代缴个人所得税 = 24 000×（1−20%）×20% = 3 840元

节税筹划后：

如果该企业将24 000元分成12个月，每月支付2 000元给张三，则张三每次劳务报酬代扣代缴个人所得税=（2 000-800）×20%=240元。该劳务报酬所得全年代扣代缴个人所得税=240×12=2 880元。

分次支付比一次性支付节省个人所得税=3 840-2 880=960元。

此案例中即通过将劳务报酬所得分成多次，每次可扣除800元的费用。经过多次分摊、多次扣除来实现税负降低。

2. 费用转移筹划法

为他人提供劳务以取得报酬的个人，可以考虑由对方提供一定的福利，将本应由自己承担的费用改由对方承担，以达到规避个人所得税的目的（特别是支付个人报酬的一方通常是企业或机构，他们为个人提供的福利可直接计入企业或机构的费用）。比如，由对方向提供食宿、报销交通费用、安排实验设备等。这样就等于扩大了费用开支，相应地降低了自己的劳务报酬总额，从而使劳务报酬应纳税所得额保持在较低的水平上。由于对方所提供的伙食、交通等服务可能是劳务提供者的日常开支，若由其本人用收入支付往往不能在税前扣除。这样，提供劳务报酬的纯所得因接受对方的服务而降低，达到了一定的减税目的。这比直接获得较高的劳务报酬但支付较多的税收更加有利。

例：居民张三到外地机构做培训讲师，按照合同规定，讲课的劳务报酬为6万元，往返交通费、住宿费、伙食费等将花费10 000元。

解：节税筹划前：

张三接受企业支付的6万元讲课费，往返各项费用10 000元自己负责

应纳税额=60 000×（1-20%）×30%-2 000=12 400（元）

节税筹划后：

如果张三和该培训机构商定，由机构支付张三讲课费5万元，往返交通费、住宿费、伙食费等全部由企业负责

应纳税额=50 000×（1-20%）×30%-2 000=10 000（元）

张三可以节省税收2 400元。

3.3.4 稿酬税收筹划

1. 系列丛书法

根据个人所得税法的有关规定，个人以图书、报刊方式出版、发表同一作品，无论出版单位是预约还是封闭支付稿酬，或者加印该作品再付稿酬，均应合并稿酬所得，一次计征个人所得税。同一作品再版所得，应视为另一次稿酬所得计征个人所得税。同一作品先在报刊上连载然后再出版，或者先出版再在报刊上连载的，应视为两次稿酬所得缴税，即连载作为一次，出版作为另一次。如果一本书可以分成几个部分，一系列丛书的形式出现，该作品可以被认定为几个单位独立的作品，单独计算纳税，从而扩大免征金额，降低应纳税额。

例：作家张三拟出版一本专著，出版合同规定由出版社承担相关费用，稿酬所得12 000元。

解：节税筹划前：

该纳税人以一本书的形式出版该著作：

应纳税额 = 12 000 × （1 - 20%）（1 - 30%）×20% × = 1 344元

节税筹划后：如果在可能的情况下，该纳税人以4本书为一套系列丛书出版：

每本稿酬 = 12 000/4 = 3 000元

每本应纳税额 = （3 000 - 800）×（1 - 30%）×20% = 308元

总共应纳税额 = 308×4 = 1 232元

可节省税款 = 1 344 - 1 232 = 112元

使用这种方法应该注意：首先，该著作可以被分解成一套系列著作，而且这种发行方式不会对发行量有太大的影响，当然最好能够促进发行。如果该种分解导致著作的销量或者学术价值大受影响，则这种方式将得不偿失。其次，该种发行方式要想充分发挥作用，最好与后面的著作组筹划法相结合。最后，该种发行方式最好保证每本书的人均稿酬小于4 000元。因为这种筹划法利用的就是抵扣费用的临界点税负的影响，即在稿酬所得小于4 000元时，实际抵扣标准大于20%。

2. 集体创作法

如果一项稿酬所得预计数额较大，还可以考虑适用著作组筹划法，即改一本书由一个人写为多个人合作创作。和上种方法一样，该种筹划方法利用的是低于4 000元稿酬的800元费用抵扣，该项抵扣的效果是大于20%抵扣标准的。根据个人所得税法的有关规定，两个或两个以上的个人共同取得同一项目收入的，应当对每个人取得的收入分别按照税法规定减除费用后计算纳税，即实行"先分、后扣、再税"的办法。因此在分摊稿酬时应最大限度利用费用扣除。

例：教授张三准备出版教材，出版社同意该书出版之后支付稿费20 000元。

解：节税筹划前：

如果教授张三独立编写的方式，20 000元稿费收入

应纳税额 = 20 000×（1 - 20%）×（1 - 30%）×20% = 2 240元

节税筹划后：

如果教授张三将写作任务分配给教研室包括自己在内的8名教师，采取共同创作的方式，每人获稿费2 500元。

应纳税额 = （2 500 - 800）×（1 - 30%）×20%×8 = 1 904元

可节省税款 = 2 240 - 1 904 = 336元

3. 费用转移法

税法规定，个人取得的稿酬所得只能在一定期限内扣除费用。一般就是和

出版社商量，让其提供尽可能多的设备或服务，这样就将费用转移给了出版社，自己基本上不负担费用，使得自己的稿酬所得相当于享受到两次费用抵扣，减少应纳税额。可以考虑由出版社负担的费用有以下几种：资料费、稿纸、绘画工具、作图工具、书写工具、其他材料、交通费、住宿费、实验费、用餐、实践费等，有些行业甚至可以要求提供办公室以及电脑等办公设备。

例：某作家张三将创作一部专著，需要到全国各地进行考察和调研。预计专著出版后稿酬收入30万元，预计考察调研相关费用为10万元。

解：节税筹划前：

如果由该作家张三自己负担费用，则10万元费用不能从稿酬收入中扣除

应纳税额 = 300 000 × （1 - 20%）×20%×（1 - 30%）= 33 600元

实际收益 = 300 000 - 33 600 - 100 000 = 166 400元

节税筹划后：

如果由出版社支出费用，限额为10万元，实际支付给作家张三的稿费为20万元

应纳税额 = 200 000 × （1 - 20%）×（1 - 30%）×20% = 22 400元

实际收益 = 200 000 - 22 400 = 177 600元

可增加实际收入 = 177 600 - 166 400 = 11 200元

3.3.5　经营所得税收筹划

1. 递延收入的实现时间以降低税率

经营所得适用5%~35%的超额累进税率，如果个体工商户某一纳税年度的应纳税所得额过高，就要按较高的税率纳税。此时，个体工商户可以通过递延收入的方式来起到延期纳税的作用或使纳税人当期适用较低的税率的作用。如在12月份预计全年应纳税额将超过某个级次的最高数额，如30 000元、90 000元、300 000元、500 000元等，可以将收入递延到下一年度，以达到递延纳税或降低税率的目的。一般递延收入的方式有：一是让客户暂缓支付货款和劳务费用；二是改一次性收款销售为分期收款销售。比如采用分期收款或赊销方式销售商品，将货物推迟到次年1月发出，等等。

例：个体工商户张三经营一家小商品店。由于他眼光独特，经营的小商品大受欢迎，2019年取得的收入总额减除成本、费用以及损失后的余额为100 000元。张三应该如何进行税收筹划？

解：节税筹划前：

2019年应纳个人所得税额 = 100 000×20%−10 500 = 9 500元

节税筹划后：

假设张三与其客户商议其中10 000元货款延至第二年支付

则其2019年应纳个人所得税额 = 90 000×10%−1 500 = 7 500元；

2019年节省税收2 000元，其余可等下年度缴税，以达到递延纳税或降低税率的目的。

2. 增加费用扣除

个体工商户等居民的应纳税所得额为收入减去发生的成本、费用。因此，在收入总额既定的前提下，尽可能通过合理的方法来增加纳税年度的成本、费用等扣除项目，以达到降低应纳税所得的目的。个体工商业户利用扩大费用列支节税的方法主要有：

（1）合理确定存货领用、发出的计价方法。

（2）将个人或家庭的一些与企业生产经营有关的固定资产投入到企业，以增加折旧费用。（3）将个人的资金以债务的方式投入到自己的企业，以获得利息扣除。

3.3.6 投资避税筹划

合理合法避税，针对个人或家庭而言，运用的最多的方法是投资避税。

首先投资者可以利用基金定投、国债以及银行推出的本外币理财产品等投资品种来避税。目前股票型基金、债券型基金和货币型基金等开放式基金派发的红利都是免税的。此外，作为"金边债券"的国债，其稳妥安全的投资特点和利息税免税效应，仍受到追求稳定收益的投资者的青睐。根据财税〔1998〕55号文，对个人投资者买卖基金单位获得的差价收入，在对个人买卖股票的差价收入未恢复征收个人所得税以前，暂不征收个人所得税；对投资者从基金分配中获得的国债利息和买卖股票差价收入，在国债利息收入和个人买卖股票差价收入未恢复征收个人所得税以前，暂不征收个人所得税。除了上述投资品种以外，银行发行的本外币理财产品也可以避税。个人在自己的投资意向中，应对这些税收优惠政策给予关注。

投资者还可以利用购买保险来进行合理避税。从目前看，无论是分红险、养老险还是意外险，在获得分红和赔偿的时候，被保险人都不需要缴纳个人所得税。因此，购买保险也是一个不错的理财方法，在获得所需保障的同事还可以合理避税。此外，信托公司发行的信托产品等，也可以避税，只是投资门槛相对较高。

个人还可以通过所得再投资进行筹划。对于个人因持有某公司的股票、债券而取得的股息、红利所得，税法规定要征收个人所得税。但为了鼓励企业和个人进行投资和再投资，各国都不对企业留存未分配利润征收所得税。如果个人对企业前景看好，就可以将本该领取的股息、红利所得留在企业，作为对公司的再投资，而企业则可以将这部分所得以股票或债券的形式记在个人名下。但如果个人感觉另一个公司更好，即使缴纳个人所得税后，再购买另一个公司的股票收益仍很大，则另当别论。

3.3.7 其他项目的筹划

1. 偶然所得的税收筹划。偶然所得，是指个人得奖、中奖、中彩以及其他偶然性质的所得。对于经常可以见到的有奖销售，如果中奖人把奖品按同样的价值抵减原购买商品的价格，就可以少交个人所得税。购买彩票已经成为一种普遍的投资方式。国税发〔1994〕127号文件和财税字〔1998〕12号文件分别规定，对于个人购买福利和体育彩票一次中奖收入不超过1万元的。暂免征收个人所得税，超过1万元的，应按税法规定全额征收个人所得税。

2. 捐赠的税收筹划。捐赠支出的纳税筹划，重点在于如何使得捐赠支出最大化。

税法规定，个人将其所得对教育、扶贫、济困等慈善公益事业进行捐赠，捐赠额未超过纳税人申报的应纳税所得额百分之三十的部分，可以从其应纳税所得额中扣除；国务院规定对公益慈善事业捐赠实行全额税前扣除的，从其规定。

总之，纳税筹划能帮助客户节约税收，增加财富，但另一方面也存在着政策风险、执法风险、市场风险、操作风险、目标风险等，因此理财规划师不但要从微观着眼为客户节约税款，也需要从大局入手，规避好税收筹划风险。应控制好纳税筹划风险，坚持合法性、灵活性，重视货币时间价值，树立风险意识，加强与税务机关的联系等原则，共同建立一个适合税收筹划事业发展的社会环境。

小　结

本项目分为三个任务，任务一主要介绍个人所得税中的具体税项和新税法中规定的专项附加扣除规定；任务二主要结合实例介绍新个人所得税法下具体的计税方法；任务三主要介绍税收筹划的含义和特点，并针对个人所得税大类中的各税项介绍不同的税收筹划方法。税收筹划对于理财规划师而言，是一项重要的专业技术。本项目的核心是在对我国个人所得税中各具体税项熟练掌握的基础上，在法律允许的范围内，运用税收筹划方法为客户制订适当的税收筹划方案。

能力训练

◎**知识训练**

一、判断题。

1. 避税是收到税单后不去交税。　　　　　　　　　　　　　（　　）

2. 个人税务筹划是个人理财规划中的一项重要内容，它是在纳税义务发生之前在法律允许的范围之内，对纳税负担的低位选择。　　　　　（　　）

3. 对中国境内居民的境外取得的所得，我国不征收个人所得税。（　　）

4. 合法性是税收筹划区别于偷税、逃税、抗税、骗税行为的重要特征。

　　　　　　　　　　　　　　　　　　　　　　　　　　　（　　）

5. 偶然所得，每次收入不超过4 000元的，减除费用800元；4 000以上的，减除20%的费用，其余额为应纳税所得额。　　　　　　　（　　）

6. 个人理财税收筹划既可在纳税事项成为既定事实之前进行，也可在涉税事项已成既定事实之后进行。　　　　　　　　　　　　　（　　）

7. 国债和国家发行的金融债券利息属于个人所得税方面的免税项目。

　　　　　　　　　　　　　　　　　　　　　　　　　　　（　　）

8. 在把一次性年终奖单独计税时，小李在年终分得36 000的年终奖，小

课堂笔记

王分得36 800的年终奖，可扣除税收后，小李实际拿到的税后收入更多。

（　　）

9. 由于把全年一次性奖金单独计税时，要以奖金全额除以12个月的数额，按照综合所得月度税率表计算。所以，把一次性年终奖单独计税肯定比将全年一次性奖金并入当年综合所得计税更划算。（　　）

10. 推迟纳税义务发生时间也是个人理财税收筹划的一种手段。（　　）

二、单选题

1. 我国最新《个人所得税法》规定：工资、薪金所得以每月收入额减除费用（　　）后的余额，为应纳税所得额。

A. 800元　　　　　　　　　　B. 2 000元

C. 3 500元　　　　　　　　　D. 5 000元

2. 我国《个人所得税法》规定：财产租赁和财产转让所得，适用比例税率，税率为（　　）

A. 20%　　　　　　　　　　B. 30%

C. 40%　　　　　　　　　　D. 45%

3. 我国个人所得税中工资、薪金所得的适用税率范围是（　　）

A. 5%--50%　　　　　　　　B. 5%--45%

C. 5%--40%　　　　　　　　D. 3%--45%

4. 某客户中得彩票大奖500万元，其适用的个人所得税税率为（　　）

A. 14%　　　　　　　　　　B. 20%

C. 30%　　　　　　　　　　D. 45%

5. 下列项目中，属于劳务报酬所得的是（　　）

A. 发表论文取得的报酬

B. 提供著作的版权而取得的报酬

C. 将国外的作品翻译出版取得的报酬

D. 高校教师受出版社委托进行审稿取得的报酬

6. 根据新个人所得税法的规定，工资、薪金所得预扣预缴采用的税率形式是（　　）

A. 超额累进税率　　　　　　B. 全额累进税率

C. 超率累进税率　　　　　　D. 超倍累进税率

7. 根据个人所得税法，股息所得缴纳个人所得税的应纳税所得额为（　　）

A. 每次收入额　　　　　　　B. 每次收入额减去800元的费用

C. 每次收入额减去20%的费用　D. 每次收入额减去5 000元的费用

8. 对以下（　　）征收个人所得税时，应以全额所得为应纳税所得额。

A. 偶然所得　　　　　　　　B. 经营所得

C. 综合所得　　　　　　　　D. 财产转让所得

9. 税收筹划的内容不包括（　　）

A. 避税　　　　　　　　　　B. 节税

C. 税负转嫁　　　　　　　　D. 逃税

10. （　　）又称节税，是纳税人在法律允许的范围内，通过对经营、投资、理财等经济活动的事先筹划和安排，充分利用税法提供的优惠和差别待遇，以减轻税负，达到整体税后收益最大化。

A. 税收筹划   B. 税收安排

C. 税收负担   D. 税收管理

11. 下列哪项个人所得税不适用比例税率(　　)

A. 利息所得   B. 偶然所得

C. 工资薪金所得   D. 财产转让所得

12. 个人兼职取得的收入，应按(　　)项目缴纳个人所得税

A. 劳务报酬所得   B. 偶然所得

C. 工资薪金所得   D. 财产转让所得

13. 下列哪项所得不用缴纳个人所得税(　　)

A. 劳务报酬所得   B. 偶然所得

C. 个人救济金所得   D. 财产转让所得

14. 下列所得应缴纳个人所得税的是(　　)

A. 干部离休费   B. 偶然所得

C. 保险赔款   D. 国债利息

15. 叶某参加电视台举办的有奖竞猜活动中奖，获一台价值8 000元的电脑，应缴纳的个人所得税为 (　)

A. 800 元   B. 1 280元

C. 1 600元   D. 4 800元

三、多选题

1. 下列哪些属于个人所得税的征税范围(　　)

A. 工资、薪金所得   B. 偶然所得

C. 财产租赁所得   D. 稿酬所得

E. 劳务报酬所得

2. 我国个人所得税采用的税率形式有(　　)。

A. 比例税率   B. 全额累进税率

C. 超率累进税率   D. 超额累进税率

E. 定额税率

3. 新个人所得税法中，哪些征税范围属于综合所得(　　)

A. 工资、薪金所得   B. 偶然所得

C. 经营所得   D. 稿酬所得

E. 劳务报酬所得

4. 关于税收筹划的说法正确的是(　　)

A. 少纳税和递延纳税是税收筹划的目标所在

B. 税收筹划等同于偷税漏税

C. 税收筹划是在法律允许的范围内

D. 税收筹划没有任何风险

E. 税收筹划是事先规划、设计和安排的

5. 税收筹划的基本方法包括 (　　)

A. 避免应税所得（收入）的实现 B. 避免适用较高税率

C. 充分利用税前扣除   D. 推迟纳税义务发生时间

E. 利用税收优惠

6. 以下（   ）属于个人所得税专项附加扣除

A. 子女教育   B. 继续教育

C. 一般医疗   D. 购房支出

E. 赡养老人

7. 关于个人所得税专项附加扣除的规定，下列（   ）是正确的

A. 居民纳税人在子女教育专项附加扣除方面，若符合条件，可按照每个子女每月1 000元的标准定额扣除

B. 居民纳税人一定要接受学历继续教育才能享受继续教育专项附加扣除，其他继续教育支出均不在扣除范围内

C. 居民纳税人只要有住房贷款支出，并在偿还贷款期间，即可享受住房贷款利息专项附加扣除，扣除标准为每月1 000元

D. 住房租金专项附加扣除指纳税人在主要工作城市没有自有住房而租赁住房的支出方面的扣除

E. 个税附加专项扣除额一个纳税年度扣除不完的，可以结转以后年度扣除。

8. 下列收入中，应按"特许权使用费所得"项目征收个人所得税的有（   ）

A. 编剧从电视剧的制作单位取得的剧本使用费

B. 作者将自己的文字作品手稿原件公开拍卖的所得

C. 提供著作权的使用权取得的所得

D. 某杂志的编剧在该杂志上发表文章取得的收入

E. 作者在专业核心刊物上发表论文取得的收入

9. 税收筹划的特点包括（   ）

A. 合法性   B. 目的性

C. 规划性   D. 专业性

E. 综合性

10. 在个人所得税法相关规定中，以下哪个说法是正确的（   ）

A. 一对夫妇若有两个孩子，则其子女教育经费专项附加扣除项目可由其中一人全部享受，也可以夫妻分摊

B. 若夫妻俩都是独生子女，每人可以享受每月2 000元的赡养费用专项附加扣除，可由其中一人全部享受，也可以由夫妻协商分摊

C. 若纳税人在机关事业单位工作，个人没有必要了解个人所得税法的基本规定

D. 新税法中规定，对纳税人2021年12月31日期间取得的全年一次性奖金，可以并入当年综合所得，也可以采取单独计算纳税

E. 住房公积金属于居民综合所得中的专项附加扣除项目

◎ 技能实训

（一）案例：居民张三35岁，夫妻俩均为独生子女，在国企上班，大儿

子上小学一年级，小女儿正在读幼儿园。张三个人在2 019 年度取得以下收入：

　　（1）工资薪金收入120，000元（不考虑专项扣除）；

　　（2）一次性稿酬收入5，000元；

　　（3）一次性讲学收入4，000元；

　　（4）国债利息收入1，000元；

　　（5）一次性年终奖100，000元。

1. 依据题意，下列哪一项不计入张三的综合所得进行计税（　　　）。

　　A. 工资薪金收入　　　　　　　　B. 国债利息收入

　　C. 稿酬收入　　　　　　　　　　D. 讲学收入

2. 张三的稿酬收入应纳入综合所得的收入额为（　　　）。

　　A. 2 000元　　　　　　　　　　B. 2 800元

　　C. 4 000元　　　　　　　　　　D. 50 000元

3. 张三的劳务报酬收入应纳入综合所得的收入额为（　　　）。

　　A. 500元　　　　　　　　　　　B. 1 000元

　　C. 3 200元　　　　　　　　　　D. 4 000元

4. 假设子女教育专项附加扣除由夫妻俩平摊，则2019年度张三的综合所得可扣除的专项附加费用为（　　　）。

　　A. 12 000元　　　　　　　　　　B. 24 000元

　　C. 36 000元　　　　　　　　　　D. 48 000元

5. 张三取得的国债利息收入应缴纳的个人所得税税额为（　　　）。

　　A. 0 元　　　　　　　　　　　　B. 150 元

　　C. 200 元　　　　　　　　　　　D. 400 元

6. 根据题意，2019年度张三的综合所得应纳税所得额为（　　　）。

　　A. 30 000元　　　　　　　　　　B. 130 000元

　　C. 142 000元　　　　　　　　　D. 150 000元

7. 根据题意，2019年度张三的综合所得适用（　　　）的税率.

　　A. 3%　　　　　　　　　　　　　B. 10%

　　C. 20%　　　　　　　　　　　　D. 25%

8. 根据题意，2019年度张三的综合所得应纳税额为（　　　）

　　A. 3 900元　　　　　　　　　　B. 10 480元

　　C. 11 680元　　　　　　　　　　D. 12 480元

9. 新税法中规定，对纳税人2021年12月31日之前取得的全年一次性奖金，可以不并入当年综合所得，采取单独计算纳税。若张三对其全年一次性奖金单独计税，则张三的年终奖在2019年度总共需缴纳个人所得税（　　　）元。

　　A. 3 000元　　　　　　　　　　B. 7 480元

　　C. 9 790元　　　　　　　　　　D. 10 000元

10. 张三若把年终奖金单独计算纳税，请问张三全年纳税总计（　　　）。

　　A. 3 900元　　　　　　　　　　B. 8 380元

　　C. 10 690元　　　　　　　　　　D. 10 900元

（二）**案例**：王教授是一所重点高校的教授，2018年王教授为某科技公司提供技术咨询服务，一年6次，该公司在年底一次性付给王教授全年的报酬60 000元。根据题意，王教授就其劳动报酬，王教授需要缴纳个人所得税多少元？如果王教授听从了理财规划师的建议，把此项劳动报酬的一次性改成每次支付，则从全年来看，王教授因此少缴纳个人所得税多少元。

模块三　个人理财规划

项目十　家庭理财规划

 知识目标

1. 熟悉理财方案设计所需要了解的背景资料，掌握初步确定理财目标的技巧；

2. 了解以客户为中心的现代理财服务理念和礼仪规范；

3. 具备与客户沟通的能力，掌握理财产品推荐过程中必备的客户服务沟通技巧；

4. 掌握综合理财规划书的制作步骤。

 技能目标

1. 掌握编制个人资产负债表和个人现金流量表的方法；

2. 掌握理财方案设计的程序、内容及方法；

3. 能够为客户制定合理的综合理财规划方案，并形成综合理财规划书。

案例导入

　　开了 12 年饮食店的谢先生夫妇目前生意稳定，虽然是小本生意，但每月也能结余三四千元，已在银行存下 24 万元。谢先生一家有固定房产一套，没有贷款，小孩正在上小学，父母都有退休金，家庭负担不算大，但他觉得美中不足的是自己和家人都没有保险，而攒下来的钱放在银行吃利息，收益又太低。为此，他找来理财规划师，谈了他的几个理财目标，一是将手中资金盘活，让钱生钱；二是为全家购买一些保险，保障今后生活；三是今明两年内买一辆小车。作为理财规划师，他应该如何为谢先生进行整体理财规划呢？在与谢先生沟通与交流过程中需要注意哪些事项？应如何更好地为其服务呢？学习完本章，希望您能有所收获。

（资料来源：节选自新浪财经）

　　理财规划是指理财人员为客户规划现在及未来的财务资源，使其能满足人生不同阶段的需求，已达到预定的理财目标，实现财务独立自主。个人理财规划的操作流程分为以下几个步骤：第一，与客户建立关系；第二，收集客户信息，确定理财目标；第三，分析和评估客户的财务状况；第四，整合个人理财策略，制定理财方案；第五，执行个人理财规划方案；第六，对个人理财方案实施的结果进行评估及监控。

任务1 建立客户关系

随着金融业竞争的日趋激烈，"客户"成为了理财业务至关重要的资源之一。只有与客户建立了稳定长期的业务关系，成功的取得了客户的信任，同时为客户提供优质有保障的理财服务，才能稳步的拓宽理财市场。

1.1 学会与客户交流与沟通

建立客户关系的方式有多种，但不管是采用何种方式，沟通和交流是理财规划师建立客户关系最重要、最常用的方式，也是理财工作中重要的组成部分。因此理财人员应掌握与客户交流的基本方法和技巧，并在实践中不断提高和总结自己的沟通能力。

1.1.1 保持恰到好处的态度

在沟通中赢得客户的信任是建立客户关系的第一步，因此理财人员要给客户留下很好的第一印象。那么具体来说，应该用怎样的态度对待客户呢？

1. 尊 敬

理财人员应尊重客户。尊敬别人是取得他人好感的重要环节，当你重视客户时，客户会增强自我信心，让他们感受到你对他的敬重，从而反过来对你产生好感，进而尊重你。

2. 真 诚

真诚的人值得信赖。以开诚布公的态度来与客户沟通，能很快的拉近人与人之间的心理距离。好的理财人员总是会发自内心的帮助客户，敢于坦诚的表达自己的想法，尽职尽责。

3. 理解与包容

理解是指理财人员能站在客户角度思考问题，准确把握客户内心，让客户觉得对方善于倾听，能了解自己的内心感受。

此外，当客户有困难或难题时，难免会有消极情绪，理财人员应怀着一颗包容的心，让客户感受到其诚意。只有这样，客户才会感到身心自由，从而会明确最终的计划、制定的目标、采取的方案都是由客户自己来决定的。

4. 自 知

理财人员应清楚的认识自己，尤其是自己的观点和态度。理财人员是协助客户来进行理财决策，应从客户自身的价值观出发，而不是根据自己的经验或喜好来决定客户的理财方案。理财人员对自己了解的越多，就越能理解和评价自己的行为，进而学会控制自己，避免将自己的价值判断强加给客户。

1.1.2 把握好初次交流

首先，应选择一个适合初次交流的环境。应选择比较清静的环境，避免噪音、电话的干扰，也不要同时跟两个客户谈不同的内容。由于会谈中会涉及客户的财务信息，因此安静的环境能给客户一种安全感，提高对理财人员的信任度。

其次，理财规划中的会谈都较为正式。在与客户开始交流时，理财人员应先进行自我介绍，说明本次交谈的目的，然后说明接下来的工作流程、需要占用多长的时间、准备采用怎样的讨论方式，以及最后可以得到怎样的预期结果。这段开场白不必太长，主要是为了让客户做好心理准备，以更好的配合之后的交流。

最后，在初次交流时，理财人员要善于引导客户，让他们自然的进入交流的状态。不论客户出现怎样的情绪反应，理财人员都应仔细的捕捉到这些反应，绝不能忽略他们。例如一位客户正面临婚姻危机，情绪相对低落，这时理财人员应适当用一些时间与客户探讨这个问题和内心感受，慢慢地使客户的情绪得到一定的释放，从而有助于进一步的会谈。

1.1.3　两种主要的交流手段

理财人员在与客户会谈交流过程中最主要的交流手段就是语言和行为。以下简单谈谈这两种交流手段。

1. 语　言

常用的语言交流形式主要有解释、安慰、建议、提问和总结等。

解释就是站在客观的立场上来说明实际情况，语言应尽量简洁、明了、易懂，不宜用居高临下的口气，而应用平等、谦逊的态度对待对方。

安慰是打消客户疑虑，帮助客户建立信心，振奋精神的一种语言形式。例如，当客户遇到某类问题时，应对他说，"我会尽全力帮助你"。

建议是理财规划师对客户的客观情况，提出自己的见解或意见，促使情况向更好和积极的方面发展。很多客户在交流中会积极地向理财师寻求建议。理财规划师在提出建议之前，最好先全面地了解客户的处境和需求，然后再告诉客户除了建议所给出的解决办法之外，还可以采用哪些别的方法。但无论是哪种建议，都只有客户才有权决定是否执行。理财规划师不能剥夺客户制定和执行计划的自由和权利。

提问是为了让规划师能更清楚地掌握客户的需求。首先提出的问题不宜过多，只需提问那些与客户必要信息有关的，并且客户能答得上来的问题；其次，提问的方式需采用开放式，即问题能够引导客户提供尽可能多的信息，包括经历、观点、思想、判断和感受等，有利于双方建立良好的关系；再次，尽量不要提原因式问题，因为这样的问题容易使客户觉得理财师在质疑自己的计划，因此会对自己的行为和想法辩解，从而产生抵触心理；最后问题的提出不宜过度频繁，不要一连串的提出问题，这样会使客户只回答其中的一个，丧失了获得信息的机会。

总结是为了及时地把谈到的一系列零散的观点归纳起来，使客户了解到理财师已经理解了他们的意思，同时也可以帮助理财师再次检验自己的理解。

此外，语言交流中要注意以下几个问题：

第一，应注意词语的特定意思。理财人员在与客户交流的时候，应结合客户的教育背景、工作和生活环境来选择合适的词语，以免客户误解。

第二，要注意语速和长度，语速过快或长度过长都可能导致客户无法接受信息。

第三，避免主观臆断，减少理财人员主观成分对信息传递的影响。

第四，语气应亲切随和，促进交流，增强与客户的关系。

第五，不要使用具有承诺性质、法律上具有约束力的措辞。应尽可能采取"估计""可能"等相对留有余地的措辞。

第六，在介绍所在机构的业务能力和业务优势时，不得有直接或间接贬损其他机构或理财师的语意。

第七，避免使用命令式语气。在谈到对客户的要求是，不得使用生硬的口气。理财人员是为客户提供服务和帮助的，要让客户感受到像朋友一般亲切的感觉。

2. 行　为

有专家指出，人们2/3的信息传递是通过非语言渠道进行的。因此在理财规划中，除了语言以外的其他交流方式都属于行为的范畴。理财人员掌握行为交流的技巧，不但可以更好的理解客户，而且可以运用这些技巧为自己表达感情，使双方关系更加融洽。

行为主要指身体和嗓音。具体包括：身体位置、身体运动、手势、面部表情、眼神、音量和音调。肢体语言比口头语言更加能真实反映人们的真实感受。但是要注意的是，客户的行为所表达的含义都应在本人其他的行为或语言中得到验证，不要单纯凭其中一个表现就急着下结论。

在与客户交流的时候，理财人员应注意以下几点行为特点：

第一，应当注意客户整个身体的位置。不同的身体位置反应了客户不同的心理状态，例如稍微向前倾斜说明客户感兴趣并且融入了话题；如果表现得懒散，并且远离理财人员，可能是客户对话题不感兴趣，或者已经有些厌烦。

第二，应当注意客户胳膊和腿的位置和变化。例如，客户双臂紧抱，说明有一种防备心理，他们或许不信任理财人员；如果客户的双腿没有交叉，而且胳膊放得很舒服，说明他很放松且愿意继续交谈。

第三，应当注意客户的面部表情。绝大多数人的表情是丰富的。如果客户的表情是僵硬的，说明他们紧张或者害怕，理财人员应尽可能地安抚对方，帮助他们平稳心态。

第四，应当注意客户的眼睛。眼睛是心灵的窗户，眼神的交流是获取客户内心信息的重要渠道。如果对方眼神游移不定，可能说明他们紧张或者害羞；如果对方不断瞪着理财人员，则说明他们愤怒或带有敌对情绪等。

第五，应当注意客户的嗓音和音调。音量和音调能了解说话人的感受，这种感受往往与客户实际所说的话不同。

1.1.4　把握几个交流的技巧

在交流正式开始之后如何取得有效的沟通，就应从关注、倾听和反应三个方面来掌握技巧。

1. 关　注

只有关注客户，才能赢得客户的尊重和信任。关注的技巧可以通过5个要点来提高，即 SOLER。

　　Squarely 保持适当的距离：比起打电话、发邮件等方式，与客户面对面交流的效果要好很多。与客户保持适当的距离，会使这种交流效果达到最佳。

　　Open 采用一种开放的姿势：张开臂膀、面带微笑的与客户交谈，意味着理财人员对客户的接受，不宜采用手臂交叉或双腿交叉的姿势。

　　Lean 向客户倾斜：当客户说话时，理财人员最好能身体向前倾，表示对客户的尊重和关注。

　　Eye 保持眼神的交流：谈话时应该保持自然的眼神交流。眼神要自然，切忌用眼光瞪着客户，也不宜眼光游离。

　　Relaxed 交流要放松：在交流过程中，理财人员应保持放松的状态，综合使用语言、手势、眼神等要素，把握好交流的整个过程，赢得客户。

　　2. 倾　听

　　倾听也是一种交流。通过倾听，理财人员可以抓住对方情感的细节，领会说话人的意思，理解手势、眼神、表情、姿态等形体语言传递出的感受。

　　在倾听客户诉说是，理财人员需要集中精力，密切关注。有时，理财人员可以把客户的意思用自己的语言再说一遍，这样能确定自己准确地理解了客户的话。但倾听不是原封不动地重复对方的话，而是要设身处地的融入对方内心世界，完整科学地表达对方的思想。

　　倾听可以帮助理财人员发现客户的抵触情绪。当客户出现明显的激动情绪时，理财师应当使客户平静下来，等他的行为恢复理智再进行讨论；若客户出现的是隐性的抵触时，很可能不容易被察觉，但是客户可能因此而失约、迟到、讽刺等。因此倾听客户和对客户做出恰当的反应，可以帮助理财人员透过客户的言谈举止来洞察对方的内心世界，对于建立良好的客户关系起到重要的作用。

　　3. 反　应

　　交流始终是双向的。当理财人员在关注和倾听的过程中，应做出相应的反应，可以做出引导、安慰、建议等，使双方参与到问题的讨论当中。

　　反应的方式有很多种，下面是几种典型的形式：

　　首先，最简单的反应方式是只用微笑或者点头来表示理解和赞同，鼓励客户继续说下去。

　　其次，采用转述的方法。转述是指站在客户的角度，把客户的意思再重复一次。转述的方法会使客户感觉到理财人员真正理解了他的意思，有助于话题进一步深入。

　　再次，可以采用提问的方式，当客户说不清楚的时候，用提问的方式，帮助客户理清思路，顺畅表达。

　　最后，理财人员也可以不完全顺着客户的意思谈谈自己对这个问题的看法。但应注意，理财人员一定要考虑客户的理解能力和情绪。在不适宜的情况下，客户不一定会接受不同的想法；反之，在谈不同看法之前，如果理财人员了解了客户的情况，顺应了客户的情绪，在建立了良好客户关系的前提下，这时理财人员用合适的方式说出自己的想法就不会让客户感到措手不及了。

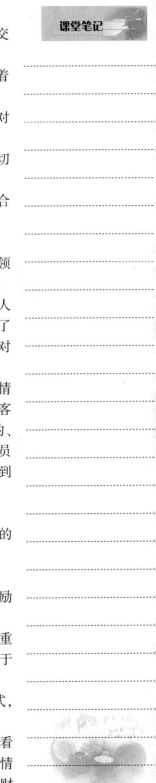

课堂笔记

1.2 开发和维护客户关系

1.2.1 客户的开发

一般来讲，客户包括两类：客户和潜在客户。已签约的人称为客户，否则为潜在客户。客户开发的步骤首先是结识潜在客户，然后努力把潜在客户转变为客户。

结识潜在客户是实现客户开发的第一步。可以通过自己的社交圈，如同学会、生日会、座谈会、讲座等集体活动，微信、QQ等网络工具，短信、电话拜访、陌生拜访和随机问卷调查等方式，结识更多朋友。

紧接着要努力与潜在客户建立友谊，成为朋友。朋友间最重要的是信任，理财人员要取得客户的信任，应该做到以下几点：衣着打扮、言谈举止符合基本商务礼仪；会谈中积极、友好、自信，善于创造轻松的氛围；专业知识深厚、工作、生活经验丰富；永远以客户利益为导向，帮助客户实现人生目标。

1.2.2 维护客户关系

维护好与客户的关系是理财人员工作的重点。在大部分情况下，现有客户的口碑宣传作用要比做广告得到的效果要好得多。一个有购买意向的消费者，通常会相信亲友、同事或其他人亲身经历后的推荐，这就是口碑效应。因此当潜在客户签约成为客户后，应该继续为老客户提供持续优质的服务。如果理财人员只重视新客户的开发而忽略了老客户的维护，势必将造成售后服务中的问题不能及时解决，导致老客户大量流失。

1.2.3 做好客服的五个要素

(1)从客户利益出发，诚信正直。

让客户从理财人员的销售活动和理财规划中获得切实的好处，真正实现自己身心健康、家庭和睦、财富保值增值，达到财富自由。

(2)细分客户，特殊客户特殊对待。

利用客户本身的价值和利润率来细分客户，密切关注高价值的客户，保证他们可以获得相应的服务和待遇，成为企业的忠实客户。

(3)提供系统化解决方案。

要主动为客户提供一套适合的系统化投资理财规划方案，在更多方面关心和支持客户发展，增强客户的购买力，创造新的需求。

(4)提供增值服务。

为客户提供无偿的健康、旅游、教育等咨询，也可为客户提供医疗卡、紧急救援卡、保险服务等。

(5)密切客户关系。

当客户签约后，要及时向客户表达谢意，并明确承诺所提供的后续服务。例如当客户生日时，送上短信祝福或礼品贺卡等；又如，根据客户的职业领域，通过组织一些活动，使他们彼此之间建立友好关系，以便优势互补、互通有无，在为客户提供资源的同时，也加大了客户的凝聚力和忠诚度。

1.3　理财规划师职业道德

一个合格的理财规划师不但要具备常规的基础知识和工作经验，遵守实务操作守则，还应遵守职业道德准则。

（1）正直诚信原则

理财规划师应当以正直和诚实信用的精神提供理财规划专业服务。因此，理财规划师职业操守的核心原则就是个人诚信。"正直诚信"要求理财规划师诚实不欺，不能为个人的利益而损害委托人的利益。如果理财规划师并非由于主观故意而导致错误，或者与客户存在意见分歧，且该分歧并不违反法律，则此种情形与正直诚信的职业道德准则并不违背。但是，正直诚信的原则绝不容忍欺诈或对做人理念的歪曲。正直诚信原则要求理财规划师不仅要遵循职业道德准则的文字，更重要的是把握职业道德准则的理念和灵魂。

（2）客观公正原则

理财规划师在向客户提供专业服务时，应秉承客观公正的原则。"客观"指理财规划师以自己的专业知识进行判断，坚持客观性，不带感情色彩。当然，客观是任何专业人士均应具备的、不可或缺的品质。无论理财规划师在具体业务中提供何种服务，或以何种身份行事，理财规划师均应确保公正，坚持客观性，避免自己的判断受到不正常因素的左右；"公正"，是指理财规划师在执业过程中应对客户、委托人、合伙人或所在机构持公正合理的态度，对于执业过程中发生的或可能发生的利益冲突应随时向有关各方进行披露。因此，理财规划师应摒弃个人情感、偏见和欲望，以确保在存在利益冲突时做到公正合理。

（3）勤勉谨慎原则

理财规划师在执业过程中，应恪尽职守，勤勉谨慎全心全意为客户提供专业服务。勤勉谨慎原则，要求理财规划师在提供专业服务时，工作要及时、彻底、不拖拖拉拉，在理财规划业务中务必保持谨慎的工作态度。勤勉谨慎，是对理财规划师工作全过程的要求，不仅包括理财计划的制定过程，还包括理财计划的执行及其监督过程。

（4）专业尽责原则

理财规划是一个需要较高专业背景及资深经验的职业。作为一名合格的尽责的理财规划师，必须具备资深的专业素养，每年保证一定时间继续教育，及时储备知识，以保持最佳的知识结构。由于理财规划师提供服务的重要性，理财规划师有义务在提供服务的过程中，既要做到专业，同时又要尽责，秉承严谨、诚实、信用、有效的职业素养，用专业的眼光和方法去帮助委托人实现理财目标。

（5）严守秘密原则

理财规划师不得泄露在执业过程中知悉的客户信息，除非取得客户明确同意，或在适当的司法程序中，理财规划师被司法机关要求必须提供所知悉的相关信息。这里的信息主要是指客户的个人隐私和商业秘密。所以，理财规划师必须恪守严守秘密的职业道德准则，确保客户信息的保密性和安全性。

（6）团队合作原则

理财规划业务涉及客户的现金规划、消费支出规划、风险管理规划、教育规划、税务筹划、投资规划、退休养老规划及家庭财产分配与传承规划，贯穿个人与家庭的一生，因此，理财规划业务是一个系统的过程。对理财规划师来说，所掌握的知识、经验有限，必须要与各个领域的专业人士合作，团队合作，这样才能为客户制定最佳的理财规划方案，实现最终的理财规划目标。

任务2　收集与整理客户信息

理财人员只有在获取了客户的各方面信息之后，才能够提出符合客户需求和客观情况的规划报告。由于客户信息的数量和类型非常庞大的复杂，因此如何有效地获取客户信息，并将其进行整理和加工，以充分地为理财规划服务，是整个理财规划的基础。

2.1　了解客户信息收集的重要性

2.1.1　客户信息收集的重要性

国际理财规划师理事会标准委员会在有关的理财程序条款中指出，"理财规划师在为客户提供理财建议之前，必须收集到足够的适用于客户的相关定量信息和文件资料"。在信息收集的过程中，要特别让客户了解，只有可靠、完整和准确的信息才能保证财务建议的有效性。如果客户无法提供全面的信息或无法提供信息中足够或关键内容，理财人员应向客户声明，尽在所获得的信息基础上对其提出理财建议，或者终止提供理财服务，以避免在理财规划执行中出现责任纠纷。因此，客户信息的收集是整个理财规划的基础，是理财规划的必要程序之一。

2.1.2　客户信息的分类

1.定性和定量信息

具体划分如表10-1所示。

表10-1　　　　　　　　　　　客户信息分类表

类别	定量信息	定性信息
个人（家庭）的基本档案	性别、身份证号码、出生日期、年龄、婚姻状况、就业状况、学历、配偶子女的基本状况等	健康状况、兴趣爱好、就业预期、家庭关系、风险特征、投资偏好、理财知识水平、金钱观等
个人（家庭）的财务信息	资产负债、收入支出、保险、雇员福利、养老金规划、现有证券资产、其他退休收益、遗嘱等	财务目标陈述、现有和可预见的经济状况、其他财务计划假设等

2.财务信息与非财务信息

财务信息是指客户目前的收支情况、资产负债表状况和其他财务安排以及这些信息的未来变化状况。财务信息是制定个人理财规划的基础和根据，决定了客户的目标和预期是否合理，以及完成个人理财规划的可能性。

非财务信息是指财务信息以外的与理财规划有关的信息，包括了客户的社会地位、年龄、风险偏好、风险承受能力以及价值观等。非财务信息可以帮助理财人员更好的了解客户，例如客户从事的是高危险工作，那么理财人员应相应地建议客户增加保险的购买等。因此非财务信息的收集也直接影响理财规划的制定。

2.1.3　客户信息收集的方法

1. 初级信息的收集

客户的财务信息和非财务信息都属于私人信息，只有通过与客户沟通才能获得，因此这类信息也称为初级信息。一般来说，理财人员在与客户的沟通过程中，仅依靠交谈的方式收取信息是不够的，通常采用数据调查表来帮助收集信息。

由于调查表的内容较为专业，所以可以采用理财人员提问，客户回答，然后由理财人员填写的方式来进行。如果客户要自己填写调查表，那么理财人员应事先对表格中的相关项目进行解释。另外，在收集信息的过程中，如果客户出于个人原因不愿意回答某些问题，理财人员应谨慎地了解客户产生顾虑的原因，并向客户解释该信息的重要性，以及在缺乏该信息下理财规划可能造成的误差。

2. 次级信息的收集

次级信息是指通过间接渠道，如政府部门或金融机构公布的信息获得，一些与理财规划相关的宏观经济数据，就属于次级信息，如宏观经济政策、宏观经济运行状况、个人税收政策、国家医疗、教育、住房等影响个人或家庭财务安排的制度和政策等。但是次级信息是由其他机构公布的数据，有时并不完全适用于个人，因此理财师在使用时应该进行判断和筛选，才能保证理财规划的客观与科学性。

2.2　客户财务信息的收集与整理

2.2.1　客户收支情况

客户收支情况包括客户收入和客户支出两个方面。客户收入主要由经常性收入和非经常性收入构成，具体又可细分为工资薪金、自雇收入、奖金和佣金、养老金和年金、投资收入和其他收入等。收入的高低和变动幅度将影响客户风险承受能力的大小。相对于工资收入、养老金和年金等较为稳定的收入，投资收入具有一定的波动性。因此，在客户收入构成中，如果非经常性收入或非稳定性收入所占比重较大的话，容易对客户的财务状况产生影响。另外，这里的收入均为纳税后的收入。

客户的支出可按用途分为生活支出和理财支出；按支出时间分为日常支出、月度支出和年度支出。其中日常支出应尽量分为衣、食、住、行、娱乐和教育等，以便按项目进行支出分析。支出应该能够按人归属，以便按家庭成员进行支出情况分析。

2.2.2　资产和负债情况

客户的资产和负债情况是理财人员衡量客户财务状况是否稳健的重要指

标，因此应清楚地了解客户资产与负债状况，并且掌握资产负债未来可能发生的变化。

客户的资产主要包括金融资产、实物资产和其他个人资产。金融资产可分为现金与现金等价物和其他金融资产两大类，其中现金与现金等价物属于高流动性资产；其他金融资产是指客户由于投资行为而形成的资产，包括各类股票和债券等，这类资产一般具有高收益高风险特点。实物资产包括客户拥有的动产、不动产，还包括家庭的搭建物品或其他价值较高的物品等。

客户负债按用途分为消费负债和投资负债；也可按期限分为流动负债和长期负债，具体的负债包括信用卡透支、消费贷款、汽车贷款、房贷等。

2.2.3 其他财务情况

客户的其他财务情况主要包括客户的社会保障信息、风险管理信息及遗产管理信息等。

社会保障信息是指养老保险、失业保险、基本医疗保险、工伤保险、生育保险、社会救济、社会福利计划、企业年金等。

风险管理信息主要指客户保险保障的情况。即客户通过购买保险可以预防或转移风险。在理财规划中，主要涉及的保险种类有人身保险、财产保险和责任保险。在填写这些栏目时，客户要详细说明所购买保险的名称、投保人、被保险人、保险公司、保险单编号、投保金额和保费，同时应提供保单复印件。理财人员也可以根据保单复印件填写相关栏目，再由客户确认。

结合我国目前的法律和实践，客户的遗产管理信息主要包括：客户是否拟订了遗嘱；遗嘱的形式和内容是否合法；客户是否拟使用遗嘱信托的方式管理财产；客户目前对遗产的分配安排有无疑问或要求等。

2.3 客户非财务信息的收集和整理

客户的非财务信息是指除了财务信息以外的其他相关信息，包括客户基本信息和客户风险特征等。非财务信息能够帮助理财人员进一步了解客户，直接影响理财计划的制订。

2.3.1 客户基本信息

客户基本信息包括客户的姓名、性别、年龄、社会地位，以及家庭基本状况、家庭成员人数、各成员的年龄、抚养和赡养人口状况等。通过这些信息的收集和分析，理财人员可以从侧面了解客户的财务状况，以及客户未来财务状况变化的可能性和变化程度。客户的基本信息可以通过表 10-2 来收集。

表 10-2 客户基本信息调查表

项　目	本　人	配　偶	其他成员
姓名			
出生日期			
出生地点			
参加工作时间			

续表10-2

职业			
职称			
工作单位			
工作安全程度			
退休日期			
婚姻状况（已、未、离、再）			
健康状况			
家庭病史			
家庭地址			
单位地址			
家庭电话			
单位电话			
移动电话			
电子邮件			

2.3.2　客户风险特征

客户风险特征是进行理财规划要考虑的重要因素之一。不同主体对同样的风险有不同的感受，因此每个客户对待风险的态度是不一样的。客户风险特征包括客户的风险偏好、风险认知度以及风险承受能力等。

1. 风险偏好

风险偏好是反映客户主观上对风险的态度，是一种不确定性在客户心理上产生的影响。风险偏好产生的原因较复杂，但与其所处的文化氛围、成长环境有很深的联系。例如中国人向来喜欢求稳，强调平安是福。

2. 风险认知度

风险认知反映的是客户主观上对风险的基本度量，也是影响人们对风险态度的心理因素。每个人对同一个风险的认知水平是不一样的，这种认知往往取决于个人的生活经验。例如，一般投资者都知道股票市场具有很高的风险，但有些人对这类风险的评估较谨慎，可能选择较低市盈率的股票；而些人则较激进，可能选择市盈率较高、估价较高的股票。

3. 风险承受能力

风险承受能力反映的是风险客观上对客户的影响程度，同样的风险对不同的人的影响是不一样的。例如，同样将10万元用于炒股票，其风险是相同的，但对于一个仅有10万元养老金的退休人员和一个有数百万元资产的富翁来说，产生的影响是截然不同的。

上述三个方面对每个人都是不一样的，综合以上三点就形成了一个人的风险特征。对待不同风险特征的人当然应该采用不同的理财方式。

由于每个人的性格、社会经历、文化程度、判断能力等不同，人们对风险与收益所持的态度必定会产生差异。根据对待投资风险与收益的态度，可以将客户分为三种类型，即风险厌恶型、风险中立型和风险偏好型。

2.3.3 客户其他理财特征分析

除了其风险特征，还有许多其他的理财特征会影响客户的理财方式和产品选择。

(1)投资渠道偏好。

投资渠道偏好是指客户由于个人具有的知识、经验、工作或社会关系等原因，而对某类投资渠道有特别的喜好或厌恶。因此，理财人员在提供财务建议时，要在客观分析客户现状的基础上，充分尊重客户的投资偏好。

(2)知识结构。

客户的知识结构，特别是对理财知识的了解程度和主动获取信息的方式，对其选择产品类型、投资渠道、投资方式等会产生影响。

(3)生活方式。

个人的生活方式、工作习惯对理财选择也有重要影响。例如有些客户生活上不拘小节，日常生活中更看重当前的生活质量，理财人员在面对这类客户时，要帮助他们树立正确的理财观念，在具体规划中，不仅要表现得专业，更要展现自己良好的职业道德和素养。

(4)个人性格。

客户的个人像个是个人主观意愿的习惯性表现，会对理财方式和方法产生影响。例如有些客户喜欢事事亲力亲为，工作生活中都较理性、谨慎，那么理财人员在进行沟通时，应注意客户对产品的选择，要与客户异同分析选择更适宜的规划工具。

任务 3 分析客户的财务状况

客户现行的财务状况是达到未来财务目标的基础，理财规划师在提出具体财务策划计划之前必须客观地分析客户的现行财务计划。具体包括在资产负债表和现金流量表的分析。

3.1 资产负债表

个人（家庭）资产负债表是反映个人（家庭）在某一时点上财务状况的一张静态的会计报表。其内容主要有以下几点。

3.1.1 资 产

(1)现金和现金等价物。

也称为流动资金，是指客户以现金或流动性极强的资产形式持有的资产，这类资产的风险很低，收益也低。客户的日常消费开支一般都由这类资产来满足，其数额应该以满足客户三个月的开支为宜。一般包括现金、各类银行存款、货币市场基金和人寿保险现金收入。

(2)其他金融资产。

是指客户由于投资行为而产生的资产，他们多数以金融资产的形式存在，如股票和债券等。这类资产存在一定的风险，但也能为客户带来较高的收益。

(3)个人实物资产。

实物资产主要不仅包括客户拥有的动产和不动产，还包括家庭的大件物品或其他价值较高的物品。如家具、电器、自用住房、珠宝首饰等。这资产供家庭成员使用，一般不产生收益，但在客户的资产中占有较高的比例。一般分为升值性资产和折旧性资产，而且大多数为折旧性资产。

3.1.2　负　债

个人负债需要在将来的一定时期归还，主要的形式包括信用卡的应付款、汽车贷款、住房按揭等。

(1)按期限可分为流动负债（信用卡透支、应付租金）和长期负债（住房贷款、消费贷款）。

(2)按用途可分为投资负债和消费负债。

3.1.3　净资产

净资产是指客户总资产减去总负债后剩下的那部分财富，它衡量的是客户在某一时点上偿还所有债务后能够支配的财富价值。公式如下：

家庭净资产＝家庭资产－家庭负债

净资产一般为正值，净资产越大，说明个人拥有的财富越多。扩大净资产规模的途径有：工资薪金的增加或取得投资收益、接受馈赠或继承遗产、由于减税等原因使得部分债务得以免除。除了关注净资产规模外，理财规划师还应进行必要的结构比率分析。

另外，如果客户偿还债务或用现金购买资产，只是改变了资产负债表的结构，而并未改变其净资产的数额，在下列情况下净资产才会增加：

(1)客户的投资实现资本增值。

(2)客户将投资收益进行再投资。

(3)客户接受了一笔捐赠或遗产。

(4)因为某种原因，客户无须偿还债务并使其负债责任减少。

家庭资产负债表结构如表10-3所示。

表10-3　　　　　　　个人（家庭）资产负债表　　　　　20××年×月×日

资产	金额/元 （现行价值）	负债	金额/元 （现行价值）
现金和现金等价物		负债	
现金和活期存款		流动负债	
定期存款		信用卡透支	
货币市场账户		长期负债	
其他金融资产		房屋贷款	
股票		汽车贷款	
债券		其他贷款	
基金…		负债合计	
个人实物资产			

续表10-3

房产（自用）		净资产	
房产（投资）			
其他…			
资产合计		负债和净资产之和	

3.2 现金流量表

也称为个人收入支出表。是指个人或家庭的现金流量，是指某一段时期内个人或家庭现金流入和流出的数量。其主要内容有以下几点。

3.2.1 收 入

(1)工薪收入：人力资本创造的收入。如工资、薪金、奖金、年终加薪、劳动分红、津贴、补贴等。

(2)投资收入（理财收入）：已有资产衍生出的收入。如利息、股利、房租、资本利得、资产增值等。

3.2.2 支出

(1)消费支出：衣食住行、教育、娱乐、医疗、保障型保险支出，一般不计提折旧、不摊销费用。

(2)投资支出：投资导致的费用支出。如债务利息偿付支出、投资手续费等。

(3)也可分为两大类，即固定性支出和临时性支出。

3.2.3 结余/赤字

$$结余（赤字）= 收入 - 支出$$

3.2.4 按表格式逐项填写，计算出盈余额度

编制个人现金流量表的步骤为：列出报表期间所有的收入来源和具体数额——为各类支出分类并确定数据。固定支出通过收集相关单据较易汇总。变动支出较难——做好日常记录。编制现金流量表有助于发现个人消费方式上的潜在问题；有助于找到解决这些问题的方法；有助于更有效地利用财务支援。

现金流量表结构如表 10-4 所示。

表 10-4 　　　　　　　个人（家庭）现金流量表 　　　　　　20××年×月

收入项目	金额/元	支出项目	金额/元
工薪收入		消费支出	
利息收入		衣食住行	
股息收入		教育培训	
红利收入		文化娱乐	
财产租赁收入		医疗保健	

续表10-4

财产转让收入		交际花费	
经营收入		通讯费用	
其他收入		债务利息偿付支出	
收入合计		保费支出	
		其他支出	
		支出合计	
盈余/赤字		收入合计-支出合计	

小资料

　　客户个人资产负债表强调的是客户某一时点的财务状况，而客户现金流量表则强调客户某一时期的收入支出状况。另外，在分析客户现金流量表时要特别注意对客户未来的收入支出进行预测，因为这可能直接影响到对客户的理财策略。

3.3　客户财务状况比率分析

　　客户的个人资产负债表和收入支出表为理财规划师提供了丰富的数据，以这些数据为基础，理财规划师可以根据需要计算出很多不同意义的财务比率。并据此对客户的资产负债表和现金流量表进行深入分析。常见的比率主要有结余比率、投资和净资产比率、清偿比率、负债比率、即付比率、负债收入比率和流动性比率。

3.3.1.　结余比率=税后结余/税后收入

　　本指标反映客户提高其净资产的能力。参考数值一般是30%左右。

　　[**例**]　某客户上年共取得税后收入500 000元，年终结余200 000元，则其结余比率为200 000/500 000=0.4。

　　说明：该客户在支出之余留存了40%的税后收入，这一部分可被用于投资或是储蓄，均可增加该客户的净资产规模。我国具有偏重储蓄的传统，国内客户的结余比率一般会比国外客户高。

　　与此相关的一个比率是月结余比率，即每月收支结余与月收入的比率，这一比率是通过衡量每月现金流状况而细致反映客户的财务状况。

3.3.2　投资与净资产比率=投资资产/净资产

　　本指标反映客户透过投资提高净资产规模的能力。其中投资资产包括资产负债表中"其他金融资产"的全部项目，"实物资产"中的房地产方面的投资，投资为目的而储存的黄金和其他收藏品等。该比率必须保持在0.5或稍高是较为适宜的水平，既可以保持合适的增长率，又不至于面临过多的风险。

就年轻客户而言，其投资规模受制于自身较低的投资能力，因此其投资与净资产比率也相对较低，一般在0.2左右就属正常。

[例] 某客户的投资资产为480 000元，其净资产为960 000元，则其投资与净资产比率为480 000/960 000＝0.5。

说明：该客户的净资产中有一半是由投资组成，且投资比率适宜。

3.3.3 负债比率＝负债总额/总资产

本指标反映客户的综合偿债能力。客户应将负债比率控制在0.5以下，但也不应低至接近0的程度。

[例] 某客户的净资产为750 000元，总资产为1 000 000元，其负债比率为：（1 000 000-750 000）/1 000 000＝0.25

3.3.4 清偿比率＝净资产/总资产

由于负债总额与净资产之和同总资产相等，所以负债比率与清偿比率为互补关系，其和为1。本指标还是反映客户的综合偿债能力。客户的清偿比率应该高于0.5，保持在0.6到0.7较为适宜。清偿比率较低，说明负债较多，清偿比率过高，说明负债很少甚至没有负债，客户没有合理利用其应债能力提高个人资产规模，财务结构需要进一步优化。

[例] 某客户的净资产为750 000元，总资产为1 000 000元。

可知其清偿比率为750 000/1 000 000＝0.75

说明：该客户总资产中净资产所占比例较高，即使他面临较大的还债压力，该客户也有足够的能力通过变现资产来偿还债务。

3.3.5 即付比率＝流动资产/负债总额

本指标反映客户利用可随时变现资产偿还债务的能力。即付比率应保持在0.7左右。即付比率偏低，意味着经济形势出现较大的不利变化时，无法迅速减轻负债以规避风险，即付比率过高，意味着客户注重流动资产，资产综合收益率低，财务结构仍不合理。

3.3.6 负债收入比率＝年债务支出/年税后收入

本指标反映客户在一定时期（如一年）财务状况良好程度的指标。即短期偿债能力。0.4是负债收入比率的临界点，过高则容易发生财务危机。对于收入和债务支出相对稳定的客户来说，选用一年作为测算周期较为适合，而对于收入与债务数额变动较大的客户来说，选用较短的测算周期（如月、季）则更能反映其财务状况。

3.3.7 流动比率＝流动资产/每月支出

本指标反映客户的短期偿债能力，表明流动资产可以支付未来支出的月数。流动资产通常为资产负债表中"现金与现金等价物"。对于工作稳定、收入有保障的客户来说，资产的流动性并非其首要考虑因素，因此可以保持较低的资产流动性比率，而将更多的流动性资产用于扩大投资，从而取得更高的收益。而对于那些工作缺乏稳定性、收入无保障的客户来说，资产收益性的重要性倒在其次，因此理财规划师应建议此类客户保持较高的资产流动性比率。通常情况下，流动性比率应保持在 3 左右。

表 10-5　　　　　　　　　客户财务比率分析表

项目	参考值	实际数值	比率说明	状态	评价
结余比率	30%	10%	税后结余/税后收入	↓	偏低
投资和净资产比率	50%	52%	投资资产/净资产	↑	正常
清偿比率	50%	89%	负债总额/总资产	↑	偏高
负债比率	50%	11%	净资产/总资产	↓	偏低
即付比率	70%	175%	流动资产/负债总额	↑	偏高
负债收入比率	40%	30%	年债务支出/年税后收入	↓	正常
流动性比率	3	11	流动资产/每月支出	↑	偏高

任务4　整合个人理财策略

4.1　确定理财目标

理财目标是指客户通过理财规划所要实现的目标或满足的期望。理财人员要根据客户的财务状况，综合客户的投资偏好、风险偏好等信息，了解客户的期望目标，帮助客户形成合理的理财目标。

4.1.1　理财目标的内容

人的理财目标无论做任何分类，都可以归结为两个层次：实现财务安全和追求财务自由。

（具体内容见本书项目一）

4.1.2　理财目标的分类

（1）按照理财目标的时间分类，可以划分为短期目标、中期目标和长期目标。

短期目标是指在短期内（一般在 5 年左右）就可以实现的目标，一般需要客户每年或每两年重新定制或修改。如房屋装修、购买高档消费品等。

中期目标是指一般在 6～10 年才可能实现的愿望。中期目标在制订后，一般不进行频繁修改，只有在必要的情况下进行调整。如接近退休年龄的客户安排退休金的投资问题等，可视作中期目标。

长期目标是指一般在 10 年以上的时间才能实现的愿望。例如为子女设定的教育规划目标、为比较年轻的客户设定的退休保障目标等。

（2）按照理财目标的重要性分类，可分为必须实现的理财目标和期望实现的理财目标。

必须实现的目标是指，对于客户正常生活而言，必须要完成的计划；期望实现的理财目标是指，在保证客户正常生活水平的前提下，客户期望完成的计划。

客户必须实现的理财目标与客户的生存息息相关，因此在制定理财计划时应优先考虑。期望实现的理财目标是在所有必须实现的目标都满足后，在考虑其具体实现的途径和步骤。因此，如果客户的财力还无法满足必须实现的理财目标，那么就应该对客户期望实现的目标进行调整。表 10-6 为人生各阶段和理财目标优先顺序的配合情况。

表 10-6　　　　　　　　　　不同阶段的理财目标排序

人生发展阶段	排序 1	排序 2	排序 3	排序 4
单身期	节财计划	资产增值管理	应急基金	购置住房
家庭与事业形成期	购置住房	购置硬件	节财计划	应急基金
家庭与事业成长期	子女教育规划	债务计划	资产增值管理	应急基金
退休前期	资产增值管理	退休养老规划	特殊目标规划	应急基金
退休期	退休养老规划	遗产规划	应急基金	特殊目标规划

4.1.3　理财目标确定的原则

理财目标的确定，必须遵循一定的原则。

（1）理财目标必须具有现实性。

如果确定的理财目标按客户情况根本无法实现，再好的理财计划也是空谈。例如，客户可用于投资的资金为20 000元人民币，其理财目标之一是该笔资金在年底增加为本金的 10 倍，这显然不现实。

（2）以改善客户财务状况，使之更加合理为主旨。

制订理财目标应当以改善客户总体财务状况作为出发点，从而提高收益的稳健性和确定性。

（3）理财目标要具体明确。

理财目标明确与否，主要体现在通过理财最终实现的客户财务状况所达到的程度如何。理财目标越具体，就越具有操作性，对于正确制定理财计划越有帮助。

（4）理财目标必须考虑客户的现金准备。

现金准备是理财目标中不可或缺的内容之一，任何一个理财规划方案中都要有现金准备，否则就会影响客户的正常生活。

（5）理财目标要兼顾不同的期限和先后顺序。

一般来说，客户的理财目标不止一个，而且这些目标不会同时实现。所以在区分客户短、中、长期目标的基础上，应结合客户具体情况对理财目标进行重要程度和紧迫程度的排序，从而在理财计划中确定实现的步骤。

4.1.4　理财目标确定的步骤

（1）应当了解客户的自然情况、财务情况，并且通过交流和沟通，了解客户的风险偏好、投资需求和目标等信息。在确定客户的理财目标前，应先征询客户的期望目标。

（2）根据对客户财务状况及期望目标的了解，初步拟定客户的理财目标后，应再次征询客户意见并取得客户的确认。如果客户反对，应要求客户以书面方式提出自己的理财目标。

（3）如果在制定理财规划方案的过程中，计划对已确定的理财目标进行改动，必须对客户说明，并征得客户同意。

4.2 整合分项的个人理财方案

4.2.1 现金规划

1. 分析客户现金需求

（1）能够估算客户现金需求。

（2）能够编制现金流量表。

2. 制定现金规划方案

（1）能够选择现金管理工具。

（2）能够制定现金规划方案。

4.2.2 消费支出规划

1. 制定住房消费方案

（1）能够分析客户住房消费需求。

（2）能够选择支付方式。

（3）能够根据因素变化调整支付方案。

（4）能够向客户提供相关咨询服务。

2. 制定汽车消费方案

（1）能够分析客户汽车消费需求。

（2）能够选择支付方式和贷款机构。

（3）能够根据因素变化调整支付方案。

3. 制定消费信贷方案

（1）能够分析客户的消费信贷需求。

（2）能够帮助客户擅用信用卡及其他消费信贷方式。

4.2.3 风险管理和保险规划

1. 收集信息

（1）能够收集客户相关人身信息。

（2）能够收集客户相关财产（含责任）信息。

（3）能够分析客户的静态风险管理需求。

2. 提供咨询服务

（1）能够向客户介绍不同保险产品。

（2）能够向客户解释保险合同条款。

（3）能够准备投保单等相关文件。

4.2.4　投资规划

1. 收集信息

（1）能够收集客户风险偏好信息。

（2）能够收集客户现有投资组合信息。

（3）能够收集客户投资需求相关信息。

（4）能够收集投资环境相关信息。

2. 提供咨询服务

（1）能够向客户介绍基本投资工具的功能和特点。

（2）能够向客户介绍各种投资工具的操作流程。

4.2.5　教育规划

1. 分析客户教育需求

（1）能够收集客户的教育需求信息。

（2）能够分析教育费用的变化趋势。

（3）能够估算教育费用。

2. 制定教育规划方案

（1）能够选择教育费用准备方式及工具。

（2）能够制定并根据因素变化调整教育规划方案。

4.2.6　退休养老规划

1. 收集信息

（1）能够收集客户职业生涯规划信息。

（2）能够收集客户退休后生活质量期望信息。

（3）能够收集客户现有退休养老准备的信息。

2. 提供咨询服务

（1）能够向客户介绍社会保障制度基本内容。

（2）能够向客户介绍企业年金基本内容。

（3）能够向客户介绍商业养老保险基本内容。

4.2.7　财产分配与传承规划

1. 收集信息

（1）能够收集客户家庭构成信息。

（2）能够编制简单财产清单。

（3）能够识别客户的财产分配和传承意愿。

2. 提供咨询服务

（1）能够向客户介绍个人/家庭财产归属基本法律规定。

（2）能够准备相关文件。

任务5　执行综合个人财务计划

5.1　制定个人理财规划方案

5.1.1　可行性分析

通过综合归纳各项具体规划，模拟运行现金流，分析个时间段的资金状况，最终确定理财规划方案可行与否。

5.1.2　敏感度分析

通过变动利率、投资报酬率、折现率、通货膨胀率等分析得出对理财目标实现的影响。

5.1.3　理财报告

在分析完成后，向客户出具书面的、正式的理财报告书，并与客户充分沟通，使客户了解并认同。一份完成的理财规划书应包含以下几个部分。

1.声明

声明包括免责声明及其他限制说明。声明通过法律文书的形式明确了理财师与客户的代理关系，不仅使双方明确自己的责任和义务，还为整个理财规划确立了基本前提。

2.摘要

摘要包括一些重要提示、客户情况的简短回顾和重点内容的简要介绍。摘要可以使客户对自己的理财规划一目了然。

3.假设

假设主要包括通货膨胀率、工资增长水平、平均收益、税率的假设等。在进行假设时，应谨慎保守。

4.情况介绍

包括客户基本信息介绍和理财目标陈述。

5.客户分析

客户分析包括资产负债分析、收入支出分析、现金流分析、比率分析、行为分析、风险承受能力分析等。

6.方案设计

包括具体方案的设计内容、各类产品的信息和风险提示。方案设计中，理财策略需要简明合理，具体建议要翔实可行。

7.执行与跟踪

包括执行交易、定期评估、家庭变化、职业变化、突发事件后的适当调整。

5.2　执行理财规划方案

5.2.1　获得客户的授权

在根据客户的需要制订出详尽的理财规划方案并取得客户认同后，下一个环节就是贯彻和执行理财规划方案，这是理财规划中最实质性的工作。

一般情况下，客户会选择理财人员作为理财规划方案的执行者，原因在于，理财人员是理财规划方案的制订者，对客户的综合财务情况和理财方案最为了解，且能够对方案执行过程中出现的市场和客户家庭变化进行适时和适当的调整。因此，为了明确理财人员和客户之间的权利与义务，防止不必要的法律争端，理财人员应取得客户关于执行理财方案的书面授权。客户授权一般包含两个方面的内容：代理授权和信息披露授权。

1. 代理授权

在理财方案的实施过程中可能会发生如下行为：如股票债券投资、信托基金投资、不动产交易过户、保险买入与理赔等，因此理财人员必须取得客户关于这些相关事务的书面代理授权，对于某些特别重要的行为，还要取得特别代理授权。理财人员在行使代理权时，应注意以下两点：一是要亲自行使代理权；二是必须从客户利益出发，忠实谨慎的处理事务。

2. 信息披露授权

理财人员在理财方案实施过程中，不可避免的会涉及客户的基本信息、财务状况、工作背景等部分个人信息的披露。如果理财人员未经客户许可擅自将客户的个人信息泄露，无疑会引起客户的不满，在某些情况下甚至会引起法律纠纷。为了避免出现此类不愉快事件的发生，理财人员必须取得客户书面的信息披露授权书，授权书中应对理财人员可以对外披露客户信息的条件、场合、披露程度等必要内容进行规定。

5.2.2 制定理财规划方案的实施计划

制定理财规划方案的实施计划，主要是针对客户的理财目标所设计的不同规划制定详尽的时间计划，合理匹配资金，选择适当的投资产品，安排具体的执行人员、实施方法和行动步骤等。

1. 时间安排

将针对各个理财目标所制定的方案按照轻重缓急进行分类排序，编制具体的时间计划，明确各项操作的先后次序及实现每个目标所需要的行动步骤，并说明实现该计划所需的时间。

2. 资金运用

在执行针对不同理财目标制定的各项理财规划方案之前，要明确实现各目标的资金来源，保障资金的需求，同时要安排好这些资金的使用，以确保预期目标的实现。

3. 人员安排

在理财规划方案的实施过程中，要根据客户的理财目标需求和投资组合设计来选择相应的投资专家、保险专家、税务专家、会计专家、律师等。

4. 产品选择

在理财规划方案中，首先是对投资策略（投资结构）进行配置，其次是选择不同的投资类别，然后再选择投资工具，但落实到投资行为上就必然涉及具体的投资产品。因此，在方案的实施计划中，需要根据客户的风险特征、当前资本市场状况和投资组合设计来选择合适的产品。

5. 资料管理

在理财规划方案的实施过程中，必然会产生大量的文件资料，如财务分析报告、授权书、介绍信等。这些资料需要由专人保管，形成专门的资料库，以保证安全，方便查找，同时也可以避免一些不必要的法律纠纷。

6. 征求客户意见

在理财规划方案实施计划的制定过程中，理财人员应该积极地与客户进行交流和沟通，向客户详细地解释每一个行动步骤的目标和意义，认真听取客户的修改意见，根据客户意见及时调整和修改实施计划，让客户也能积极地参与实施计划的制订。

任务 6　监控综合个人财务计划的实施

6.1　理财规划方案的评估

6.1.1　适用情况

在理财规划方案实施过程中，宏观经济环境因素和客户自身状况都有可能发生变化，从而影响理财规划方案的可实现性。即使这些因素没有发生较大变化，理财人员也应该定期或不定期对方案的执行效果进行评估和了解，以便及时与客户沟通，并对方案进行及时调整。

6.1.2　评估频率

对于理财规划方案执行情况的评估，可以每季度进行一次，也可以每年进行一次，具体时间与客户的资本规模、个人财务状况变化幅度以及客户的投资风格有关。例如，财务状况比较稳定的客户就可以相应减少评估次数；风险厌恶型客户注重长期投资、价值投资，因此其理财方案的评估次数也可能相应减少。

6.1.3　评估步骤

对客户理财规划方案执行效果的评估，实际上是对整个理财规划过程主要步骤的重新分析和再次评估。具体包括以下几个步骤。

1. 回顾客户的目标与要求

考察客户原来的理财目标，看看哪些目标有变化，各个目标的重要性和紧迫性有什么变化。

2. 评估财务与投资策略

根据原来的专项方案，分析到评估之日应该达到的财务目标。再评估当前实际达到的水平，看看是否存在差距，并找出原因。

3. 研究环境的变化

分析自上次评估以来，哪些宏微观因素发生了变化，发生多大的变化，将来是否会继续变化，如何变化等。研究这些变化对理财方案有什么影响，如何调整以应对新情况。

4. 调整投资组合

评估当前投资组合的资产价值和业绩，当新形势下的原有方案无法达到

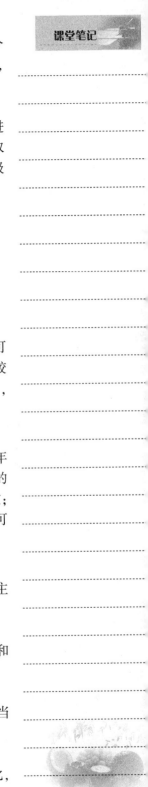

预定目标时，调整投资组合，修改方案。

5. 向客户解释新方案

及时与客户沟通，征求客户意见。并获得客户授权。

6. 实施新方案

实施并预测这个新方案在下次评估时能达到的阶段性目标。

6.2 理财规划方案的调整

当评估之后，理财规划方案已确认需要进行调整的，理财人员在与客户进行必要沟通后，应及时对人员安排和资金运用计划做出相应调整。调整的具体程序如下：

(1)情况说明。理财人员应向客户出具书面意见，说明理财方案原先的设计依据发生了变化，新形势下客户原有的财务目标无法顺利实现，因此有必要对理财策略、建议等进行修订。

(2)会谈记录。应详细记录双方就方案修改所进行的讨论内容。

(3)客户声明。客户应出具书面说明，同意理财人员就新情况对理财方案进行修改。

(4)方案确认。理财人员在方案修改完毕后，应及时与客户进行讨论沟通并取得客户签署的确认函。同时理财人员应书面通知所属部门。

(5)修订执行计划。理财人员应根据修改内容对执行计划进行相应调整。

综合案例分析

一、案例概要

1. 客户背景

刘先生和太太同为49岁，他本人在事业单位工作，太太在国企行政部门工作。收入稳定。刘先生有一个今年大学毕业的女儿，由于金融风暴来袭，女儿工作还未有着落。

2007年，中国股市以逼空式的上涨不断刷新着各项纪录，股指、成交量、开户数屡创新高。从年初的疯牛开场，到年终的牛熊难辨收尾，2007年，跌宕起伏的中国股市让众多股民感慨良多。刘先生就是这些股民中的一位。2007年9月，刘先生将原有的100平方米的房产出售，心想着如果股市赚一笔，可以换一套更大些的房子了。没想到，才高兴了没多久，股市上行的势头就扭转了，并且一路走低。2008年一度深套，截至2009年5月，他卖房得到的150万元在股市中只剩下85万元左右，可谓损失惨重。

2. 客户财务状况

月度收支：夫妇每人均有8 000元的月收入。但是刘先生夫妇已经身处退休的边缘，未来收入有下降的趋势，两人5～10年内月收入可能会减少至2 000元~3 000元。支出方面主要是租房3 000元，生活费3 500元。每月净结余9 500元，净结余比例较大。

年度收支：两人的年终奖金约有2万元，基本会在过年过节的时候全部花销掉。在旅游、保费方面基本无支出。

资产负债：现金1万元，基金8万元，股票85万元，无房产，无其他负债。

二、家庭财务状况分析

家庭财务比率表

项目	实际数值	参考值
结余比例	54%	30%
投资与净资产比率	99%	50%
负债收入比率	0%	40%
流动性比率	1.54	3
清偿比率	100%	50%

（1）结余比率＝年结余/年税后收入＝114 000/212 000＝54%，说明刘先生家的财富积累速度较快，在资金安排上面有很大的余地，如果考虑购置房产，可以选择贷款，以增加资金的流动性和收益性。

（2）投资与净资产比率＝投资资产/净资产＝930 000/940 000＝99%，由于在2007年，刘先生将原有的100平方米的房产出售，全部资金投入股市，可是之后股市上行的势头就扭转了，并且一路走低。2008年一度深套，截至2009年5月，他卖房得到的150万元在股市中只剩下85万元左右。几乎全部家庭资产用于金融投资，而且大部分投资于股市，家庭资金稳定性和安全性很差，而且收益性也不稳定。

（3）负债收入比率＝年债务支出/年可任意支配收入＝0/114 000＝0%。因为刘先生家庭未有房产和汽车贷款，目前压力为零，不过因为之后有购房打算，所以负债压力不久就会显现。

（4）流动性比率＝流动性资产/每月支出＝10 000/6 500＝1.54。刘先生家庭的流动性资产可以支付1.54个月的支出，低于3个月的参考值，建议减少风险偏高的股票投资，可以选择安全性高、流动性强的货币基金或存款。

（5）清偿比率＝净资产/总资产＝940 000/940 000＝100%。

三、理财现状评述

（1）投资金额比例过大，几乎全部资产都用于金融投资，且集中投资于高风险投资类型，资产配置不是很健康，容易造成资产随着市值的大幅波动，收益也没有保证。

（2）没有固定资产，上海房价偏高，购置房产压力较大。随着年龄的增大，应该尽早结束租房生活，拥有一套自有房产，为未来退休生活奠定最重要的基础。

（3）刘先生夫妇已年近半百，几年后收入会有所减少。夫妇二人就职于在福利较完善的事业单位和国有企业，应该享有一般社会保险和养老保险，为了保障退休后生活水平不下降，养老规划迫在眉睫。

四、理财目标

短期目标：鉴于上海楼市的强劲发展趋势，以及刘先生夫妇二人临近退休年龄，可以配合房屋抵押贷款在1-2年内购入一套小户型房产。

中期目标：调整资产配置，通过理财规划将财富保值增值，保证家人的生活水平。

长期目标：刘先生夫妇还有 5-10 年退休，除了公司提供的一般社会保险和养老保险之外，自己并没有购买任何商业保险。所以如何利用商业保险和资金积累保证养老生活，是刘先生夫妇的长期目标。

五、基本参数设定

假设刘先生 60 岁退休，刘太太 55 岁退休，退休后生活至 80 岁，退休生活水平保持不变。

假定退休后夫妻两人领取的社会养老金各为 3 000 元／月，共给付 10 年。

假定每年 CPI 平均为 3%。

假定投资股票每年收益为 30%，偏股型基金收益为 20%，债券型基金收益为 10%，货币型基金收益为 5%。

假定房屋贷款利率为 5%。

六、理财规划

1. 短期目标：购　房

上海作为中国最发达和繁荣的国际大都市，已经确定了国际金融中心和航运中心的发展规划，无疑将吸引很多海内外优秀人才来沪工作安家。还有很多投资客也看好上海未来的发展纷纷来沪投资房地产，这些都将刺激本地楼市的发展。目前，上海的房价比较中国香港、东京等亚洲国际大都市而言，还是处在低位，所以长期来看，上海房价还是有很大升幅空间，而且刘先生年近半百，近期购置一套房产是非常必要的。

2009 年初经过连续数月的快速回升，分别反映新房和二手房价格走势的中房上海指数和上海二手房指数纷纷创下历史新高。房价上升加上银行开始收紧二套房贷，正对投资和改善型需求形成挤出效应。据沪上一些中介公司反映，8 月份以来中低总价房源成交下降较为明显。8 月的成交量拐点已出现，6 月份成交量已经达到年度高点。但是房地产价格依然坚挺，会滞后几个月的，因为成交量减少后，开发商才会降价促销，一般会滞后一到两季度，有可能在今年年底时房价出现一定幅度调整。

考虑到费用问题，建议刘先生购入总价不超过 120 万、房龄在 15 年内的小户型二手房，可以马上入住，尽快消除租金支出，又可以避免专修费用。

资金安排

拟购楼宇售价	1 200 000
申请贷款额	600 000
还款期	15 年
按揭年利率	5%
还款周期	每月本息等额
每月还款额	4 745

（二）中期目标：理财创富

在购置房产后，可投资资金大概在 30 万元左右，建议进行投资组合配置，分散风险，最大程度地提高收益率。

　　财务安全规划是整个理财规划的基础，可以有效地应对由于家庭经济支柱出现疾病、死亡、失业或其他意外对家庭的财务状况所带来的影响，从而可以确保理财目标的实现。紧急预备金是为了应对家庭出现意外的不时之需，一般应准备 3~6 个月的家庭固定开支，考虑到基本生活支出及房屋还贷等因素，每月固定支出在 8 000 元左右，建议提取 3 万元作为紧急预备金（紧急预备金的存放形式可以为：存款或流动性强的货币型基金等固定收益类金融产品）。

投资项目	所占投资比重/%	预期收益率/%	综合收益率/%
股票型（指数）基金	20	20	4
债券型基金	20	10	2
货币基金	20	5	1
股票	30	30	9
现金	10	2	0.2
合计预期收益率			16.2

　　（三）长期目标：养老规划

　　作为家庭理财中风险管理的一部分，人寿保险能够帮助抵御家庭成员发生不测而对家庭财务带来的不良影响：当家庭的收入来源突然中断时，获得的保险金可以使家人在预计的年限中仍然拥有同样的生活水平。通常，在选择保险保障金额时，主要考虑的两个问题是：对保险保障需求的大小以及自身对保费的负担能力两个因素。刘先生夫妇所在单位事业单位和国有企业，都应该有完善的社会保险和养老保险，这些仅能满足退休后最基本的生活需要。为了不降低退休后生活水平及提高发生意外事件的接受能力，建议刘先生每年购买不超过1.8万元的保险费用（家庭可支配收入的15%），比如人寿保险推出的潇洒人生系列：

姓名	投保险种	单位保额（元）	交费期（年）	基本保费（元/年）	推荐份数	保费小计（元/年）	个人小计	
							保费（元/年）	保额（万元）
刘先生	康宁终身	10 000	10	2 180	2	4 360	8 910	10.5
	鸿寿年金	10 000	10	2 150	2	4 300		
	附加住院医疗	1 000	每年	50	5	250		
刘太太	康宁终身	10 000	10	2 150	2	4 300	8 790	10.5
	鸿寿年金	10 000	10	2 120	2	4 240		
	附加住院医疗	1 000	每年	50	5	250		
合计							17 700	21

　　每月只需1 475元支出，就能拥有近21万元的保障。

　　重疾保险金：十类重大疾病保障为 4 万元。

　　残疾保险金：最高保障为 6 万元。

　　身故保险金：80 岁前为 10 万元，80 岁后为 6 万元。

课堂笔记

医疗补偿金：最高可享受0.5万元的住院医疗补偿。

养老金：60—79岁每年可领取1 000元的养老金。

祝寿金：80岁时可一次领取4万元的祝寿金。

保单红利：分享保险公司的经营成果，红利领取灵活方便。

豁免保费：发生重大疾病后获得高额给付，且免交康宁终身以后各期保费，保险合同继续有效。

附加功能：保单借款、减额交清。

七、资金需求分析

元

理财目标	预估每年费用	持续年限	需求现值总和（不考虑时间价值）
生活支出（设每年CPI为3%）	42 000	30	1 941 192
房贷	56 940	15	854 100
保险	17 700	10	177 000
需求值总计			2 972 292

元

理财资源	现值流入	持续几年	供给现值总和（不考虑时间价值）
现有生息资产（按上述投资资产分配，每年综合收益为16.2%）	300 000	10	1 158 714
家庭税后收入（刘太太退休前）	212 000	5	1 060 000
家庭税后收入（刘太太退休后）	106 000	5	530 000
养老金给付	72 000	10	720 000
供给值总计			3 468 714

就以上分析而言，刘先生的家庭收入足以满足未来的资金需求。

八、理财规划总结

刘先生的家庭收入没有很大改变，但家庭支出改变较大，详见下表：

月度支出调整表

元

项目	调整前每月支出	调整后每月支出
房屋	3 000（房租）	4 745（房贷）
基本生活开销	3 500	3 500
保险	0	1 475
合计	6 500	9 720

经过上述配置，家庭月支出增加3 220元，其中包括房产投入增加1 745元，保险投入1 475元。月结余为6 280元，年度总结余为75 360元。

建议刘先生每年应拨出5万元左右建立养老基金，投资期限为10年。具体操作上建议采用基金定投的方式，每月投资于股票型基金或指数型基金中，同时设立50%的停利点，即每获利达到50%时，将获利资金转投固定收益类资产，定投不停。随着基金投资的收益产生，每年的投资收益将逐步增加，从而增加家庭年度结余。

从调整后的家庭资产负债状况看，家庭资产负债结构也发生较大改变，详见下表：

调整后第一年的家庭资产负债表   万元

家庭资产			家庭负债		
项目	调整前	调整后	项目	调整前	调整后
存款	1	3	房屋贷款（余额）	0	60
货币基金	0	7	汽车贷款（余额）	0	0
股票	85	10	消费贷款（余额）	0	0
股票基金	8	7	信用卡未付款	0	0
房地产	0	120	其他	0	0
债券型基金	0	7			
资产总计	94	154	负债总计	0	60
净值（资产−负债）			94		

调整后，股票投资比例下降，增加了相对稳妥的基金等权益类投资，有效降低投资组合风险；增加了应急资金储备，提高了家庭财务安全保障；调整后，购置了房产，除了满足自住需求外，还增加了固定资产的投资。

财务数据对比表

项目	调整前	调整后	参考值
结余比例	54%	37%	30%
投资与净资产比率	99%	33%	50%
负债收入比率	0%	40%	40%
流动性比率	1.54	3.17	3
清偿比率	100%	61%	50%

通过调整，由于增加了房贷和保险支出，结余比例有所下降，调整后为37%，仍然大于参考值30%，有利于财富的积累。调整后，投资与净资产利率降为33%，稍低于参考值50%，相比较原先的99%，资产相对稳定。由于购置了房产，每月有房贷支出，负债收入比率为合理数值40%。流动性比率由原先的1.54提高到3.17，流动性资产足以满足3个月的家庭支出，提高了家庭财务安全性。调整后清偿比率高于参考值50%，说明负债值合理，对刘先生家庭不会造成过重的负担。

通过调整，原先过于偏离参考值的数值已经回归到合理范围内，只有投资与净资产比例还略低于50%的标准值，不过随着时间的推移，每年收入投入投资，此数值很快就会提高到50%以上。

九、进一步理财意见

（1）刘先生目前的投资偏好过于激进，尤其随着年纪的增大，应该尽快调整投资策略，增加投资渠道，不要集中投资于高风险的股票市场。债券、基金、银行理财产品、保险都是不错的选择。要保持正确的理财观念，根据家庭的生活目标，时刻审视资产配置情况和风险承受能力，兼顾风险和收益，不断调整投资组合，选择相应的投资产品和比例，从而达成理财目标。

（2）刘先生夫妇还有5~10年退休，由于退休后收入减少，可以考虑在退休前将房屋贷款还清，减少退休后生活的压力。

（3）刘先生一向很重视投资，但是财务安全性和保险意识薄弱。建议尽早增加保险投入，为养老生活做好准备。

十、定期检查

以上理财规划是根据您目前提供的家庭资料出具的，以上所有计算，都是基于合理假设前提下得出的结果，该结果为理论性结果，不代表真实未来发生的实际情况。如果未来实际生活中，假设条件发生变化，可能会对最后计算结果发生重大影响。希望能够为您实现家庭财务的自主、自由、自在提供帮助。

投资有风险，入市请谨慎。以上投资为投资方向性建议，是否投资，如何投资，由客户自行决定。最终投资的所有风险与收益都由客户自行承担。

以上仅为个人理财建议，不代表任何机构和组织的看法，最终决定权完全由客户决定取决于客户如何操作。

理财是一个长期的过程，其中很重要的部分，就是理财的过程控制和风险管理。在整个理财过程中，要不断地检查理财的实施情况，适时地根据市场行情的变化，对理财规划做出调整，加强对风险的管理和控制。

当您的家庭财务状况出现大的变化，比如资金积累速度加快，或者人生阶段发生较大变化，请及时与我们联系，以便我们能够及时调整您的理财规划。我们也会根据中国金融环境的变化以及理财产品的运作情况对您的规划提供调整建议。

附：理财规划建议书格式。

综合理财规划建议书写作的操作要求。

第一步：制作封面及前言

（一）封面

（二）前言

包括：1. 致谢　2. 理财规划建议书的由来

　　　3. 建议书所用资料的来源　4. 公司义务

　　　5. 客户义务　6. 免责条款　7. 标准收费

第二步：提出理财规划方案的假设前提

第三步：开始编写正文，完成财务分析部分

1. 家庭成员基本情况及分析

（1）基本情况介绍

（2）客户本人的性格分析

（3）客户投资偏好分析

（4）家庭重要成员性格分析

（5）家庭重要成员投资偏好分析

（6）客户及家庭理财观念、习惯分析

2. 财务状况分析

资产负债表：账户式（金融资产、实物资产、负债、净资产分析）

家庭收入支出表：收入、支出、结余

3. 客户财务状况的比率分析

4. 客户财务状况预测

5. 客户财务状况总体评价

第四步：综合制定各分项理财规划具体方案

1. 确定客户理财目标

2. 完成分项理财规划（现金规划、消费支出规划、教育规划、风险管理和保险规划、税收筹划、投资规划、退休养老规划、财产分配和传承规划）

3. 分析理财方案预期效果

4. 完成理财规划方案的执行和调整部分

5. 完备附件和相关资料

课堂笔记

303

课堂笔记

附件：理财规划书范例

个人综合理财规划报告

FINANCIAL PLANNING REPORT

理财师：张××

二零××年×月

尊敬的沈先生：

　　您好！

　　首先非常感谢您到本理财室进行咨询并寻求理财规划建议。这份理财规划建议书是根据您提供的家庭财务资料和其他相关信息为您量身定做的，目的是帮助您实现您的家庭理财目标。

　　您的家庭正处于关键发展期，处于这个阶段的家庭有很多理财目标要实现，需要不断积累财富，要建立全面的家庭保障，为养育子女作准备，需进行与您风险承受能力相匹配的投资，为退休养老作准备等，相信通过我们为您的家庭进行理财规划后，您将拥有高质量、有保障的生活。

　　在此需要特别提醒您的是，任何投资活动及金融工具都有风险，包括流动性风险、市场和利率风险、政策风险、经济周期风险、信用风险、再投资风险等，因此，本理财规划建议书不保证一定能完全按照建议书中所列出的情况获得收益。

　　同时，本理财室郑重向您保证，您提供的所有信息资料都将被严格保密。

　　请您仔细阅读本建议书，以确保这些信息的准确无误。如果发生重大变化，请及时通知理财师，以便对理财方案作出及时的调整，以免对您的家庭造成不必要的麻烦和损失。

　　您如果有任何疑问，也欢迎您随时致电本理财室。我们期待着与您共同完善和执行本理财规划建议。

理财师：张××

二零××年×月

目　录

第一部分　家庭情况

根据您提供的关于您家庭的财务、投资等信息，我们进行了整理和分析，现将您的家庭情况罗列如下。

一、家庭成员基本情况

家庭成员	年龄	性别	职业	健康状况
沈星	30	男	IT 业务助理	良好
妻子	28	女	人事专员	良好

您和您太太正值风华正茂之年，事业正处在高速发展期，因此，您的家庭收入会不断提高，但同时支出也会不断增加，财富将逐步积累。您和您太太目前是二人世界，两年内想为家庭添加一位新成员，可增添家庭的乐趣，但同时也加重了家庭的负担，因此，非常有必要好好给家庭财富和保障规划一下，让家庭中的每位成员都过上幸福、快乐、安定的日子。

二、规划前家庭财务状况

1. 规划前家庭每月收支状况　　　　　　　　　　　单位：元

每月收入		每月支出	
本人收入	4 000	房屋按揭贷款	4 600
配偶收入	3 000	基本生活开销	1 500
其他收入	0		
收入合计	7 000	支出合计	6 100
每月结余（收入-支出）		900	

2. 规划前家庭年度收支状况　　　　　　　　　　　单位：元

收入		支出	
本人收入	48 000	房屋按揭贷款	55 200
配偶收入	36 000	基本生活开销	18 000
年终奖金	10 000	保险费	7 200
存款、债券利息	0	产险	0
股利、股息	0		
收入合计	94 000	支出合计	80 400
每年结余（收入-支出）		13 600	

3. 规划前家庭资产负债表（2014 年 6 月 30 日）　　　单位：元

家庭资产		家庭负债	
现金及活期存款	30 000	房屋贷款（余额）	720 000
现金及等价物小计	30 000	汽车贷款（余额）	0

续表

定期存款	20 000	消费贷款（余额）	0
基金	20 000	信用卡未付款	0
金融资产小计	40 000		
房地产（自用1）	1 100 000		
房地产（自用2）	300 000		
黄金及收藏品	13 000		
实物资产小计	1 413 000		
资产合计	1 483 000	负债合计	720 000
净资产		763 000	

说明：在对不动产进行计价时，采用的是成本价。

第二部分　家庭财务分析诊断

一、家庭应急准备金分析

应急准备金是指在日常生活中发生突发性事件急需用钱，而工资又不够时，可从应急准备金中提取。您的家庭正处在成长期，尤其是有了孩子以后，可能会发生各种状况而急需用钱，一般来说，应急准备金安排为一个季度的支出总额，根据您的具体情况，您的家庭需 20 000 元的应急准备金。这笔资金可以银行活期存款或货币市场基金的形式存放。同时，您也可以办理一张银行贷记卡，其可透支的信用额度可增加您的应急准备金，使您的生活更有保障。

二、家庭金融投资分析

您的家庭金融资产涉及定期存款和基金，应该说有一定的分散投资。由于您的家庭收入不多，而在以后的日子里又需要很多资金，如不好好规划，可能会面临入不敷出的窘境。因此要好好地安排一下金融资产结构，在您的风险承受范围内争取收益最大化。

今年起，中国股票市场进入牛市，收益大幅提高。更重要的是，中国的资本市场是中国政府今后大力扶持的一个金融市场，前景看好。因此可加大在股票市场的投资比例，投资一些股票或购买股票基金来增加收益。

总之，您应根据家庭的风险承受能力，合理进行资产配置，使资产价值最大化，从而为您改善您的家庭生活打好基础。

三、家庭实物资产分析

您的家庭不动产总价值为 140 万元，占了您家庭总资产148.3万元中的94.4%，这是一个相当大的比例。为了能创造出更多的现金流，应好好规划一下这部分资产的使用，而不要让家庭的最大资产处在"睡眠"中。而黄金作为最后支付手段，具有保值增值的功能。

四、家庭负债分析

您的家庭负债比较简单，仅住房抵押贷款一项，但数额较大，还有余额

72 万元之多，这使得您的家庭每月须还款 4 600 元。而您的家庭每月的收入并不多（7 000 元），每月还贷比（=每月还贷额/家庭月收入）达到65.7%。一般而言，如果一个家庭的每月还贷比超过 50% 的警戒线，就比较危险了，很容易发生流动性风险，这样不但会影响家庭的生活质量，若不准时还贷还会影响您在银行的信用，因此，建议您调整还款期限，使每月还款额减少，将还贷比控制在 50% 以内。具体方案将在第六部分——家庭理财规划方案建议中详细说明。

课堂笔记

五、家庭收支分析

从您的家庭收支情况表中可看出，在收入方面，您和您太太目前的收入并不高，但发展潜力应该很大。您从事的 IT 行业，您太太从事的人力资源工作，应该说都有很好的前景，因此收入应会稳步上升。同时，将您的家庭金融资产组合重新规划后，也能产生一定的现金流，以弥补工资收入的不足。此外，重新安排您的家庭不动产，使之也产生一些现金收入，从而最大程度地扩大您的家庭收入。

在支出方面，目前您的家庭面临的主要支出是住房按揭贷款的每月还贷，这部分已讨论过将重新规划，以减轻每月的还贷压力。由于您的家庭收入不多，这也使得您的家庭每月的日常支出也不能太大，维持在目前的 1 500 元是比较合理的。而您和您的太太在人身保障方面还不够，须加大投保力度，这也将增加每年的支出。此外，您还准备两年后添个宝宝，三年后购买家用轿车，这都将是您的家庭费用支出上升，因此，目前要好好地规划和准备一下，以更好地面对将来的支出压力。

六、家庭保障分析

根据您和您太太已投保的情况来看，您已有一份意外险和一份疾病险，您太太只有一份人寿险，从保障结构看，确实有些不足。购买保险是提高您的家庭生活质量的重要部分，让您的家庭在发生意外事故后，负担可减轻一些，减少您家庭的后顾之忧。因此，需增加一些投保的险种，完善投保险种的结构。

七、家庭财务指标分析

1. 每月还贷比＝每月还贷额/每月收入＝4 600/7 000＝65.7%

一般而言，一个家庭的每月还贷比高于 50%，说明这个家庭的还债能力较差，容易发生还贷风险和流动性风险，因此，您的家庭需要警惕。

2. 流动性比率＝流动性资产/每月支出＝30 000/（80 400/12）＝4.5

一般而言，一个家庭的流动性资产应满足其 3 个月以上的支出，因此您的家庭流动性比率较好。

3. 总资产负债率＝负债/总资产＝720 000/1 483 000＝48.6%

一般而言，一个家庭的总资产负债率低于 50%，说明该家庭发生财务危机可能性较小，因此您的家庭总资产负债率较合理。

4. 每月结余比＝每月结余/每月收入＝900/7 000＝12.9%

一般而言，一个家庭的每月结余比应在 40% 以上，因此目前您的家庭每月结余比较差，需要进行"开源节流"来提高这一比率。

通过对您的家庭财务指标的分析可以看出：您的家庭面临一定的流动性

风险，主要表现在收入较少，而支出较多，且其中很大一部分是住房抵押还贷，是每月必须支出的，没有弹性。因此，在收入和支出两方面都要进行调整，以降低流动性风险，提高生活安全性，不让您的家庭生活在"提心吊胆"中。具体方案将在第五部分——家庭理财规划方案建议中详细介绍。

第三部分　家庭理财目标

一、客户提出的家庭理财目标
根据您提供的信息，我们整理出您想实现的家庭理财目标，罗列如下：
· 两年内为家庭添加一个新成员，并为将来的育儿做好准备。
· 三年后买一辆 10 万元左右的家用轿车。
· 为家庭的资产寻求稳步增长的途径。
· 合理为家庭成员投保，为自己和太太补充一些保险。
· 积累一定的养老金，为养老作准备。

二、对家庭理财目标的建议和修改
从您提出的家庭理财目标中，我们大致知道了您的要求。同时，根据您的家庭实际的财务状况，为了更好地实现您的家庭理财目标，我们略作了调整，相信只要好好做一规划，这些目标是完全能实现的。现根据这些目标的重要性，重新罗列如下（越靠前的越重要）：
（1）为家庭成员增加投保品种，使家庭更有保障；
（2）增加一些收入，使家庭资金来源更充裕；
（3）为两年后出生的孩子做好生活上和教育费的准备；
（4）为家庭的资产寻求稳步增长的途径；
（5）2019年末购买一辆 10 万元的家庭轿车；
（6）积累一定的养老金，为退休养老作准备。

第四部分　经济参数与基本假设

为使这份理财规划建议书能提供与实际相符合的理财建议，同时能更清晰准确地将理财规划结果呈现给客户，我们根据实际的经济运行环境和合理的预测，给出本理财规划建议书中所使用的一些经济参数。

一、通货膨胀率
随着我国经济持续发展，预计我国经济会进入一个温和通胀期。同时随着我国经济体制改革的继续进行，市场经济逐渐形成，政府的宏观调控能力也会越来越强。因此，我们认为3%通货膨胀率是比较适合的。我们将以此数值作为日常生活费用和孩子教育费用及养车费的年均增长率。

二、收入增长率
根据上海城市国内生产总值（GDP）的增长趋势，及政府颁布的居民收入政策，加上您和您的太太从事的工作综合考虑，假定您和您的太太的工资

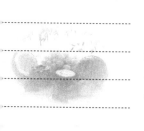

和奖金收入的年均增长率为5%。

三、金融资产投资收益率

根据金融市场上的一般收益率水平，假定定期存款利率为2%，配置型基金的预期收益率为5%，股票或股票基金的预期收益率为10%。

四、房地产投资收益率

由于上海房地产价格经过多年快速增长，已处在相当高的位置，政府部门近期也出台了许多房地产的调控政策，以抑制房价的过快增长，可见政府已高度关注房地产市场，因此，我们认为今后上海的房地产价格不会出现以往高速上涨的情况，而是呈温和小幅的上涨态势。假定房地产市场的年均增长率为3%。

五、住房抵押贷款利率

为便于计算及考虑实际房贷利率情况，我们假定住房抵押贷款年利率为5.5%。

第五部分　家庭理财规划方案建议

一、家庭不动产规划

由于您的家庭每月收入不是很多，而各种开支却不少，同时要实现您所提出的各项理财目标也需要很多资金，这在客观上要求您的家庭要"开源节流"。

在"开源"方面，我们认为应该充分利用两套房子，产生现金流，从而增加日常收入。

您的家庭拥有两套住房，一套住房总价110万元，估计是三室两厅两卫。另一套房子是总价为30万元的小户型房，您太太的父母住。为了增加您的家庭的收入，我们建议将您的岳父岳母接来和您和您的太太一起住，相信您现在住的地方应该能让出一间房间给两位老人，同时将那套小户型房出租，每月租金为1 500元。其实将两位老人接来，不但不会影响您和您太太的生活，而且还能有个照应，再说您也打算要添个宝宝，如果您和您的太太因工作太忙而无法照顾宝宝时，老人家也可代劳，相信他们一定非常乐意。

经过这样规划后，每月可增加1 500元的租金收入。我们假定租金的年增长率为3%。

等孩子上了初中，且家庭财富有了一定积累后，两位老人家可搬回去住，不再出租房子。

二、家庭住房抵押贷款规划

在家庭负债分析中已经提过，目前还有72万元的贷款没还，每月还款4 600元，规划前每月还贷比达65.7%，这一比例相当高，有较大的风险。因此，我们建议稍微调整一下还款期限，适当减少每月还款额。

根据已知条件：72万元贷款，每月还款4 600元，住房抵押贷款利率5.5%，可以算出还款期限为276个月，也就是23年。

为了减小流动性风险及由此可能造成的信用风险，按惯例，应将每月还贷比控制在50%以下。我们建议将还款期限延长两年，也就是25年或300个

311

月，经计算，规划后每月还款额为4 421元，第一年每月还贷比为52%（4 421/8 500），虽然超过50%，但不是很多。而第二年的月收入有8 895元，每月还贷比为49.7%，已下降到50%以下。因此，这一还款额应该是比较合理的。

三、家庭投资规划

金融资产投资是现代家庭必不可少的一项活动。许多家庭理财目标的实现都需要靠金融投资来积累资本。因此对家庭金融资产的规划显得非常重要。

从您的家庭财务状况看，应该是属于稳健偏积极型的投资者。目前，您的家庭金融资产的情况是：定期存款 2 万元，基金 2 万元。这样的组合显得稍微单薄了一点。中国股票市场已进入牛市，并且从长期来看也是看好的，因此可适当增加股票或股票型基金的比重。同时也建议您可以在平时空闲时间看一些投资方面的书籍，了解一些投资的知识和经验，从而能在投资实战中获得更大收益。

现将您的家庭金融资产配置作一重新规划。根据前面应急准备金的分析，您的家庭需要应急准备金 2 万元，这部分资金作为现金或活期存款，除应急外不作他用，每年按 3%的速度递增，基本覆盖通货膨胀率。

将现金及活期存款中余下的 1 万元投入股票，并从定期存款中提出0.5万元也投入股票，再从定期存款中提出0.5万元投入基金。经规划后的金融资产配置为：定期存款 1 万元，基金2.5万元，股票1.5万元，总计 5 万元。各金融资产所占的比重分别为：定期存款 20%，基金 50%，股票 30%。再按我们对各金融资产收益率所作的假定：定期存款 2%，基金 5%，股票 10%，可以得出整个金融资产组合的收益率约为 6%。对于每年的家庭盈余也按这样的比例进行配置，每年收益率约为 6%。

在此，我们特别要提醒您的是，金融投资是有风险的活动，在投资过程中，请摆正自己的心态，根据自己的风险偏好和风险承受能力，选择适合自己的金融投资工具，根据市场行情及时调整策略，必要时可请教投资理财专家。

四、子女教育金规划

您和您的太太打算两年内添一个小宝宝，因此需要及早规划一下孩子的生活费用和教育金的准备。孩子的生活费每月 500 元，算入基本生活开销中，从孩子出生那年算起，以后每年按通货膨胀率递增。

孩子的教育金来源是每年盈余的投资积累。投资的收益率取投资规划中的数值6%。教育费用年均增长率取3%。经计算，您的孩子的全部教育费用约为 16 万元，您需要每年从盈余中提出4 341元，并以6%的收益率进行投资，可满足您孩子的教育金要求。

具体每年的情况列表如下：

年份	孩子年龄	学历	目前教育费	考虑增长率后的教育费（3%）	现值（6%）	余额
2015						4 341
2016						8 942
2017	1					13 820
2018	2					18 990

续表

年份						
2019	3					24 470
2020	4	幼儿园小班	3 000	3 582	2 525	26 697
2021	5	幼儿园中班	3 000	3 690	2 454	28 950
2022	6	幼儿园大班	3 000	3 800	2 384	31 228
2023	7	小学一年级	2 000	2 610	1 545	34 832
2024	8	小学二年级	2 000	2 688	1 501	38 575
2025	9	小学三年级	2 000	2 768	1 458	42 463
2026	10	小学四年级	2 000	2 852	1 417	46 500
2027	11	小学五年级	2 000	2 937	1 377	50 694
2028	12	初中六年级	3 000	4 538	2 007	53 539
2029	13	初中七年级	3 000	4 674	1 950	56 418
2030	14	初中八年级	3 000	4 814	1 895	59 330
2031	15	初中九年级	3 000	4 959	1 842	62 272
2032	16	高中一年级	4 000	6 810	2 386	63 539
2033	17	高中二年级	4 000	7 014	2 318	64 678
2034	18	高中三年级	4 000	7 224	2 252	65 676
2035	19	大学一年级	12 000	22 324	6 567	51 634
2036	20	大学二年级	12 000	22 993	6 381	36 080
2037	21	大学三年级	12 000	23 682	6 200	18 903
2038	22	大学四年级	12 000	24 394	6 025	−15
总计				158 353	54 484	

说明：（假定所有的现金流都发生在年末。教育金账户余额在2038年末应该为0，由于计算中的近似原因，此处为−15，但可忽略。）

五、家庭轿车购买规划

根据您的购车计划，打算三年后购买一辆10万元左右的家庭轿车。结合您的要求和您的家庭实际财务状况，建议您在2019年年末购买，这样不但可以使您的家庭有足够的时间为买车做好资金上的准备，同时，2020年正好是您的孩子开始上幼儿园，方便您接送您的孩子上下学。

购车的资金来源为家庭金融资产和家庭盈余，但为了保持金融资产组合的整体收益率在提取后不变，应按资产组合中各金融工具的比例来提取10万元。

购买家用轿车后，每年将增加25 000元的养车费，这一费用按通货膨胀率递增。

由于汽车有一定的使用期限，我们估计一辆车的寿命为10年，因此，在2029年底旧车报废，重置一辆10万元的新车。

六、家庭保障规划

拥有一个幸福美满的家庭，少不了有坚实的保障作为后盾，因此，家庭的保险显得非常重要。目前，您的家庭的保险情况是：有基本的社保和医疗保险，您有一份 15 万元的意外险和 15 万元的重大疾病险，您的太太有一份 4 万元的寿险。为了更好地保障您的家庭，需适当再增加一些保险品种，完善保险结构。

建议您可以购买一份 10 万元的人寿险，同时将您太太的人寿险保额也提高到 10 万元。同时，为您太太购买一份住院医疗险，这份保险兼有重大疾病险的功能，住院也有补贴。这样，每年的保险费支出总计 13 700 元。

在您的孩子出生后，也给您的孩子购买一份适合孩子的住院医疗险。这将使每年的保险费支出再增加 3 300 元，总计 17 000 元。

七、家庭养老金规划

辛苦一辈子总想有个安定的晚年，对于养老金的准备也是不可或缺的。除了通过购买保险来保障外，还要积累一定的养老金以维持退休后的生活水平。养老金的来源有两个：一个是社会养老金，另一个是家庭自筹养老金。社会养老金就按政府部门的规定按时缴纳。而家庭自筹养老金则是通过每年的家庭盈余投资积累而成。

第六部分　理财规划结果分析

结合您提出的家庭理财目标和您的家庭实际的财务状况，我们对您的家庭理财作了规划。现将规划的结果作一分析。下面将从规划后家庭财务状况、现金流量表分析、资产负债表分析和家庭理财目标的实现情况等四个方面将理财规划的结果呈现出来。

一、规划后家庭财务状况

规划后家庭资产负债表（2014 年 6 月 30 日）　　　单位：元

家庭资产		家庭负债	
现金及活期存款	20 000	房屋贷款（余额）	720 000
现金及等价物小计	20 000	汽车贷款（余额）	0
定期存款	10 000	消费贷款（余额）	0
基金	25 000	信用卡未付款	0
股票	15 000		
金融资产小计	50 000		
房地产（自用）	1 100 000		
房地产（出租）	300 000		
黄金及收藏品	13 000		
实物资产小计	1 413 000		
资产合计	1 483 000	负债合计	720 000
净资产	763 000		

二、现金流量表分析

我们详细列出了2014年下半年到2039年的现金流与盈余情况。从表中可以看到，每年的现金流入与流出都较稳定，没有一年出现赤字的情况，因此，说明本规划方案基本可行。但要特别留意现金流入和流出有较大波动的年份。

现金流量表（一）　　　　　　　　　　　　　单位：元

年份	2014	2015	2016	2017②	2018	2019③	2020
期初余额	20 000	20 600	21 218	21 855	22 510	23 185	23 881
当年现金流入	62 500	121 000	128 597	136 878	145 339	197 980	158 569
工资奖金收入	52 000	98 700	103 635	108 817	114 258	119 970	125 969
租金收入	9 000	18 540	19 096	19 669	20 259	20 867	21 493
投资收益	1 500	3 760	5 866	8 393	10 823	13 713	11 107
其他流入	–	–	–	–	–	43 429	–
当年现金流出	61 900	120 382	127 961	136 223	144 664	197 284	157 853
生活费用	9 000	18 540	19 096	25 669	26 439	27 232	28 049
房贷还款	26 526	53 052	53 052	53 052	53 052	53 052	53 052
保险费	13 700	13 700	13 700	17 000	17 000	17 000	17 000
教育费	–	–	–	–	–	–	3 582
养车费	–	–	–	–	–	–	25 000
其他支出	–	–	–	–	–	100 000	–
当年盈余流出	12 674	35 090	42 113	40 502	48 173	0	31 170
期末余额	20 600	21 218	21 855	22 510	23 185	23 881	24 597

现金流量表（二）　　　　　　　　　　　　　单位：元

年份	2021	2022	2023	2024	2025	2026	2027
期初余额	24 597	25 335	26 095	26 878	27 685	28 515	29 371
当年现金流入	167 383	176 956	187 348	198 700	211 008	224 346	238 791
工资奖金收入	132 267	138 881	145 825	153 116	160 772	168 810	177 251
租金收入	22 138	22 802	23 486	24 190	24 916	25 664	26 434
投资收益	12 978	15 273	18 037	21 393	25 320	29 872	35 106
其他流入	–	–	–	–	–	–	–
当年现金流出	166 645	176 196	186 565	197 893	210 178	223 490	237 910
生活费用	28 891	29 757	30 650	31 570	32 517	33 492	34 497
房贷还款	53 052	53 052	53 052	53 052	53 052	53 052	53 052
保险费	17 000	17 000	17 000	17 000	17 000	17 000	17 000
教育费	3 690	3 800	2 610	2 688	2 768	2 852	2 937
养车费	25 750	26 523	27 318	28 138	28 982	29 851	30 747
其他支出	–	–	–	–	–	–	–
当年盈余流出	38 262	46 064	55 935	65 446	75 859	87 243	99 677
期末余额	25 335	26 095	26 878	27 685	28 515	29 371	30 252

现金流量表（三）　　　　　　　　　　　　　　　单位：元

年份	2028④	2029⑤	2030	2031	2032	2033
期初余额	30 252	31 159	32 094	33 057	34 049	35 070
当年现金流入	227 200	244 878	251 149	267 650	285 515	304 746
工资奖金收入	186 114	195 419	205 190	215 450	226 222	237 533
租金收入	–	–	–	–	–	–
投资收益	41 087	46 157	45 959	52 200	59 293	67 213
其他流入	–	3 302	–	–	–	–
当年现金流出	226 293	243 943	250 186	266 658	284 494	303 694
生活费用	35 532	36 598	37 696	38 827	39 991	41 191
房贷还款	53 052	53 052	53 052	53 052	53 052	53 052
保险费	17 000	17 000	17 000	17 000	17 000	17 000
教育费	4 538	4 674	4 814	4 959	6 810	7 014
养车费	31 669	32 619	33 598	34 606	35 644	36 713
其他支出	–	100 000	–	–	–	–
当年盈余流出	84 502	0	104 026	118 215	131 996	148 724
期末余额	31 159	32 094	33 057	34 049	35 070	36 122

现金流量表（四）　　　　　　　　　　　　　　　单位：元

年份	2034	2035	2036	2037	2039⑥	2039⑦
期初余额	36 122	37 206	38 322	39 472	40 656	41 876
当年现金流入	325 546	348 034	371 441	396 717	424 000	453 439
工资奖金收入	249 410	261 880	274 975	288 723	303 159	318 317
租金收入	–	–	–	–	–	–
投资收益	76 136	86 153	96 467	107 994	120 841	135 122
其他流入	–	–	–	–	–	–
当年现金流出	324 463	346 917	370 291	395 533	422 780	452 183
生活费用	42 427	43 700	45 011	46 361	47 752	49 184
房贷还款	53 052	53 052	53 052	53 052	53 052	26 526
保险费	17 000	17 000	17 000	17 000	17 000	17 000
教育费	7 224	22 324	22 993	23 682	24 394	–
养车费	37 815	38 949	40 118	41 321	42 561	43 838
其他支出	–	–	–	–	–	–
当年盈余流出	166 945	171 892	192 118	214 116	238 022	315 635
期末余额	37 206	38 322	39 472	40 656	41 876	43 132

说明：

①本部分列出的是2014年下半年的现金流与盈余的情况。

②2017年孩子出生，每月增加500元生活费，以后每年按3%的通胀率递增。为孩子购买保险，每年增加3 300元。

③2019年末购买轿车，有较大现金流出，请做好准备。"其他流入"是指将部分金融资产变现所得。

④2028年起不再出租房子，因此没有租金收入。

⑤2029年底旧车报废，重置新车，同样也将部分金融资产变现，列为"其他收入"。

⑥2038年孩子大学毕业，以后没有教育费支出。

⑦2039年6月，房屋抵押贷款全部还清。

三、资产负债表分析

我们也详细列出了从2014年到2039年每年年末的资产负债表。从表中可以看出，净资产从76.3万元增长到566万元，其中，金融资产从5万元增加到256万元，实物资产从140万元增加到300万元。

资产负债表（一）　　　　　　　　　单位：元

年份（年末）	期初	2014	2015	2016	2017	2018	2019
总资产	1 483 000	1 538 664	1 618 034	1 705 755	1 793 233	1 889 792	1 896 200
现金及等价物	20 000	20 600	21 218	21 855	22 510	23 185	23 881
金融资产	50 000	62 674	97 764	139 877	180 379	228 552	185 123
实物资产	1 413 000	1 455 390	1 499 052	1 544 023	1 590 344	1 638 054	1 687 196
总负债	720 000	713 194	699 008	684 023	668 192	651 468	633 800
住房贷款余额	720 000	713 194	699 008	684 023	668 192	651 468	633 800
净资产	763 000	825 470	919 026	1 021 732	1 125 041	1 238 324	1 262 400

资产负债表（二）　　　　　　　　　单位：元

年份（年末）	2020	2021	2022	2023	2024	2025	2026
总资产	1 978 702	2 069 836	2 170 359	2 282 386	2 405 607	2 540 974	2 689 510
现金及等价物	24 597	25 335	26 095	26 878	27 685	28 515	29 371
金融资产	216 293	254 555	300 619	356 554	422 000	497 859	585 101
实物资产	1 737 812	1 789 946	1 843 645	1 898 954	1 955 922	2 014 600	2 075 038
总负债	615 136	595 419	574 590	552 587	529 341	504 785	478 844
住房贷款余额	615 136	595 419	574 590	552 587	529 341	504 785	478 844
净资产	1 363 566	1 474 417	1 595 769	1 729 799	1 876 266	2 036 189	2 210 666

资产负债表（三）　　　　　　　　　　单位：元

年份（年末）	2027	2028	2029	2030	2031	2032	2033
总资产	2 852 319	3 001 847	3 065 522	3 238 535	3 427 806	3 632 990	3 857 097
现金及等价物	30 252	31 159	32 094	33 057	34 049	35 070	36 122
金融资产	684 778	769 280	765 978	870 004	988 219	1 120 216	1 268 939
实物资产	2 137 289	2 201 408	2 267 450	2 335 474	2 405 538	2 477 704	2 552 035
总负债	451 439	422 488	391 905	359 596	325 465	289 408	251 318
住房贷款余额	451 439	422 488	391 905	359 596	325 465	289 408	251 318
净资产	2 400 880	2 579 359	2 673 617	2 878 939	3 102 341	3 343 582	3 605 779

资产负债表（四）　　　　　　　　　　单位：元

年份（年末）	2034	2035	2036	2037	2038	2039
总资产	4 101 686	4 353 553	4 628 044	4 927 005	5 252 416	5 658 063
现金及等价物	37 206	38 322	39 472	40 656	41 876	43 132
金融资产	1 435 884	1 607 777	1 799 895	2 014 011	2 252 033	2 567 668
实物资产	2 628 596	2 707 454	2 788 678	2 872 338	2 958 508	3 047 263
总负债	211 079	168 570	123 664	76 224	26 108	–
住房贷款余额	211 079	168 570	123 664	76 224	26 108	–
净资产	3 890 607	4 184 983	4 504 380	4 850 781	5 226 308	5 658 063

说明：家用轿车未算入家庭实物资产，也没有算折旧。

四、家庭理财目标的实现情况

经过我们对您的家庭理财进行规划之后，从未来 25 年的现金流量表和资产负债表中可以看出，您的家庭理财目标都已实现。

（1）为您的家庭成员都投了保险，且保险品种结构较合理，有了较好的保障。

（2）在初期出租一套房子来增加收入，从而有更充裕的资金应付日常生活费用，以及为财富积累做准备。

（3）为孩子的生活费和教育金做好了准备。

（4）通过对家庭金融资产投资重新规划后，有了更好的投资比例，从而使资产稳步增值。

（5）在中期实现了购车的愿望。

（6）通过投资和每年盈余的积累使金融资产达 250 万元，为养老做好了充分的准备。以每年花费 5 万元算，可至少够用 40 年。

第七部分　责任申明

1. 本理财规划建议书是依据您所提供的资料及较合理的假设，来估计未来的各种情况。

2. 本规划所确定的数据是否存在误差，与您提供的数据的准确性直接相关。

3. 本规划所确定的数据根据当前市场情况作出一定的估计和假设，如市场有变化，本建议书的方案应随之做出相应的改变。

4. 由于金融资产存在风险，本理财建议不保证分析过程中所采取的金融工具和投资策略一定能产生本建议书中的收益，此建议仅作为客户的参考，不代表我们对实现投资目标的保证。

5. 关于因地震、战争等不可抗力因素引起的经济损失，本理财室不承担任何经济和法律责任。

小　结

本项目对家庭综合理财规划的制定、流程、内容等进行了详细的介绍：任务一对理财规划师如何与客户建立信任、友善的关系提供了有效的技巧和建议；任务二着重介绍了如何收集和整理客户信息，包括财务信息及非财务信息等；任务三在此基础上介绍了客户财务信息的分析指标及内容，为后续的理财方案制定提供依据；任务四对家庭综合理财方案的制定流程进行了介绍，在明确家庭目标的基础上，对各项专门的理财规划进行整合；任务五和任务六分别介绍了家庭综合理财规划方案的实施与监控。

能力训练

◎ **知识训练**

一、判断题

1. 理财规划是技术含量很高的行业，服务态度并不会直接影响理财服务水平。　　　　　　　　　　　　　　　　　　　　　　（　　）

2. 理财客户经理在与客户沟通时需了解多方信息。　　　（　　）

3. 理财客户经理在与客户沟通时，应直接切入主题，话题不应涉及客户太多的个人或家庭问题。　　　　　　　　　　　　　　　　（　　）

4. 宏观经济信息可以从政府部门或金融机构公布的信息中获得。（　　）

5. 个人家庭负债率越低，个人家庭财务状况就越健康。　（　　）

6. 理财规划师的责任之一在于改变客户不正确的理财价值观。（　　）

7. 在经济增长比较快、处于扩张阶段时，个人和家庭应当考虑增持收益比较好的股票、房地产等资产。　　　　　　　　　　　　　（　　）

8. 退休养老期的理财特征是尽力保全已积累的财富，厌恶风险。相对应的理财策略是投资组合中选择高价股票，高风险债券，期货等理财投资产品。　　　　　　　　　　　　　　　　　　　　　　（　　）

9. 个人资产负债表反映的是过去某一时点个人的现金收入和支出情况。　　　　　　　　　　　　　　　　　　　　　　　　　（　　）

10. 个人资产负债表中的个人资产部分主要指实物资产，而且一般为升值

319

性资产。   ( )

二、单项选择题

1. 理财规划师在为客户进行投资规划时的合理步骤是(   )。

A. 客户分析——资产配置——证券选择——投资评估

B. 客户分析——证券选择——资产配置——投资评估

C. 客户分析——投资评估——资产配置——证券选择

D. 客户分析——投资评估——证券选择——资产配置

2. 以下各项属于个人资产负债表中的流动资产的是(   )。

A. 定期存款   B. 房地产

C. 股票   D. 债券

3. 描述过去一段时间内个人的现金收入和支出情况的财务报表是(   )。

A. 资产负债表   B. 损益表

C. 现金流量表   D. 成本明细表

4. 收集客户个人信息的方法，不包括(   )。

A. 填写登记表   B. 与客户交谈

C. 向第三人打听   D. 使用心理测试问卷

5. 对客户拒绝的理解不恰当的是(   )。

A. 拒绝是客户的习惯性动作

B. 客户之所以拒绝，有可能是心理有顾虑

C. 客户的拒绝行为也能为从业人员提供有意义的提示

D. 客户提出拒绝，从业人员就没有回旋的余地

6. 属于反映个人/家庭在某一时点上的财务状况的报表是(   )。

A. 资产负债表   B. 损益表

C. 现金流量表   D. 利润分配表

7. "基金定投"是一种 (   )。

A. 消极投资策略   B. 积极投资策略

C. 多元化投资策略   D. 平衡投资策略

8. 个人理财客户最基本的需求是(   )。

A. 服务需求   B. 体验需求

C. 关系需求   D. 产品需求

9. 以下不属于个人/家庭资产项目的是(   )。

A. 收藏品   B. 接受别人的礼品

C. 按揭房产   D. 租借的房屋

10. 个人资产负债表中的资产价值是按(   )计算的。

A. 购置价

B. 当前市场价格

C. 平均购置价和当前市场价格所得

D. 视情况而定

11. 在制定理财规划时，理财师通常需要对家庭的资产负债情况进行分析，下列哪些选项中属于流动负债? (   )

A. 汽车贷款　　　　　　　　B. 教育贷款

C. 住房抵押贷款　　　　　　D. 信用卡贷款

12. 作为现金及其等价物，必须要具备良好的流动性，因此(　　)不能作为现金等价物。

A. 活期储蓄　　　　　　　　B. 货币市场基金

C. 各类银行存款　　　　　　D. 股票

13. 预期未来经济增长较快、处于景气周期，相应的理财措施是 (　　)。

A. 增加储蓄产品的配置　　　B. 增加债券产品的配置

C. 增加股票产品的配置　　　D. 适当减少房产的配置

14. 在个人生命周期中的退休期，投资组合应以 (　　) 为主。

A. 期权　　　　　　　　　　B. 外汇

C. 固定收益投资工具　　　　D. 股票

15. 在预测客户未来支出的时候，理财规划人员首先应该考虑客户所在地区的(　　)的高低。

A. 就业率　　　　　　　　　B. 经济增长率

C. 通货膨胀率　　　　　　　D. 货币升值空间

16. 下列(　　)不属于对金融资产流动性的要求。

A. 交易动机　　　　　　　　B. 谨慎动机

C. 投机动机　　　　　　　　D. 预防动机

17. 流动性比率是现金规划中的重要指标，下列关于流动性比率的说法正确的是(　　)。

A. 流动性比率=流动性资产/每月支出

B. 流动性比率=净资产/总资产

C. 流动性比率=结余/税后收入

D. 流动性比率=投资资产/净资产

18. 通常情况下，流动性比率应保持在(　　)左右。

A. 1　　　　　　　　　　　　B. 2

C. 3　　　　　　　　　　　　D. 10

19. 理财规划师在分析客户需求时，了解客户的财务状况非常重要，(　　)属于客户的财务信息。

A. 客户每月的工薪收入　　　B. 客户的婚姻状况

C. 客户的家庭成员　　　　　D. 进行教育规划时客户对子女的期望

20. (　　)属于客户非经常性收入。

A. 工资薪金　　　　　　　　B. 每月奖金

C. 债券利息　　　　　　　　D. 彩票中奖收入

三、多项选择题

1. 关于宏观经济状况对个人理财策略的影响描述中，正确的有(　　)。

A. 在经济增长比较快时，个人和家庭应考虑买入对周期波动比较敏感的行业资产

B. 在经济扩张阶段，特别是成长性、高投机性股票价值表现良好

C. 当经济处于景气周期时，个人和家庭应考虑增持固定收益类产品

D. 当经济增长较快时，应减持股票、房产等资产，避免经济波动造成损失

E. 当经济衰退时，企业亏损，股票的收益和价值显著下降，可能引发熊市

2. 处于中年稳健期的理财客户的特征是(   )。

A. 理财理念是增加消费、减少负债

B. 风险厌恶程度提高、追求稳定收益

C. 适度增加财富是其理财目标

D. 在资产组合中选择低风险的股票、高等级的债券、优先股等

E. 尽力保全自己已积累的财富，厌恶风险

3. 下列哪些选项可能增加家庭的净资产?(   )。

A. 投资实现资产增值

B. 增加消费

C. 将投资收益进行再投资

D. 利用自动转账偿还信用卡透支 E. 提前还贷

4. 获得良好的第一印象的主要方法有 (   )。

A. 微笑、开朗的表情   B. 诚恳的态度

C. 干净利落的动作   D. 周到细致的服务建议书

5. 关于理财服务过程中的投诉处理，以下说法正确的是(   )。

A. 积极面对，对投诉的客户怀有感恩的心

B. 满足所有投诉客户的所有需求

C. 积极与客户展开辩论，维护公司产品的形象

D. 制定个人理财业务应急计划

E. 及时处理客户投诉

6. 理财规划师要对客户现行财务状况进行分析，其分析的主要内容包括(   )。

A. 客户家庭资产负债表分析   B. 客户家庭现金流量表分析

C. 客户投资冒险心理分析   D. 客户婚姻状况分析

E. 对客户子女的身体状况进行分析

7. 客户资产通常可分为三类：(   )。

A. 现金及现金等价物   B. 其他金融资产

C. 个人资产   D. 股票

E. 家具

8. 理财规划师应该帮助客户纠正的错误观念有(   )。

A. 把结余全部放在银行

B. 把存款视为最好的投资

C. 追涨杀跌

D. 投资某个领域，不再考虑其他投资工具

9. 下列关于信息收集的说法，正确的是(   )。

A. 客户信息只包括财务信息

B. 在客户填写调查表之前，从业人员应对有关项目加以解释

C. 如果客户出于个人原因不愿意回答某些问题，从业人员应该谨慎地了解客户产生焦虑的原因，并向客户解释该信息的重要性，以及在缺乏该信息情况下可能造成的误差

D. 宏观经济信息可以从政府部门或金融机构公布的信息中获得

10. 一般来讲，理财规划师在对客户进行理财规划的过程中，应当遵循以下（　　）原则。

A. 顾问性　　　　　　　　B. 决策性
C. 专业性　　　　　　　　D. 服务性
E. 一致性

11. 人生的目标多种多样，每个人的理财目标又千差万别，同一个人在不同阶段的理财目标也不相同，但从一般角度而言，理财规划的目标可以归结为两个层次，包括（　　）。

A. 早点财务独立　　　　　B. 实现财务安全
C. 个人价值最大化　　　　D. 个人收入最大化
E. 追求财务自由

12. 理财规划师在为客户提供理财服务的过程中，要注意应遵循一定的原则，具体包括（　　）。

A. 提早规划　　　　　　　B. 整体规划
C. 现金保障优先　　　　　D. 风险管理优于追求收益
E. 家庭类型和理财策略相匹配

13. 理财目标确定的原则有（　　）。

A. 理财目标不需要考虑客户的现金准备
B. 以改善客户财务状况，使之更加合理为主旨
C. 理财目标要具体明确
D. 理财目标必须具有现实性
E. 理财目标要兼顾不同的期限和先后顺序

14. 在个人理财规划中，分析客户财务状况的常用的财务比率指标有哪些（　　）。

A. 负债比率　　　　　　　B. 结余比率
C. 流动性比率　　　　　　D. 投资与净资产比率
E. 清偿比率

15. 关于制定保险规划时应注意的问题，下列说法正确的是（　　）。

A. 先为家庭主要收入提供者买保险
B. 家庭成员同时购买商业保险时，保险额度应和收入水平成反比
C. 制定购买商业保险规划时考虑家庭成员的社保和已购买商业保险的情况
D. 保费负担占家庭可支配收入的10%-20%比较合适
E. 小孩最需要保障，应优先为小孩购买保险

四、综合案例分析

杜先生今年31岁，北京市某公司高管，月税后收入3万元，年底派发年终奖8万元（税后）。杜太太今年30岁，某公司职员，月税后收入7 000元。

夫妇二人有一子杜鹏鹏，今年3岁。一家三口过着幸福的生活。

杜先生一家的家庭支出比较稳定，每月家庭日常生活开支为6000元，太太美容及购买化妆品每月需1500元，养车费用每月2500元，杜先生每月应酬支出2000元。同时，为了孝敬双方老人，杜先生每月还需向双方老人各支付2000元赡养费。杜先生每年组织一次家庭外出旅游，支出为10000元。

杜先生现有家庭活期存款20万元，定期存款40万元，货币市场基金10万元，债券25万元，股票型基金30万元，股票15万元，另有一部价值30万元的家用型轿车。杜先生于2007年1月购买了一套120平方米的住房，当时购价为180万元，首付80万，银行贷款100万元，期限20年，贷款利率为6%，采用等额本息还款购，购买当月开始还款，该套住房当前市场价值为320万元。夫妻二人除社保外并未购买其他商业保险。

目前，杜先生想请理财规划师通过理财规划为其解决以下问题：

1. 杜先生考虑到现在家庭条件比较富裕，希望现在购买家庭的第二套住房，看好了一套面积为100平方米的商品房，市场价格180万元，杜先生想知道根据目前家庭情况，如何进行规划来购买第二套住房。

2. 杜先生想知道目前只依靠社会保险保障是否完备，如果不足，还需要补充哪些保险。

3. 孩子是夫妻二人的希望，他们希望儿子能茁壮成长，接受良好的教育。由于小学和中学阶段教育开支并不太大，因此杜先生想请理财规划师着重为其解决儿子的高等教育费用问题。而且二人非常希望孩子18岁时可以出国上大学，届时至少需要80万元。

4. 尽管杜先生夫妻二人单位福利不错，但考虑到养老费用是一笔不小的开支，同时想在身后能够为儿子留下遗产，所以夫妻二人还是想在退休时积攒下一笔财富。假设杜先生60岁退休，届时积攒资金的目标额度为300万元。

5. 能够对现金等流动资产进行有效管理。

提示：信息收集时间为2010年12月31日。

资产负债表　　　　　　　　　　　　　　　　　　　　　　　单位：元

客户：杜先生家庭			日期：
资产	金额	负债与净资产	金额
现金与现金等价物		负债	
活期存款		住房贷款（未还贷款本金）	
定期存款			
货币市场基金			
其他金融资产			
债券			
股票			
股票型基金			
实物资产			

续表

自住房			
汽车			
资产总计		负债总计	
净资产			

现金流量表　　　　　　　　　　　　　　单位：元

客户：杜先生家庭		日期：	
年收入	金额	年支出	金额
工薪类收入		房屋按揭还贷	
杜先生		日常生活支出	
杜太太		养车费用	
奖金收入		旅游开支	
杜先生		美容和化妆用品	
杜太太		赡养费用	
其他收入		应酬支出	
收入总计		支出总计	
年结余			

客户财务比率表

结余比率	
清偿比率	
负债比率	
负债收入比率	
投资与净资产比率	
流动性比率	

1. 在编写杜先生杜太太家庭关于资产负债表与现金流量表时表头描述正确的是(　　)。

A. 杜先生杜太太家庭资产负债表为2010年12月31日

B. 杜先生杜太太家庭现金流量表为2009年12月31日

C. 杜先生杜太太家庭现金流量表为2009年1月1日—2010年12月31日

D. 杜先生杜太太家庭资产负债表为2009年1月1日—2010年12月31日

2. 截止到2010年12月31日，关于杜先生家庭资产表述正确的是(　　)。

A. 杜先生家庭现金及现金等价物金额为600 000元

B. 杜先生家庭金融资产为900 000元

C. 杜先生家庭实物资产3 500 000元

D. 杜先生家庭总资产为5 100 000元

3. 截止到2010年12月31日，关于杜先生家庭负债与净资产表述正确的是(   )。

    A. 杜先生家庭住房贷款负债金额为8 822 916元

    B. 杜先生家庭总负债金额为882 916元

    C. 杜先生家庭净资产为4 017 084元

    D. 杜先生家庭负债与净资产总计为4 900 000元

4. 下列关于杜先生家庭支出数据描述正确的是(   )。

    A. 房屋按揭还贷为85 972元

    B. 日常生活支出为72 000元

    C. 赡养费用为48 000元

    D. 应酬支出为24 000元

5. 下列对杜先生家庭现金流量表信息描述正确的是(   )。

    A. 杜先生的工薪类收入为360 000元

    B. 杜先生家庭收入总计为524 000元

    C. 杜先生家庭支出总计为387 972元

    D. 杜先生家庭年结余为136 028元

6. 下列关于杜先生家庭财务比率的表描述正确的是(   )。

    A. 杜先生家庭结余比率为32%

    B. 杜先生家庭清偿比率为68%

    C. 杜先生家庭负债收入比率为16%

    D. 杜先生家庭投资于净资产比率为20%

7. 关于结余比率下列说法正确的是(   )。

    A. 杜先生家庭结余比率为32%

    B. 杜先生家庭积累财富的速度比较慢

    C. 结余比例过高从侧面反映出家庭生活质量偏低

    D. 结余比率可以反映杜先生家庭提高其净资产的能力

8. 根据杜先生家庭投资与净资产比率判断下列说法正确的是(   )。

    A. 投资净资产比率=净资产/投资资产

    B. 杜先生家庭投资与净资产比率的合理比率过高

    C. 投资资产包括股票、债券、基金等其他金融资产及投资房产

    D. 投资与净资产比率是反映杜先生家庭通过投资提高净资产规模的能力

9. 根据杜先生家庭流动性比率,下列说法正确的是(   )。

    A. 流动性比率=每月支出/流动资产

    B. 杜先生家庭收入比较稳定,流动性可以调高

    C. 流动性比率反映客户支出能力的强弱

    D. 杜先生家庭流动性比率应设定的合理区间为 3 至 6 倍的月支出

10. 对于杜先生家庭财务总体评价下列说法正确的是(   )。

    A. 杜先生家庭投资与净资产比率较高,可以保证未来生活质量

    B. 杜先生家庭流动性比率过低,无法满足预防动机

    C. 杜先生家庭的风险保障相对比较充分

    D. 杜先生家庭的负债收入比率较低,不易发生财务危机

11. 关于杜先生家庭财务状况预测,下列表述正确的是(   )。

A. 杜先生妻子将成为家庭最大消费主体

B. 杜先生家庭未来15年各项支出会急速增加

C. 杜先生处于事业黄金阶段，收入增长空间小

D. 如无其他债务安排随着房贷压力越来越小家庭债务负担将逐渐减轻

12. 关于杜先生家庭理财目标的整理下列说法正确的是(　　)。

A. 需要保险规划方面的理财建议

B. 需要对其房产投资进行相应建议

C. 需要对其子女进行高等教育费用的统筹

D. 需要对其退休后300万的退休养老资金进行规划

13. 在针对杜先生家庭提供现金规划这部分内容中，流动性比是比较重要的参照指标下列选项对其描述正确的是(　　)。

A. 杜先生家庭的流动性资产应保留3个月左右的月支出总和

B. 杜先生需要预留19 000元以保证自己家庭资产的流动性

C. 流动性资产可通过活期存款与货币市场基金的形式存在

D. 流动性资产可通过股票达到良好收益以保持家庭流动性资产的增值

14. 杜先生家庭属于家庭事业成长期，下列关于其家庭现金规划方面建议正确的是(　　)。

A. 杜先生可以通过定活两便储蓄来减少活期存款的利率损失

B. 杜先生可以通过办理信用卡以应对现金及现金等价物不足时的临时性支出

C. 杜先生可以通过办理定活通的储蓄方式达到存款收益与活期存款便利的双重需求

D. 杜先生家庭可以通过购买商业债券以弥补流动性资产收益性不足的缺点

15. 针对杜先生家庭筹备杜鹏鹏的教育费用方面的理财建议，下列表述正确的是(　　)。

A. 教育金最没有时间弹性和费用弹性

B. 杜先生家庭的教育负担比为50%，相对较高

C. 当教育负担比高于30%时，家庭就应提早准备该部分资金

16. 在筹备女儿高等教育费用时，理财规划师应推荐的筹资工具有(　　)。

A. PE　　　　　　　　　　B. 教育保险

C. 债券　　　　　　　　　　D. 共同基金

17. 对于杜先生家庭筹备退休养老费用，理财规划师建议运用(　　)理财工具较适合。

A. PE　　　　　　　　　　B. 外汇期货

C. 黄金现货　　　　　　　　D. 商业养老保险

18. 对于杜先生家庭风险识别分析正确的是(　　)。

A. 杜太太是家庭目前唯一的纯消费主体

B. 如果杜先生发生意外死亡或残疾，家中收入将中断

C. 杜先生和杜太太除社保外并未购买其他商业保险，其家庭风险缺口比

较大

D. 杜先生是家庭唯一的收入主体

19. 对于杜先生家庭风险保障方面保费及保额相关建议合理的是(　　)。

A. 结合杜先生家庭年收入确定杜先生家庭保险额度

B. 建议杜先生将年收入的5%作为每年保险费用支出

C. 杜先生是家庭的主要收入者，因此家庭的保障只要考虑杜先生即可

D. 杜鹏鹏面临的主要风险是意外伤害和疾病，所以需要把家庭的风险保障主要放在杜鹏鹏身上

20. 若未来杜先生希望立一份遗嘱，下列关于遗嘱的说法正确的是(　　)

A. 公证遗嘱效力最大

B. 自书遗嘱不需要见证人

C. 口头遗嘱只能在紧急情况下采用

D. 代书遗嘱须有包括代书人在内的2个以上的见证人在场见证

◎ **技能实训**

实训一：熟悉个人理财规划流程

一、实训目的

通过理财流程的讲授和实训操作，让学生熟悉个人理财规划的整个过程，为后面的学习打下基础。同时通过本环节的学习，使学生掌握个人/家庭资产负债表、个人/家庭收入支出表的编制、各种财务指标的分析和分析技巧。

二、实训过程及要求

（一）了解个人理财规划流程

1. 建立客户关系

2. 收集客户资料

3. 个人财务分析和评价

4. 理财方案的制定

5. 理财规划方案的实施与调整

（二）学会个人财务分析和评价

1. 个人资产负债表的编制和分析

2. 个人收入支出表的编制和分析

3. 财务指标的分析和个人财务情况的分析和评价

4. 制定理财方案

三、实训内容

（一）编制家庭资产负债表并进行分析

1. 根据资料编制该家庭的资产负债表

2. 分析该家庭的资产及财务结构，指出该家庭目前的资产结构中存在的问题，给出改进建议

（二）编制家庭现金流量表并进行分析

1. 根据资料编制该家庭的金流量表

2. 分析该家庭的支出比率及财务弹性，指出现金管理中存在的问题，给出改进建议

（三）确定适当的理财目标

（四）设计理财规划方案

1. 在确定的理财目标基础上，对已有的不合理的资产构成进行调整

2. 对今后的收入考虑案例中理财客户的风险偏好给出合理的规划（可以根据客户的情况分阶段给出不同的规划方案）

（1）日常开销

（2）保障性支出

（3）投资性支出

实训二：家庭理财规划——理财组合设计

一、实训目的

在熟悉各种理财工具的特点和客户的基本财务状况、风险偏好的基础上，综合运用各种理财工具设计出比较完善的理财组合方案。

二、实训过程及要求

（一）过程

1. 确定客户的财务状况和风险偏好

2. 进行现金规划

3. 进行保障规划

4. 进行投资组合规划

（二）要求

1. 组合方案需与选定对象理财目标相吻合

2. 理财组合必须兼顾家庭收支配比和投资增值

三、实训内容

1. 系统复习理财规划师国家职业标准——助理级工作要求

2. 每位学生以自身家庭资料作依据，编制一份完整的个人理财规划书

参考文献

[1] 苑德军，张颖．个人理财［M］．北京：中央广播电视大学出版社，2010.

[2] 中国就业培训技术指导中心．国家职业资格培训教程：理财规划师专业能力（第5版）［M］．北京：中国财政经济出版社，2013.

[3] 中国就业培训技术指导中心．助理理财规划师专业能力［M］．北京：中国财政经济出版社，2006.

[4] 2013年中国银行业从业人员资格认证考试专用辅导教材系列．个人理财［M］．北京：人民邮电出版社，2013.

[5] 柴效武，孟晓苏．个人理财规划（第2版）［M］．北京：清华大学出版社，北京交通大学出版社，2013.

[6] 刘永刚．投资理财概论．北京：清华大学出版社，北京交通大学出版社［M］，2012.

[7] 宋晓薇，黄良杰．个人理财［M］．北京：清华大学出版社，2014.

[8] 张红兵，李炜．个人理财理论与实务［M］．北京：中国人民大学出版社，2014.

[9] 刘伟．个人理财［M］．上海：上海财经大学出版社，2014.

[10] 李国峰．银行个人理财体系、策略与政策［M］．北京：企业管理出版社，2011.

[11] 王静．个人理财［M］．北京：科学出版社，2010.

[12] 张旺军．投资理财：个人理财规划指南及实训教程［M］．北京：科学出版社，2011.

[13] 古洁，陈惠芳．个人理财实务［M］．大连：大连理工大学出版社，2012.

[14] 李彦斌．理财有道［M］．北京：中信出版社，2010.

[15] 谢世清．一生的投资理财策略［M］．北京：中国发展出版社，2010.

[16] 孙黎．个人理财实务［M］．北京：中国人民大学出版社，2013.

[17] 黄桦．纳税筹划［M］．北京：中央广播电视大学出版社，2011.

[18] 黄祝华，韦耀莹．个人理财［M］．大连：东北财经大学出版社，2010.

[19] 黄孝武．个人理财［M］．北京：中国财政经济出版社，2010.

[20] 郭秀兰，王冬吾．个人理财规划［M］．成都：西南财经大学出版社，2011.

[21] 刘永刚．保险学［M］．北京：人民邮电出版社，2013.

［22］王启．保险实务［M］．北京：清华大学出版社，2012.

［23］吴青．保险产品解析［M］．北京：清华大学出版社，2010.

［24］辛桂华．人身保险理论与实务［M］．大连：东北财经大学出版社，2011.

［25］李玉菲．保险实务综合技能训练［M］．北京：电子工业出版社，2011.

［26］宁雪娟．财产保险［M］．北京：清华大学出版社，2010.

［27］杨则文．个人理财实务［M］．北京：经济科学出版社，2010.

［28］陈玉罡．个人理财：理论、实务与案例［M］．北京：北京大学出版社，2012.

［29］郭平．个人理财［M］．成都：西南财经大学出版社，2015

［30］宁云芳．中美商业银行个人理财业务的比较分析［D］．吉林财经大学，2013（03）．

［31］郑天韵．美国商业银行个人理财业务分析［D］．吉林大学，2012（06）．

［32］李松柏，蒋太才，朱春兰．国内外银行个人理财业务分析探讨［J］．商场现代化，2007（05）．

［33］戴涛．国内外个人金融理财业务发展比较与经验借鉴［J］．科技信息，2009（01）．

［34］姜晓兵，罗剑朝，温小霓．个人理财业务的发展现状、前景与策略分析［J］．生产力研究，2007（03）．

［35］张一峰．商业银行个人理财业务发展研究：以中信银行为例［D］．安徽大学，2013（05）．

［36］南方财富网．债券投资策略分析［DB/OL］．
http：//www.southmoney.com/bond/bondknowledge/201408/150268.html.